32 中国广播电影电视社会组织联合会学术研究系列丛书

构建广电人才培养选拔体系研究

第五届全国广播电视“十佳百优”理论人才汇集

Research on Establishing the Training and Selection System of Broadcasting and Television Talents

Collection of Works of the 5th Top National Broadcasting and Television Theory Talents

中国广播电影电视社会组织联合会　编

中国广播影视出版社

图书在版编目（CIP）数据

构建广电人才培养选拔体系研究 ：第五届全国广播电视“十佳百优”理论人才汇集 / 中国广播电影电视社会组织联合会编. -- 北京 ：中国广播影视出版社，2014.10

（中国广播电影电视社会组织联合会学术研究系列丛书）

ISBN 978-7-5043-7248-2

Ⅰ. ①构… Ⅱ. ①中… Ⅲ. ①广播电视－先进工作者－生平事迹－中国－现代 Ⅳ. ①K825.42

中国版本图书馆CIP数据核字（2014）第217129号

构建广电人才培养选拔体系研究 ：第五届全国广播电视“十佳百优”理论人才汇集
中国广播电影电视社会组织联合会 编

责任编辑 黄月蛟
封面设计 马 申

出版发行 中国广播影视出版社
电 话 010-86093580 010-86093583
社 址 北京市西城区真武庙二条9号
邮 编 100045
网 址 www.crtp.com.cn
电子信箱 crtp8@sina.com

经 销 全国各地新华书店
印 刷 北京振兴源印务有限公司

开 本 880毫米×1230毫米 1/32
字 数 343（千）字
印 张 14.375
版 次 2014年10月第1版 2014年10月第1次印刷

书 号 ISBN 978-7-5043-7248-2
定 价 32.00元

目录
CONTENTS

“十佳”讲坛

“百优”方阵

在2013年度中国广播电视学术年会上的讲话

（2013年12月17日）

张海涛

各位代表：

大家早上好！

在2013年度中国广播电视学术年会召开之际，我代表中国广播电视协会分党组，对年会的召开表示祝贺！对刚刚宣布的第八届全国广播电视学术著作、第五届全国广播电视“十佳百优”理论人才的获得者表示祝贺，特别对获得“中国广播电视学术理论建设突出贡献人物”荣誉称号的刘习良同志，表示热烈祝贺和由衷的敬意！

习良同志是我们的老领导，我在山东广电厅工作时就聆听过他的讲话，给人感觉是高屋建瓴、见解深刻、如沐春风。后来我调到广电部与刘部长同在一个党组共事过一段时间，更是受益匪浅。1997年底，习良同志转到协会工作，先后担任常务副会长、副会长、顾问，连续三届担任学术委员会主任。这期间，他充分发挥自身优势和学术特长，建立了一整套“出人出作品”的机制，培养出一批又一批理论骨干，他还亲历而为，主持完成多部重要理论著作的编纂工作，为广播电视理论建设做出突出贡献。所以，这次学术委员会提出表彰习良同志的建议，在会长办公会议上获得一致通过。表彰习良同志在学术理论建设方面所做的贡献，既是对刁良同志本人工作的肯定，也是对协会理论研究工作的认可，也昭示着未来的协会将继往开来，充分发挥协会理论工作的优势和特长，励精图治、开拓进取，把推动广播电视理论创新摆在更加突出的位置。

今年6月，学术委员会换届，刁良同志改任名誉主任，杨波接任主任一职。刚才杨波同志代表第四届学术委员会做了工作报告，我完全同意。一年来，新一届学术委员会认真贯彻落实党的十八大、十八届三中全会和习近平总书记系列讲话精神，认真制定研究规划，有条不紊地推进各项工作，有许多新亮点：推出了具有标志性意义的理论研究成果《当代中国广播电视学》；开展“理论走基层”活动，一方面把理论成果送到革命老区，接受基层检验，一方面听取老区人民对广播电视工作的意见、建议，改进理论研究。这是贯彻习近平总书记关于宣传思想工作要注重“理念创新，手段创新，基层工作创新”指示的具体体现，收到良好反响。总之，一年来，学术委员会的工作有声有色，成绩值得肯定。

前不久刚刚闭幕的党的十八届三中全会站在新的历史起点上，把握时代要求，回应群众期待，对新时期我国经济社会各领域深化改革做了总动员、总部署，社会各个领域的改革迎来新一轮热潮，特别是文化体制改革与经济体制、政治体制、社会体制和生态文明体制改革五位一体，成为我国全面深化改革的重要组成部分，被放在了前所未有的高度和位置上，引起了社会的广泛关注。广播影视作为文化建设中最具活力和潜力的组成部分，其改革进程对于推动整个文化传媒业健康发展都将具有举足轻重的影响，应当说，广播影视已经进入了改革发展新的战略机遇期。广播影视作为党、政府和人民的喉舌，如何应对新时代的媒体变革，实现战略转型，更好地满足人民群众日益增长的精神文化和信息服务需求，占领制高点，把握主动权，是摆在我们面前的重大课题，需要我们通过艰辛的探索从理论的高度做出回答。

我认为，行业协会应当与整个行业相生、相伴、相随，与行业发展同进、同步、同在。一要增强忧患意识。要以对党的宣传工作高度负责的态度，进一步增强改革、创新、发展的责任感、使命感、紧迫感。使我们的思想观念、发展理念始终与中央的改革要求、宣传要求相适应，与广大人民群众的新需求、新期待相适应，与传媒发展的新趋势、新特点相适应。二要保持理性态度。面对激烈的媒体变革，我们要牢固树立机遇意识和理性思维，凝心聚力、增强信心、振奋精神、勇于担当，要从自身实际出发，尊重现代媒体发展的客观规律，科学判断有利条件和不利因素，扬长避短、兼收并蓄，吸收和借鉴他人之长，转方式、调结构，紧跟时代发展新趋势。三要发扬创新精神。创新是广播影视持续发展的永恒主题和源动力。特别是当前，广播影视的外延、内涵、形态、特征都在发生急剧变化，广播影视既面临着新兴媒体不断崛起带来的严峻挑战，也面临着新技术突飞猛进带来的发展机遇。机遇稍纵即逝，改革不进则退，协会工作必须将改革创新放在更加突出的位置，坚持创新驱动发展战略，将观念创新、理论创新、手段创新和基层工作创新有效地结合起来，推动广播影视紧跟时代发展潮流、贴近时代发展脉搏、不断满足人民群众日益增长的精神文化生活需求。四要坚持务实作风。当前，面对社会价值观念多元多样和现代传播技术飞速发展带来的媒体变局，面对当前焦躁浮华的社会情绪和众多负面的社会心态，特别是广播影视的改革发展正处在关键期和矛盾凸显期，在这样复杂的形势下，尤其需要真抓实干的务实作风，办实事、求实效、戒空谈。要以踏石留印、抓铁有痕的劲头更加注重结构调整，更加注重优化服务，更加注重品质提高，更加注重品牌建设，脚踏实地做好协会工作。

目前，我国广播影视行业协会有30多家，存在散、乱、小和管理薄弱等弊端，与改革发展的需要不适应。根据一些地区先行试点的经验，应当在同类协会中培育建立“枢纽型组织”，使之成为在政治上发挥引领作用，在业务上处于龙头地位，在管理上承担业务主管部门授权或委托职责的联合性社会组织，这也是下一步协会改革的重点。从这个意义上讲，广播影视学术理论研究任重道远，我们要从党和国家的工作大局出发，以推动广播影视改革创新为重点，以创新的理论成果支持广播影视转型发展。要力戒浮躁，比以往任何时候都更加注重理论研究；加强经费投入，鼓励具有前瞻性、能够带动全行业发展的课题研究，推出更加优秀的理论成果，为党和政府部门提供切实可行的决策依据，在新的传播格局下，努力讲好中国故事，传播好中国声音。

同志们，实践发展无止境，解放思想无止境，理论创新无止境。我们正处在改革开放进入新阶段的伟大时代，希望学术委员会的同志们，继续发扬优良传统，围绕中心、服务大局，团结和带领全国广播影视学术力量，凝聚人心、汇集力量，发扬学术民主，繁荣学术研究，创新学术理论，共同为我国广播影视改革发展的美好明天努力奋斗！

谢谢大家！

贯彻落实十八大精神
服务广电创新发展
努力提高学术理论研究水平

（2013年12月17日）

杨　波

各位代表:

大家早上好!

今年年初，中广协会换届，海涛同志代表协会新领导班子表示，要更加注重学术研究，加强全行业的战略研究，充分发挥智囊团作用，为党和政府部门及会员单位提供切实可行的决策参谋咨询。在这一原则指导下，学术委员会顺利完成换届工作，通过新章程，制订五年学术理论研究规划，全面推进课题研究、学术评选、基地建设和理论走基层等各项工作，较好地完成了协会提出的任务。

本届学术年会的主题是：贯彻落实党的十八大、十八届三中全会和习近平总书记系列讲话精神，探究提高广播电视宣传质量和学术研究水平的方法、途径。会上将宣布第八届全国广播电视学术著作、第五届全国广播电视“十佳百优”理论人才评选结果；发布总局重大理论项目——《当代中国广播电视学》研究成果；还将邀请部分学术委员围绕年会主题，就强化广播电视传播时、度、效和加快实现媒介融合等议题，做学术演讲。

今年协会开展的学术理论研究工作可以大致划分为两个时段，即学术委员会换届前和换届后。换届前，以习良同志为主任的第三届学术委员会为换届做好了充分准备，起草了《中国广播电视协会2013~2017年学术理论研究规划》，在三届六次学术委员会全体会议上征求意见，并对新一届学术委员会组成提出原则建议。协会新领导班子采纳了上述规划和建议，又根据年初召开的全国宣传部长会议、全国广播影视工作会议和十二届全国人大一次会议通过的《国务院机构改革和职能转变方案》，加以充实完善，形成新的理论研究规划。规划课题的50个研究方向，全面体现了党的十八大精神，强化了发挥协会智囊优势、对总局中心工作提供智力支持的原则要求。这个文件，成为协会发挥学术指导和评估作用的纲领性文件。

4月18日，协会召开会长办公会议，原则通过了第四届学术委员会组成名单。在北京电视台支持下，在京召开了换届会议。换届后，按照章程和规划，新一届学术委员会从机构建设着手，有条不紊地推进各项工作。

一、组织机构建设

中广协会成立27年以来，在学术理论研究方面起到开拓和引领作用，逐步建立起了一套行之有效的体制机制，这其中就包括组织机构建设。协会换届以后，继承学术优势和传统，把学术理论研究的组织机构建设当做一件大事来抓。

（一）举办学术委员会换届会议

协会第四届学术委员会成立会议于6月1日在北京举行。会议审议、通过了《中国广播电视协会学术委员会工作章程》、《中国广播电视协会2013~2017年学术理论研究规划》。新一届学术委员会共38人，由总局直属单位、高等院校和行业骨干三部分人员组成，体现以老带新的原则，兼顾业界学界、东西南北和不同学科的平衡，人员组成和知识结构更为合理，行业特点更为鲜明。

海涛同志出席了换届会议，他要求新一届学术委员会从三个方面加强学术理论研究：一是注重对行业历史总结归纳，不断提升对广电自身规律性的认识；二是注重对行业重点、热点、焦点进行跟踪研究；三是注重对行业盲点、冷点、空白点进行研究。希望学术委员会进一步加强自身建设和队伍建设，按照学习型、创新型、服务型组织的要求，不断提高工作水平。

（二）学术研究基地建设

学术研究基地建设包括两个方面：一是原有学术研究基地按时换届；二是根据行业需要，组建新的研究基地。

9月23日、10月25日，北方和中南两个学术研究基地换届会议分别在哈尔滨和广州举行。两个基地的成员单位由省级机构扩展到所辖省区的省会市、计划单列市有关机构，研究实力进一步加强。选举产生了新的领导机构，审议、通过了新的章程和研究规划。为配合总局中心工作，联合组织课题攻关，推动区域广电改革发展，提供了组织保障。

鉴于广播电视与新媒体融合趋势愈加明显，广播电视战略转型日趋重要，根据行业的热切要求，协会决定组建媒介融合研究基地，由此前有一定研究基础、已推出一批研究成果的云南广播电视台承办。11月1日，媒介融合研究基地在昆明宣告成立，标志着学术研究基地的建设进入一个新阶段。

至此，协会已先后在各地组建了7个研究基地，其中5个属于综合性研究基地，2个是专项研究基地（媒介素养和媒介融合）。鉴于按行政区划建立综合性学术研究基地的工作已经完成，未来将以巩固提高为主，今后将主要加强专项研究基地的建设工作。今后建立专项研究基地的原则是：1.研究领域属于行业热点，业界发展急需理论指导；2.学界业界已经积聚相当的研究力量，需要一个机构加以整合，以壮大实力；3.承办单位有号召力，有研究基础，有实力支持开展相关研究工作。

二、开展“理论走基层”活动

新一届学术委员会成立后，面临全年时间过半的局面。如何完成全年工作，成为十分紧迫的问题。学术委员会及时召开主任办公会议，研究、部署年度工作。会议认为，除了做好组织机构建设，保质保量完成年度工作任务之外，还要抓住重点，争取有所突破、有所创新。

8月19日，习近平总书记在全国宣传思想工作会议上发表重要讲话，指出宣传思想工作“要提高质量和水平，把握好时、度、效，增强吸引力和感染力，让群众爱听爱看、产生共鸣。”并提出“三个创新”原则。即：理念创新，以思想认识新飞跃打开工作新局面；手段创新，积极探索有利于破解工作难题的新举措新办法；基层工作创新，把创新的重心放在基层一线。

为贯彻落实总书记重要讲话精神，结合开展党的群众路线教育实践活动，学术委员会积极与各方联系，于9月上旬，与中央电台学会联合举办2013“太行红色广电之旅·理论走基层”活动。在革命老区邯郸及周边县（市）开展了为期5天的走基层活动。

活动期间，专家一行组织了广播电视节目创新创优专场学术报告会，参加了邯郸广播电视优秀节目主创人员座谈会，分别针对市县节目举办了两场评阅点评会。对邯郸台及周边县级台近几年在品牌栏目创建和历史题材节目创作方面做出的成绩表示肯定，并对进一步改进、创新提出了意见和建议，同时还向邯郸、涉县、武安、永年、成安等台和村级文化站赠送了《中央台台史》、《广电传媒新视点》等理论书籍，受到基层广播电视工作者的欢迎。专家一行还到涉县西戌镇沙河村参观中央人民广播电台的前身——“邯郸·陕北新华广播电台”旧址。与沙河村的老党员、老村民和文化站工作人员座谈，听取对广播电视工作的意见。

专家一行表示，这次走基层真正接了地气，加深了与基层群众、基层文化广电工作者的感情，摆正了自己的位置，增强了政治意识、大局意识和责任意识，加深了对党性、人民性从来都是一致的理解。表示要更加投入地进行理论研究，坚持以人为本的宗旨，把服务群众同引导群众结合起来，把满足需求同提高素养结合起来，创新宣传报道方式，讲好中国故事，传播好中国声音。

三、课题研究取得重要进展

《当代中国广播电视学》是上一届学术委员会承担的总局重大理论项目，由时任协会副会长、学术委员会副主任张振华同志主持。到2012年底，已完成二稿修订工作。海涛同志十分重视这一课题的研究，亲自审定书稿，并提出修改意见。

根据海涛同志的意见，新一届学术委员会认真组织落实，不但以2013年最新数据全面更新了原有数据，而且以党的十八大、习近平总书记系列讲话精神重新统稿。使新书稿吸收了中央政治局审议通过的《八项规定》、《建立健全惩治和预防腐败体系工作规划》涉及新闻报道、舆论监督方面的内容，增补了高法、高检联合发布的《关于办理利用信息网络实施诽谤等刑事案件适用法律若干问题的解释》等新媒体法治建设条文，并结合十二届全国人大一次会议通过新闻出版与广电总局合并，国务院常务会议通过总局“三定”方案、“宽带中国”战略等引发的广电体制改革、发挥枢纽型社会组织作用、三网融合态势等相关分析，统筹增补到各章节，甚至在开机前还增补了十八届三中全会的重要论断，将新一届中央领导集体关于新闻宣传、舆论监督、法治建设和体制改革方面的一系列新观点、新主张、新要求体现得更为全面完整，改写量达到原稿的1/4，使全书面貌焕然一新。

总局另一项重点课题《中国广播电视编年史》也稳步推进。5月3日，课题组召开工作会议，三个小组汇报了编写工作进度和主要问题。会议对若干学术概念、写作体例做出解释，并及时向相关人员做了传达，对进度提出进一步要求。目前，新中国成立之前和港澳台广电编年史部分接近完成，其他部分进展符合进度要求。

配合《中国广播电视协会2013~2017年学术理论研究规划》的实施，今年在各项学术理论项目招标工作中加以落实。与中国传媒大学联合组织的2013年度学术理论研究项目招标工作，共收到来自全国各高校、媒体和科研单位申报的课题63个，是中广协会年度理论项目招标设立10年来申报课题最多的一年。经过充分评议，民主协商，评出立项课题25个，入选率近40%。其中3个重点项目、11个一般项目、11个入选项目。与浙江传媒学院联合组织的2013年度媒介素养研究专项课题招标工作，共收到35项申报课题，经过通讯评审，10项立项资助，11项为非资助立项课题。所有入选项目皆紧扣党的十八大提出的文化发展战略布局，符合协会研究规划的要求。

四、举办学术评选和理论研讨活动

2013年3月初，协会发出《第八届全国广播电视学术著作评选活动通知》和《第五届全国广播电视“十佳百优”理论人才评选活动通知》。截至6月底，中央三台、总局机关、高等院校、各省级协（学）会、各研究基地和专业委员会共推荐60部著作和132位理论人才参评。协会以学术委员会为骨干成立了评审委员会，组织了复评、终评会议。

9月下旬，第八届全国广播电视学术著作评选终评会议在哈尔滨举行。评出获奖著作36部。其中，一等奖7部，特别奖1部，二等奖12部，三等奖16部，入选率达60%。获奖著作的特点之一是史学著作获得全面丰收，综合史研究推出标志性成果，专门史研究取得突破性进展；特点之二是国际传播研究跻于领先水平；特点之三是新兴领域研究成果填补了空白。

10月中旬，“十佳百优”理论人才评审会议在京召开。评出“十佳”理论人才10名，“百优”理论人才90名，合计100名。评选体现公平、公正原则，真正把近几年广电理论著述丰厚，理论联系实际，质量上乘者评选出来，同时兼顾总局直属单位与地方广电的平衡、业界与学界的平衡、老中青年龄段的平衡。目前正在编辑“学术著作精华”和“十佳百优人才理论成果”两本文集。

今年5月，协会和中央电视台联合在昆明举办“第三届中国电视发展年会”。年会的亮点之一是发布由学术委员会主持评选的“2013中国电视发展创新榜”。央视综合频道、纪录频道、新闻频道，浙江卫视，东方卫视，湖南卫视，江苏卫视，山东卫视，云南卫视，湖北卫视当选“最具创新力十大上星频道”。《新闻联播》、《远方的家》、《金牌调解》、《中国好声音》、《养生堂》、《直播港澳台》、《星光大道》、《非诚勿扰》、《收藏马未都》、《非你莫属》等电视栏目当选“最具创新力十大上星栏目”。这项活动对于配合总局出台抵制泛娱乐化倾向、鼓励创新的若干举措起到了积极的推动作用。

此外，11月16日，学术部还与四川广电协会、中国记协国内部等单位联合承办了“首届广播电视绿色传播研讨会”，邀请6位学术委员到会发言。12月1日，学术委员会与暨南大学联合主办了“第四届全国广播学术研讨会”，邀请20多位专家学者探讨融合时代传统广播的发展路径，收获了一批学术成果。

五、其他工作

第四届学术委员会成立之后，为阶段性开展工作，共召开三次主任会议。第一次会议制订了2013年工作计划及经费预算；第二次会议提出了举办学术年会的原则性方案；第三次会议根据部分学术委员关于对长期从事广电理论研究领导工作，个人成果丰厚，在学界业界影响广泛的老同志给予表彰的提议，提出表彰条件和实施方案。表彰条件是：1. 在广电行业从事理论研究30年以上；2. 对推动行业理论建设有突出贡献；3. 个人理论建树丰富，理论水平为业界所公认；4. 年龄在70岁以上。目前符合表彰条件的有刘习良、张振华二位同志。上述建议，均得到协会采纳。考虑到这项表彰的权威性和可持续性，原则上每年表彰1人。协会会长办公会议决定，今年表彰习良同志，明年表彰振华同志。

各位代表，以上是今年中广协会开展学术理论研究工作的总体情况，请大家提出意见、建议。下午，我们还将召开“学术委员会四届二次全体会议”，研究、部署明年的工作。

党的十八大、十八届三中全会和习近平总书记系列重要讲话，提出了一系列新思想、新观点、新论断，广电学术理论研究要适应新的形势变化和要求，深入领会文化建设在中国特色社会主义事业“五位一体”总布局中的战略地位，认清形势，调整布局，准确把握广电的基本情况、基本特点、基本规律。不仅要善于提出问题，还要善于拿出解决问题的建议、思路，为党和政府中心工作提供切实可行的决策依据。

为此，我们要认真研究提升宣传思想工作时、度、效的方法与手段，增强广电传播的吸引力、感染力，提高质量和水平；重点抓好理念创新、手段创新和基层工作创新；以思想认识新飞跃打开工作新局面，积极探索有利于破解工作难题的新举措新途径。以改革创新的精神推进理论研究工作，建设一支高素质的理论研究队伍，不断推出精品研究成果，着力增强广播电视的传播力、公信力和影响力，为全面建成小康社会提供有力的智力支持。

前　言

广播电视人才培养和队伍建设是党和国家整个人才战略的重要组成部分，广播电视人才是社会主义先进文化的建设者和传播者，是广播电视科学发展的第一资源。广播电视人才的素质直接影响和制约着我国广播电视的未来发展。党的十八大从战略高度强调“营造有利于高素质文化人才大量涌现、健康成长的良好环境”的重要性。党的十八届三中全会进一步明确深化人才体制机制改革任务，提出“全面深化改革，需要有力的组织保证和人才支撑”。贯彻落实中央的一系列重大战略部署，必须紧紧围绕建设社会主义核心价值体系、社会主义文化强国这一中心工作，加快推进深化文化体制改革，完善文化管理体制和文化生产经营机制，建立健全现代公共文化服务体系、现代文化市场体系。这其中，人才是关键。就我国广播电视人才队伍建设现状来看，虽然政治素质和业务能力均有一定提高，但离总体目标要求仍有相当距离。随着深化文化体制改革的进一步推进，以及广播电视数字技术、网络技术、视听新媒体业务的快速发展，加快人才队伍建设显得尤为重要。

一、建立梯队型高层次人才培养选拔机制

进入21世纪以来，广电传媒进入快速发展时期。广播电视体制机制经过一系列改革，逐步走向正轨，事业产业走向从分散到集中再到融合的健康发展道路，广电传媒生态呈现多元共生的特征，

对媒体人才的需求发生根本性的变化。这些变化可以概括为：（1）对高层次人才的需求加大，以注重传统的专业技术队伍向掌握广电科技发展新技术的高层次人才转变；（2）对创新型复合人才的需求加大，以注重专业技术型队伍向创新型、专业交叉型、学科综合型人才队伍转变；（3）对经营管理人才需求增加，以注重传统宣传队伍向既懂宣传业务又懂经营管理的复合型人才队伍转变；（4）对国际化人才需求增加，以注重本土化队伍培养向懂传播、会管理、精通外语的外向型、国际化人才队伍的转变。[①] 随着网络技术、卫星技术的发展，广播电视行业开始转向跨区域、跨媒体经营，有的大型国有文化企业甚至开始走出国门。懂传播业务、会经营管理、熟悉国际传播规则的高层次人才，成为广电人才需求的重点。

为适应提高舆论引导水平、丰富节目内容、提升安全播出和安全保障能力、加快数字化进程、提高科技创新能力等目标任务的需要，广电总局确定以培养和凝聚高层次复合型创新人才为重点，大力加强高层次专业技术人才和高技能人才队伍的建设目标。2005年，总局组织编制《广播影视“十一五”人才规划纲要》，提出加大人才资源开发利用力度，突出人才队伍的创新能力，重视加强高层次人才建设。2007年，总局举办人才培养论坛，提出根据不同专业、不同类型人才职责和功能的不同，强化各自的培养重点。2010年，总局颁布《广播影视“十二五”人才发展规划》（广发[2010]87号），提出要培养造就一支规模适宜、素质优良、结构合理的人才队伍，为广播电视改革发展提供坚强的思想政治保证、人才保证和智力支持。强调建设好八类人才队伍、实施两大重点工程和创新完善五项

① 张振华主编：《当代中国广播电视学》，中国国际广播出版社，2014年版，第402～403页。

机制的重点任务和措施。此外，总局还先后提出《广播影视名家培养工程实施意见》、《广播影视青年创新人才工程实施意见》，面向全行业重点实施名家培养工程和青年创新人才工程。

在广电总局倡导下，新世纪以来，各级广电管理部门和媒体相继采取下列措施，加强高层次人才队伍建设：一是实行专业岗位首席制，发挥首席人才示范带动作用，通过岗位锻炼培养新闻宣传和艺术创作的领军人才；二是以项目为依托建立人才培养新机制，为高层次人才搭建事业发展平台；三是实行重大工程技术项目总设计师、总工程师负责制和重大科研项目课题学科带头人责任制，破除论资排辈观念，为优秀青年人才成长创造条件；四是加大对经营管理人才的知识更新和培养力度，探索按照现代企业制度和法人治理结构选拔企业经营管理人才，对经营管理人才实行聘任制和合同化管理；五是建立和完善联系专家制度，掌握一批广播电视新闻宣传、文艺创作、经营管理、科技创新、运行维护等领域有一定知名度和社会影响的专家，发挥高层次人才在队伍建设中的带动作用；六是突出人才支持重点，对重大工程项目、重点发展业务和岗位、急需紧缺专业等人才需求在招聘高校毕业生接收指标分配上予以倾斜；对新媒体新业务人才、高层次科研人才、外语、经营管理等紧缺急需且本地无法解决的人才在调配指标上予以重点保证。①

为贯彻落实《国家中长期人才发展规划纲要（2010~2020年）》（中发[2010]6号），2012年人力资源社会保障部等9部门共同印发《国家百千万人才工程实施方案》，计划用10年左右时间，有计划、有重点地选拔培养4000名左右“工程”国家级人选，选拔培养

---

① 刘习良主编：《中国广播电视改革发展十年回眸》，中国国际广播出版社，2012年版，第326页。

瞄准学科世界前沿，能引领和支撑国家重大项目、关键领域实现跨越式发展的高层次中青年领军人才。其中，纳入“国家高层次人才特殊支持计划”的基础学科、基础研究领域领军人才1000名左右。广电总局要求各级广电部门积极建立梯队型的高层次人才培养选拔机制，与“国家百千万人才工程”形成衔接。

二、高度重视广电理论人才培养与选拔

要推动广电事业产业科学发展，理论和人才建设是关键的基础性环节。党的十八届三中全会以来，中央高度重视理论建设和人才建设。2014年5月4日，习近平同志在北京大学考察时指出，推进中国改革发展，实现现代化，需要哲学精神指引，需要历史镜鉴启迪，需要文学力量推动。文史哲研究要关注人们的精神世界，关注社会现实问题，积极回应社会关切，帮助人们更好地认识自己、认识世界，确立不断前进的方向和信心。这是当前理论建设应该承担的重要任务。① 2014年3月28日，中宣部部长刘奇葆出席中国社科院首批马克思主义理论专业博士生开学典礼时指出，要高度重视和大力加强马克思主义理论队伍建设，为加强党的思想理论建设、推动党和国家事业发展提供有力人才支撑。②

广播电视学术理论的发展与繁荣，一靠环境，二靠制度，三靠人才。在党和国家大力实施人才战略的时期，我们要总揽全局，全面规划，建立科学机制，通过完善理论研究项目招标制度，建立促进理论创新的评价、奖励机制，推动研究规划的实施；探索建立以培养、吸引、激励为主要手段的人才开发、储备和更新机制，不断优化

① 《习近平在北大考察：青年要自觉践行社会主义核心价值观》，新华网，2014年5月4日。

② 《刘奇葆：大力培养造就高素质的马克思主义理论人才》，新华网，2014年3月28日。

理论人才队伍，发掘、培养复合型的高端研究人才，建立一支专兼职相结合的学术梯队，使之既能灵活地从事个体研究，保持研究领域的广泛性，又能承担有组织、有规划的重点攻关项目，保持理论研究有计划、有针对性地进行。

新世纪以来，中广协会先后制订《2003~2007年广播电视学术理论研究纲要》、《2008~2012年广播电视学术理论研究规划》和《2013~2017年学术理论研究规划》三份研究规划。每份规划都针对特定时期广播电视全局性问题提出几十个理论研究选题方向和理论人才培养方向，成为对全国广电行业理论研究的指导性文件，对广电理论研究和人才建设发挥了应有作用。

2000年在全国开展广电理论人才摸底调查的基础上，中广协会提出开展全国广播电视“十佳百优”理论人才评选的建议，得到广电总局批准。从2001年起，每隔三年在业界学界评选一次“十佳百优”理论才人。其中，第一届、第五届各评“十佳理论才人”10名，“百优理论才人”90名；第二至四届各评“十佳”10名，“百优”100名。截至2013年底，在举办评选活动的12年间，各省各部门遴选推荐参评人员达千人，五届共评出“十佳理论才人”50名，“百优理论才人”480名。初步完成研究规划提出的“建立一支由10人左右组成的涵盖各学科领域的核心专家小组，由50人左右组成的骨干攻关队伍，以及由2000人左右组成的理论人才库，基本形成一支适应新世纪新形势要求的能够承担重大课题研究的理论队伍”的目标。① 这一活动有力地配合、支持了国家旨在加强跨世纪优秀青年人才培养的“百千万人才工程”。

① 张君昌：《简论中国广播电视90年学术发展轨迹（中）》，《北方传媒研究》，2010年第5期。

有学者曾把理论人才分为三种类型，即管理派、学院派、实践派。认为管理派以广电行业管理机构和传媒集团领军人物为主要群体，特点是从政策法规、媒体责任、管理决策角度出发，结合传播学理论和市场营销原理，对体制改革、产业运作、竞合发展等全局性、根本性课题加以研究，指导性较强。学院派以高等院校和专业理论工作者为主体，擅长以广博的人文社科基础理论观照研究对象，中西结合，构建理论体系，具有较高的学术水平。实践派以来自媒体一线的实际工作者为主，尽管学理的严谨性和运用政策的成熟度不及管理派和学院派，但他们嗅觉灵敏，观察角度独特，研究成果紧扣实际需求，也是一股不可或缺的重要力量。① 以第五届全国广播电视“十佳百优”理论人才评选为例，获奖人员确实可以划分于这三大群体之中。比如，王庚年（中国国际广播电台）、王春莉（黑龙江广电局）、杨金鸢（湖南广电局）、李岚（广电总局发展研究中心）可视为管理派，哈艳秋（中国传媒大学）、曾静平（北京邮电大学）是学院派的代表，卢文兴（海峡之声广播电台）、周伟（中央人民广播电台）、李舒东（中央电视台）、黄慰汕（南方广播影视集团）则属于实践派。且各比为40%、20%、40%。② 但是，仔细考察他们的研究成果，则会发现这种分类只是简单划分了理论人才的门第出身，并不能反映他们的研究领域和水平。比如王庚年，近年来以主攻“建设现代综合新型国际一流媒体”课题构成若干研究项目群，他的研究以中央提出“增强国际传播能力、打造国际一流媒体”为切入点，结合深化文化体制改革及我国主流国际传媒近年来的理论思索和实

① 欧阳宏生主编：《中国电视批评史》，北京大学出版社，2010年版，第372页。

② 该项评选由中国广播电视协会主办，2013年3月至10月完成，在全国范围评出“十佳理论才人”10名，“百优理论才人”90名。

践总结，为加快打造我国国际一流媒体，提出一系列理性思考和建设性意见。他还结合我国广播电视“走出去”工程的实践，对“走出去”战略的远景规划、配套措施提出新思路、新举措。这些成果既体现中央精神，符合中国实际，又有深刻的国际背景分析做参照，极具现实操作性。体现了理论与实践的结合、现实与前瞻的结合，是管理派、学院派、实践派之集大成者，很难把他归入哪一派。同样，今天的学院派也融入了大量政策分析作为理论观点的支撑，实践派也绝非是捕捉苗头的灵光一现，而是以人文社科理论做逻辑推导，研究成果扎实而丰厚。总之，当今的传媒研究成果不再像以往那样成色单一，其研究者也很难泾渭分明地分出类型和流派。可以说，在媒介融合的时代，传媒理论人才已率先融合。这种融合是人才跨界（管理部门、院校、媒体）、跨区域（中央与地方、国内与国际）的融合，是研究领域、研究对象、研究方法的融合，体现了传媒理论人才的发展方向，体现了当今开放、合作、分享的互联网精神。

有了理论人才培养选拔的合理机制，还必须认真地落实和执行。否则，机制的效果就会大打折扣。今后，“十佳百优”理论人才评选活动还要继续向深化、细化方向推进。一是坚持高端引领。要让入选者有机会参加国内外高端论坛，接触学科前沿最新成果，为其继续成长创造良好条件。二是坚持以用为本。要根据入选者特长，大胆使用，让他们承担重大科研项目，担任学科带头人，使他们在黄金时期充分施展才干。三是提供必要服务。要加强跟踪联络，掌握入选者动态，听取意见建议，及时为他们排除影响科研的障碍。四是做好宣传工作。树立先进典型，增强入选者的责任感、成就感、荣誉感，努力开创让各类人才创造热情竞相迸发的生动局面。总之，要落实、落微各种细节和配套措施，确保理论人才有良好的再成长环境。

三、准确把握新时期广电人才培养和队伍建设方向

按照党的十八届三中全会的要求，进一步加强国际传播能力和对外话语体系建设，提升国际舆论话语权，是增强国家文化软实力的重要内容，是传播中国声音、塑造国家形象、维护国家利益的迫切需要。中央通过的《深化文化体制改革实施方案》要求统筹抓好改革、发展和管理工作，统筹抓好文化事业和文化产业，统筹抓好现代公共文化服务体系、现代文化市场体系和优秀传统文化传承体系建设，统筹抓好经营性文化单位转企改制和文化企业发展，统筹抓好文化交流和文化贸易。

按照中央部署，广播电视要加快构建技术先进、传输快捷、覆盖广泛的现代传播体系，加快形成独具中国特色、能与国际交流的对外话语体系。要理顺内宣外宣体制，支持重点媒体面向国内国际发展。积极吸收借鉴国外一切优秀文化成果。要坚持以我为主、为我所用，学习借鉴一切有利于加强我国社会主义文化建设的有益经验、一切有利于丰富我国人民文化生活的积极成果、一切有利于发展我国文化事业文化产业的经营管理理念和机制。要加强文化领域人才、技术、经营管理经验的引进和使用，明确现行法规许可的吸收外资进入的文化产业领域。要契合国家深化文化体制改革要求，完善文化领域准入政策，强化文化市场监管，确保意识形态安全和国家文化安全。

新时期广播电视人才培养与队伍建设，必须坚持社会主义先进文化前进方向，坚持中国特色社会主义文化发展道路，培育和践行社会主义核心价值观，巩固马克思主义在意识形态领域的指导地

位，巩固全党全国各族人民团结奋斗的共同思想基础，推动社会主义文化大发展大繁荣。习近平同志在北京大学考察时强调，核心价值观承载着一个民族、一个国家的精神追求，是最持久、最深层的力量。广大青年要从现在做起，从自己做起，勤学、修德、明辨、笃实，使社会主义核心价值观成为自己的基本遵循，并身体力行大力将其推广到全社会去，努力在实现中国梦的伟大实践中创造自己的精彩人生。① 2014年5月22日，习近平同志在上海召开外国专家座谈会时强调，任何一个民族、任何一个国家都需要学习别的民族、别的国家的优秀文明成果。不拒众流方为江海，中国要永远做一个学习大国，不论发展到什么水平都虚心向世界各国人民学习。② 这些重要讲话，进一步指明了广电人才的培养和发展方向。

下一步，我们要从政治意识、责任意识、创新意识、市场意识和学习能力、策划能力、经营能力、沟通能力等几个方面加快培养、锻炼复合型传媒人才，使之担负的工作能够契合“三个有利于”的目标要求。即：有利于推动广电体制机制改革，探索以市场方式做强广电文化的途径办法；有利于倡导创新创优，促进内容为王，发挥新媒体接收特点，实现广电产业结构优化升级；有利于深入挖掘民族文化资源，开发国内外受众易于接受的文化产品和服务，把更多具有中国特色的广电品牌推向世界，助力中华民族伟大复兴中国梦的实现。

编　者

2014年6月27日

---

① 《习近平在北大考察：青年要自觉践行社会主义核心价值观》，新华网，2014年5月4日。

② 《不拒众流方为江海，中国要永做学习大国》，《新华每日电讯》，2014年5月24日，第1版。

“十佳”讲坛

王庚年简历

Introduction

王庚年，北京大学中文系毕业，中央党校在职研究生学历，高级编辑。现任国家新闻出版广电总局党组成员，中国国际广播电台台长、总编辑。1978年8月至1991年4月，任中国国际广播电台记者、主任记者、驻香港记者站首席记者。1991年4月至1995年12月，在中央办公厅调研室工作，任调研员、助理巡视员。1995年12月至2001年4月，任国家广电总局（部）电影局副局长。1997年5月至2001年4月，兼任广电总局（部）电影剧本中心主任（正局级）。2001年4月至2004年12月，任中央电视台副台长。2001年6月至2005年3月，兼任中国爱乐乐团（中国广播交响乐团）团长。2004年12月起任现职。

主要学术建树

王庚年同志长期从事广播影视实践工作，坚持用马列主义、毛泽东思想、邓小平理论、"三个代表"重要思想和科学发展观指导理论研究工作，体现社会主义核心价值体系，注重理论联系实际，学风正派，作风扎实。具有丰富的理论素养，理论研究成果丰硕，学术观点有鲜明时代特色，见解新颖独到，对广播电视理论建设和实际工作具有重要参考价值。尤其是2004年任中国国际广播电台台长以来，带领全台干部职工有计划、有步骤地开展以"构建现代国际广播体系"为目标的学习、思考、调研、实践与调整，对构建现代国际广播体系的重大战略部署、重要理论思考、重点实践体会，进行系统梳理和理论升华，形成了富有创新性的、独具特色的国际传播理论体系，并在实践中不断创新、完善。由王庚年同志提出的"多媒体融合，全媒体发展"、"构建现代综合新型国际传媒"战略任务，"中国立场、世界眼光、人类胸怀"传播理念，"围绕一个目标，贯通两个机制，实现三个转变，坚持四个并重，创新五个系统"的工作思路，"统筹十大关系"策略方针，在业内引起良好响应。

2007年以来，王庚年同志连续6年主持广电总局部级社科重点研究项目，主持2011年国家社科基金重点项目，独立发表2本专著，发表学术论文50多篇，主持编撰教材、著作20多本，在第七届广播电视学术著作评选活动中获一等奖，在第12届全国广播电视学术论文评选活动中获特别奖，其论文被《新华文摘》全文引用。

2005年至2006年，为贯彻落实中央领导同志关于借鉴国际同行有益经验的指示精神，加快推进现代国际广播体系建设，王庚年同志担任组长，组成国际台调研工作领导小组，组建12个分课题组，集中专门人员，开展构建现代国际广播体系大调研工作，对英国广播公司、美国之音、日本NHK、法国国际广播电台、德国之声、韩国KBS、澳大利亚广播公司、加拿大广播公司等世界主要国际广播媒体和国内相关媒体的情况，进行了为期8个月的专题调研，并在各分课题调研报告的基础上，形成了《国际传播发展战略研究》一书。

王庚年同志发表的独著《文化发展论集》，分为"研究篇"、"电影篇"、"电视篇"、"广播篇"四个部分，记录了不同时期的工作历程、体会感悟、理论思索。这些凝聚着心血和智慧的知性感言，是作者站在中国乃至世界广播、电影、电视的传媒前沿，经过实践后得出的理性思考结果，也是对中国广电媒体挚爱的倾情体现。书中一些研究篇章如"论先进文化的十大特性"、"论政府创新的十大理念"、"论和谐社会的文化形态"、"中国文化产业发展的战略思考与策略安排"、"科学发展观的哲学思考"、"中国行政管理体制改革的理论思考"、"中西治国方略比较研究"等，题材广泛，观点新颖，论述深刻，学界、业界广泛引用转载。

王庚年同志的独著《国际传播：探索与构建》，在第七届广播电视学术著作评选活动中获一等奖。该书以科学发展观为指导，结合当今国际传播四大发展态势的概括评析，对中央领导提出的"构建现代国际广播体系"发展战略的提出、背景、内涵、框架、思路、初步实践、远景规划、协调发展举措等，做出分析思考和论述，为中国国际传播发展战略研究，提供初步理性思考和经验总结。

王庚年同志主持的2009年度国家广电总局部级社科重点研究项目《建设现代综合新型国际一流媒体研究》，以中央关于"增强国际传播能力、打造国际一流媒体"发展战略的提出为切入点，结合深化文化体制改革战略及我国主流国际传播媒体近年的理论思索和实践总结，对构建现代综合新型国际一流媒体进行研究，为加快打造现代综合新型国际一流媒体，提供了初步的理性思考和实践体会。

王庚年同志主持的2011年国家社科基金重点项目，以《国际传播新格局研究》一书出版。全书着重研究了进入新世纪新时期新阶段以来，如何适应我国国际地位增强的需求，提升我国媒体国际化程度和传播影响力，增强国际舆论话语权，在构建国际舆论传播新格局中更好地发挥作用等重大问题，意图通过这一研究为我国主流媒体增强国际传播力、发挥国际影响力提供可资借鉴的经验和参考，从而使我国媒体在国际舆论竞争中成为一支不容忽视的重要力量，有效改变当前不公平、不合理的国际舆论格局。全书结合国际政治经济格局发展变化，对建设一个于我有利，符合广大发展中国家需要的国际舆论传播新格局进行了详细论证，描述了明确特征，比照我国媒体发展路径提出了发展方向。全书重点提出了应当加快构筑具有中国特色的国际传播理论体系，提出了国际舆论传播新格局应当具备的三个重要特征，提出了构建国际舆论传播新格局的三大战略，即全球化战略、现代化战略、综合化战略。

2010年至2011年，国际台与中国传媒大学联合编撰了“国际传播人才培养”系列教材。王庚年同志担任丛书主编。丛书包括《国际传播发展战略》、《世界主要媒体的国际传播战略》、《国家传播战略》、《国际传播概论》、《新媒体传播》、《中国新闻报道》、《国际新闻报道》、《国际传播策划》、《国际危机传播》、《母语传播概论》、《国际传播史》、《国际传播受众研究》、《国际传媒整合营销传播》等13个分册，填补了我国国际传播领域专业教程的空白，适应了加快我国国际传播理论建设、为增强国际传播能力奠定理论基础的需要。

王庚年同志主持的2011年国家广电总局部级社科重点研究项目《中国广播电视“走出去”战略研究》，以理论与实践结合、现实与前瞻结合的视角，以我国广播电视“走出去”的机遇、挑战和条件分析为基点，结合我国广播电视“走出去”工程的理论探索和实践总结，对我国广播电视“走出去”战略的提出、背景、内涵、框架、思路、初步实践、远景规划、配套措施等方面，提供操作性强的新思路、新举措、新方案。

2012年，王庚年同志主持编撰了约170万字的“国际传播研究丛书",由《国际传播舆论新格局研究》、《CRI/CIBN海外分台受众市场研究》、《媒体品牌战略研究》、《全媒体技术发展研究》等四本书组成,为国际台事业发展提供了坚实的理论支持。丛书着力把握理论性、实用性、宏观性、前瞻性四个原则,研究国际传媒发展趋势,着眼我国媒体发展全局,系统总结中外传媒实践经验和理论探索,明显提升了国际台理论研究水平。

2013年,由王庚年同志担任组长的写作小组,撰写了长篇纪实通讯《中国声音响起来——中国国际广播电台国际传播能力建设纪实》,发表在《光明日报》上。长篇通讯以报告文学文史相辉的纪实手法,融真实性、思想性、文学性于一体,客观、全面、详实地再现了国际台在中国革命、建设和改革发展不同历史时期,进行的艰辛探索、取得的辉煌成就、描绘的宏伟蓝图。新华社、中新社分别于5月5日播发了该消息电讯稿。《人民日报》、《中国日报》、中央人民广播电台"新闻和报纸摘要"分别于5月6日刊发、播发相关消息。此外,人民网、新华网、中国日报网、中国广播网、光明网、中国新闻网、中国网、国际在线等重点新闻网站,及搜狐网、新浪网、网易、BBC中文网等上百家网络媒体转发了相关报道。

2013年,根据中央宣传思想文化系统大调研的安排,国际台组成以王庚年台长为组长的调研组,在以往调研的基础上,再次对世界知名传媒集团综合化、本土化、全球化、品牌化发展态势进行了专题调研,形成了《国际传播综合化调研》、《国际传播本土化调研》、《国际传播全球化调研》、《国际传播品牌化调研》等调研文章,其中,关于综合化、本土化的调研被中宣部《调研简报》刊用。

2007年以来,王庚年同志连续7年应邀为《中国广播电影电视发展报告》撰写"专题研究报告",针对广播电视改革发展中的重点和热点问题,如"构建现代国际广播体系"、"新媒体业务发展"、"主流媒体国际传播能力建设"、"广播电视机构全媒体建设"、"我国主流媒体大外宣格局建设"等进行深入研究,体现宏观战略思维,具有重要实践指导和理论参考意义。

王庚年同志结合广播影视实践,取得丰富理论成果。在《求是》、《新华文摘》、《理论前沿》、《理论参考》、《中国记者》、《新闻战线》、《中国广播电视学刊》、《中国广播》、《国际广播影视》（学刊）、《对外传播》、《电视研究》、《当代电影》、《电影通讯》等期刊杂志上发表50多篇理论文章。论文《中国广播电视“走出去”的机遇与对策》被《新华文摘》全文引用。由于见解独到深刻，王庚年同志多次被邀请到北京大学、中国传媒大学、中央党校等高校和世界媒体峰会、CCBN主题报告会、BIRTV展览会等大型主题会上做主题报告和重要演讲，其《关于全媒体的认识与探索——在2012中国国际广播电视信息网络展览会（CCBN）主题报告会上的演讲》被中广互联、和讯网、网易等网站广泛转载。

主要论著一览

一、论文类

1.《让中国更好融入世界》,《中国广播电视学刊》, 2014年第1期;

2.《中国国际传播的三重境界》,《中国广播》, 2014年第1期;

3.《关于全媒体的认识与探索》,《中国广播电视学刊》, 2012年第11期;

4.《认真学习贯彻十八大精神 加快建设现代综合新型国际传媒》,《中国广播电视学刊》, 2012年第12期;

5.《评说中国电影1999》,《电影通讯》, 1999年第6期;

6.《我国传媒应对媒介融合的策略》,《对外传播》, 2011年第11期;

7.《世界格局变化中的文化国际传播战略》,《中国党政干部论坛》, 2011年第11期;

8.《建设现代综合新型的国际传媒——在第二十届北京国际广播电影电视设备展览会主题报告会上的讲话》,《现代电视技术》, 2011年第10期;

9.《文化国际传播的国外经验——以美、法、日、韩为例》,《中国党政干部论坛》, 2011年第12期;

10.《当代世界的国际传播》,《中国广播电视学刊》, 2011年第11期;

11.《承前启后 继往开来 全面建设现代综合新型国际传

媒——在纪念中国人民对外广播事业暨中国国际广播电台创建70周年大会上的讲话》,《中国广播电视学刊》,2011年第12期;

12.《关于全媒体的认识》,《数字通信世界》,2012年第4期;

13.《文化国际传播的国外经验——以美、法、日、韩为例》,《决策探索》,2012年4月(上半月);

14.《全面建设现代综合新型国际传媒》,《中国广播》,2012年第1期;

15.《突出对外特色 传播中国声音——中国国际广播电台结合对外传播特点开展“走转改”活动》,《中国广播电视学刊》,2012年第8期;

16.《建设国际一流媒体 积极争取国际话语权》,《中国记者》,2009年第8期;

17.《加快推进媒体“三转变” 努力增强国际传播能力》,《中国广播电视学刊》,2009年第12期;

18.《着力统筹十大关系 全面提升国际传播能力》,《中国广播电视学刊》,2010年第2期;

19.《多语种采访 多语种直播 多媒体联动——国际台上海世博会报道特色与亮点》,《中国广播电视学刊》,2010年第6期;

20.《中国国际广播电台增强国际传播能力建设的十大突破点》,《中国广播电视学刊》,2010年第10期;

21.《中国文化产业发展的障碍及对策》,《中国广播电视学刊》,2006年第3期;

22.《“中俄友谊之旅”——构建现代国际广播体系的创新之举》,《中国广播电视学刊》,2006年第11期;

23.《加快推进现代国际广播体系建设》,《中国广播电视学刊》,2007年第1期;

24.《中国国际广播的发展战略》,《中国记者》,2006年第12期;

25.《认真学习贯彻十七大精神 积极构建现代国际广播体系》,《中国广播电视学刊》,2007年第11期;

26.《中国国际广播电台贺信》,《新闻战线》, 2008年第1期;

27.《中国国际广播电台: 连接世界的重要纽带》,《对外传播》, 2008年第11期;

28.《深化学习 探索规律 重点突破 科学发展——科学发展观学习体会》,《中国广播电视学刊》, 2008年第12期;

29.《让中国的声音传播得更广更远》,《求是》, 2008年第9期;

30.《中国国际广播电台人才发展战略思考》,《中国广播电视学刊》, 2008年第3期;

31.《合作与发展——在全国广播电台台长座谈会上的讲话》,《中国广播》, 2008年第1期;

32.《从全局准确把握导向 以效果正面评价宣传——国际台抗震救灾报道回顾与思考》,《中国广播电视学刊》, 2008年第6期;

33.《多语种采访 多媒体联动 新媒体应用 把握奥运报道国际话语权和舆论引导权》,《中国广播电视学刊》, 2008年第9期;

34.《改革 发展 创新 确保各项工作再上新台阶——在中央电视台2003年工作会议上的总结讲话(摘要)》,《电视研究》, 2003年第3期;

35.《论先进文化的十大特性》,《电视研究》, 2003年第11期;

36.《推动理论研发 促进交流合作——在〈2003中国电视研究与发展理论年会〉上的讲话(摘要)》,《电视研究》, 2003年第12期;

37.《论国际台节目海外落地发展战略》,《中国广播电视学刊》, 2005年第10期;

38.《论构建现代国际广播体系的人才保证》,《中国广播电视学刊》, 2005年第11期;

39.《坚持协调发展 牢牢把握中心》, 发表于《理论前沿》, 2004年第15期;

40.《论政府创新的十大理念》,《理论前沿》, 2005年第1期;

41.《论政府创新的10大理念》,《理论参考》, 2005年第9期;

42.《把握时机 振奋精神 再创佳绩 迎接新世纪——就当前国产电影态势答〈当代电影〉记者问》,《当代电影》,1999年第1期;

43.《一年好景君须记 最是橙黄橘绿时——就当前中国电影发展态势答〈当代电影〉记者问》,《当代电影》,2000年第1期;

44.《〈生死抉择〉影片分析》,《当代电影》,2000年第5期;

45.《雨频发春色 风暖树自荫——就90年代中国电影发展态势答〈当代电影〉记者问》,《当代电影》,2001年第1期;

46.《抓好精品生产 推进频道改革 努力为世纪初年创造良好舆论氛围——中央电视台2001年上半年工作总结(摘要)》,《电视研究》,2001年第8期;

47.《改革创新 提高品位——写在中央电视台科教频道开播之前》,《中国广播电视学刊》,2001年第6期;

48.《合作是应对挑战的必由之路》,《电视研究》,2002年第1期;

49.《认真学习 融会贯通》,《当代电影》,1996年第4期;

50.《第一届夏衍电影文学奖获奖剧本点评》,《当代电影》,1997年第6期;

51.《求真 求变 求果——在中央电视台2004年工作会议上的总结讲话》,《电视研究》,2004年第3期;

52.《关于电视科学发展观的哲学思考》,《电视研究》,2004年第5期;

53.《论电视与三个文明建设》,《电视研究》,2004年第7期;

54.《邓小平理论与中国电视》,《电视研究》,2004年第8期;

55.《关于中国文化产业发展的战略思考与策略安排》,《电视研究》,2004年第10期;

56.《精心组织 狠抓落实 百花齐放 促进繁荣》,《电影通讯》,1997年第1期;

57.《理论研究 任重道远》,《国际广播影视》,2005年第1~2期卷首语;

58.《继往开来 与时俱进》,《国际广播影视》,2005年第3期卷首语；

59.《让我们一起努力——在国际台环球资讯广播开播仪式上的讲话》，《国际广播影视》，2005年第4期；

60.《论构建现代国际广播体系的人才保证》，《国际广播影视》，2005年第5期；

61.《加强合作 共同发展 构建广播外宣协作长效机制——在第五届全国广播外宣协作会议上的讲话》，《国际广播影视》，2005年第6期；

62.《全面推进现代国际广播体系建设——中国国际广播电台2006年工作报告摘要》，《国际广播影视》，2006年第1期；

63.《架设绚丽多彩的空中彩桥——在肯尼亚中国园听众见面会上的讲话》，《国际广播影视》，2006年第2期；

64.《要继续加快走出去的步伐——在国际台肯尼亚节目制作室启动仪式上的讲话》，《国际广播影视》，2006年第2期；

65.《论和谐社会的文化形态》，《国际广播影视》，2006年第3期；

66.《健全适应构建现代国际广播体系要求的听联工作——在国际台2006年听联工作表彰交流会上的讲话》，《国际广播影视》，2006年第4期；

67.《讲规矩　做实　讲秩序　做细》，《国际广播影视》，2006年第5期；

68.《扬独家之优势——在胡锦涛主席出访肯尼亚报道表彰会上的讲话》，《国际广播影视》，2006年第6期；

69.《科学发展观与国际传播论》，《国际广播影视》，2006年第10期；

70.《加快推进现代国际广播体系建设——在纪念中国人民对外广播事业暨中国国际广播电台创建65周年大会上的讲话》，《国际广播影视》，2006年第12期；

71.《抓住机遇　迎接挑战　实现国际广播事业超常规发展——中国国际广播电台2007年工作报告摘要》，《国际广播影视》，2007

年第2期；

72.《世界主要国家新媒体发展态势论》，《国际广播影视》，2007年第5期；

73.《加强合作 互利共赢——在第二届共建地方外宣广播研讨会上的讲话》，《国际广播影视》，2007年第10期；

74.《创新管理 科学管理 依法管理》，《国际广播影视》，2007年第11期；

75.《围绕中心 创新机制 推动国际传播事业协调发展——中国国际广播电台2008年工作报告摘要》，《国际广播影视》，2008年第1期；

76.《以科学发展观为指导 努力推动国际广播事业协调发展》，《国际广播影视》，2008年第2期；

77.《纪念国际台法语广播创办50周年的讲话》，《国际广播影视》，2008年第8期；

78.《用科学发展观统领我国国际广播战略发展全局》，《国际广播影视》，2008年第12期；

79.《科学发展 综合发展 加快打造国际一流媒体——中国国际广播电台2009年工作报告摘要》，《国际广播影视》，2009年第3期；

80.《传统媒体与新兴媒体：共存与发展——在世界媒体峰会上的发言》，《国际广播影视》，2009年第10期；

81.《建设现代综合新型的国际传媒 全面提升国际传播能力——中国国际广播电台2010年工作报告摘要》，《国际广播影视》，2010年第2期；

82.《当代世界的国际传播》，《国际广播影视》，2010年第8期；

83.《尽责尽责 把学会工作做好》，《国际广播影视》，2010年第9期；

84.《承前启后 继往开来 全面建设现代综合新型国际传媒——在纪念中国人民对外广播事业暨中国国际广播电台创建70周

年纪念大会上的讲话》,《国际广播影视》,2011年第12期;

85.《多媒体融合 全媒体发展 加快建设现代综合新型国际传媒集团——中国国际广播电台2012年工作报告》,《国际广播影视》,2012年第2期;

86.《关于全媒体的认识与探索——在2012中国国际广播电视信息网络展览会(CCBN)主题报告会上的演讲》,《国际广播影视》,2012年第4期;

87.《中国广播电视"走出去"的机遇与对策》,《国际广播影视》,2012年第8期。

二、论著类

1.《文化发展论集》(独著),中国国际广播出版社,2007年5月出版;

2.《国际传播:探索与构建》(独著),中国国际广播出版社,2009年1月出版;

3.《国际传播发展战略研究》(主编),中国国际广播出版社,2006年11月出版;

4.《国际传播发展战略》(主编),中国传媒大学出版社,2011年3月出版;

5.《建设现代综合新型国际一流媒体研究》(主编),中国国际广播出版社,2011年7月出版;

6.《新媒体国际传播研究》(主编),中国国际广播出版社,2012年6月出版;

7.《国际舆论传播新格局研究》(主编),中国国际广播出版社,2013年1月出版;

8.《全媒体技术发展研究》(主编),中国国际广播出版社,2013年1月出版;

9.《媒体品牌战略研究》(主编),中国国际广播出版社,2013年1月出版;

10.《海外分台受众市场研究》（主编），中国国际广播出版社，2013年1月出版。

三、课题类

1. 《现代国际广播体系研究》，2007年度国家广电总局部级社科重点研究项目；

2.《新媒体节目形态与传播规律研究》，2008年度国家广电总局部级社科重点研究项目；

3.《建设现代综合新型一流国际媒体研究》，2009年度国家广电总局部级社科重点研究项目；

4.《新媒体国际传播研究》，2010年度国家广电总局部级社科重点研究项目；

5.《中国广播电视走出去战略研究》，2011年度国家广电总局部级社科重点研究项目；

6.《我国媒体参与国际舆论传播新格局的范式研究》，2011年度国家社科基金重点项目；

7.《我国主流媒体融合发展研究》，2014年获批国家社科基金重点项目。

传播新技术对国际传播的挑战

任何一个国家要在国际社会塑造良好的声誉和国家形象，都有赖于与其他国家或民族交流与协作的能力。在传播领域，国家国际传播实力是这种能力的最直接体现。

在这个数字技术、网络技术和通信技术迅猛发展导致的联系日益紧密的全球社会中，高质量的对外传播比以往任何一个时期都对国家的利益和安全显得更加举足轻重，因为国际传播已经不仅仅作为国家政治工具而存在，甚至已经演化成国际政治斗争的一部分，而科技水平的高低，决定了传播的意愿和实际内容能否有效地传播出去。因此，对于发展中国家来说，传播技术的相对不发达，是造成其在国际舆论中处于弱势地位的原因之一。

科学技术的飞速发展虽然是一个全球化现象，但是，这一变革的主要发生地和受益者却集中在发达国家。联合国对全球发展所做的评估指出，当前，世界各国之间的贫富差距正在拉大，全球化发展带来的利益大部分流入了工业化程度较高的国家。雄厚的经济后盾，使得发达国家比发展中国家更有实力开发和运用新的技术和设备，更多地拥有高科技人才，从而更多地在经济全球化中实现国家利益的增长。恶性循环困扰着发展中国家：经济上的贫富差距造成了科技发展的不平等，而科技的强弱又进一步拉大了南北之间的贫富差距。

事实上，发达国家和发展中国家之间在信息和技术方面的差距一直存在。根据国际电信联盟的一份报告，无线电话的用户有80%在发达国家，12%在中国、巴西、韩国和土耳其，其余的8%分布在100多个发展中国家。20世纪90年代中期，世界上依然有1/2的人没有使用过电话。21世纪初，世界2/3的新闻信息来自仅占世界人口1/7的发达国家，在发展中国家，60%的媒体报道的内容也来自发达国家。新传播技术的发展使得这种差距越发明显。以世界各国的数字化进程为例，英国目前处在数字传输的发展前列，英国的数字化比例达75%。2007年，英国2200万户家庭中，有超过2/3的家庭拥有数字电视。该国政府将在5年之内投入5亿英镑用于改造超过1000家传输机构，预计在2012年伦敦奥运会之前完成改造工作，完成数字化转变。在亚太地区，澳大利亚、韩国和日本的数字传输模式比较普及，预计在2010年到2012年间完成数字传输化。与之相比，大部分亚洲国家的数字传输化进程才刚刚起步，传统设备存在的缺陷和改造成本的居高不下，成为这些国家通往数字领域的障碍。日新月异的传播技术，加上霸权话语国家有意识地利用信息优势来传播信息，给发展中国家的国际传播带来了更大的压力和挑战。

国际传播中的信息自由流动论衍生于商品自由流动原则，指的是“超越国界并在两个（或以上）国家和文化体系之间的讯息运动”。这种论调在表面上反映的是对民主、言论自由以及人权的尊重，但由于现实世界中发达国家与发展中国家之间在传播实力方面存在着严重的历史位差，从而导致自由流动规则下的不均衡流动。国际传播学者在对国际传播领域新闻流动的方向进行研究后提出了三种流动模式：一是从中心向边缘流动，即新闻从世界新闻系统中的“优势”国家向“边缘”国家扩散，“边缘”国家之间的信息交流很少；二是从北向南流动，即认为新闻信息大量地从发达国家流向发展中国家，发达国家之间、发展中国家之间以及由发展中国家向发达国家的信息流动很少；三是西东南三角形模式，该模式将模式二的北方分成西方和东方两个部分，认为南方的信息大部分来自北方，西方和东方之间存在交流。以上三种模式都在大量国际传播研究中得以证实，而其中所呈现的国际信息流动特点不得不引起我们注意：从流动方向上来说，发达国家向发展中国家的流动长期存在，伴随着发展中国家独立意识的觉醒以及现代科技的发展，反方向流动在某些地区逐渐开始出现；从流动量上来看，发达国家向发展中国家的流动占据强势地位，逆向流动虽然存在但影响微弱；从信息内容上来看，发达国家在国际媒体中得到更多更全面的报道，而发展中国家的信息量非常有限，而且是过于简单化的，其态度也是消极的。

如同资本的自由流动加剧了南北之间的贫富差距，理论与现实之间的错位，使得在当前的世界传播格局中倡导信息自由流动，给发展中国家的政治、经济、文化等各方面造成了极为不利的影响。1968年起发展中国家开始要求建立新的世界新闻传播秩序，反对国际新闻垄断与控制，反对文化侵略与渗透，要求维护国家主权与独立，维护民族传统文化，保障经济发展与社会进步。为此，联合国教科文组织召开多次会议进行商讨，并于20世纪70年代末提出"建立世界信息传播新秩序"的全球传播体系发展目标。但是，来自既得利益方的阻力一直都十分强硬。20世纪80年代，美英退出联合国教科文组织，以示对信息自由流动原则的决心，虽然1997年英国已重返该组织，但是传媒大国的消极态度使得这项改革没有取得预期效果。

近30年来，发达国家与发展中国家的传播实力差距随着电子传媒和数字传媒的迅速发展继续拉大。发达国家掌握了大部分自然性传播资源，如卫星轨道空间和无线电磁波光谱等，占据了信息资源分割的霸权。"随着数码传播技术的日臻成熟，光纤通讯显示出通讯卫星所不具备的诸多优势。以美国为首的资本主义发达国家现已建成了横贯北美、欧洲、澳洲和日本的跨洋的光纤通讯干线。"跨国传媒集团大量涌现，西方50家媒体跨国公司占据了世界95%的传媒市场，而这些传媒产品都在维护西方的生活方式以及资本主义价值观。虽然诸如半岛电视台、CCTV法语、西班牙语频道的出现，为改善世界信息传播秩序做出了努力，但其实力仍不足与发达国家的传媒相抗衡。

国际传播的效能取决于信息传播的影响力，而传播技术实力是最终的决定因素之一。虽然有部分学者认为，互联网的出现从理论和技术上给国际信息逆流带来可能，但就目前来看，信息技术的发展并没有改变国际传播的基本格局，“西强东弱”或者“北强南弱”的态势还将继续存在。信息落差将信息潮水从处于高点的发达国家流向处于低谷的发展中国家，使其在进行跨文化传播时，必须克服传播技术落后和传播工具匮乏的障碍。这种被强化的不均衡交换关系，让原本就偏向一方的天平更加倾斜，发展中国家在国际舆论中的话语空间被进一步压缩，国际传播比以往任何时代都面临更大的考验。

国际传播的功能之一在于塑造良好的国家形象，但在传播技术快速发展的今天，发展中国家的国际传播媒体在发挥这项功能时更多地表现出一种无奈。国家形象是国际社会对一个主权国家的综合国力、政策取向、各项活动及其成果的总体评价和认定，是一个国家进行国际交流与交往的重要前提。具体地说，某一国家外部公众对该国政治、经济、社会、文化、地理与风土人情等方面状况的认识与评价，就构成了国家形象。在通讯技术和信息技术迅猛发展的时代，大众传媒已经成为构建国际形象的重要环节和有力支撑。我国前常驻联合国副代表沈国放在谈到媒体在塑造国家形象时也说：“媒体外交已经成了外交的一个重要组成部分。一国的立场和观点，你的国家形象和地位，都需要通过媒体加以肯定和传播。”

媒体在塑造一个国家形象过程中的影响主要表现为两个方面：其一是媒体具有左右舆论的力量，媒体报道会直接影响国际受众对某一国家的认识、看法和态度，尤其是把国际媒体作为唯一信息源的受众，国际媒体的作用和影响就会更加明显；其二是媒体在传播国家形象时，有时不但可以充当一般传播中介的角色，还可以对国家形象起一种“定型”作用，其报道的议题和方式都会影响国际舆论和国际受众对一个国家形象的评价和定位。值得注意的是，媒体可以塑造本国形象，同时也可以塑造他国形象，而国际社会对于某一国家的认识和看法，不仅来自本国媒体，更多的是来自于国际舆论中最强大、最主流的声音。因此，一个国家在国际社会上反映出的最终形象，并不仅仅取决于自身的良好愿望，而是“自塑”形象与"他塑"形象相互博弈的结果。

媒体塑造国家形象的成功与否，取决于媒体的影响力和权威程度，而这又以国家的物质技术为基础。以美国为首的西方国家，凭借着传统媒体的领先地位和新兴媒体的技术优势，获得了国际社会中较大的话语权，可以在引导国际舆论方面发挥更大的作用，从而掌握了国家形象塑造上的主动权。以美国有线电视新闻（CNN）为例。CNN在国际新闻报道方面占据重要地位，其国际频道覆盖全球，有140多个国家的2.21亿户收看它的新闻节目。CNN的网络版CNN Interative是世界上最忙的新闻网址之一，每天有350万的用户访问，目前网上的信息有80%是美国发布的信息。"9·11"事件发生后，只有3%的美国人相信伊拉克需要对此事负责，但在CNN等美国主流媒体的宣扬下，一周年后，相信的人数就已经上升到50%。美国语言学家乔姆斯基认为，"媒体从来没有作过这样直接的陈述：伊拉克即将入侵美国，或是它曾经对世贸大楼发动过攻击。它只是不断地含沙射影，一个暗示接一个暗示，直到人们相信为止"。

当一个国家的对外传播媒体在国际舞台上的影响力足够强时，"自塑"将会超越"他塑"的力量，在国家形象的最终定位上起决定性作用。对于发展中国家来说，传播技术条件的缺失，往往会导致有关国家形象的评价更多地来自外界，国际传播作为一种国家行为，其目的是为了最大限度地谋求国家利益。一个国家的媒体，无论从事的是本国形象的塑造还是他国形象的塑造，都是出于"利己"的考虑，从而造成评价标准和立场难以公正客观。因此，发展中国家的国际形象被歪曲和丑化的现象比比皆是，而这些国家长期处于反驳性宣传中，却往往难以化解国际社会的疑虑，给完整的国家形象宣传带来了很多负面影响。

需要说明的是，尽管新传播技术的飞速发展并没有使发展中国家在国际舆论中的地位像人们预期的那样得以大幅提升，甚至给这些国家的国际传播设置了很多障碍，但是，就科学技术本身来说，这是一个具有里程碑意义的革命，它带动了媒体形态和媒体服务功能的进步，实现了传播业的又一次大的跨越，促进了人类文明的向前发展。传播技术是没有倾向性的，对它的运用方式以及背景条件，决定了它将会产生何种效果。因此，发展中国家要做的不是抵制传播方式、传播手段的更新换代，而是要在致力于建设国际传播新秩序的同时加强自身的发展，广泛学习，取长补短，以更加雄厚的实力和基础来应对各种挑战，在国际舆论斗争中赢得一席之地。

（原载《国际传播探索与构建》2009年1月版·节选）

王春莉简历

Introduction

王春莉，中国传媒大学新闻采编专业毕业，1998年被评为高级记者职称。从1997年2月起，历任黑龙江广播电视局副总编辑、黑龙江电台常务副台长、哈尔滨广播电视局党组书记、局长、哈尔滨广播电视台台长。现任黑龙江广播电影电视局党组副书记、总编辑。

主要学术建树

多年来，王春莉同志坚持理论探索，在国家与省部级学术刊物上发表50余篇论文，其中《论直播版块节目改革思路与设计》获《新华丛书》征文评比一等奖；《30年广播电视发展新概念》获中国广播电视学会征文一等奖；另有十几篇学术论文获中广学会论文评比二等奖和省部级优秀论文评比一等奖。著有《思无止境》和《记者之眼》；合著《百科知识溯源》、《今天日历》和《人格的历程》等书籍。

曾多次参加全国广播发展论坛、全国城市电视发展论坛、全国交通广播电视发展论坛、全国部分省市传媒发展论坛和黑龙江广播影视论坛，并做主旨发言。其中《传媒的生态和谐与可持续发展》、《电视资讯节目竞争策略》、《电视品牌的创建与培育》、《体现“三贴近”原则，办好电视资讯节目》、《关于数字电视整体平移的思考》、《互联网对青少年利弊影响分析》、《电视媒介环境与青少年成长》等均受好评。

一、从感性走向理性，着眼于广播电视舆论导向的研究

中国目前处于社会转型期，突发事件高发期，舆论引导越来越受到重视。理论导向错误，不仅仅属于思想意识形态方面的认识问题，它会引起社会不安定。王春莉在《坚持正确舆论导向，努力提高舆论引导的水平》、《永恒的主导地位——新闻广播》、《新闻舆论要促进经济社会全面发展》、《正确引导舆论，强化四个意识》、《体现“三贴近”原则 办好电视资讯节目》等文章中，既论述了舆

论导向的重要性，又提出了实现有效舆论引导必须坚持的原则，比如"必须遵循新闻基本规律"、"必须坚持以人为本"、"必须深入群众的生活实践"、"必须认真研究和把握人民群众的新要求和新期待"、"不回避干部群众普遍关心的重大理论和现实问题"等重要的新闻观点。在探索新闻的表现形态上，也做了深入探索。坚持正确的舆论导向绝不等于简单的穿靴戴帽、喊口号、摘套话。新闻报道既要去"八卦化"，也要去"八股化"。如果不顾新闻规律，不讲究报道艺术，把导向口号化，把新闻套路化，虽然表面看政治上正确，但这样的做法于新闻、于党、于国不仅无益，而且有害。

舆论导向的党性原则是舆论导向的基本原则，即站在什么立场上，坚持什么政治方向进行舆论引导的基本原则。坚持舆论导向的党性原则有三个重点选项：第一、把握好舆论基调，一切有利于稳定政治、稳定经济、稳定社会、稳定人心。在社会主义新的历史时期，坚持马克思主义在意识形态领域中的指导地位，探索和发展马克思主义，用舆论导向引领社会思想观念，毫不动摇地用一元化的指导思想引领多样化的社会思潮，巩固和发展积极健康向上的社会主义先进文化，努力把不同阶层、不同认识水平的人们凝聚在中国特色社会主义伟大旗帜下，共同完成建设中国特色的社会主义的伟大使命是新闻工作者义不容辞的责任和使命。第二、坚持用党的方针政策和主张引导群众，凝聚人心，使大家增强改革开放的信心、勇气和自觉性。当前的任务就是宣传社会主义核心价值观，用马克思主义基本原理研究当代现实、真切地解读改革发展中出现的新情况新问题，反映群众的生存状态和生活诉求，杜绝思想表达和舆论引导上的苍白无力与枯燥乏味，以此来统一人们的思想和观念，提高舆论的引导力。第三、坚持以人为本的原则，更加自觉主动地为人民服务、为社会主义服务、为党和国家工作大局服务。这就要求我们牢固树立政治意识、大局意识、责任意识、阵地意识，要把实现好、维护好、发展好最广大人民的根本利益作为舆论引导的出发点和落脚点，把群众的冷暖安危放在舆论引导的首位，切实为群众解决问题。

二、从理论走向实践，着眼于广播电视的创新实践的研究

在认识新闻属性和功能上有突破。新闻事业是党和人民的喉舌，从它诞生那一天起，就发挥着舆论引导功能。随着改革开放的深入发展，新闻媒体的开放性越来越明显，新闻的属性和功能发生了深刻变化，新闻媒体不仅具有宣传舆论引导功能，同时具有传播、监督、娱乐、服务等多功能。步入市场经济，人们需要大量的信息和知识，媒体要真实地传播信息和知识，把世界上每时每刻发生的重要事件告诉公众，把人类创造的新知识、新技术、新思想介绍给公众，满足人民群众日益增长的精神文化需求，这是新闻媒体长期忽视受众信息需求后，在认识媒体传播属性上的一大突破。我国处在社会转型的特殊历史时期，既是发展关键期，也是矛盾凸现期，又是突发事件多发期。人们期待媒体主持正义和公道，报道公众普遍关心的社会热点难点问题，传达弱势群体的呼声等都成为媒体的社会责任。媒体从单纯的事业单位，逐渐过渡到事业性质企业化管理的双轨制，由于政府不再向媒体划拨经费，媒体在承担喉舌功能的同时，还要考虑自己的生存问题，媒体要靠自己求生存谋发展，因此媒体具备了产业性质，其产品具有了商品属性。一些媒体在生存与发展的压力下，往往把经济效益作为自己的首要追求，忽视自己所肩负的社会责任，为此很多新闻工作者产生忧虑和不安。传媒进入市场，并不必然造成媒体的导向脱离媒体主流价值目标，鉴于媒介的“喉舌”作用，决定它的社会效益较之经济效益必须摆在首位而不能完全产业化，但并不因此意味着对媒介所含的产业属性和产业形式进行否定。适应市场经济转轨，走产业化发展道路是广播电视发展的战略抉择，但决不能放弃新闻媒体的党性原则。宣传和经营是彼此制约、相互激励，不能人为的对立起来。这种观点在当时是认识上的重大突破。

在传统经济体制向社会主义市场经济体制转型的背景下，宣传报道指导思想也发生了深刻的变化。在宣传报道领域上大量出现宣传农村联产承包责任制，包括联产承包、分产到户等，个体户，民

营经济，工业国有企业改革等新闻报道渐渐增加，经济报道的比重逐年增加，改变了过去单纯的泛政治化宣传报道的倾向。新闻的导向性、新闻的开放性、新闻的社会性、新闻的接近性、新闻的商品性这些新闻理论元素和实践活动重新被提起被重视，并引发了王春莉同志的深入研究。伴随着中国改革开放和民主化进程，新闻受众越来越不是消极地接受客体，他们有独立的判断和爱好，对新闻传播的内容和形式的要求也日趋多样化。不同区域、集团、群体的不同经济利益、政治利益、文化利益以及行业利益、部门利益之间的差异都造成了不同的舆论热点和多元诉求，新闻传播理念和观念面临着“一律”和“多元”的抉择。实际上社会各个系统的文化都像潮水般地涌向新闻媒体，新闻媒体在坚持正确导向的前提下，以极大的热情融合、渗透、消化多种文化形态，为社会各界搭建沟通理解的平台。这期间媒体改革的突出的标志就是民生新闻的崛起。民生新闻摈弃过去那种墨守成规的思维定势、以平民化的视角透视民生生活，揭示普通人的生命意义和生存价值。一改过去传播内容取舍上强调的“我想让你知道什么”和“你应该知道什么”的传播本位的做法，突出和强调“受众喜欢什么”“想知道什么”的传播理念，从而在选择传播内容的标准上第一次向着“受众需求”的方向转移。这根本性的变化被称之为广播电视的“传播理念和观念的变革”。这在广播电视的传播内容和观念上是重大突破。

20世纪60、70年代的新闻传播形态和表现方式比较呆板，新闻资源匮乏、题材单调单薄、体裁单一呆板，新闻写作上形式主义稿件居多，大话、空话、套话、浮夸之风已成习惯，像“人民的好书记——焦裕禄”这样优秀通讯较少。广大受众对宣传有逆反心理，特别是文革后期的新闻语言仍充满着极度的火药味儿。“以阶级斗争为纲”的语言风格呈高亢、激昂、战斗式的特点。随着改革开放的步伐，新闻改革也越来越深化，新闻评论、深度性报道、调查研究、谈话类节目，主持人节目的出现，打破了传统意义上的传播形态和播讲方式，主持人用个性化鲜活的语言，改变了居高临下的传统的播出形态和传播方式，实现了广播电视传播形态和方式上的新突破。

长期以来广播电视属于官办行政性事业单位，原有事业单位的宣传、人事、技术、行政的管理办法和运行体系已经不能适应市场化的要求。一是组织结构和组织目标不完全适应。广播电视的基本的组织框架是20世纪50年代以国家行政机关方式建立的，近几年虽有所调整，但还有相当一些部门不能充分有效地实现组织目标；其次部门重叠，管理交叉，职责职权界限模糊，组织结构缺少适应性、灵活性，对应市场的经营部门相当薄弱，人员素质不能完全适应市场经济发展的要求。20世纪80年代广播电视实行节目改革，最早是从编辑部门新闻报道领域和方式的改革开始，后来逐步创立适应形势发展的新节目新栏目。进入20世纪90年代，传媒作为第三产业的属性凸显，媒体除了发挥党和政府的喉舌功能，还有发展壮大自身的要求，媒体的触角逐渐打破地域的疆界。中央新闻媒体到地方设记者站，参与地方媒体的市场竞争，地方媒体也到发达地区承揽广告，扩大自己的市场份额。还有些媒体成立跨地域、跨行业的产业集团，打破了原来媒体属地化管理的格局，以市场的规律配置新闻资源和经济资源，当媒体称为市场竞争主体时，媒体的活力焕发出来，显示出快速增长的势头。由此引发了广播电视体制与机制的一系列重大变革。各新闻媒体遵循市场经济规律，向管理要效益，以管理为取向的中观改革思路逐渐明晰，宏观体制改革也提上议程。

三、从广度走向深度，着眼于广播电视生存与发展战略的研究

《传媒的生态和谐与可持续发展》、《新世纪广播生存与发展》、《确定广播传媒新理念》、《广播专业化的生存策略》、《城市电视的生态化定位与和谐发展》、《数字电视在振兴东北老工业基地中的作用》等论文提出，目前在这个问题上有两种倾向值得注意，“一是固守单一的喉舌阵地，鄙夷和排斥媒体在市场经济中的合

理发展；二是沉迷于追求媒体自身利益的最大化，忽视了媒体的社会责任"。中国电视的发展状况在向人们昭示着传媒生态系统原有的平衡正在被打破。中国电视传媒生态系统的要素——新闻资源、文化资源、受众资源、广告资源、人力资源面临着全方位地争夺与开发。作者针对城市电视发展实际，提出实现城市电视生态和谐发展的五点建议，对城市电视的生存发展有一定的借鉴意义。

内容为王。媒体间的竞争说到底是内容上的竞争。城市电视的社会化要求其要立足本社区，强化贴近性。首先要大力研究本社区的自然风貌、人文景观、风土人情、风俗习惯、历史沿革和文化特征，研究社区居民特有思维方式、语言构成、审美情趣和欣赏习惯，正确认识和深刻把握社区的社会文化形态，贯注于节目经营制播的各个环节中，使电视节目吻合本社区的社会受众习惯与需要，形成亲切的乡土风格。

实施精品战略。真正的精品应该是全面优秀的，在横向展现的各个方面和纵向演示的各个环节上都达到一个很高的指标，并为后续作品提供一个全面、生动、具体的参照系。因此，有效地发挥精品的示范和辐射作用很重要，促进创优成果转化，拓宽转化应用渠道，扩大优秀作品的市场覆盖率，要创意出具有精品特色的电视节目和具有品牌性质的系列精品，强化电视精品和品牌的示范效应和市场占有效应。

创新管理模式。一是要采取一体化战略，即利用现有的频道和节目制作、宣传上的优势制定自身的长远发展规划，紧紧围绕电视资源来发展。二是要进行战略联盟。城市电视台委员会就是一种战略联盟的最佳中介，应该进一步研究怎样利用这一联盟优势，把它发展壮大。开展有地方特色的节目交流，扩大节目源等。三是要创建企业文化。相对于众多因素来说，文化创建是一个更加潜在的、深层次的、至关重要的因素。成功的文化创建就是要积极创造让创新思想得以萌发，让优秀人才能够参与竞争、施展才华的条件和环境。

打造高新技术平台。电视技术密集的产业特征，决定了其必须追踪高新技术发展，并不断升级产业技术基础的发展规律。在数字电视技术已空前成熟并向世人展示出极其诱人的发展前景的当今，打造以数字化、网络化为核心的电视高新技术装备平台，已成为世界潮流。作为面临国际化和国内同行业激烈竞争的中国城市电视产业，打造高新技术装备平台，是其参与国际和国内市场竞争的基础和本钱。以数字技术为核心的技术创新对于电视的影响，不仅体现在技术手段上，其对电视人观念更新也直接起到促进作用。作为传统媒介谁与高新技术结合得紧密，谁就能在激烈的竞争中抢占先机。

主要论著一览

一、论文类

1.《30年广播电视发展新概念》,《中国新闻年鉴·高层视点》, 2009年卷;

2.《从哈尔滨供水危机看广播电视在重大突发事件中的作用》,《中国新闻年鉴·高层视点》, 2006年卷;

3.《创建“学习型”组织 做“学习型”干部》,《中国新闻年鉴·高层视点》, 2007年卷;

4.《广播电视是建设社会主义和谐文化的重要载体》,《中国新闻年鉴·高层视点》, 2008年卷;

5.《论主持人与听众的情感沟通》,《中国广播电视学刊》, 1992年;

6.《论新闻性节目主持人的智能培养创新》,《中国广播电视学刊》, 1994年;

7.《新世纪广播生存与发展》,《中国广播电视学刊》, 2000年;

8.《广播发展的灵魂》,《中国广播电视学刊》, 2001年;

9.《创优与广播理念变革》,《中国广播电视学刊》, 2002年;

10.《永恒的主导地位——新闻广播》,《中国广播》, 2002年;

11.《从〈飞跃〉看电视理论片的探索》,《新闻传播》, 2004年;

12.《倾听中国市场经济的铿锵脚步——电视政论片〈日出东方〉评析》,《新闻传播》, 2008年;

13.《解放思想促进了广播电视大发展快发展》,《奋斗》,

2008年;

14.《30年广播电视发展新概念》,《奋斗》,2008年;

15.《坚持正确舆论导向,努力提高舆论引导的水平》,《黑龙江广播电视学刊》;

16.《提高新闻队伍素质,重在打好理论路线根底》,《黑龙江广播电视学刊》;

17.《广播剧的市场空间与走向》,《黑龙江广播电视学刊》;

18.《前进中的黑龙江广播》,《黑龙江广播电视学刊》;

19.《谈〈我主持节目这十年〉》,《黑龙江广播电视学刊》。

二、著作类

1.《记者之眼》,中国传媒大学出版社,2013年出版;

2.《思无止境》,中国国际文化出版社,2012年出版;

3.《难忘的60年 》,哈尔滨出版社,2006年出版;

4.《百科知识溯源》(合著),黑龙江朝鲜民族出版社,1991年出版;

5.《人格的历程》(合著),北京广播学院出版社,1989年出版;

6.《在今天的日历上》(合著),黑龙江科技出版社,1988年出版。

三、获奖作品评析选

1.《真切 本色 自然》,中国新闻奖一等奖作品《国门卫士-黑河好八连》的评析;

2.《宏观立意 微观取材》,中国新闻奖一等奖作品《为了祖国蓝天上的尊严》的评析;

3.《题材的创新 人文的思考》,中国新闻奖新闻专题一等奖作品《忏悔》的评析;

4.《寓意深刻的警示之作》，中国新闻奖一等奖作品《让历史告诉未来》的评析；

5.《寓意深刻　以声夺人》，中国新闻奖一等奖作品《含泪笑看鲁冰花》的评析；

6.《一篇报道的两点成功》，中国广播奖一等奖作品《市长电话让人心凉》的评析

7.《题材　凝想　手记》，中国广播奖一等奖作品《贫困山区女校长》的评析；

8.《鲜明泼来　新颖脱俗》，中国广播奖一等奖作品《由狼来了引发的思考》的评析；

9.《慎思　明辨　笃行》，黑龙江新闻奖作品评析。

好记者要深层阅读

现代生活的脚步越来越快，文化越来越好似“快餐”，这个时候，我们面对巨大的信息源及社会的多样化，我们的思想与观念在相互碰撞。作为时代、人民生活的记录者，读书、钻研、思索，我想比什么都重要。

不同的人，读书的目的和方法不同。陶渊明不求甚解，为的是涵养性情；诸葛亮略观大义，为的是经世济用；朱熹皓首穷经，为的是探究义理。古代人读书偏重获取智慧，务求“此心如水，不流即腐”。其实，在中国历史上，圣人虽然有道，可是脑袋却经常被无道奸雄搬家，君子固然高洁，与人交手却往往被无耻小人打败。这样的事例在中国的历史上不胜枚举。悲剧发生的原因固然很多，但其中重要一条就在于君子们往往重道轻术、重思轻行、重是非轻成败、重境界轻低俗。毛泽东读书值得借鉴，毛泽东的书也值得研究。读书，是战胜困难，通往社会和谐、国家兴盛的重要途径。大至民族、国家的困境，社会的危机，小至个人、家庭的迷茫，归根结底都在于智慧不够。而书籍，作为千百年来人类智慧的结晶，恰好可以拿来借鉴。如果记者都有此认识和动力，变被动读书为主动，进而重拾中国传统诗书精神，提高传媒的文化内涵和品质，构建和谐社会的文明，那就能担当起记者的责任。

青年时代我身边有五本书：《红岩》、《欧阳海之歌》、《青春之歌》、《牛虻》和《钢铁是怎样炼成的》。因为“破四旧、立四新”，这些书只能私下里同朋友们交流。那时候，毛主席语录、毛主席诗词，尤其是毛主席的哲学著作是大家的必修课，我把主要精力都用在研读毛主席著作上，我常在稿件中引用毛主席语录。我不敢说这些书我能读懂多少，但我觉得毛主席著作蕴藏了很多深刻的道理，不知不觉中影响了我的一生。

我一直喜欢背诵毛主席语录。"一个人做点好事并不难，难的是一辈子做好事，不做坏事"，这成为我理想和信念的重要组成部分，无论到任何时候，在任何艰苦的环境中，我都告诫自己多为群众做好事，不可伤害群众。"没有调查就没有发言权"，"调查就像'十月怀胎'，解决问题就像'一朝分娩'"，"调查就是解决问题"，"鸡蛋因适当的温度而变化为鸡，但温度不能使石头变为鸡"等，这些语录曾深深烙刻在我的脑海中，对我从事新闻采访和新闻管理均有启发。每每遇到困难、棘手的问题，我总是能想起毛主席的语录先做调查研究，再研究解决问题的办法。"学习的敌人是自己的满足，要认真学习一点东西，必须从不自满开始"，"世界上怕就怕'认真'二字，共产党就最讲'认真'"，可以说这些语录对我们这一代人的世界观、价值观和思想方法的形成起到了重要作用，它鞭策我们不断学习，努力让思想不断放射异彩。党的新闻工作是联系群众的纽带与桥梁，怎样反映和解决群众的困难和疾苦，我总能想起毛泽东的那句经典名言："我们的任务是过河，但是没有桥或没有船就不能过。不解决桥或船的问题，过河就是一句空话。"因此桥和船成为我从事新闻工作30年始终研究的课题，特别是在宣传、管理和文化产业创建的过程中，我坚信成功始于方法。

配乐朗读毛泽东诗歌是一种精神享受。"问苍茫大地，谁主沉浮？""指点江山，激扬文字，粪土当年万户侯！""须晴日，看红装素裹，分外妖娆"。这些诗句似乎有种神圣的力量，给我以激情和鼓舞！还有些诗句我经常在新闻稿件中引用，如："雄关漫道真如铁，而今迈步从头越！""不到长城非好汉！""数风流人物，还看今朝！"每当我遇到困难和挫折，特别是当我失去那些志同道合的朋友时，那首沁人心脾的《蝶恋花》最能表达我的内心情感。"不管风吹浪打，胜似闲庭信步！"这是典型的浪漫主义情怀，如同天籁之音，超凡脱俗，曾帮助我克服前进道路上的恐惧、疑虑和梦魇。还有一句诗词我十分欣赏："暮色苍茫看劲松，乱云飞渡仍从容"，在这充满灵性的诗意中，我得到了极大的精神慰藉。

毛主席的“老三篇”对我的职业道德观产生了重要影响。《为人民服务》中的“人总是要死的，但死的意义有不同”，让我明白了人应该怎样活着才有意义。毛主席在总结白求恩怎样做人、怎样做事时说了两句经典的话至今我铭记在心：“对工作的极端的负责任，对同志对人民的极端的热忱”，我以为这也是对新闻职业的基本要求。《愚公移山》中流传最广的名言是：“下定决心，不怕牺牲，排除万难，去争取胜利。”这一名言从小就注入了我的内心世界，教我怎样去战胜困难，怎样去激励团队战胜困难，也成为我们研究广播电视发展的动力源泉和战胜艰难险阻的思想武器。

毛泽东的哲学著作为我从事新闻工作打下了坚实基础。1937年7月，正是中国革命的生死关头，党内出现了两种不良思想，即教条主义和经验主义，就此毛泽东同志撰写了著名的《实践论》。在哲学辞典中，“实践”是这样解释的：“人类有目的改造世界的感性物质活动，是对人类自身社会历史活动本质的概括。”人们要想取得预想的结果，一定要使自己的思想合于客观外界的规律，如果不符合，就会在实践中失败，所谓“失败是成功之母”，“吃一堑长一智”就是这个道理。实际上我们一生会经历很多次失败，经过失败，才能在失败中接受教训，修正不足，使之更符合外界的规律，变失利为有利，否则我们将停滞不前，就要碰钉子的。故此，《实践论》成为我新闻工作30年的必读书。学习毛泽东的《矛盾论》颇有心得。《矛盾论》阐述了对立统一规律，让我明白了事物的矛盾法则，即失去一方，他方就不存在。在我看来这一哲学思想不仅经典而且实用。恩格斯说：运动本身就是矛盾。因为矛盾运动，事物才能发展。学习《矛盾论》的另一番感受是：研究问题，忌带主观性。这一观点对指导我的新闻工作实践具有重要意义。主观性是我思维模式中的最大障碍，也是我的大毛病。所谓主观性，就是不知道客观地看问题，不知道用唯物的观点去解决问题，或只看见局部，不看见全体，只看见树木，不看见森林。毛主席在论述这一观点时举了很多例子：孙子论军事“知彼知己，百战不殆”；唐朝魏征说过“兼听则明，偏信则暗"；《水浒传》中宋江三打祝家庄，两次都因情况不明，方法不对，打了败仗，后来改变方法，从调查情形入手，于是熟悉了盘陀路，拆散了李家庄、扈家庄和祝家庄的联盟，并且布置了藏在敌人营盘里的伏兵，第三次就打了胜仗。毛主席批评一些人仅仅站在那里远远地望一望，粗枝大叶地看到一点矛盾，就想动手去解决矛盾，这样的做法，没有不出乱子的。其实，我一生都提醒自己要全面地客观地看问题，尽量避免主观性，避免犯错误，或少犯错。尽管这样，我还是不断犯主观性错误，一时竟陷入错误的泥潭不能自拔。

哈尔滨广电局原局长徐宝山曾送我一本书《胡雪岩的启示》，他还特意去道里区的新华书店买了一套光碟，一并给我。我当时百思不得其解，宝山兄为啥对胡雪岩"情有独钟"？在中国历史上，商界有两位圣人，一位是陶朱公，另一位就是胡雪岩。陶朱公就是范蠡，他帮助越王勾践打败吴王夫差，实现了复国的理想，范蠡功成之后，毅然选择身退，由官转商，短短几年，他经商积资又成巨富，自号陶朱公，留有《陶朱公家训》，成为历代商人的经营宝典。胡雪岩是中国晚清时期的一位传奇人物，他出身贫寒，却在短短几年迅速发迹，被大家称为"商圣"。他替清政府向外国银行贷款，帮助左宗棠筹备军饷，收复新疆，慈禧太后赐他黄袍马褂，官封极品，他奉母命建起胡庆余堂，真不二价，童叟无欺，瘟疫流行时还向百姓施粥，被人称为"胡善人"。然而就是这个富可敌国、富有善心的胡雪岩却在短短的三年内倾家荡产，郁郁而终。同为商人，为什么经历和结局截然不同，这与我有什么关系，一直是我解不开的一个谜。

2008年的夏天，朋友相聚，宝山兄又送我一部他写的散文集《心弦余音》的清样，读来颇有意味。

徐宝山曾在松花江地委组织部、松花江地区文联工作，曾任松花江地区广播电视局局长。1996年松花江地区与哈尔滨市合并，他调任哈尔滨市广播电视局任常务副局长，后担任正局级巡视员。宝山兄一生笔耕不辍，曾出版诗歌、散文、杂文集若干。他的诗歌、散文一个最大特点就是饱含浓浓的乡音与乡情，平实的故事，深刻的哲理，读后有一种怀旧的亲近感，娓娓道来如潺潺流水。作品中他写道："父亲给我包书皮，不只是为了结实，还是为了好看，总是在书皮的犄角处叠上折，有的是一道折，有的是两道折，还有三道折，把课本包好、压平之后，父亲用铅笔给我写上书名……我在长条饭桌这一端写，写完一页，放在长条饭桌的另一端，那里已不规则地堆了一大沓写好的稿纸。父亲用手把它们整理起来，按先后顺序排好，再在桌子上墩齐，然后静静地坐在那里看起来。"还有《累弯脊梁》的母亲："我搀扶着母亲从五楼一个台阶一个台阶地向下挪动，母亲的白发在我的耳边飘动，母亲的脊梁是弯曲的，硬硬的脊梁弯出一条弓。我不记得母亲的背是什么时候驼的，我搀扶着驼背的母亲，像搀扶一座山峰，我深知，这座山峰是为了我们的家以及我的兄弟姐妹们形成的。"

宝山不仅对乡情亲情充满怀念，在行动上也是充满爱心。记得2002年冬天，我们去五常市八家子乡扶贫，他和小伙子们一起，为五保户家搬米搬肉搬豆油，坐在农民炕头上，同大爷大妈们唠得亲亲热热的。晚上，宝山又拐出几十公里去看望他救助的曾经失学的两个孩子。春夏秋冬，风雨无阻，他一定要把那两个孩子拉扯大。单位有位老同事因病过世，留下将要考大学的女儿，宝山得知情况后，张罗着给张家女儿捐款，直到帮助孩子完成大学学业。2002年我调入哈尔滨市广电局工作，我们成为搭档，因为很多想法不谋而合，工作起来很合手。我们合作完成了频道改版、人事改革、网络改造、12县市联网等几件大事。宝山兄有"一把手"的工作经历，知道怎么帮助"一把手"化解矛盾。我感受到他的真诚、善良和乐于助人，很多重要项目的调研我全权交给他去做，他让我感到心里踏实。

认真读书之后，方知宝山兄的良苦用心。胡雪岩先经商，后介入官场，他没有认识到官场的险恶，最后落个一败涂地。我思考我可能缺少的正是这种悟性，我突然感到自己的缺失。在复杂的社会中，各种标准、规范和意识形态不能保证一个好人安全，某些文化最有可能使好人一不小心成为恶人，如哲学家赵汀阳的哲学著作

《坏世界研究》中独到且精辟的分析:"世界首先是一个坏世界,而人们幻想好世界"。"只要具备人人自私和资源稀缺这样两个条件,世界就是个坏世界……这两者导致了人类生活所有值得思考和言说的悲欢故事和成败历史"。其实,每个人都有追求,有欲望,因为欲望,都会不同程度地生活在痛苦之中,除非灵魂深处痛改了自己的世界观,超越了自我的局限性。人的痛苦主要来自于错误的观念,观念意识决定人的命运,或者说,观念意识就是命运。卓越的人性和意识表现不一定是社会地位和伟大功名,而主要是具备人的品格,如勇敢、智慧、做人仗义、见义勇为、慷慨大方、敢于担当、同情弱者或全心全意为人民服务等,就像宝山兄书中描写的那样,在关键的时候,别人做不到的,你能做到,你就是好人,你有同情心,你也会得到良心上的安宁。这大概就是《胡雪岩的启示》给我的启示吧。如果不能改变世界,就改变自己的世界观。

(原载《记者之眼》2013年6月版·节选)

卢文兴 简历

Introduction

卢文兴，海峡之声广播电台总编辑，高级编辑。历任海峡之声广播电台编辑、新闻部主任、总编办主任、副总编辑等职。2010年，获得第四届全国广播电视“百优理论人才”，被授予“贡献突出专业英才”称号。2013年6月，被中国广播电视协会聘为第四届学术委员会委员。

主要学术建树

一、注重难题研究

学术研究的一个重要任务，是为解决现实问题提供理论指导。卢文兴在22年的对台广播宣传实践中，对两岸传播存在的问题有切身的体会和深刻的探究，尤其在两岸开放探亲旅游后，他敏锐地感知到，广播作为两岸对峙时期对台传播唯一通道的地位，受到了严峻的挑战，作用在削弱和下降，在传播入岛落地上更存在着诸多亟待解决的问题。这些基于现实问题的深刻思考，融入其学术文章《岛内受众心态与加强对台传播有效性探析》中，并进行了较为全面系统地剖析：传播策略存在简单化、目标效果过于理想化、受众定位缺乏细分化、跨区传播难以本地化、入岛渠道不够多样化。

对现实问题的清醒认识，源于解决问题的勇气和理论自觉。在发表于《中国广播电视学刊》2003年第1期的《转变观念 与时俱进——加强和改进对台舆论宣传工作》一文中，他提出对台广播媒体必须牢固树立现代传播的“五种意识”：受众意识、形象意识、时效意识、服务意识、市场意识，并以此作为对台传播变革的重要理论支撑，推动海峡之声广播电台6轮编播大改革。

二、着力理论创新

在《当前提升对台传播效果的几个基本问题》一文中，全面地从对象确立、目标设定、方针遵循、内容选择、议题设置、风格选择等方面提出了许多新观点、新理念。如传播对象选择，提出要坚持"三有"原则：有价值——传播对象能够对传播目的产生影响；有可能——传播对象愿意参与传播活动；有效应——传播者与传播对象能够形成思想共鸣。在传播目标设定上，提出了"四阶段论"：第一阶段，促进了解；第二阶段，增进善意；第三阶段，扩大认同；第四阶段，推进统一。在方针遵循方面，提醒对台宣传不要把"一国两制"的"两制"改为"一制"，不要用大陆的思维、要求、标准去衡量台湾，不要批台湾社会制度，揭岛内民主的短板，将他们的核心价值观"一棍子打死"。在议题设置方面，提出要做到"四个转变"：变被动应付为主动出击；变空喊口号为紧贴民生；变紧盯上层为努力"向下沉"；变一味揭批为耐心解释。在风格选择上，他提出了"用心、谦逊、包容、幽默、坦诚"的十字箴言。

三、填补学术空白

由于对台传播是跨区域的特殊定向传播，两岸之间又被人为隔绝了几十年，对台广播的受众研究有相当的难度。卢文兴明确提出："对台宣传工作的一切出发点和归宿点，都是为了增进两岸人民的相互了解和理解，争取民众对中华民族统一和复兴的认同。作为对台宣传媒体，争取民心就是争取受众。因此，对台宣传的任何活动，在指导思想上都要以受众是否接受和喜爱为基本出发点。"关于强化受众意识，他提出，一要真正了解受众，二要尊重受众意愿。至于如何真正了解受众，他认为，仅仅靠各个媒体分散的短暂的走马观花式的考察，或从所能接触到的岛内媒体同行及岛内人士获取零星的表面的信息，难以形成整体的准确的印象。只有集中各媒介的所有力量，采取多方面的措施，或委托岛内调查公司，用科学规范的方式，进行受众调查；或选拔专业人士，组成专门调查机构，有目的、有计划、长时间、深入细致地接触岛内社会各阶层人士，并进行系统的科学的分析研究，拿出权威性的调查研究成果，用以指导对台宣传。

四、发挥实践优势

发表于《中国广播电视学刊》2003年第1期的论文《运用传播创新理论 提升整体宣传效应》，是对其所供职的海峡之声广播电台实施建台以来最大规模编播大改革的经验总结，因其自己就是这场变革的主要设计者和推动者之一，因而也更准确地向两岸学界业界展示了大陆对台广播发展方向：频率专业化，以满足多元化受众群体的需求；新闻全面直播，在两岸资讯竞争中抢占先机；节目双向交流，拉近跨地区广播传受距离；围绕“熟悉”做文章，凸显现代传播学“自己人效应”；广播与互联网有机结合，开辟新入岛宣传渠道。此研究的可贵之处，是避免了一般经验总结性论文缺乏理论的弱点，体现了作者在学术研究方面立足于工作实践，进行了大量理论知识的学习与储备，使得提炼的观点具有一定的理论高度，提升了对实践工作的指导价值。

对于岛内民众国家认同变化这一重大现实问题，卢文兴同志作了较为深入的研究。他在《论如何增强岛内受众国家认同》一文中，实事求是地剖析了目前岛内民众国家认同现状，客观分析了造成岛内民众认同错位的六个方面的复杂因素：一是两岸政治的对立，二是历史记忆的不同，三是文化传承的变异，四是相互认知的缺失，五是价值追求的背离，六是外部因素的干扰。

在如何增进岛内民众国家认同的问题上，提出细化多元、循序渐进的传播策略：1. 浓厚民族意识，营造认同氛围；2. 加强纠偏宣传，澄清认同误区；3. 寻找共同价值，打造认同基础；4. 梳理乡土情结，导向认同国家；5. 淡化政治分歧，回避认同冲突；6. 重视利益宣传，增强认同动力。这是对台广播如何为促进岛内民众认同“一个中国”营造舆论环境的一篇较为深刻系统的传播策略研究文章。

主要论著一览

一、论文类

1.《构建多媒介融合发展传播平台》,《中国广播电视年鉴》,2001年卷;

2.《适应两岸关系发展,改进对台广播宣传》,《军事记者》,2001年第12期;

3.《运用现代广播的创新成果,提升对台宣传整体效应》,《中国广播电视学刊》,2003年第1期;

4.《转变观念 与时俱进 加强和改进对台舆论宣传工作》,《中国广播电视学刊》,2003年第1期;

5.《关于当前对台广播传播策略的思考》,《探索与实践》,2008年6月版;

6.《两岸广播媒体开拓多元交流渠道》,《福建新闻界》,2008年第12期;

7.《对台广播传播有效性探析》,《军事记者》,2009年第1期;

8.《岛内受众心态与加强对台广播传播有效性探析》,《军事记者》2009年第1期,获得第七届全国对台港澳广播论文一等奖、第十一届全国广播电视学术论文一等奖;

9.《播前参与设计、播中互动交流、播后评点鼓励》,《中国广播》,2009年第6期;

10.《贴近性在对台广播中的运用与发展》,《青年记者》,2010年第6期;

11.《略论新世纪初对台广播变革趋向》,《中国广播》, 2010年第9期;

12.《新传播时代对台军事广播的创新发展》,《军事记者》, 2010年第12期;

13.《台湾广播咋生存》,《青年记者》, 2010年第12期;

14.《浅论媒体融合背景下对台广播发展策略》,《中国广播》, 2011年第3期;

15.《两岸媒介交流合作现状及未来走向》,《中国广播电视学刊》, 2011年第5期;

16.《刍议传统广播宣传的创新突破》, 首届对台宣传理论研讨会优秀论文, 2011年7月;

17.《媒体融合背景下对台播发展探索》, 第三届全国广播学术研究会暨中国广播改革25周年高端论坛入选论文, 2011年12月;

18.《从两岸议题"受宠"谈起》, 第三届全国广播学术研究会暨中国广播改革25周年高端论坛交流文章, 2011年12月;

19.《军事宣传面临的干扰及化解方法》, 军事外宣理论研讨会优秀论文, 2012年9月;

20.《媒介融合中应凸显主体优势》,《中国广播》, 2014年第3期。

二、著作类

1.《传播问效——对台宣传探索文集》, 海风出版社, 2013年4月出版;

2.《探索与实践》(编辑), 海风出版社, 2008年6月出版。

岛内受众心态及加强对台广播传播有效性探析

据两岸相关机构分别进行的收听调查显示，目前大陆对台广播拥有岛内受众大约30万，占台湾总人口的1.3%，占岛内广播受众的3.4%。对台广播受众群体小，与传播者对传播对象了解不深、不透，传播针对性不强有直接的关系。本文就如何针对岛内受众心态，加强对台广播传播有效性，谈一些粗浅的看法。

一、岛内受众心态分析

台湾同胞的心态较为复杂，但也有一些心理特征是相同或相似的。

（一）历史悲情难消

台湾有一部分民众至今仍有浓浓的历史悲情。这部分人主要是本省籍族群，包括闽南人、客家人和少数民族。他们的历史悲情，来自于三个方面：第一，历史上几次大移民到台湾的本省籍人士，不少是因为在大陆遭遇自然灾害和官府豪强压迫走投无路的情况下，才到台湾谋生的，因而有背井离乡的情结。第二，甲午海战后，腐败无能的清政府将台湾割让给日本，使岛内同胞沦为亡国奴，遭受日本长达50年的殖民统治。这段历史带给台湾本省籍人士严重的心灵创伤。他们称自己是"亚细亚孤儿"。第三，台湾"2.28事件"及解严前国民党当局几十年的专制统治，省籍矛盾日趋尖锐。近十多年来，李登辉、陈水扁为了达到个人政治目的，每逢选举便不断地挑动省籍矛盾，使一部分岛内民众始终无法走出历史悲情的阴影。

（二）现实心结难解

据统计，近十多年来，到大陆探亲、旅游、经商、投资、求学的台湾同胞虽然达到4700多万人次，但大多是一人几十次、上百次的往返，真正来过大陆的台湾同胞不到600万人。加上台湾当局长期的歪曲丑化宣传，使岛内绝大部分民众对大陆的真实面貌不了解，对“一国两制，和平统一”的方针政策不理解，对我反“台独”、反分裂所采取的种种必要措施有误解，对未来两岸统一后生活水平是否下降、生活方式是否改变有顾虑。

（三）主体意识趋强

根据台湾政治大学选举研究中心2007年底发布的民调显示：认为“自己是中国人”的岛内受访民众，从1992年6月的45.3%，锐减到2004年12月的6.1%，而认为“自己只是台湾人”的民众，在这12年间则从17.3%激增到43.7%。在今天的台湾，理直气壮地宣称自己只是“台湾人”似乎成了“爱台湾”的表现，而讲自己是“中国人”则有“卖台”的嫌疑，导致一些外省人往往有出生地不在台湾的“原罪感”，甚至有些外省人为了洗刷“原罪”或讨好本省人，在展示台湾主体意识上比本省人更激烈。如不久前，领着少数绿营民众推倒赴台交流的海协会副会长张铭清的台南市议员王定宇，就是外省人的第二代。

（四）统独意愿趋缓

在统独问题上，许多台湾民众不愿马上做出抉择，而是寻求一种缓冲、不愿即刻面对的态度。台湾政治大学选举研究中心从2005年5月至2007年4月，曾先后8次对岛内20岁以上公民进行抽样调查，在统独意见方面，主张广义维持现状的（即维持现状后走向独立、永远维持现状、维持现状后看情形决定独立还是统一、维持现状后走向统一）都在八成以上，而主张“快统”与“快独”的都不到一成。台湾“陆委会”2007年12月公布的民调显示，民众由“维持现状”后再走向“独立”的下降了30%，是民进党执政以来的最低。正因为民意如此，2008年以后的台湾两次“大选”，尽管民进党在“统独"问题上做足了文章，但还是惨败下台。

（五）认情甚于认理

台湾同胞热情豪爽，乡情乡土意识浓厚，所以，岛内政坛人士为博取选民的支持，很喜欢上街扫票，下乡"走透透"，与民众贴身"搏感情"。马英九竞选时多轮"下乡长住"，一家一户地展示亲民形象，还多次出人意料地留宿中南部泛绿选民家中。他的竞选纲领"663"计划，竞选口号"马上就好"，不仅与百姓的生活息息相关，而且非常具体实在，一听就懂，对饱受经济滑坡困扰的岛内民众很有诱惑力，为他竞选成功增色不少。海协会会长陈云林首次赴台，尽管有泛绿激进选民的抗议，但他始终微笑面对，五天行程，没有更多的侃侃而谈，而是注意通过自己的一言一行，播撒友谊，体现真情。台湾同胞看在眼里，暖在心里。连吕秀莲这样的"台独"分子，都不得不对陈云林的言谈举止表示"赞赏"。台湾媒体更是评论陈云林是用"细针缝合两岸一甲子裂痕"。

（六）多变源于多元

台湾同胞长期受殖民文化、武士文化、选举文化、海洋文化和母体带去的中华文化的交织影响，思想多元，民主、自由意识强。各种观点的摩擦、冲突，必然发出多种的声音。往往一个议题，不同利益集团和个体会有截然相反的意见。如"两岸大三通"，同样是台商，有的乐见其成，有的因为实际已经享受到"小三通"待遇（如福建沿海的一些台商），反而担心全面"三通"后会失去竞争优势。而台湾南部的农民，更是害怕"大三通"后，会受到大陆低廉农产品的冲击。再如水果"零关税"议题，经售商有了更多的销路和更广阔的市场自然满意；岛内消费者却担心因此使当地市场水果涨价，损害了他们的利益；而果农认为，他们年初就已经与经销商签订了合同，销售多少、价格高低与他们没关系。可见，用一个议题、一种声音，是很难满足岛内民众的需求的。对其宣传，须随机应变，不断调整思路，且要留有余地，不能把话说死；要注意多几种说法，多几个声音。

二、当前对台广播传播的主要问题

近年来，对台广播媒体积极适应两岸关系的发展变化，不断进行对台广播传播理念、内容、方式的改革创新，在“入岛入心”上取得明显的进步。但由于种种原因，对台广播在更新观念、解放思想、改进方式、提升传播效果等方面，仍存在许多不足：

一是传播策略存在简单化。表现在：注重了“喉舌”作用，忽视了“传媒”特性；注重了政策宣示，忽视了服务功能；注重了灌输，忽视了交流；注重了统一口径，忽视了丰富多样；注重了急功近利，忽视了潜移默化；注重了“我们说”，忽视了“他们听”；注重了正面性，忽视了全面性；注重了一个“稳”字，忽视了一个“快”字。

二是目标效果过于理想化。不分阶段层次，不看实际情况，什么时候都要台湾同胞认同“一国两制”，实现祖国完全统一。但这显然一时很难做到。有台湾受众善意地提醒我们：现在台湾经济不景气，许多人失业了，吃不上饭了，你们还成天只顾着说祖国统一，他们怎么能听得进去呢？

三是受众定位缺乏细分化。各家广播媒体一律把抽象概念的台湾同胞作为目标受众，不分南北地域、不讲蓝绿阵营、不论性别年龄、不管职业特点，一概用同样的议题和内容，从一个角度去做宣传，效果自然就不理想。

四是跨区传播难以本地化。由于两岸媒体同行交流少，特别是大陆广播媒体人员很少踏足宝岛，导致传播理念、内容、方式以及风格等，与台湾广播媒体都有较大的距离，不易于被岛内受众所接受。

五是入岛渠道不够多样化。对台广播仍主要是调幅广播（中短波），虽然能覆盖全岛，但岛内受众70%使用调频，只有30%使用调幅，收听效果不太理想。

三、改进对台传播方式

对台广播传播存在的问题，有媒体人主观因素，也有两岸关系大环境一直比较紧张的原因。当前，两岸关系出现了重大的积极变化，台海和平呈现了良好的发展势头。对台广播工作者应珍惜这一历史性契机，加强整体规划，重视传播策略的研究，积极探索有效的宣传方式。

(一) "反独"不能大意，"促统"不应过急

目前，两岸关系虽然已经翻开了历史性的一页，但两岸同胞在统一问题上仍有很大的思想落差。因此，对台广播在"反独促统"宣传任务的安排上，要特别注意防止和克服两种倾向：一是对"台独"放松警惕，麻痹大意，高枕无忧，无所事事。要看到下台的民进党，仍然受深绿的挟持，还拥有41%以上的支持者，一旦国民党无力扭转岛内经济困局，无法安然度过当前全球性的金融危机，甚至在施政上出现重大失误，民进党还会东山再起，"台独"势力也可能卷土重来。二是对"促统"盲目乐观，急于求成。应当看到，两岸虽然已恢复"两会"协商，但却依然面临着太多的历史和现实问题，台湾地区新领导人仍坚持"不统、不独、不武"的主张，岛内民众"主体意识"持续高涨，两岸在解决经济民生问题后，未来在协商政治、军事和国际空间等敏感议题时，必然会遇到重重阻力，甚至还会出现新的波折。这就要求我们在做对台宣传规划时，既要有统一这个大目标，更要有眼前及今后一个时期的阶段性目标；在确定宣传基调时，应面向现实、实事求是、恰到好处，既不能大嗓门唱高调，也不能随意迁就附和；在设置宣传议题时，应先易后难，先利后理，先情后义，先谈共同需求、共识基础，再讲容易化解的小分歧、小矛盾，先居家生活衣食住行、柴米油盐的"小叙述"，再到国家富强、民族振兴的"大叙述"。当前，最需要对台传播媒体为之着力的，无疑是为两岸复谈、建立互信营造良好的舆论氛围。而两岸互信的增进，一靠了解。两岸同胞沟通交流多了，就容易消除误会、化解矛盾，进而相互理解和体谅。这就需要对台广播为此及时提供足够全面可信的资讯。二靠示好。有了好感，就愿意常交流、多合作，进而累积信任和情感。这就需要对台广播多报道大陆各方面有利于台湾同胞的政策措施，多宣传大陆各级各地对台湾同胞的热情、友好和善意之举，以增进台湾同胞对大陆的好感。

（二）分众切忌简单，引导应分蓝绿

分众化是提高对台传播针对性和有效性的一个重要手段。岛内受众不仅有本省人与外省人之分，更有蓝营、绿营的区别，不同族群，操不同的方言，有不同的习俗，其思想、心理、情感更是大不一样。对岛内受众的复杂心态，我们不仅要深入了解、客观分析，还要区别看待。对于他们因为历史的原因而产生的“弃儿意识”、怨恨心理以及当家做主愿望，应当予以理解；对于他们因为两岸长期隔离以及岛内当局歪曲丑化宣传而产生的对祖国大陆的种种误解，包括一些岛内同胞的“恐共反共”意识，应当予以谅解；对于他们的“台湾优先”意识、“自由民主”意识，应当予以尊重。就是“台湾主体意识”，也不能简单地把它与“台独”意识画等号，更不可以上纲上线地加以批判，要耐心地说理疏导。岛内不同地域和政治倾向的受众，收听需求也大不一样。中、北部支持泛蓝者居多，对揭批陈水扁及民进党，大多数人表示欢迎。而南部是泛绿的大本营，揭批陈水扁及民进党搞“台独”，反而让陈水扁及民进党获得更多的支持。而对陈水扁及民进党的黑金政治和家族弊案进行揭露，就有可能使中南部浅绿的中间选民觉醒。不同年龄、性别、职业的受众，爱好不同风格的节目，需要我们传播不同的内容。对台广播，则应按照功率大小、电波指向和节目特色进行分工，集中人力物力，对各自责任区的受众，进行“精耕细作”，以实现目标受众市场的最大化。至于电波入不了岛的，应当舍远求近，服务好身边的台商、台胞、台生。上海浦江台这几年转向为上海30万台胞服务，节目就很受欢迎，特别是《台商家园》节目，市场占有率高达10.7%，在上海10个频率中名列第三。

（三）求同更易认同，欣赏有益沟通

对台广播面对不同社会制度和意识形态的受众，要顺畅地沟通和交流，必须求同存异。如何求同？我们通常的做法是千方百计地解决分歧，消除隔阂。但对于台湾受众，这种办法并不一定有效。两岸分离长达几十年，分歧太大，隔阂太深，“去异”的难度非常大。相反，把精力集中在求同上，以同促同，往往能起到事半功倍的效果。因此，在对台广播中应注意回避历史和现实的诸多难以解决的问题，搁置一时难以达成共识的争议，面向未来去发现“同”、展示“同”、营造“同”和追求“同”。两岸同胞都是中国人，有很多的“同”可说。一位岛内同行给我们出主意，你们办《寻根问祖》、《庙宇指南》节目，肯定有很多人爱听。因为岛内民众的祖地在大陆，回乡祭祖、进香，需要资讯服务。这说明我们不仅要说“同”，更要具体地服务“同”。求同需要胸怀广阔、高瞻远瞩，更需要真心诚意。有人说，爱宝岛、爱同胞，才能把对台广播做到岛内受众的心坎上。这话不无道理。我们过去常讲以理服人，这个“理”如果是相同或相通的，而不是公婆各自的“理”，的确能让人信服。问题是，两岸同胞的“理”，恰恰有太多的不同，而且是各认各的“理”，光讲“理”，有时就会出现“秀才遇到兵，有理说不清”的尴尬。而寓理于情、以爱换爱，对于认情甚于认理的岛内民众，是最好的沟通办法。求同，还要学会相互欣赏。在对台广播中，我们曾经担心，说台湾的好多了，怕给人感觉大陆不如台湾，影响岛内受众对大陆的认同。所以，拼命用大陆的好，去比台湾的不好，结果不但没比出大陆的好，反而使岛内同胞产生反感情绪。朱镕基总理曾经说过，在两岸商谈中，我们可以做出一些让步，反正让给的都是中国人。这句话，在场的台湾记者听了很感动。同样的道理，我们欣赏台湾和台湾同胞，不就是欣赏中国和中国人嘛!相反，如果我们成天盯着台湾的阴暗面，不断地说台湾的问题，揭台湾同胞短，我们自己脸上也无光。因为说台湾同胞不好，等于是说我们中国人不好。

（四）互动不能失控，交流注意平等

互动，是现代传播理论和实践的一个创新，也是传媒密切联系受众的一种方式。广播最需要也最容易实现与受众的互动。而对台广播过去却一直是传播者单向宣示，自觉不自觉地摆出教育者或救世主的架势，简单生硬地要求听众这应该怎么样、那应该如何，对听众指指点点，有的声音高亢、义正词严，甚至充满了火药味，岛内受众一听就紧张。因此，要增强对台广播的吸引力，就必须与岛内受众广泛互动。对台广播与对内广播相比，互动有诸多不便：一是空间距离远，联系接触难；二是理念差异大，沟通交流难。如果随意互动，不加限制，不讲策略，任其泛滥，必然导致失控。因此，我们要切实加强与岛内受众互动交流特点规律的研究和把握，采取切实可行的措施，确保互动交流顺畅而不失控。一是严格交流内容和时机。大政方针和敏感问题不在节目中讨论；两岸关系紧张时期，直接互动需谨慎而行。二是正确选择交流对象。一般选择比较熟悉、政治立场比较鲜明的岛内同胞以及大陆台商、台生。三是丰富交流渠道。可举办岛内听友联谊会、座谈会，请岛内嘉宾进直播间面对面交流；开通热线电话、网络互动等即时交流；通过来稿、来信、发短信、电子邮件、设立语音信箱等间接交流。四是注意交流方式。采取朋友聊天式、平等谈心式、娓娓叙谈式。在双向交流中，不是“我说你听，我教你学”，而是互为传播者和接收者，双重角色，共同融入。两岸同胞双向交流，难免会出现思想碰撞和提法看法不同。这时，主持人切忌火冒三丈、针锋相对、唇枪舌剑、上纲上线。要冷静分析，弄清缘由，耐心疏导，循循善诱。曾有一位台军陈姓士官长接二连三地写信谩骂中央人民广播电台的《海峡军事漫谈》节目主持人。为此，主持人专门撰写了回信在节目中播出。回信既没有介意他的攻击语言，更没有把他与李登辉、陈水扁等同批判，而是一条一条地摆事实、讲道理。全篇3000多字，不仅没有一句责备的话，还肯定了他热爱台湾、渴望和平的理念。这位青年枪炮手被主持人的宽容深深地打动了，迅速写了“道歉信”。之后又多次来信，并逐渐认同主持人的观点。

（五）乡音缩短距离，真情凝聚人心

人们总是对熟人比较信任，对乡音感到亲切，对惯常方式容易接受。对台广播由于长期被台当局指为“心战”、“统战宣传”，容易引发岛内受众的戒备和怀疑心理，更需要从传播者身份、语言以及节目风格等方面，千方百计缩短与受众的距离。一是人相近。即注意发挥岛内同胞自我传播作用，善于用台湾人影响台湾人。可在节目中访谈台湾社会各界人士，请岛内专家学者做节目嘉宾，聘岛内同行做节目主持，与岛内主流媒体的“名嘴”进行连线，借“口”传“声”。二是话相通。台湾本省人日常交流常用闽南话和客家话，用这两种方言和他们沟通，有亲切感，容易引起共鸣。大可不必因为绿营人士普遍使用闽南方言，更不能因为他们把闽南话称为“台语”就盲目排斥。相反，加强闽南话广播，既可用事实驳斥“台语是独立语种”的“去中国化”论调，又可发挥闽南话的精神纽带作用，增强对台广播的亲和力。海峡之声广播电台于2002年元旦开播祖国大陆第一个闽南话频道，以浓浓的乡音乡情，吸引了岛内大量的闽南话听众，产生了良好的传播效果。曾有一位来自台湾云林县的听众打电话到“你我好时光”热线点歌节目，要求点播一首“台语歌曲”，主持人首先感谢他参与节目，同时提醒道：“您刚才提到的‘台语’其实就是闽南话，是从闽南地区流传过去的，因此，‘台语歌曲’的正确叫法应当是闽南话歌曲。”听了主持人一番话，这位听众表示赞同，他说：“不说不知道，以后要改过来。”三是形相似。一段时间，对内广播电视“港台腔”风行，引起了大陆受众的反感，业内有识之士更是呼吁要淡化“港台腔”。但如果由此让对台广播电视也反对“港台腔”，以大陆人的喜好强加于岛内受众，就会引起他们的反感和排斥。近年来，海峡之声广播电台在节目形态设计上，尽量与岛内主流电台相类似；在播音上，注意学习借鉴岛内广播亲切、自然、活泼的风格，让岛内受众感觉像听“岛内电台”一样。台湾“中广”对此评论说：“海峡之声电台采用跟中广新闻网相似的‘语言’，也以女性主播播报台湾新闻的形式呈现，不少听众听得‘雾煞煞’，把海峡之声当成中广新闻网。”

（六）广播加大功率，网络丰富内容

广播有转瞬即逝、不易保存等自身难以克服的缺陷。而在互联网上，开通对台网络广播，不仅可以避免传统广播受功率、气候、地理、空间距离、同频干扰等因素制约，实现在线收听，使受众有更多的自主权选择收听时间和节目，而且可以扩大受众的参与度，他们在网上通过电子信箱、留言板和BBS等方式，不受限制地参与节目讨论，还可以利用文字的形式将节目内容再现于电脑屏幕，在一定程度上弥补了声音信号易逝的缺点。海峡之声广播电台于2000年4月开设专业网站，同步播出5套广播节目，并设立精品选播、节目点播和7个互动式栏目。每年有1万多篇的节目文字稿上网。特别是作为大陆第一个海峡军事网站于2002年8月1日开通，使网站日访问量有了很大的突破。单日最高访问量达到217万，日平均访问量达71万，其中台湾、香港及海外的访问量占三分之一。通过互联网，每年有大量稿件被岛内各种媒体转载，不少文章刊登在报纸的显著位置，有的甚至上了头版头条。

与岛内广播媒体的合作，也正在成为“入岛”的一个重要渠道。通过购买岛内广播时段、制作专题节目无偿在岛内播出，以及牵头组织两岸广播媒体联合采访、制作和播出节目，都产生了良好的传播效果。

（原载《军事记者》2009年第1期）

李岚 简历 Introduction

李岚，1994年获得四川师范学院文学学士；1994年9月至1997年7月，获得四川大学新闻学院新闻学硕士（先后兼任四川岷江音乐台《岷江排行榜》节目主持人，四川有线电视台经济频道新闻主持人，《阳光地带》责任编辑）；1997年7月至2003年7月，中国青年政治学院新闻与传播系讲师（先后兼任中央电视台新闻中心策划组策划编辑，中央电视台新闻中心《现在播报》策划编辑，中央电视台西部频道《财经前线》主编、制片人）；2000年9月至2003年7月，中国人民大学新闻学院传播学专业传播学博士；2003年9月至2005年7月，北京大学光华管理学院产业经济学博士后；2005年7月，任国家广电总局发展研究中心产业研究所副所长，广电蓝皮书副主编、编辑部主任；2009年6月至8月，美国丹佛大学商学院CEMMP访问学者。现任国家新闻出版广电总局发展研究中心信息研究所所长，广电蓝皮书副主编、编辑部主任。兼任中国广播电视协会电视学研委会理事，北京电视艺术家协会理事，中国电视频道覆盖及收视状况调研专家顾问组组长，中国社科院新闻与传播研究所特约研究员，上海大学影视与传媒产业研究基地特聘研究员等。

主要学术建树

应传媒业界、学术界邀请，李岚出席百余次国际国内学术论坛交流活动并做主题发言和演讲。接受《人民日报》、《光明日报》、中央电视台、《财经》、《综艺》、《中国广播影视》、《新京报》、《新周刊》、凤凰网等十几家主流媒体的采访，就有关制播分离改革、选秀类节目监管、电视节目营销、产业价值链、省级卫视竞争、电视剧市场竞争、民营电视剧制作公司发展及政府监管与政策扶持、数字电视发展前景等方面发表学术观点。

李岚有多年广电一线和管理部门从业经验，对广电行业发展现实和相关政策机制非常了解，形成了系统、扎实、连续丰富的研究成果，尤其对广播电视产业价值链和广播电视品牌评估体系的相关研究，前瞻性、理论性、现实性很强，填补了理论空白，对学界业界有一定贡献，对广电行业实践起到了较好的指导作用。著有《电视产业价值链：理论与个案》、《中国电视产业评估体系与方法》、《中国电视前沿》、《水落石出：历史事件采访实录》、《解放·传媒·现代性》（译著）等9本著作以及百余篇有影响的传媒研究学术论文和传媒市场调查报告。自2005年起至今8年，担任具有政府背景的中国广电行业报告——《中国广播电影电视发展报告》的副主编，连续编著8本在行业内外享有盛誉的中国广电蓝皮书。多次负责有关文化产业、广电发展改革等重大课题的研究，主持国家广电总局部级社科基金项目重大课题《中国电视专业化建设及评估体系研究》、《广播电视收视听调查评估体系建设研究》、《广播电视品牌评估体系研究》及中央电视台《中国电视综合评价指标体系研究》、北京大学、电广传媒《传媒产业价值链与核心竞争力研究》等重点项目。参与国家社科基金项目《媒介融合背景下中国广播影视发展趋势和政策引导研究》，主持承担子课题"广播影视受众变化及内容传播效果评估转型"。牵头完成国家广电总局重点课题《广播电视制播分离改革调研》、《广播影视产业发展战略研究》、《广播影视媒体内部机制改革研究》、《上海真人秀节目产业价值链研究》、《第一财经产业价值链研究》、《境外公司介入我国收视调查市场的问题与对策研究》以及地方广播影视产业规划等30多项研究课题，对广电行业相关政策制定产生重要影响。

李岚同志广电实践经验丰富、学术研究成果丰厚，荣获十几项省部级荣誉和奖项，1999年获国务院新闻办公室颁发的"澳门回归宣传报道"荣誉证书，2008年获得第十四届上海电视节"白玉兰"论坛荣誉证书；编著《2006年中国广播影视发展报告》（广电蓝皮书）（副主编）获中国广播电视协会"第五届全国广播电视学术著作评选"特别奖；专著《中国电视产业评估体系与方法》获中国广播电视协会"第五届全国广播电视学术著作评选"二等奖；学术论文《工作电视：微内容时代的新财经媒体》获中国广播电视协会"第十届全国广播电视学术论文评选"二等奖；学术论文《广播影视市场体系制度创新与机制转换研究》获中国广播电视协会"第十一届全国广播电视学术论文评选"二等奖；参与国家科技部项目"广播影视产业自主创新实现路径与政策机制"获2008年国家广电总局科技创新奖软科学类三等奖；参与国家广电总局社科课题"视听新媒体发展的基本格局及战略构想"获国家广电总局2011年度科技创新奖软科学类二等奖，等等。

主要学术论著一览

一、论文类

1.《移动化、社交化：视听传媒融合发展新态势》，《北方传媒研究》，2013年第3期；

2.《2012年电视产业发展状况盘点》，《电视研究》，2013年第3期；

3.《媒介融合下的新传播：新传播技术条件下广电发展的新挑战与新对策》，《广告人》，2012年第7期；

4.《2011年电视产业发展状况盘点》，《电视研究》，2012年第3期；

5.《2011年广电产业体制改革展望：转型与融合》，《中国广播影视》，2011年2月（合刊）；

6.《我国广播影视强国建设的现实差距和总体思路（上）》，《传媒》，2011年第9期；

7.《我国广播影视强国建设的现实差距和总体思路（下）》，《传媒》，2011年第10期；

8.《加快经济发展方式转变与广播影视产业发展研究》，《现代传播》，2011年第9期；

9.《融合背景下电视产业发展的战略转型》，《电视研究》，2011年第1期；

10.《2011年广电产业体制改革展望：转型与融合》，《中国广播影视》，2011年2月（合刊）；

11.《挑战、机遇及布局之道：三网融合催生广电产业战略转型》，《北方传媒研究》，2010年第5期；

12.《电视购物新规后的行业洗牌》，《中国广播影视》，2009年11月（上）；

13.《融媒体格局下广电的业务布局》，《视听界》，2010年第4期；

14.《广电发展网络视频产业的优劣势分析》，《视听界》，2010年第2期；

15.《电视剧产业三十年改革发展与未来趋向》（合著），《电视研究》，2008年第12期；

16.《电视购物：传媒产业价值链竞争新模式》，《电视研究》，2008年第4期；

17.《电视剧精品战略的政策条件与产业趋向》，《视听界》，2008年第3期；

18.《在政策与市场之间：民营公司电视剧的路径选择》，《视听界》，2007年第1期；

19.《电视传媒产业价值链和核心竞争力战略分析》，《电视研究》，2005年第6期；

20.《数字电视政策：促进传媒产业价值链转型》，《中国广播电视学刊》，2005年第5期；

21.《传媒产业的控制与影响因素分析》，论文集《北大新闻传播评论》（第一辑），北京大学出版社，2004年5月；

22.《广电媒体电视剧制作机构转企改制的瓶颈问题与突破路径》，《国家广播电影电视总局党校2012年度论文集》（下册），中国广播电视出版社，2013年4月；

23.《“剧战”的未来走向》，《视听界》，2013年第1期；

24.《数字付费频道发展的现实与未来》，《南方电视学刊》，2012年第2期；

25.《当前政策条件下电视台“剧战”策略分析》，《视听界》，2012年第1期；

26.《省级卫视联姻的模式、启示和趋势》,《新闻战线》,2010年第8期;

27.《卫视频道的新竞争时代》,《传媒透视》,2010年第4期;

28.《省级电视台跨省合作的现实与未来》,《南方电视学刊》,2010年第2期;

29.《制播分离政策解读及产业模式解析》,《当代电视》,2010年第3期;

30.《大片战略:开辟品牌竞争的蓝海》,《视听界》,2009年第5期;

31.《中国电视剧营销竞争格局和发展趋向》,《电视研究》,2009年第8期;

32.《媒体联盟:构建广电市场体系的战略抉择》,《视听界》,2009年第2期;

33.《新时期电视制播分离改革的现状、问题与趋向》,《电视研究》,2009年第4期;

34.《关于制播分离改革中几个问题的探讨》(合著第一作者),《北方传媒》,2009年第3期;

35.《工作电视:微内容时代的新财经媒体》,《中国广播影视》,2007年2月(合刊);

36.《广电产业集团运营效率评估理论探讨》,《中国广播电视学刊》,2004年第11期;

37.《广电传媒企业产业价值链现状及问题分析》,《新闻界》,2004年第2期;

38.《传媒企业产业价值链与公司战略》,《新闻界》,2004年第1期;

39.《数字化条件下新的收视调查模式转换趋势与启示》,《电视研究》,2012年第11期;

40.《建立完善收视调查行业监管机制的对策研究》,《中国广播电视学刊》,2012年第4期;

41.《广播电视品牌评估的理论框架和体系建构》,《电视研

究》, 2010年第7期;

42.《收视调查业呼唤第三方》,《中国广播影视》, 2009年4月(上);

43.《合理运用收视率引导行业良性发展》,《中国广播影视》, 2008年7月(上);

44.《电视频道专业化评估策略探析》,《视听界》, 2003年第6期;

45.《从微观到宏观, 从初探到完善——关于中国电视综合评估现状的问卷调查》,《新闻界》, 2002年第5期;

46.《历史的人人的历史——上海外语频道〈中国通〉的审美价值》,《现代传播》2010年第2期;

46.《机制为王: 电视节目创新可持续发展路径探析》,《视听界》, 2009年第1期;

47.《卫视改版: 品牌定位升级回归主流文化》,《中国广播影视》, 2009年8月(上);

48.《娱乐真人秀节目产业价值链研究》(合著),《2007年中国广播影视发展报告》, 新华出版社, 2007年6月;

49.《一部经济史的艺术表达: 第一财经(激荡·1978~2008)》,《现代传播》, 2008年第6期;

50.《当前电视娱乐节目市场格局与发展态势》,《电视研究》, 2007年第9期;

51.《新财经节目的运作理念和瓶颈突破》, 中央电视台建台45周年纪念论文集《电视论文选》, 中国广播电视出版社, 2003年8月;

52.《受众收视分析视野中的节目策略》, 全国第三届受众研究学术研讨会论文集《解读受众: 观点、方法与市场》, 河北大学出版社, 2001年12月;

53.《广泛性、贴近性、服务性、可视性——从"五一"报道看〈新闻联播〉改进趋向》,《电视研究》, 2001年第7期;

54.《影视信息不同接受心理分析》,《中国青年政治学院学

报》, 2001年第1期;

55.《电视综合性新闻栏目的策划理念——〈现在播报〉个案研究》,《广播电视研究》, 1999年第6期;

56.《背景资料: 增进新闻信息含量的有效途径》,《新闻与传播研究》, 2000年第2期;

57.《电视纪实传播美学探析》,《中国青年政治学院学报》, 1999年第3期;

58.《中西电视谈话节目风格之比较》,《电视研究》, 1999年第3期;

59.《电视纪实: 人文主义传播意识的回归》,《中国青年政治学院学报》, 1998年第1期。

二、著作类

1.《电视产业价值链: 理论与个案》, 社会科学文献出版社, 2006年6月出版,《求索》2006年第10期转载;

2.《中国电视产业评估体系与方法》, 华夏出版社, 2004年8月出版;

3.《中国电视前沿——关于理念与运作的对话》, 新华出版社, 2002年8月出版,《上海大学学报(社科版)》2005年第1期转载;

4.《影视艺术比较论》(合著), 北京广播学院出版社, 2001年6月出版;

5.《水落石出——历史事件采访实录》, 福建人民出版社, 1999年10月出版;

6.《解放·传媒·现代性——关于传媒和社会理论的讨论》(译著), 新华出版社, 2005年1月出版;

7.《新闻与揭丑——美国黑幕揭发报道经典作品集》(合译), 海南出版社, 2000年5月出版;

8.《新闻与正义——普利策新闻奖获奖作品集》(合译), 海南出版社，1998年2月出版；

9. 编著《2013年中国广播电影电视发展报告》（合著），社科文献出版社，2013年6月出版；

10. 编著《2012年中国广播电影电视发展报告》（合著），社科文献出版社，2012年6月出版；

11. 编著《2011年中国广播电影电视发展报告》（合著），社科文献出版社，2011年8月出版；

12. 编著《2010年中国广播电影电视发展报告》（合著），新华出版社，2009年5月出版；

13. 编著《2009年中国广播电影电视发展报告》（合著），新华出版社，2009年5月出版；

14. 编著《2008年中国广播电影电视发展报告》（合著），新华出版社，2008年6月出版；

15. 编著《2007年中国广播影视发展报告》（合著），新华出版社，2007年6月出版；

16. 编著《2006年中国广播影视发展报告》（合著），社科文献出版社，2006年4月出版；

17. 编著《新闻与大众传媒通论》（合著），中国人民大学出版社，2003年10月出版。

三、课题类

1.《中国电视专业化建设及评估体系研究》，国家广电总局部级社科基金重大课题；

2.《广播电视收视听调查评估体系建设研究》，国家广电总局部级社科基金重大课题；

3.《广播电视品牌评估体系研究》，国家广电总局部级社科基金重大课题；

4.《媒介融合背景下中国广播影视发展趋势和政策引导研究》子课题“广播影视受众变化及内容传播效果评估转型”，国家社科基金项目；

5.《中国电视综合评价指标体系研究》，中央电视台课题；

6.《传媒产业价值链与核心竞争力研究》，北京大学、电广传媒课题；

7.《广播电视制播分离改革调研》，国家广电总局课题；

8.《广播影视产业发展战略研究》，国家广电总局课题；

9.《广播影视媒体内部机制改革研究》，国家广电总局课题；

10.《我国广播影视强国建设的现实差距、发展目标和战略布局》，国家广电总局课题；

11.《后金融危机时期的广电产业发展的前景与机遇》，国家广电总局课题；

12.《中国电视剧行业分析报告》，国家广电总局课题；

13.《上海真人秀节目产业价值链研究》，国家广电总局课题；

14.《第一财经产业价值链研究》，国家广电总局课题；

15.《境外公司介入我国收视调查市场的问题与对策研究》，国家广电总局课题；

16.《全国影视产业基地建设对内蒙古的启示和借鉴》，国家广电总局课题。

电视产业价值链研究概述

如何创造并保持竞争优势，已成为电视传媒企业生存和发展的首要问题。世界上成功的跨国传媒集团的实践证明，产业价值链思想是研究电视传媒企业核心竞争力和竞争优势的有效工具。中国关于电视产业价值链方面的研究还很少，尚未建立起系统的电视产业价值链理论模型。本章将从电视产业价值链的概念和特征入手，分析其构成系统，梳理有关基于产业价值链的核心竞争力分析理论，以期用框架性的理论导引，为电视传媒企业产业价值链分析及个案研究奠定理论基础。

一、电视产业价值链的概念及特征

（一）传媒企业价值链的基本思想

企业的任务是不断地创造价值。价值链（value chain）是企业为客户等利益集团创造价值所进行的一系列经济活动的总称。美国哈佛大学商学院教授迈克尔·波特（Michael E.Poter）1985年在其名著《竞争优势》中首次提出这个概念。他认为，每一个企业都是用来进行设计、生产、营销、交货等过程及对产品起辅助作用的各种相互分离的活动的集合，所有这些活动都可以用价值链表现出来。在价值链中，价值的概念对顾客而言，指产品的使用价值；对企业而言，指产品能为企业带来销售收入的特性。企业要生存发展，必须为股东、客户、职员等利益集团创造价值。企业创造价值的过程又被称为"增值作业"，其总和即构成企业的价值链。

传媒企业的价值链由传媒产品的创意设计开始。从知识产权的角度看，这个创造性过程必然是与专利、版权和商标联系在一起的；然后是传媒产品的生产经营，包括编辑、生产商、经理、设备供应商、后期制作环节；第三是传媒产品的流通传播，涉及代理、发行及各种参与促进流通的中间环节；第四是发送平台，包括电视频道、网络、报纸、杂志等；第五是受众反馈服务、市场营销代理环节。传媒产品（如一部电视剧）通过发送平台（电视台）的物质的基础结构（无线的、有线付费的）以及产品的广告推销（时尚、T恤衫、CD）和辅助发行平台（网络一站点），其内容产生了价值。而这一内容的成功或失败取决于受众、广告员和市场营销代理等环节。按照波特的思想，可以形成传媒企业的价值链模型图。

价值链在经济活动中无处不在，上下游关联的企业与企业之间存在行业价值链，企业内部各业务单元的联系构成企业价值链，企业内部各业务单元内部也存在价值链联结。波特的价值链通常被认为较偏重于以单个企业的观点来分析企业的价值活动、企业与供应商和顾客可能的连接，以及企业从中获得的竞争优势。

自波特提出价值链概念以后，国内外学者海尼斯（Peter Hines）、雷波特（Jefferey F. Rayport）、斯威尔克拉（John J. Sviokla）、迟晓英和宣国良等，对该理论进行了进一步的研究，他们的研究重点已经从传统的价值链思想转到了技术发展对价值链的影响上，在信息技术、国际互联网以及电子商务的基础上提出了虚拟价值链、价值网的概念，价值链被看成包括信息的创造和利用。实际上，无论价值链形式如何发生变化，其本质是不变的，都是由一系列能够满足用户需求的价值创造活动组成的，这些价值活动通过信息流、物流或资金流联系在一起。

（二）电视产业价值链的概念和范围

相应于波特对价值链的定义，产业链企业在竞争中所执行的一系列经济活动，仅从价值的角度来界定这些活动，称之为产业价值链（industrial value chain）。也就是说，当价值链理论的分析对象由一个特定的企业转向整个产业的时候，就形成了产业价值链。产业价值链是企业内部和企业之间为满足用户特定需求或进行特定产品生产（及提供服务）所经历的原材料采购、生产、销售、服务等一系列价值增值活动。也就是说，产业价值链是以某项核心价值或技术为基础，以提供能满足消费者某种需要的效用系统为目的、具有相互衔接关系的资源的优化配置和组合。理解这一定义应把握两点：一是产业价值链实际上是一种具有相互衔接关系企业的集合；二是这种企业集合并不是随意或杂乱无章的组合，而是以某项核心技术或工艺为基础并以提供能满足消费者某种需要的一种效用系统为依据整合起来的。产业价值链与产业链、价值链的关系在于从价值链的角度或利用价值链的分析方法来考察产业链。它以产业链为基础从整体角度分析产业链中各环节的价值创造活动及其影响价值创造的核心因素。

电视传媒工业作为信息时代的产物，是一个新兴的产业，从全球发展来看，兴起于20世纪80年代，随着电视产业内分工不断地向纵深发展，产业内部不同类型的价值创造活动逐步由一个企业为主导分离为多个企业的活动，这些企业相互构成上下游关系，共同创造价值。而围绕服务于某种特定传媒需求或进行特定传媒产品生产（或服务）所涉及的一系列互为基础、相互依存的上下游链条关系就构成了产业链。

电视产业价值链应该是由电视媒介市场上存在的各种不同的运作环节组成，一个完整的电视产业价值链包括电视传媒产品的创意、生产、播出（发行）、销售、服务等多个环节，不同环节上有不同的企业参与，发挥着不同的作用，并获得相应的利益。电视产业价值链运营的具体内容主要包括媒介资本运营、内容运营、后内容产品经营、下游产品延伸、频道网络、广告和受众反馈等。

也就是说，电视产业价值链联结了包括电视频道、节目制作公司、发行公司、广告公司（客户代理公司、媒体购买公司、媒体销售公司）、发行监测机构、收视监测公司、广告监测公司、市场调研公司和其他配套服务商等在内的电视传媒企业。其中媒介调查公司作为数据服务商，为媒体和广告公司提供受众的反馈信息，以便媒体及时调整经营策略，同时也是广告主进行广告购买的主要参考标准；电视媒介调查机构提供的数据是否形成一套通行的货币，将有助于电视产业的市场化良性运作；电视节目制作公司是电视台的内容提供商，在内容运营的环节上同电视台发挥着一样的作用，对后内容产品和下游产品，也即产品服务和节目相关配套延伸产品的经营也开始重视；媒介购买公司着眼于电视产业链中的广告环节，国内新兴的媒介投资分析研究机构等传媒服务商更看重电视传媒资本运营的潜力，技术服务商们则在频道网络运营中分一杯羹。

随着电视产业化的发展，必然会导致产业的进一步分化与整合，更深层次的分化和更高层次的整合都会出现。在电视传媒企业经营方面，分化会造成更专业的服务公司出现在电视产业链的环节中，如独立的创意公司、独立的广告制作公司、独立的调研单位、独立的媒体监测单位、独立的媒体策划和媒体购买公司。整合则在更高层次上把整个营销领域包括产品的开发设计、定价、售货策略等以及整个广告计划接触点的管理形成一个整合营销传播系统，一方面分得更细，一方面在更高层次上囊括得更广。从受众分析到内容提供，从广告时段购买到媒体投资并购，对于电视传媒企业而言，只有通过对产业链的整合和全方位的调动，才能在竞争中占到优势。

电视产业价值链上各个环节的活动都直接影响整个产业的价值创造活动，而每个环节又包含着众多从事相同价值创造活动的企业。当然，有相当一部分规模较大的电视传媒企业，尤其是跨国电视传媒集团涉及多个环节的价值创造活动，有的甚至涵盖了传媒产业的所有环节。如默多克新闻集团的主业是电视节目和电影的创意和生产、销售，无线、卫星和有线电视的经营管理，而其业务范围还覆盖了传媒领域的其他方面，包括报纸、杂志和图书出版发行，广告制作和发行，数字电视以及加密和收视管理系统的开发，网络在线节目的创意和发行等。

从更广泛的范围来说，今后传媒产业化的发展，将是融平面媒体、电子媒体、立体媒体以及IT、通讯媒体等在内的相互整合的过程。传媒产业价值链，将是以电视、电脑、电话等为基础平台，以新闻、娱乐、运动、明星、音乐、游戏、文字等为内容，以电视、广播、报刊、图书、网络、光盘、唱片、人体等为媒介，以调研、策划、制作、包装、发行、广告、相关商品开发为工业流水线的商业价值链条运作体系。研究电视产业价值链的背景意义在于，中国电视传媒业正在经历从过去个别的"点"式经营，到规模化的媒介集团的"结构"型经营重点的转型。在这种转型当中，构建电视产业价值链的必要性就凸显出来。电视传媒企业的产业价值链研究是把电视传媒企业作为一个与上下游紧密联系的单位，放入整个电视产业链条甚至整个传媒工业流水线中进行考察，为电视传媒企业确定能够在激烈市场中争取竞争优势的核心价值和发展战略。

（三）电视产业价值链的特征

实际上，产业价值链形态并不是唯一的，针对具体的行业，由于产业的特性，其产业价值链构成往往存在差异性，而且处于动态变化之中。喻国明教授认为，传媒产业价值链的内涵包括三个方面：首先，产业价值链是一种相关资源的组合；其次，这种组合不是无序的，而是要求围绕着某项核心价值或技术来加以优化和提升；其三，对于产业价值链是否优化的判别标准应着眼于是否最大限度地实现其资源的全部价值，即优化的标准是着眼于"结构"和"动态"，它的讨论对象是"环节"而不是"点"。

传媒产品的价值递增系数，主要体现在传媒产品的生产、流通过程中所形成、延伸的价值链上。一般来说，物质产品的价值链随着产品进入终端市场便告终结，而传媒产品的价值链的产业延展性很强，呈网状结构。传媒公司往往将它们的产品同时售卖给两种分离的、截然不同的市场，一方面传媒产业制造具有某种专业或艺术价值的传媒内容（电视节目、报纸、杂志文章等）作为商品，然后通过传播来获得价值交换和满足人们的精神需求；另一方面，这些消费传媒内容的"受众"，作为传媒生产的另一种商品，被出售给广告商，然后通过广告商的广告投入，进行二次售卖，实现传媒产品传播的价值增值。由于传媒产品具有物质、精神、政治、文化、经济等多重属性，在价值构成上不同于一般的物质产品或文化产品，“传媒产品似乎违反了经济法则所基于的前提——稀缺（scarcity），虽然大量的电影、音乐和新闻被消费了，但它们却不会被用尽”。传媒产业价值链在向相关产业延伸时会不断创造新的价值，而且当新的价值形成后，还能促进原有传媒产品价值的进一步升级。根据电视产业的特性，具体分析而言，电视产业价值链具有以下特征：

1. 构成电视产业价值链的各个组成部分是一个有机的整体，相互联动、相互制约和相互依存，每个环节都是由大量的同类电视传媒企业构成，上游产业环节和下游产业环节之间存在着大量的信息、物质、资金方面的交换关系，是一个价值递值过程。同时电视产业价值链之间相互交织，往往呈现出多层次的网络结构，这就使电视产业价值链的研究具有繁复性，尤其是针对一个电视传媒企业的内部资源整合及外部战略联盟问题。

2. 电视产业价值链的各个环节技术关联强且在技术上具有层次性，这里的技术是指在电视产品生产方面的经验、知识和技巧，也泛指其他操作方面的技巧。如从系统角度看，电视产业价值链存在着节目——频道——网络终端的技术层次。从环节角度看，存在着节目产品标准制定——创意开发——制作——播出（发行）——相关产品开发的技术层次。节目创意开发是产业价值链技术的核心，制作是根据节目产品创意的思维和策划来进行，其技术与创意技术具有上下游的关系，节目播出环节的技术含量较低，主要是解决播出平台问题。

3. 电视产业价值链的各个环节存在着增加值与盈利水平的差异性。如在初步形成的数字付费频道产业价值链环节中的节目供应商、集成运营商和有线网络商之间的分账比例虽然目前还没有定论，但基本的方向是节目供应商：有线网络商：集成服务商=4:4:2。但增加值不等于盈利水平，根据各个区域不同的实际情况还可以有具体的商业模式，如中数传媒在2005年开播17套付费电视节目，除播放适合中国人口味的HBO电影节目《第一剧场》价格定在36元/月外，其他16个频道的“打包”价格定在28元/月。其分账模式确立为网络商: 节目商: 集成商=5:4:1。

因此，对电视产业价值链的考察主要涉及两个方面，一是产业价值链环节是否完善和衔接紧密，二是构成这些价值链环节的业务单元是否资源共享，是否能够整合起来为该产业价值链服务。

（原载《电视产业价值链理论与个案》2006年6月版·节选）

李舒东 简历 Introduction

李舒东，中国人民大学博士，高级编辑、编审。中央电视台编委会委员，中国广播电视协会、中国电视艺术家协会央视分会理事长、中国电视艺术家协会电视节目研发委员会常务副主任、评论委员会副主任，《电视研究》副主编。曾任中央电视台海外中心副主任，分管西班牙语国际频道、法语国际频道、俄语国际频道、阿拉伯语国际频道，现任中央电视台发展研究中心主任。曾担任中央电视台《风从东方来》电视晚会总制片人之一、担任大型纪录片《澳门十年》监制、担任2009年中央电视台元旦晚会总策划。被聘为中国传媒大学客座教授、北京理工大学兼职教授。

主要学术建树

李舒东多年来主要从事电视评论、文化传播研究、国际传播研究、传媒安全等研究。她在业内具有一定的知名度，曾做客新浪、搜狐，受邀在北京大学、清华大学做讲座，在传媒大学所讲授课程（全校博士生选修课）《诠释学》被纳入中国传媒大学出版的《当代社会思潮名家讲座》；出版专著（包括合著）十余部，在国家核心刊物人民日报、光明日报、哲学研究等报纸杂志发表论文百余篇。2012年5月被选为中国国际传播战略与发展研究中心（中国人民外交学会中国传媒大学研究基地）第一届理事会理事。

李舒东主持或参与的研究课题多为国家级或省部级，如担任国家社科基金重大项目《国际传播发展新趋势与加快构建现代传播体系研究》子课题负责人，负责《中央电视台国际传播能力建设对策研究》课题；研究课题《传媒安全研究》、《国际一流媒体研究》均为“国家广电总局社科研究项目”中的重大项目；承担《中国广播电影电视发展报告》（2011）“主流媒体提升国际传播能力的战略研究”的专题研究报告。

主要获奖成果：《百名摄影记者聚焦SARS》（主编，中国文联出版社出版），该书获第六届国家图书奖特别奖；《国家大师丛书·贺麟评传》（专著，百花洲文艺出版社出版），该书为国家新闻出版署“八五”规划重点图书，《国家大师丛书》获第三届国家图书奖提名奖；《在走转改中履行媒体责任——重温〈延安文艺座谈会上讲话〉点滴体会》获中国广播电影电视报刊协会2012年度新闻作品论文类一等奖；《道德的荣与辱——电视剧〈乔家大院〉观后感》（《光明日报》2006年5月19日 ）获第七届中国金鹰奖电视艺术论文二等奖;《纪录片〈澳门十年〉创作特点分析》获第八届中国金鹰奖电视艺术论文二等奖;《巧妙传播中国传统文化之精华——评大型电视纪录片〈颐和园〉》获第九届中国金鹰奖电视艺术论文二等奖;《改革的成果 开放的见证》获国家广电总局纪念改革开放30周年征文活动三等奖;《关于电视对外传播的若干思考》获第十一届全国广播电视学术论文决策研究类三等奖。

主要论著一览

一、论文类

1.《非常时期的记录》,《中国艺术报》,2003年7月18日;

2.《说诗如说禅,妙处在悬解》,《中国文化报》,2003年6月28日;

3.《天堂在哪里》,《中华读书报》,2004年3月3日;

4.《善行无辙迹——读〈一辈子〉》,《人民日报》,2004年8月30日;

5.《大浪淘沙,智仁勇者上》,《中国图书商报》,2005年1月14日;

6.《让人文大家贴近读者和生活》,《光明日报》,2005年1月17日;

7.《使彼此成为永远》,《中华读书报》,2005年10月12日;

8.《没有庄奴就没有邓丽君》,《华人世界》,2005年第10期;

9.《智圆行方,云行雨施》,《华人世界》,2005年第6期;

10.《百姓眼里的好领导》,《中华儿女》,2005年第7期;

11.《响亮的电视剧主旋律》,《文艺报》,2006年4月18日;

12.《从读书时代到读图时代》,《当代电视》,2006年第5期;

13.《道德的荣与辱》,《光明日报》,2006年5月19日;

14.《腹有诗气气自华 心为人民年自轻》,《人民日报》(海外版),2006年6月24日;

15.《叶小纲音乐会点滴》,《音乐爱好者》,2006年第7期;

16.《双法合璧》,《中国艺术报》, 2006年8月18日;

17.《文联周主席“年方九十”青春跳动》,《华人世界》, 2006年第10期;

18.《落花缤纷 着手成春——2006年中国电视剧的喜与忧》,《文艺报》, 2007年1月25日;

19.《感性灵魂的呼应》,《华人世界》, 2006年第2、3期合刊;

20.《一次生命的远航》,《人民日报》, 2007年3月16日;

21.《中央电视台在改革中实现三个转变》,《理论视野》, 2009年第3期;

22.《电视对外传播: 如何由弱变强》,《对外传播》, 2009年第7期;

23.《关于电视对外传播的若干思考》,《电视研究》, 2009国际电视传播专刊;

24.《感悟电视剧〈我的青春谁做主〉之“平常心”》,《当代电视》, 2009年第9期;

25.《传承中华优秀传统文化的精金美玉——十集系列片〈望长安〉观后感》,《当代电视》, 2009年第11期;

26.《纪录片〈澳门十年〉的创作特点及传播理念》,《电视研究》, 2010年第3期;

27.《研发: 电视媒体的导航仪与助推器》,《南方电视学刊》, 2011年第2期;

28.《从国内第一媒体走向国际一流媒体之感言》,《电视研究》, 2011年第4期;

29.《〈感动中国〉: 时代的坐标》,《中国新闻出版报》, 2012年2月21日;

30.《电视剧〈大戏法〉观后感: 真与幻的选择》,《光明日报》, 2012年2月;

31.《中央电视台〈走基层〉报道成效分析》,《电视研究》, 2012特刊;

32.《民族和合的壮丽史诗》,《人民日报》, 2012年6月25日文艺版；

33.《领导先行，众才得其序》，《三项学习教育通讯》，2012年第3期；

34.《在走转改中履行媒体责任》，《电视研究》，2012年第6期；

35.《凝练党史 托起希望 促进文明和谐》，《电视研究》，2011年第7期；

36.《合作创新发展——在2011首届中国电视发展年会上的讲话》，《电视研究》，2011年第8期；

37.《事迹如歌 人气浩荡》，《当代电视》，2012年第3期；

38.《央视探讨伦敦奥运报道创新》，《光明日报》，2012年8月22日；

39.《三个“联动”彰显央视国际传播理念》，《光明日报》，2012年8月22日；

40.《历久弥新的焦裕禄精神》，《电视研究》，2012年第12期。

二、著作类

1.《中央电视台对外传播史》（主编），人民出版社出版；

2.《国际一流媒体研究》（第一作者，国家广播电影电视总局部级社科研究项目重大项目），世界知识出版社出版；

3.《传媒安全》（第一作者，2012年度国家广播电影电视总局部级社科研究项目重大项目），人民出版社出版；

4.《新闻架起连心桥——中央电视台“走基层转作风改文风”》（总策划），学习出版社出版；

5.《永远的连心桥——CCTV新春走基层》（总策划），学习出版社出版；

6.《旗帜是这样诞生的——大型电视纪录片〈旗帜〉创作纪实》（编委会副主任），中国民主法治出版社出版；

7.《多维视域的大众传媒》(作者之一),中国传媒大学出版社出版。

8.《个体道德论》,华中理工大学出版社出版,《光明日报》曾对本书作过专门介绍,认为此书是具有"开拓性、创新性,填补空白的意义";

9.《走向大市场》(合著),中央党校出版社出版;

10.《商道现象学》,中国物资出版社出版;

11.《领导心力》,中央组织部党建读物出版社出版;

12. 大型系列丛书《中国国粹艺术》(总策划),中国文联出版社出版。

13.《实战型研究与走转改》,学习出版社出版。

国际一流媒体研究概述

研究并建设国际一流媒体，不是心血来潮，是中国全面发展的需要，是文化大发展、大繁荣的需要，是建立在政治性、必然性和可行性基础之上的。

一、研究国际一流媒体是重大的现实课题

改革开放以来，中国经济迅速发展，国家文化政策积极推进，综合国力大大增强，但在竞争力上，中国主流媒体和国际一流媒体之间依然存在差距，仍是“西强我弱”。正因为如此，近年来，党中央、国务院十分重视对外传播工作，胡锦涛同志在中央电视台建台50周年贺信中指出：“希望进一步增强光荣感、责任感和使命感，始终坚持正确办台方向，在继承的基础上不断开拓创新，努力把中央电视台建成技术先进、信息量大、覆盖广泛、影响力强的国际一流媒体。”江泽民同志也提出：“努力把中央电视台建设成为具有国际重要影响力的世界级媒体。”习近平同志批示：“希望你们从新的历史起点出发……不断提高国际国内传播能力和影响力……为打造国际一流媒体再创辉煌。”如何打造国际一流媒体，成为中国主流媒体的研究者和实践者的重要任务。中国媒体长期面向“国内”一个市场，面向国际，“走出去”的步伐不快。要进入国际传媒市场，参与国际话语权竞争，达到国际认可的一流水平，必须加强对国际一流媒体的研究，知己知彼，方可正确认识和对待自己，加快与国际接轨的速度和力度，也唯有如此，方可正确学习、借鉴国际先进的运行机制，建立具有国际水准的现代传播体系和运营模式。目前

在国内业界没有现成的经验可循，这也凸显了研究的重要性。通过深入研究，寻找规律性的东西，去粗取精、去伪存真，才能因地制宜，避免走弯路。通过研究，还有利于引进、借鉴、学习国际一流媒体先进的运营模式、运营机制和科学的管理经验，推动中国现代媒体制度的建立。国际一流媒体的研究与建设，不仅适用于中央电视台，也适用于当前众多的国内媒体，有利于进一步提升中国媒体整体的国际视野和现代化水平。加强研究，还有利于中国媒体实现全球合作。中国主流媒体在研究、建设国际一流媒体的过程中，不仅仅是与国际媒体的竞争，也是学习与合作。随着研究的深入发展，中国媒体之间、中国媒体与国际媒体的交流将会更加频繁，从而有助于加深中外媒体的相互了解与认识，这就为中外媒体的相互合作提供了更多的国际信息参考，创造了更多的媒体合作机遇和条件。对国际一流媒体的研究，是一种对发展的探索。这种探索一旦成功，能够为全国电视同行提供经验，带动国内更多的电视行业加快自我提升，开拓国际市场，实现国际化的进程，从而有助于提高中国媒体的整体国际竞争力。

二、研究与建设国际一流媒体是落实国家发展战略的必然要求

建成国际一流媒体的发展目标，是国家发展到一定历史阶段之必然。按照美国哈佛大学教授约瑟夫·奈的观点，一个国家的综合国力，既包括由经济、科技、军事实力等表现出来的"硬实力"，也包括以文化、意识形态吸引力体现出来的"软实力"。当前国际竞争是综合国力的竞争，综合国力竞争的一个显著特点，就是文化"软实力"在综合国力竞争中的地位和作用越来越重要。文化的全球影响力是衡量一个国家软实力的重要指标，尤其在信息时代，作为一种重要的"软实力"，媒体的国际传播能力在综合国力竞争中的地位和作用越来越突出。西方发达国家，特别是美国一贯将国际传播作为国家公共外交政策的一部分。"9·11"事件后，美国政府

要求进一步强化对外传播的政治功能，强调国际广播电视是美国公共外交的核心力量，要使“美国的价值观和文化得到更广泛的传播”，并要与反恐战争目标和国家公共外交的战略相一致。正是美国对广播、电视在国际传播上的重视，借助信息的优势主导着国际舆论，向世界宣扬其政治、思想、文化、意识形态和价值观念，为其全球霸主的地位提供了强大的舆论支持。

进入21世纪以来，我国在国际社会的影响力不断扩大，这种影响力很大程度上来自“中国制造”和中国经济等“硬实力”的持续、快速增长。特别是北京奥运会和华尔街金融风暴之后，中国在世界经济中的引擎作用进一步得到确认，国际地位迅速提升。然而，“目前，我国文化在国际上的影响力和竞争力，与我国国际地位不相适应，与我国五千年文明积淀的丰厚文化资源不相适应”，在世界范围内观众所看到的国际新闻70%以上是西方一流媒体提供的，国际舆论“西强我弱”的国际格局没有改变。与英国广播公司（BBC）、美国有线电视新闻网（CNN）相比，其海外订户数分别是中央电视台的三倍多和两倍多，在收入方面，BBC几乎是中央电视台的三倍。

因此，建立国际一流媒体，成为国家战略发展的一部分，是在中国具备国际经济话语权之后，争取国际视频话语权的重要步骤；是服务于我国改革开放和现代化建设的需要，总而言之，是提高中国文化软实力的客观必然要求。

三、研究并建设国际一流媒体是新时期主流媒体求新求变的必然选择

中国主流媒体承担了向世界展示中国发展、塑造中国形象的重要历史责任和使命。同时，研究与建设国际一流媒体也是主流媒体不断发展自身的需要。经过五十余年的努力，中央电视台已经成为国内最重要的电视媒体。首先是影响力最大的媒体。在中国，拥有数量最多的上星频道和数字频道，自身电视观众超过12亿，长期

占据全国收视市场份额的1/3[各国最重要媒体的国内收视份额：英国BBC为35%、日本NHK（日本放送协会）为17%、美国最大的三大电视网CBS（哥伦比亚广播公司）、ABC（美国广播公司）、NBC（美国全国广播公司）的份额均在6%~7%之间]。在2008年北京奥运会期间，中央电视台在国际上的知名度显著提升，一位来自美国的记者用他心爱的纪念章换走了中央电视台一名记者带台标的工作服，他说："回去要给我的朋友看，这是中国最牛的媒体。"其次是规模最大。已建成全球7大中心记者站和国际视频发稿平台、70个海外记者站点的新闻采编网络，正在建设北美和非洲两个海外分台，建设规模超过此前26年的总和，形成了7个国际频道、使用联合国6种语言的对外传播格局；国际频道整频道落地用户数达到1.66亿户，长城平台全球付费用户超过10万；经营收入达到350亿。再次是技术最先进。中央电视台在技术上整体已经达到国际领先水平，高清频道、3D频道开播，全台节目直播全面实现网络化、数字化和文件化。

总之，中央电视台与国际一流媒体的差距在快速缩小，部分指标已达到国际一流媒体水平。2010年，在国际媒体排名中，中央电视台排在第30位，比2000年的第55位提升了25位。但是，作为国家级媒体，与我国综合国力的迅速提高相比，与国际一流媒体的竞争实力相比，我们还有不小的差距。目前，我国的国民生产总值已经跃居全球第二，中国经济成为世界经济的引擎，越来越多的中国企业进入了《财富》500强。但是在传媒行业，还没有一家中国媒体在综合实力上能够跻身全球传媒集团的前20名。此外，网络媒体、户外媒体、手持和移动媒体等新兴媒体正在以跨形态、跨媒体、跨区域的传播方式，冲击着传统媒体的市场格局，BBC、CNN等国际一流电视媒体也纷纷主动求变，20世纪90年代末均基本完成向全媒体方向转型。中国媒体如果不研究这种发展变化，差距就会越来越大。在这种环境下，加强对国际一流媒体的研究和建设，既是对自身发展提出的更高要求，也是作为国家电视台的一种责任和担当；既是对环境变化带来挑战所做出的回应，也是积极顺应媒体变革趋势的主动行为。

四、国际一流媒体的概念界定及特征

对国际一流媒体的概念界定与理解，虽然目前还没有统一的解释，但在以下认识上基本达成共识，即把那些具有巨大规模和影响力的媒体称为主流媒体或强势媒体，而将那些经营和影响超过了国家界线的媒体称为国际一流媒体。

（一）国内外学者和业界对国际一流媒体的界定

关于国际一流媒体的评定标准，学术界和业界有一些不同的观点和说法。

1. 世界知名咨询公司麦肯锡研究认为，国际一流媒体包括三个方面的要素：

（1）能很好地履行引导社会舆论、提供教育服务等公益责任，并在这方面具有较高的观众满意度；

（2）具有较高的知名度和世界品牌；

（3）具有很好的经济效益。

2. 世界知名的传媒杂志TBI（Television Business International《国际电视业》）则认为衡量是否为国际一流媒体，主要看产业规模和经济实力。

3. 世界品牌实验室的界定：国际一流媒体主要看重的是媒体的品牌价值。

4. 我国学者、研究者对国际一流媒体概念的研究：

上海外国语言大学的郭可教授在其《国际传播学导论》中提出“国际媒体主要是指那些从事国际信息传播活动的主体或传播媒体”，主要标准有：（1）信息传播活动具有跨国性；（2）信息传播的经营活动具有跨国性；（3）影响力具有国际性。由于依据标准不同，不同的研究者对国际一流媒体的理解也有一些差别。中国传媒大学的刘笑盈教授认为，衡量国际一流媒体的标准主要有三个：第一，具备强大的国际传播力、影响力，包括品牌影响力、话语权、舆论引导力等要素。例如，美国总统林肯在南北战争前接受采访时曾经评价说："《泰晤士报》是世界上影响最大的报纸，事实上，据我所知，除了密西西比河外，再没有比它更有力量的东西了。"英国首相迪斯雷利也说，英国在各国的首都有两名大使，一名是英国女王派遣的，另一名是《泰晤士报》派遣的。美国作家马克·吐温说过一句颇为夸张的话："给地球各个角落带来光明的来源只有两个：天上的太阳和地下的美联社。"CNN崛起之后，也曾经被称之为是"联合国安理会的第六个常任理事国"，其创始人特纳曾声称："CNN的镜头摇到哪里，安理会的议程就讨论到哪里。"其议程设置能力之强，以至于海湾战争和索马里事件之后国际学术界出现了所谓的"CNN效果"（CNN Effect）一词。正如西方学者所称，CNN在其鼎盛时几乎就成了全球新闻的代名词，这些都是国际一流媒体影响力的具体表现。第二，具备强大的运营能力，指国际媒体的经济收入水平、创收能力以及产出效益等经济财务指标，反映媒体的经营发展与运营管理水平。当前世界媒体的产业化特征十分明显，强大的运营能力包括市场开拓能力和管理能力，只有运营能力强的媒体才可以获得广泛的影响力。第三，是基础规模，指国际传媒机构作为一个信息制播平台存在的基础性指标，包括媒体的整体规模水平、国际覆盖能力、制作播出能力等，是其他两类指标的基础，同时又深受其他两类指标的影响。三类指标互为条件、相互支撑、相互作用，构成了国际一流媒体的评价体系。

总体而言，三项指标都超前的媒体才能称得上是国际一流媒体。比较而言，有些媒体是三项指标比较均衡，都处于行业的领先地位，是所谓的"三强并立"的媒体，有的媒体是"两强一弱"或"一强两弱"。例如我们的研究表明，时代华纳（Time Warner Inc.，美国一家大型多媒体公司）就属于典型的"三强并立"媒体，旗下的CNN国际影响力人所共知，旗下的HBO更是运营能力强的体现。BBC是属于"两强一弱"的媒体，国际影响很大，运营能力也很强，不过基础规模相对有限。而半岛电视台（Al Jezeera，阿拉伯语电视媒体）则是"一强两弱"的媒体，国际影响力突出，但是运营能力和基础规模偏弱。

综上所述，我们认为，国际一流媒体是一个媒体综合实力的体现，包含了传播、经营、新媒体、内部管理等多个业务领域，在所有这些领域都大大超出一般媒体的发展实力。在研究中，我们充分借鉴平衡计分卡（BSC）SMART原则，传统的平衡计分卡由四大能力构面组成，即财务构面、客户构面、内部业务流程构面以及学习成长构面。通过结合传媒业的特性以及国际一流媒体的特点，我们以传播能力取代传统的客户构面，以更准确地度量媒体的社会影响与市场力量；以经营能力作为传统的财务构面，以度量媒体在经济意义上的运营能力和绩效；以内部运营能力取代传统的内部业务流程构面，以匹配媒体的内部实力特点；以新媒体发展能力替代传统的学习成长构面，以衡量在传媒融合与转型愈演愈烈的当下，媒体的成长与可持续发展能力。媒体的四种能力互相影响，共同形成媒体的综合实力。内部运营能力是经营能力和传播能力的基础，同时，内部运营能力又与经营能力共同支撑传播能力，传播能力是媒体实力的核心。新媒体发展能力作为媒体综合能力的一项补充，对媒体在内部运营能力、经营能力、传播能力等方面都能够起到补充、提升作用。

（二）国际一流媒体的主要特征

国际一流媒体的主要特征包括以下六个方面：

1. 主导新闻传播

CNN、BBC等电视媒体不间断地发布全球各地的新闻信息，凭借独特、重大、丰富和不可替代的信息源，形成强势信息流，独占世界新闻市场80%以上份额。

2. 引领国际舆论

占据国际话语主导权，善于运用议题设置、热点引导等手段，操控国际舆论。在突发事件或重大国际问题上，CNN、BBC总是率先提出自己的主张，择时制造国际热点及至舆论争端，形成舆论气候和舆论评价尺度。

3. 影响主流受众

经过长期发展，CNN等已经在主流受众中享有较高声誉，借助影响政府要员、商界领袖、知识分子、社会精英等“舆论领袖”实现二级传播、三级传播甚至N级传播，进而影响整个社会的价值判断和大众认知。

4. 管理方式现代

BBC和CNN等媒体均实行现代化管理，以一体化、专业化的采编管理体系实现新闻效能最大化，统一指挥、高效运转、资源共享。它们总是以现代化的管理手段促进资源优化配置，实现管理效益最大化和集团利益最大化。

5. 国际社会公认

国际一流电视媒体普遍得到国际权威机构认可，在学术机构、调查机构等公布的排名中占据领先地位，同时它们也得到国际行业组织评估认可，得到同行认可，甚至直接作为行业组织的领头者出现。

6. 综合实力强大

在拥有核心媒体业务的同时，还拥有跨媒体经营的国际化产品链条，如国外收购或合资而组成的跨国公司、网络新媒体等，为其赢得高收益的投资回报，形成经营规模巨大的传媒集团。

五、国际一流媒体的类别区分

中央电视台发展研究中心国际一流媒体课题研究组，将国际主要电视媒体在类别上划分为电视媒体和以电视为主的媒体集团两类；同时，在层次上分为三个层次，即区域性电视媒体、全球性电视媒体和全球性媒体集团。国际一流媒体首先要在本区域具有代表性，最终在全球具有强大的影响力，区域性代表性媒体见表1–1。

表1-1 区域性电视媒体

地区	世界主要地区的代表性媒体
北美	新闻集团、维亚康姆、时代华纳、迪士尼、NBC环球、CBS等
欧洲	维旺迪、德国RTL、意大利Mediaset、BBC、法国电视二台、德国电视二台、意大利电视台、西班牙国家电视台、俄罗斯国家电视台等
亚洲	中央电视台、半岛电视台、NHK、印度电视台
澳洲	澳大利亚ABC
非洲	埃及尼罗河电视台、尼日利亚电视台、南非电视台
拉美	巴西国家电视台

注：CNN属于时代华纳、ABC属于迪士尼集团、FOX属于新闻集团。

在国际主要媒体中，哪些媒体真正属于国际一流媒体，我们通过多个全球媒体排行来最终判定。结果显示，国际主要电视媒体一直占据全球媒体排行榜的前列，在国际社会具有较大影响力，但全球性电视媒体、区域性电视媒体等两种类型的媒体在全球不同媒体的排名中显示出不同的国际地位。具体如表1-2和表1-3：

表1-2 不同标准下的全球各类电视媒体排行

排名标准	入选的电视传媒	全球媒体排名
依据媒体收入	维旺迪、迪士尼、新闻集团、时代华纳、维亚康姆、NBC、BBC、NHK、德国RTL、富士电视台、意大利Mediaset、英国独立电视网（ITV）、法国电视台	全球媒体收入排行前50位
依据媒体品牌价值	时代华纳、新闻集团、迪士尼、维旺迪、CCTV、BBC、NBC、Discovery、CNN、HBO、CBS、NHK、MTV、FOX、ABC	世界品牌实验室的“世界品牌500强”

续表

排名标准	入选的电视传媒	全球媒体排名
依据媒体影响力	迪士尼、新闻集团、时代华纳、维亚康姆、维旺迪、NBC	《对外传播》杂志的"十大全球媒体"
依据媒体财务指标	时代华纳、迪士尼、维旺迪、新闻集团	《财富》"世界500强企业"

表1–3 三种不同类型的媒体

媒体类型	影响力	经营规模	业务类型	代表媒体
全球性媒体集团	全球范围	200亿美元以下，全球媒体收入前10位	内容涵盖各类媒体业务	维旺迪、迪斯尼、时代华纳、新闻集团、维亚康姆等
全球性电视媒体	全球范围	达到或接近100亿美元，全球媒体收入11～20位	以电视传播为主，兼营其他媒体类型	BBC、NBC、CBS等
区域性电视媒体	本国及周边地区	达到或接近50亿美元，全球媒体收入21～50位	以电视传播为主	德国RTL、富士电视台、法国电视台等

从表1–3看出，全球性电视媒体也在多个媒体排行中出现，其综合实力也得到了国际社会的普遍认可；区域性电视媒体只进入全球媒体收入排名，而在全球媒体其他排名中却并没有得到认可，还称不上国际一流媒体。

（原载《国际一流媒体研究》2013年4月版·节选）

周伟简历 Introduction

周伟，历任中央人民广播电台节目主持人、记者、编辑、央广广告公司总经理、中央人民广播电台广告经营中心主任，中央人民广播电台财务管理中心主任，高级编辑。在2009~2012年间，每年均作为中国广告最高论坛——中国广告论坛大会主要报告人做大会学术报告。2010年被中广协会评为"全国广播电视百优理论人才"；2010年被中广协会评为首届中国广播广告最具影响力人物；2012年被中国广告协会评为"中国最具影响力的广告年度人物"；多次被评为中央人民广播电台先进个人和先进党员；并入选中宣部"四个一批"全国宣传文化系统经营人才。

主要学术建树

2001年周伟受命转行，开始从工作实际需求出发研究广播广告经营。他吸纳市场先进营销经验，博采众长，总结分析广播行业的特点和现状，针对广播特点研究提出广播广告的甲方数据营销、价格营销、产品营销、事件营销、渠道营销、创意制作营销等一系列广告经营理论，独创了一批符合广播广告经营特性和客户需求的新型营销方法。

近年来周伟在《中国广播电视学刊》、《中国广播》等国内专业学术刊物发表《长尾营销——广覆盖电台的经营优势》等近二十篇论文，并出版专著《广播广告的创新营销》。其撰写的论文连续两届（2008、2010）获得全国广播电视优秀论文评选一等奖，近5年来连续获得6项中央人民广播电台优秀论文评选一等奖。

周伟同志还参与了多项广电总局及中央台重点课题研究并获得丰硕成果，如：2007年应邀参与中央电台重点课题“中央台未来频率布局研究”；2008年承担“国家电台突发事件应急报道机制研究”的子课题“应急广告运行研究”，同时还承担中国之声频率改版设计方案研究，他提出的“轮盘+板块”的节目运行模式被中国之声实际采用。他也因此被中央电台推荐到全国性的关于类型电台的学术研究会上做专题发言。

由于理论研究超前、实际运作成果显著，周伟应邀赴全国各地方台及台湾讲学。2007年，周伟应邀在新加坡举办的亚洲广播论坛（Radio Asia）宣读论文《全国性电台的广告经营优势及趋势分析》；2009年~2012年间，每年均作为中国广告最高论坛——中国广告论坛大会主要报告人做大会学术报告。

周伟同志的理论研究源于广播市场发展需求并通过了市场成功的实践检验，其利用独创的营销理论和技术使中央电台中国之声在2008年5月~2012年12月间成功提价34次，年销售收入从2007年的0.96亿迅速增长超过5亿，平均每年增长39%以上，特别是在2009年金融危机中也实现了30%的增长。2013年，周伟同志多年研究的理论成果《广播广告的创新营销》出版。

主要论著一览

一、论文类

1.《长尾营销——广覆盖电台的经营优势》,《中国广播电视学刊》, 2008年第3期, 被评为第十届全国广播电视优秀论文一等奖、中央台2007年度优秀论文一等奖;

2.《广播广告面对金融危机的销售策略》,《中国广播》, 2009年第6期, 被评为第十一届全国广播电视优秀论文一等奖、中央台2009年度优秀论文一等奖;

3.《创新营销: 让规模和精准兼得之——论新媒体竞争环境下广播广告的精准和互动营销》,《广告人》, 2012年第6期, 被评为中国广播电视协会全国广播广告一等奖、中央台2012优秀论文一等奖;

4.《非渠道营销类广告——中国之声的广告的全新的增长点》,《中国广播》, 2008年第11期, 被评为中央台2006年优秀论文一等奖;

5.《广播频率类型化过程中的定位方法》,《中国广播电视学刊》, 2008年第10期, 被评为中央台2008年度优秀论文一等奖;

6.《广播广告的产品营销策略》,《中国广播》, 2009年第10期; 被评为中央台2009年度优秀论文一等奖;

7.《广播网络互动——广播发展的新天地》,《中国广播》, 2001年第9期, 第九届全国科普广播优秀论文一等奖;

8.《全国性电台的广告经营优势及趋势分析》, 2007年6月在亚洲广播论坛（Radio Asia）会议宣读；

9.《国家电台应急报道机制中广告应急运行的探索与创新》，《中国广播电视学刊》，2008年第6期；

10.《医药类广播节目的广告管理问题》，《中国广播》，2000年第9期；

11.《系统化操作概念下的中国之声奥运营销》，《中国广播》，2008年第10期；

12.《广播广告产品营销策略》，《中国广播》，2010年第10期；

13.《广播广告面对金融危机的销售策略》，《中国广播》，2009年第6期；

14.《广播媒体的广告价格营销及剩余时间营销》，《中国广播》，2009年第8期；

15.《广播收听市场营销求解》，《中国广播影视》，2011年第5期；

16.《浅论媒介融合背景下的广播经营创新》，《中国广播》，2011年第5期；

17.《广播广告经营主体结构与经营模式的转化进程》，《中国广播》，2011年第8期；

二、著作类

1.《广播广告的创新营销》，2013年出版。

三、课题类

1.《中国广播电视学》，第四编经营管理章，广电总局2007年课题。

广播广告的基本特征和形态

电视普及之前，广播在相当长的时间里都是人们生活中最重要的媒体。在我国，从新中国成立到第一颗人造卫星上天，广播记录了一段又一段光辉的历史。在那个年代，广播给许多人留下了权威、经典的印象。随着电视的普及，广播的影响力开始逐渐减弱。面对这种不利局面，广播广告人积极探索，从而开启了我国广播广告的大发展时代。无论是早期的医药专题广告，还是目前基于早晚高峰驾车受众的普通广告，它们在广播的不同发展阶段都对广播广告经营的发展起到了重要作用。

过去人们说起广播总是难以脱离“问诊”与“卖药”。不管将广播调到哪一个频率，总会有一位权威专家在收音机的另一头答疑解惑，侃侃而谈。

伴随驾车人群的增多与堵车时间的延长，广播的早、晚高峰广告价值凸显出来，大量金融保险类广告涌入电台，听众眼中的广播又成了“银行台”、“保险台”。而早晚高峰广告更加集中的城市交通广播则常常会被调侃成是节目、路况、广告串烧台。

这些调侃固然夸张，但也反映了一个事实：人们对广播的印象常常与广播广告联系在一起。广播的变化与广播广告的发展总是相互影响，有时候互相促进，有时候又形成制约，就连真正的广播人也很难说清，到底是广播的发展改变了广播广告，还是广播广告的发展推动了广播的前进。因此，我们了解广播广告，首先需要从了解广播开始。

一、广播媒体特征分析

广播是历史悠久的传统媒体，是最早的电波类媒体，人们可以从历史、传输发播、对政治经济文化的影响等多个角度来分析广播的特征。从不同角度分析广播的特征，得到的结果是不一样的。作为广播广告专业论著，下文将重点从广播广告的角度分析广播的特征。

（一）时间性媒体

在媒介的时间性和空间性上，部分学者将媒介以"同时间"、"异时间"和"同空间"、"异空间"两个衡量标准进行分类，主要用来判断传播者与受众是否处在同一个时间段与空间内。

大众传播媒体要同时面对数以百万计的受众，"同空间"传播几乎无法实现，但其仍然可以将信息同步传达给受众，做到"同时间、异空间"。对于一般广播节目而言，无论其时效性如何，都改变不了广播媒体"传播一接受"这一过程的同时性，广播都是属于"同时间、异空间"的媒体。与广播类似属于"同时间、异空间"的媒体还有电视、电话和部分新媒体。

广播作为"同时间、异空间"媒体具有以下特点：

1. 传播速度快

广播信息通过无线电波传输，无线电波在空间的传播速度可达30万公里/秒，在一秒中的时间里，就可以绕地球七圈半，传输速度快捷是广播先天具有的优势。

2. 传播空间极大突破

"同空间"媒体的传播空间限定在可见可闻的有限空间范围内。而"异空间"媒体则可大大突破传播空间范围限制，传播者与受众可相距数千、数万公里，甚至更远。理论上说，全世界听众借助无线电都可以在同一瞬间接收到同一个广播电台发出的声音信息，这是报纸等媒体无法比拟的优势。

3. 共同参与性传播

电波信号如同语言一样瞬间即逝，这要求传播者与受众必须同时参与传播活动，否则传播内容就无法到达。

4. 缺乏信息存储功能

单纯的广播不具有信息存储功能，其播出的信息不可驻留，随时间而流逝。

在这些特点中，前两点是广播的优势，后两点则在一定程度上限制了广播的传播效果。广播传播的快捷性和共同参与性相互关联促进。广播媒体快速传播的特点使传播者和受众同时参与传播成为可能；而传播的同时参与又确保了广播的内容直接达到受众，保证了传播的快捷性。广播的这两个特征都与时间相关，因此广播又被称为时间性媒体。

时间性媒体的普遍弱点是缺乏信息储存功能，信息瞬间即逝。在传播完成之后，尽管传播的信息能够在受众脑中留下一定的印象，但这种印象的深浅和持续时间长短因人而异。相比之下，报纸具有信息驻留特征，能够延续传播过程，带给受众反复的刺激。这是广播媒体在传播效果上被低估的原因之一。

（二）纯听觉媒体

广播采用单一的声音作为媒介进行传播，声音媒介所具有的“视觉缺位”特征给人们留下了充分的空间发挥自己的想象力，这种特质可以用“此时无画胜有画”来形容。比如，惊悚恐怖片中最恐怖的阶段往往不是怪物出现之后，而是观众知道怪物存在又看不到怪物的时候。这时电影或者电视作品中往往利用音乐和声效烘托紧张的气氛，让观众笼罩在莫名的恐惧之中，这正是“视觉缺位”方法的典型运用。视觉感官的解放使得受众有更多机会利用大脑来主动进行深度思考。

以单一的声音作为传播介质既是广播的优势也是广播的劣势。听觉系统作为人类最重要的感官之一，能够将声音信息直接传达给大脑。但由于缺乏视觉感官的刺激，单纯通过听觉获得的信息对于受众的影响往往并不深刻，持续时间也相对较短。但也正因为声音媒介是一种辅助认知媒介，收听广播并不需要占据受众的全部精力，广播终端可以长时间处于开机状态。

虽然拥有众多的传播形式，广播媒体依然面临着其他媒体在传播效果上的竞争。媒体的传播效果之争，也被一些学者归结为受众的注意力之争。这些学者认为在信息爆炸的时代背景下，注意力成为稀缺资源。这个结论引出了两个非常重要和深刻的观点：

其一，注意力是一种资源，同其他资源一样，注意力资源的投资原则是投资后所获得的收益高于成本。注意力资源的特点决定了它的投资逻辑并不是奇货可居，而是进入的资源越多，其市场价值越高，投资收益与注意力资源的投入程度呈正相关的关系。

其二，注意力的稀缺是相对于个人注意力的有限性和信息的海量而言的，不同媒介需要受众投入的注意力比例不同。虽然不同研究人员在这些方面研究上的具体数据有所差异，但多数研究都同意视觉感官需要一个人投入60%～80%的注意力，而听觉只需要投入10%～30%。如果只从这样一个结果来看，听觉媒体在与视觉媒体和综合媒体的竞争中将处于绝对的劣势。

但“注意力是一种严格意义上的私有财产”，所有者可以自由选择注意。因此无论是商家还是媒体都想尽办法挖掘、创造各种渠道吸引消费者和受众的注意力，这又引出了不同感官渠道对于受众注意力吸引程度的问题。视觉传播被普遍认为是最能有效影响受众的传播方式，成为众多媒体激烈争夺的领域。一方面，盲目信任视觉媒介和过分追求视觉刺激使得一些媒体在视觉媒介上大量投入，投入和效果产出比例失调；另一方面，几乎所有的媒体都在视觉感官上下工夫，导致视觉媒介领域的竞争过于激烈，反而降低了在视觉投入上的效果。我们仔细分析可以发现，视觉媒体对受众注意力的过分占据正是其媒体影响力下降的原因。

借用微观经济学中对于消费者行为分析的一些方法，我们将受众定义为消费媒体的个人，其投入资金和精力的目标是获取信息、知识、娱乐和服务。

在这里，我们对受众的精力投入做重点分析：个人在接受视觉媒体时需要投入60%～80%的精力，在一定时间内（如一个小时）需要获得相应量的信息。但由于电视等视觉性媒体的时间性特征，受众的接受必须和媒体的输出同步，否则就难以完成完整的信息传输。由于个人主要精力被占据，受众无法同时进行其他活动。也就是说一个人在视觉媒体上投入的精力并不是研究所称的60%~80%，而是近乎100%。

既然受众已经投入了100%的精力，他获得的收益（即信息、知识、娱乐和服务）又有多少呢？假设每个人每天关注的信息条数为N，获取一条信息所花的平均时间为T，那么一个人每天为视觉媒体投入的时间便为N×T。每个人获得的信息收益与投入时间成正比关系，想要获得更多的信息收益便要投入更多的时间。但由于个人每天能够投入的精力有限，因此受众从视觉媒体获得的信息总量N便受到限制。假如每个人一天所需要的信息量是一定的，如果视觉媒体无法在个人付出的精力范围内提供必要的信息量，那么受众就必然要去寻找替代品。

对听觉媒体而言，一个人只需要投入10%~30%的精力便可以参与到同样是时间性媒体的声音媒体当中。由于投入精力较低，受众可以在接收声音信息的同时进行其他活动，这既加大了受众可以在声音媒体上投入的时间，又有效补足了受众在视觉媒体上的信息缺失，实现了受众精力投入和收益之间的最佳平衡。

上面的表述也可以用这样的公式来说明：

人们从电视媒体获取信息所需要的投入为：

90%~100%精力×平均每条信息所需时间T×所需信息总量N

人们从广播媒体获取信息所需要的投入为：

10%~30%精力×平均每条信息所需时间T×所需信息总量N

可见人们从广播媒体获取信息有更高的投入效果比。对于时间和精力有限的人群来讲，广播就成为他们接受信息的重要来源之一。

今天，媒体吸引受众的注意力变得越来越艰难，消费环境越来越难以确定，媒体的传播效果也越来越微弱。根据1995~2005《IMI年鉴》10年的跟踪研究发现，“消费者不再相信单一的信息来源，而会从不同的角度理解信息……他们非常在意与其他消费者意见的比较。"这也就是说，媒体如果想要继续抓住受众的注意力，就需要从视觉、听觉等多个方面进行传播，全方位吸引受众。这也成为今后媒体发展的一种趋势。

（三）伴随性媒体

一个人没有办法一边看电视一边开车，却可以一边听广播一边开车。由于不占据人类主要认知感官即视觉感官，广播的传播可以伴随受众的很多活动，这是广播的优势之一。

一些研究者认为，虽然广播通过伴随收听占据受众大量的注意时间，但由于受众在收听广播的同时一般注意力都不集中，综合传播效果仍然比较差。这种分析固然有其道理，但如果我们对于受众的收听方式和方法进行细化分析，便会发现受众对广播的注意力投入并不是一成不变的。伴随收听往往可以达到出乎意料的效果。

以伴随驾驶为例，在行车活动较为密集的时候，收听者将较多的精力投入到行车活动上，在广播媒体接收上投入的精力也就相应减少，甚至完全忽略广播媒体。相对地，在行车活动较少的时间里，比如堵车的时候和等待信号灯的时候，收听者的主要精力都会转移到广播上，从而达到传播效果的一个高峰。

伴随性媒体在占用受众较少注意力的同时，也为受众提供了更大的选择空间。传播学的受众选择机制表明：传播者将信息传给受众，受众接触信息要经过选择性的注意、选择性的理解和选择性的记忆这三个阶段。这是一般受众接收媒体信息的过程，同时也是受众对于媒体进行选择和评判的一个标准。这样来分析，受众在接收视觉媒体的时候，主动选择的余地非常小，除非更换接收内容，否则就要跟随媒体的节奏亦步亦趋。在从视觉媒体上接收信息的过程中，受众需要几乎全程投入注意力和理解力，这在一定程度上就剥夺了其选择的自由。同时由于长时间的注意力和理解力投入，受众很容易疲劳并形成情绪上的抵触，这也是视觉媒体难以具有伴随性和长时间占有受众注意力的原因之一。

再来看广播这种声音媒体。由于占据受众精力较少，广播让受众可以从时间性的媒体信息流中脱离出来，同时也可以快速重新融入媒体信息流当中。受众能够在媒体信息流中自由进出，从而拥有了更多选择。这方面，广播与新媒体有一定的相似之处。

广播为受众提供了这样的一种选择：媒体的运行呈线性，具有自主性，受众不必投入精力进行维持；而媒体的信息流以声音为载体，这样受众在选择性的注意、选择性的理解和选择性的记忆这三个阶段上便不用投入太大的精力，可以在信息流中实现自由进出，随时选择自己最感兴趣的信息，从而达到精力投入和信息收益最大化。

正是由于广播的以上特点，受众可以采取这样一种方式收听：伴随其他活动（如驾车等），在接受听觉媒体的时候只投入10%左右的精力，对收听到的信息进行筛选，在筛选过程中收到感兴趣的信息，便可加大投入精力接收。这种方式使受众在接收广播媒体信息的时候占据了相对的主动，随时随刻行使自己作为受众的选择权利而又不用投入过多的精力，这也是广播所具有的其他媒体难以比拟的优势之一。

二、广播的媒体价值和效用分析

一个媒体的价值和效用究竟如何评判?本文借用传播学理论大师麦克卢汉的理论，简要分析广播媒体传播价值和效用所在。

（一）麦克卢汉的理论

麦克卢汉在1964年出版的作品《理解媒介——论人的延伸》一书中首次提出了“冷媒介”和“热媒介”的概念。其中，麦克卢汉提出了“与其关注媒介所承载的内容，更应该关注媒介本身特点”的论点。我们可以用另一种方式诠释麦克卢汉这一论点的深层意思：与其说是媒介所传播的内容影响了社会，倒不如说是媒介本身的特性影响了社会。为此他还提出了“灯泡理论”来说明这一论点。

他认为一个灯泡并不像报纸文章和电视节目那样承载有一定的内容，但它本身就是一种具有社会影响力的媒介，因为灯泡让人们在夜晚拥有了不被黑暗包围的空间。因此灯泡本身就是一种没有承载任何内容的媒介。用麦克卢汉的原话来说就是"灯泡的存在本身就创造了一种环境"。而更具有争议的是，他认为媒介上承载的内容本身对社会的影响极为有限，换句话说就是电视上播出的是儿童节目、暴力节目还是成人节目，电视这个媒介本身对社会产生的影响都是一样的。同时他也指出任何一种媒介都有自己独特的与受众接触的方式：比如书本中的章节可以任意删除调整，电影中的场景变换则必须对整部电影做出调整。

在《理解媒介——论人的延伸》一书中的第一部分，麦克卢汉提出不同的媒介会对受众提出不同的参与程度要求。一些媒介，比如电影，会增强受众的单一感官感受（对于电影来说就是视觉感官），从而让受众不必再花费太多精力对电影图像的细节和意义进行"补完"，但却需要投入大量注意力进行信息的接收且必须到电影院观看。再来分析电视，电视媒介需要受众付出更多的精力来对所传达的内容和意义进行分析，但在家中收看即可。这两类媒介都有较高的热度。

热媒介所允许的参与程度要低于冷媒介，就如同一次讲座允许的参与程度低于讨论班；一本书允许的参与程度低于一次对话。另一方面，热媒体通常需要量化准确，并采取有逻辑的顺序进行有序传播。这些媒体通常是有序、线性和逻辑的。他们对于一种感官的要求大于对于其他感官的要求。相对而言，冷媒体通常需要受众更加主动地参与到传播过程中来，包括在传播过程中理解抽象结构并同时理解不同部分的内容。

在今天多种媒体并存的情况下，广播收听模式也发生了变化——现代听众在收听广播时一般会伴随其他活动，这样就不会在广播媒体上投入大部分精力。但在遇到与自身相关或者感兴趣的信息时，就会投入较多的注意力进行收听。由于现代的广播媒体能与多种其他媒体和受众行为并存，在传播过程中越来越需要受众的主动参与。随着通信和互联网技术的飞速发展，媒体终端更加便携化、移动化，受众参与到广播传播的过程也变得更加容易。

在现代收听环境中，广播媒体也越来越多地以伴随形态出现，潜移默化地改变着受众的收听习惯。这就如同灯泡一样，虽然人们很少意识到灯泡改变了自己所处的环境，但却又无时无刻不受着灯泡的影响。在伴随收听成为被广泛接受的收听模式的今天，广播媒体对于受众将产生更大的影响。

（二）从效用成本角度看媒体

从麦克卢汉的理论出发，我们可以看到媒体的种类是很多的，只要能够得到受众注意力，能够产生较广泛的影响，一件事物就具有了媒体的性质。举一个比较特殊的例子：人行道每天都会受到我们的注意，也就具有了成为媒体的潜质——实际上很多街头小广告正是利用了它的这种潜质。但事实上我们并不将人行道称为“媒体”。

现代意义上的大众媒体，其主要特点之一就是需要有大量持续的人力和物力投入。为了实现传播而进行成本投入，成为当下大众媒体存在的主要条件。人行道虽然具有吸引注意力的特质，但其建造的基本目的并不在于传播信息，其物理特点决定了难以在上面进行频繁的内容更新，即作为媒体所产生的效用价值小于将其改造成媒体所需投入的成本，因此人行道并不作为一种大众媒体而为人们所接受。

实际上，任何一种媒体都存在自己的效用价值，而相对地，媒体的效用价值也决定了媒体的发展程度。这种效用价值可以进一步区分为媒体对于受众的效用价值，即受众通过关注媒体能得到什么；媒体对于媒体运营者的效用价值，即媒体的运营是否能带来利润。虽然我们将媒体的效用价值区分为这两层，但受众的所得和运营者的所得这两个层面是息息相关的。

我们来看媒体对于受众的效用价值。受众对于媒体的选择需要投入成本，即使是免费的广播，受众收听起码要投入时间的成本，而形式更加复杂的媒体如电视、网络等，要求受众投入的成本也就更多。如果从经济角度来思考，受众既然有所投入就必然要寻求收益。媒体能带来的收益都有哪些方面呢？一是信息和知识的获取，这又可以引出信息的时效性以及信息和知识的准确性及价值，比如著名评论员的深入评论的新闻就显得比一般新闻在价值上高出很多。二是通过媒体获得娱乐和放松。实际上通过媒体获取娱乐的需求有时甚至大于对于信息的需求。相对于信息所具有的同质性，娱乐内容更容易让媒体之间产生落差，造成不同媒体的受众不同。最后，受众会越来越期待媒体成为表达自己声音的平台，达到自我展现的目的。媒体传播大众的声音是媒体的社会责任，起到舆论引导作用。

这样看来，受众对于媒体的选择可能取决于下面几个条件：一是能否及时准确传达最新的新闻信息，是否能够进行有价值的深入评论，是否存在其他自己感兴趣的信息；二是是否有符合自己口味的娱乐节目，收看、收听之后是否能让自己得到娱乐或者放松；三是是否有舆论影响力，能否成为自己维护权利表达声音的平台。当然，我们绝不应该忽视习惯在受众对于媒体选择中发挥的作用，"只是因为习惯收看、收听这个媒体"而进行选择，或者因为"周围的人都在收看、收听这个媒体"而进行选择的人也绝不在少数。这些人的特点是对于媒体的选择容易受到其他人的影响，所以他们容易被从需要出发、进行理性选择的人做的决定所影响。

如果我们再用这样的几个标准来分析人行道作为媒体的效用价值，很容易就可以发现其无法成为有效媒体的原因。首先，人行道的物理特点决定了对其进行内容更新需要很高成本和时间，无法完成规律的信息更新。其次，人行道可以提供娱乐内容，但这种内容多是以街头涂鸦、前卫艺术等形式展现，不具有连贯性也难以产生持续的影响。再次，人行道本身的地位决定很少会有人对上面的内容（如果有的话）太过关心，所以其作为媒体的影响力几乎为零。

同样的方法也可以被用来分析一些新生的媒体，比如近年来出现在公共场所的移动电视和电梯当中的电子看板等。这些媒体的效用价值又如何呢？首先，在信息传达上这类媒体面临着与强势传统新闻媒体竞争的尴尬局面：因为新闻是具有同质性的，也就是说受众一旦从一种媒体上获得了一定的新闻信息，便很少会投入成本从其他媒体上获取同样的信息。其次，这些新媒体所处的公共场所决定了受众投入的精力和注意力时间很短且程度十分有限（否则就会影响自己在公共场所的正常行动），无法关注媒体上的“深入报道”，这样也就无法在这类新媒体上形成有效的影响力和舆论引导作用。更不用说电子看板这样的几乎不传达文字内容的媒体了。

从上述的分析来看，这类新媒体的效用价值相对比较低。人们关注这类公共场所的新媒体，更多地是为了在忙碌的过程中利用碎片时间获得一些放松和娱乐，所以进行的注意力和时间投入具有时间短和程度低的特性。那么，从媒体运营者的角度来看又如何呢？

我们知道，每一个媒体的运营都伴随着成本投入，无论是人力资源的投入，还是机械设备等硬件的投入，最后都需要通过媒体产生的效用价值进行回收。这种回收主要可以通过两个途径：一个是对受众收费，另一个是以广告的方式回收成本。但这两个途径能否进行成本回收都与媒体的效用价值有着直接的关系。

当一个媒体本身需要投入的成本过高，其受众无力或者不愿意支付相当的费用，不能吸引足够的企业对其进行投资的时候，这个媒体就面临着是否继续存在的问题。回顾一下历史，这样的例子数不胜数，从效用价值上来看广播媒体，我们可以发现广播作为声音媒体，其内容既可以传递信息，也可以作为娱乐节目，长期以来一直具有相当的影响力，是真正能够经过长时间实践检验并长期存在的媒体形式。而广播由于自身技术特点，媒体生存成本比较低。较高的媒体效用价值和较低的媒体成本，是构成广播媒体生命力的所在。随着中国城市化的行进，广播的受众群体和影响力有所增加，这带来了广播效用价值的增长，成为广播媒体不断发展的基础所在。

（原载《广播广告的创新营销》2013年7月版·节选）

杨金鸢简历

Introduction

杨金鸢，湖南省广播电影电视局党组书记、局长，中国广播电视协会副会长，湖南师范大学、湘潭大学兼职教授。2002年到湖南省广播电视局工作，先后任局党组成员、副局长，党组副书记、副局长；2011年至今任湖南省广播电视局党组书记、局长。他注重理性思考和探索，在《中国广播电视学刊》、《新闻战线》等杂志上发表学术论文30多篇，著有专著3部，是大型电视系列片《三湘风流》的撰稿人之一，为中国当代青年书法家协会理事。

主要学术建树

作为一名有着深厚哲学功底的领导干部，杨金鸢同志一直保持着浓厚的理论探索热情。特别是2011年担任湖南省广电局党组书记、局长后，杨金鸢同志更注重从宏观和战略高度、从理论高度来思考问题，推进工作。他放眼全国、全世界广播影视的发展趋势和现代传播技术发展及文化科技的创新潮流，紧扣省级广电管办分离、局台分设以及市县文广新三局合一的实际，积极思考和探索如何履行好全省广电行政主管部门的职责，促进全省广电事业产业的发展，开创广电湘军的新辉煌。他最主要的学术建树表现在五个方面：

一是理顺管理体制。市、县广电管办分离、文广新三局合一后，由于种种原因，市县局、台之间存在定位不准确、管理不到位、关系不顺畅的问题。杨金鸢同志深入研究党和国家的政策及法规，从理论上回答了如何理顺管理体制，正确处理好党委宣传部、文广新局、广播电视台、文化综合执法局之间关系的问题。在全省宣传部长座谈会上，他专门就此发言。他认为，党委宣传部门对广播影视工作的领导，是总管，主要体现管导向、管干部、管资产三个方面。广播影视部门不管是局还是台还是综合执法部门，都要自觉地绝对服从这种领导。各级广播影视行政主管部门作为同级政府的直属机构，代表政府行使广播影视行政管理职能，与宣传部管广播电视台没有任何矛盾。党委的领导不能代替政府的管理，党委应该督促、支持政府广电行政管理部门依法行使行政管理和行业管理职责，推动各项工作在法制轨道上顺利开展。国务院颁布的《广播电视管理条例》从法规层面界定了广播电视行政管理部门与包括广播电视台在内的广电业务开办主体之间的关系。改革后，局和台之间虽然是级别一样的两个单位，但是，局和台之间管理与被管理的关系并没有改变。这种关系是依法确定的，不以任何组织和个人的意志为转移。广电行政部门必须转变职能，由过去的"又管又办"变为着力抓行政管理和行业管理，更好地履行政策调节、市场监管、社会管理、公共服务的职能，对广播影视业实施全面的监管和指导，更好地为广播影视改革发展服务。各地广播电视台也必须自觉接受监管、主动配合管理，任何摆脱广电行政管理的想法都是错误的。

二是如何加强广电媒体的导向管理。杨金鸢同志认为，我国的广播电视是社会主义制度下的广播电视，是党办、党管的广播电视，这是中国特色广播电视的本质特征，必须坚持新闻立台、导向立台。在广电总局提出"新闻立台、导向立台、深度立台、特色立台"的要求后，杨金鸢同志在《新闻战线》2012年第1期发表《"四个立台"开启广电新风尚》一文，对"新闻立台、导向立台、深度立台、特色立台"从理论依据、实现路径等方面进行了深入探讨和研究。

对于国内目前广播电视媒体娱乐功能空前放大、娱乐节目异常火爆的现象，杨金鸢同志在《中国广播电视学刊》2011年第10期发表《防止过度娱乐化 弘扬核心价值观》一文，对于电视节目过度娱乐化出现的原因及危害，进行了理性客观的分析和鞭辟入里的批评，认为过度追求娱乐化势必弱化电视的喉舌作用以及认知、教育和审美功能，使节目走向低俗化的歧途，必须防止过度追求娱乐化。如何防止过度娱乐化？他从完善节目评价标准、建立健全监管机制、选好把关人、建立保障机制等方面提出了对策。他认为，评价标准要在导向标准、观众标准、专业标准和经济标准四个方面全面科学地评价节目的优劣；监管机制既要重视重播前，又要重视重播后，电视频道要重点抓好播前监管，落实节目报批监管和审片监管，广电主管行政部门要重点抓好播后监管，抓好监看监评，抓好督促整改，抓好违纪处理。选好把关人，重点要从"坚定的党性修养、坚持真理的勇气、宏远深刻的思想和较强的审美能力"等几个方面来把握。保障机制方面，各级政府和财政应该对于电视媒体给予优惠政策，对公益频道进行财政补贴，支持广电主流媒体的发展。

三是如何建立和完善行业管理秩序。针对省级广电管办分离、局台分设，市县文广新三局合一的新形势，杨金鸢同志将加强行业管理作为新一届局党组的战略课题来思考和探索。在深入研究管办分离后省级广电行政主管部门的主要工作职责定位后，杨金鸢同志认为，省级广电行政主管部门要实现三个转变：即由主要管微观向管宏观转变，由主要办媒体向管媒体转变，由主要管省直向管全省转变，必须用全新的理念来做好行业主管工作。在新一届局党组主持召开的第一次战略研讨会上，杨金鸢同志鲜明提出了“三个管出”的指导思想，即行业管理要管出秩序、管出发展、管出效益。管出秩序就是要建立和规范行业秩序，当好裁判员；管出发展就是要为行业营造良好的发展环境，当好广电事业产业发展的促进者；管出效益就是要始终坚持社会效益和经济效益并重，社会效益和经济效益有机统一，以社会效益为最高准则，当好行业评价的引导者。如何做到“三个管出”？他认为关键是要做到“三个坚持”：一是坚持以人为本、与人为善，即坚持人性化做管理工作，建设性处理违规问题，绝对不能用管理手段为难管理对象。二是坚持服务基层、服务群众、服务事业发展，即做管理工作的时候一定要牢记为基层、为群众、为事业服务的宗旨，服务与被服务的角色定位绝不能颠倒。三是坚持依法行政、公正执法、规范执法。即严格依法依规开展管理，只搞规定动作，不搞自选动作，只搞统一标准，不搞多重标准（《潇湘声屏》2012年第2期、第3期连载的文章《强素质 树形象 善管理 促发展》）。

四是如何加快广电公共服务体系建设。杨金鸢同志对于加强广电公共服务体系建设不仅进行了大力地推动，而且进行了深入的理性思考。他在《关于推进广电公共服务体系建设的调查与思考》一文提出，要坚持以农村和基层为重点，按照公益性、基本性、均等性、便利性的要求，进一步加快广电公共服务体系建设，关键是要狠抓制度建设，为公共服务体系建设提供长效保障，重点抓好“五项机制体制"：健全组织保障机制、落实分层负责体制、坚持多元投入机制、建立考核评价机制、加强法律保障机制等。他认为，健全组织保障机制要做到"五个纳入"：将广电公共服务体系建设纳入各级党委政府的重要议事日程，纳入当地经济社会发展总体规划，纳入各级公共财政支出预算，纳入扶贫攻坚计划，纳入干部绩效考核内容。落实分层负责体制要体现在中央、省、市、县四级政府按比例分摊广电公共服务体系的专项建设资金时，中央和省级财政承担更多的投入比例，让广大农村人民群众分享更多改革发展的成果。坚持多元投入机制就是既要进一步强化公共财政投入，发挥各级政府在广电公共服务体系建设过程中的主导作用。明确广电公共服务体系建设的财政投入增幅及其占GDP的比重，确保广电公共服务建设投入增幅高于同期财政经常性收入增幅。他建议建立广电公共服务体系建设专项资金，资金来源从广播影视产业经营所获得的财税收入中划拨，并逐年有所增长。同时，坚持"两个结合"：坚持行政推动与市场运作相结合，坚持事业建设与产业经营相结合，鼓励社会资本进入农村广电公共服务，鼓励有条件的市场主体进入农村广播影视公共服务领域。建立考核评价机制就是要将广电公共服务体系建设纳入各级党委政府科学发展综合考核范围，建立起一套行之有效的量化考核评审机制，切实增加广电公共服务体系考核在综合考核中的比值，把广电公共服务体系建设各项任务与经济发展的任务目标一起考核，促使各级党委政府把广电公共服务体系建设同经济工作同部署、同落实、协调发展。

五是如何加强干部队伍建设。杨金鸢同志认为，要从加强学习入手，以思想政治工作为重要抓手，引导干部职工树立正确的价值观；要建立良好的管理机制，激发人才队伍活力；要坚持正确的用人导向，真正使那些老老实实做人、扎扎实实做事、实绩突出的干部得到褒奖和重用，真正做到让老实肯干的人不吃亏、让想干事的人有机会、能干事的人有舞台。他在《新湘评论》2011年第23期发表《树立正确的幸福观名利观生死观爱情观》一文提出，要学好辩证法，树立正确的幸福观、名利观、生死观、爱情观。他认为，哲学是使人变得聪明的学问，是教会人们正确的立场、观点、方法的学问。马克思主义哲学的唯物辩证法，用联系、发展和矛盾的观点全面地观察、研究发展问题，实事求是地反映发展的本质及其规律，是认识世界和改造世界的强大思想武器，是推动科学发展、促进社会和谐的不二法宝。他在《更新观念 把握重点 大力推进中波台管理体制改革》一文（发表在《潇湘声屏》2004年第6期）中提出：要建立竞争淘汰机制，解决人员能进不能出的问题；建立考核聘任机制，解决领导职务能上不能下的问题；建立绩效工资机制，解决收入分配上干好干坏一个样的问题；建立健全责任追究机制，解决职责不分明、管理不到位的问题；建立长效鞭策机制，逐步形成学习型、服务性、创新型团队。对于领导班子建设，他在《全面推进学习型和谐型实干型廉洁型领导班子建设》（发表在《潇湘声屏》2012年第5期）一文中提出了“建设学习型、和谐型班子、实干型、廉洁型班子”的要求。他始终注重对下部职工春风化雨般的思想建设，2013年，他在《发奋学习 善待自我 服务群众 把握幸福》一文（连载于《华商》2013年第2期、第3期）中提出：要让读书学习成为一种生活方式，让善待自己成为一种生命常态，把正确处理领导与群众的关系作为处世要务，把坚持正确的幸福观作为一种自觉的追求。

主要论著一览

一、论文类

1.《为广播的发展振兴而努力奋斗》,《潇湘声屏》, 2003年第6期;

2.《更新观念 把握重点 大力推进中波台管理体制改革》,《潇湘声屏》, 2004年第6期;

3.《全面加强技术防范 切实保障安全播出》,《潇湘声屏》, 2005年第12期;

4.《按照"靠得住 有本事"的要求全面提高自身素质》,《潇湘声屏》, 2006年第4期;

5.《加强队伍建设 力促技术兴台》,《潇湘声屏》, 2006年第12期;

6.《贯彻十七大精神 加快湖南广播电视发展》,《潇湘声屏》, 2007年第12期;

7.《全面整改 切实避免有线电视数字化进程中出现的负面蝴蝶效应》,《潇湘声屏》, 2008年第1期;

8.《防止过度娱乐化 弘扬核心价值观》,《中国广播电视学刊》, 2011年第10期;

9.《杜绝虚假新闻 用责任和法规维护真实》,《潇湘声屏》, 2011年第8期;

10.《以高度的文化自觉主动担当构建宣传管理新格局》,《潇湘声屏》, 2011年第9期;

11.《树立正确的幸福观名利观生死观爱情观》,《新湘评论》, 2011年第23期;

12.《落实“四个立台”原则 办好广播电视事业》,《中国报道》, 2012年第1期;

13.《强化服从服务意识 全面提高办公室工作水平》,《潇湘声屏》, 2012年第1期;

14.《广播电视要全面落实新闻立台原则》,《潇湘声屏》, 2012年第1期;

15.《四个立台 开启广电新风尚》,《新闻战线》, 2012年第1期;

16.《学点辩证法 树立正确的价值观》,《新闻天地》, 2012年第2期;

17.《强素质 树形象 善管理 促发展》,《潇湘声屏》, 2012年第2期;

18.《牢记宗旨 彰显作为》,《潇湘声屏》, 2012年第3期;

19.《党员干部必须做老实做人、清白做官、扎实做事的模范》,《潇湘声屏》, 2012年第4期;

20.《全面推进学习型和谐型实干型廉洁型领导班子建设》,《潇湘声屏》, 2012年第5期;

21.《把握和维护党的纯洁性的几点思考》,《潇湘声屏》, 2012年第6期;

22.《学点辩证法 树立正确的价值观》,《潇湘声屏》, 2012年第7期;

23.《立鸿鹄之志 做踏实之人》,《潇湘声屏》, 2012年第8期;

24.《强化行业管理 加强公共服务》,《潇湘声屏》, 2012年第9期;

25.《发愤学习 善待自我 服务群众 把握幸福》,《潇湘声屏》, 2013年第1期;

26.《团结奋进,开拓创新,谱写全省广播影视新篇章》,《潇湘声屏》, 2013年第2期;

27.《学习先进要注重把握几个关系》,《潇湘声屏》, 2013年第3期;

28.《发愤学习 善待自我 服务群众 把握幸福》,《华商》, 2012年第2期、第3期;

29.《加强党性修养 忠诚履职尽责 竭诚为民服务》,《潇湘声屏》, 2013年第5期;

30.《关于推进广电公共服务体系建设的调查与思考》,《决策参考》, 2013年第6期。

二、著作类

1.《以案说法630例》, 湖南出版社, 1995年1月出版;

2.《实用行政文牍》, 湖南出版社, 1997年1月出版;

3.《中外古今道德箴言》, 中国工商出版社, 2006年12月出版。

“四个立台”开启广电新风尚

近年，广电总局多次强调广播电视“导向立台”、“新闻立台”的重要作用，创新性地提出“新闻立台、导向立台、深度立台、特色立台”的“四个立台”要求，并启动了一系列工作，如广电总局不久前重申电视上星综合频道是以新闻宣传为主的频道，要提高新闻、经济、文化、科教、少儿、纪录片等多种类型节目的播出比例，并要求电视上星综合频道从明年起提高新闻类节目播出量。这一重要导向，立足当前、着眼长远，给广播电视工作者以新的重要启示。

一、“四个立台”的理论依据

“四个立台”具有科学理论的支撑。在发展观上，遵循以人为本，全面、协调、可持续发展的总体要求；在使命感上，体现“围绕中心、服务大局、改革创新、服务人民”的宗旨意识；在新闻观上，符合中国化的、发展中的马克思主义对当前广播电视工作提出的新要求。此外，近年广播电视事业发展的总体脉络、动态，典型现象、趋势，也是提出“四个立台”有力的现实和理论依据。

二、从媒体性质看“四个立台”的科学性

广播电视具有新闻传播、社会教育、文化娱乐和信息服务四种主要功能。我国的广播电视是社会主义制度下的广播电视，是党办、党管的广播电视，必须坚持“新闻立台”，这是中国特色广播电视的本质特征。广播电视无论怎么改革发展，作为党和人民的

喉舌，作为宣传舆论阵地这一本质属性不能变，"导向立台"不能动摇，当好喉舌不能机械，导向有利不能肤浅，服务群众不能隔膜。这都要求广播电视工作者必须树立"深度立台"和"特色立台"的职业意识，深化内容、创新形式，进行深入、生动的实践，增强广播电视节目的引导力、传播力、影响力和公信力。

三、从舆论导向看"四个立台"的重要性

在当前国内外的复杂环境下，精神文化产品是促进科学发展和社会和谐还是引发矛盾和质疑，是被舆论左右还是主动引导舆论，是被舶来文化吞噬还是能够在继承的基础上自主创新，这些问题都与党和国家的前途命运休戚相关。苏联解体对于西方来说是一场胜利，但对于俄罗斯人民则是一场空前的灾难，舆论失控在其中扮演了极其重要的角色。值得警诫的是，当时活跃于其声频荧屏的蕴含西方价值观的时装、歌舞类节目，起到了潜移默化、推波助澜的作用。这一段沉痛的历史证明，新闻管理得好不好、导向把控得稳不稳，甚至广播电视节目在审美导向上是否存在倾向性隐患，都事关执政党和国家的生死存亡。

四、从百姓需求看"四个立台"的必要性

人民群众需要通过传媒听到党和政府的声音，了解国家和世界大事，了解政治、经济、军事、文化、体育、科技、生活等各个方面的信息。孩子们需要少儿节目；农友们需要对农节目；知识分子需要高端文化节目。繁荣广播电视节目，必须坚持百花齐放，努力满足人民群众丰富多彩的精神文化需求。这就要求广播电视节目必须坚持"新闻主打，多样并存"，而不能搞非新闻类节目立台、娱乐节目独大。在布局上新闻立台，在纪律上导向立台，在品质上深度立台，在效果上特色立台，"四个立台"充分关切和呼应了广大老百姓的收听收看需求，想群众之所想，急群众之所急，办群众之所盼，力求

满足人民群众多样化的文化需求。

五、从当前实际看“四个立台”的紧迫性

当前，广播电视主要面临国际、国内和自身三个实际。国际上各种思想文化交流交融交锋日益频繁，西方媒体控制着全世界90%以上的新闻信息资源，西强我弱的格局短时间内难以根本扭转，我国广播电视继续做强做大时不我待、任重道远。国内处于改革攻坚期、发展关键期和矛盾凸显期，社会思想意识呈现出多样多元多变的格局，人民群众热切期盼和谐发展、稳定发展，广播电视肩负着越来越重的使命担当。另外，广播电视快速发展中的新课题新问题开始显露。如广播电视教育人民与娱乐大众、事业属性与产业属性、社会效益与经济效益、引导力与收视率等，一系列对立统一的问题在观念上、实践中尚未彻底厘清。上述问题迫切需要媒体以全球眼光、战略思维、国家意识、务实精神和改革勇气，摆准定位、认准方向、亮剑突围，唯有如此，才能在国际上逐步增强话语权，在国内正确有力地引导广大人民群众促进改革发展。

六、从国内外实践看“四个立台”的适用性

“四个立台”对国内外广播电视一些共同的内在规律、内在追求进行了科学审慎的提炼与总结。我们从国内外办台实际中都能很容易找到对应。如，西方国家一直以来就将新闻信息资源作为广播电视的首要资源，甚至将此放在和石油资源、矿产资源同等重要的战略资源地位。世界各国无不对新闻进行必要的，甚至全方位、全流程的管理和约束。英国有历史悠久的“临时禁止法”和“永久禁止令”，以政府法令形式要求媒体在报道时必须符合国家利益、公众利益。事实上，“独立于政府”的媒体从来就没有，美国电视新闻就是“政府和主流意识形态的速记员”。可见他们也有导向管理。至于深度和特色，则是各国广播电视媒体一直以来共

同的追求。

七、"四个立台"的实现路径

"四个立台"中，新闻立台是"定位器"，导向立台是"方向盘"，深度立台是"血和肉"，特色立台是"识别码"，它们是构建优质广播电视媒体的四个基本功能要素，更是广播电视科学发展的基本要求。发挥好这四个功能，要坚持守住根本、把住基本，力争强筋固本、创造范本。

八、新闻立台是"定位器"，要守住根本

一段时间以来，之所以出现低俗化、过度娱乐化等问题，关键在于某些广播电视媒体只看到经济效益和短期利益，忽略了社会效益和国家利益。新闻立台需要一个什么样的"定位器"？要守住三个根本：坚持和党中央保持高度一致，围绕中心、服务大局，这是新闻立台最根本的政治定位；坚持群众观点，走群众路线，回答好"为了谁、依靠谁、我是谁"这一基本命题，和人民群众坐在一条板凳上，鱼水交融，服务人民，这是新闻立台的情感定位；坚持紧跟时代发展步伐、紧扣社会进步脉搏，不断改革创新、引领潮流，这是新闻立台的发展定位。守住三个根本，新闻立台这个"定位器"才稳固、牢靠，才能在实践中纲举目张，才能在任何时候、任何情况下都不动摇不游移。

九、导向立台是"方向盘"，要把住基本

广播电视节目出现导向问题，主要是由于两类情况：年轻同志导向意识缺位，只管"踩油门"，不管"方向盘"；有一定经验的同志，意识淡薄、态度松懈，关键时候把不住"方向盘"。由此可见，糊涂人把不稳导向，冷漠的聪明人也把不住导向。所有形式的广播

电视节目，都有其价值导向、思想导向、行为导向和审美导向。广播电视媒体应该坚持的正确导向是什么呢?大力弘扬社会主义核心价值观，是基本价值导向；马克思主义“一元引领”是基本思想导向；弘扬真善美，鞭挞假丑恶，则是基本行为导向和审美导向。随着社会日益开放、传播渠道日益多样，传媒发展和社会舆论引导格局也在急剧而深刻地变化。面对这些情况，广播电视媒体要着力研究如何在纷繁复杂的传媒格局中，牢牢把握导向“方向盘”，努力提高舆论引导力。

十、深度立台是“血和肉”，要强筋固本

新闻宣传工夫深，需在思想水平、表述方式、贴近受众、素材取舍四个方面加以体现。广播电视深度立台，取决于思想高度、理论深度、视野广度、切入角度、业务精度、老百姓认可度等综合要素。近期全国新闻战线开展“走基层、转作风、改文风”活动，就是要推动新闻工作者深入经济社会发展的实际，加深对国情民情的理解，全面提高新闻队伍素质，大力提升舆论引导能力。新闻工作者深入基层，要防止身入而心不入，要身心俱入，胸中有全局、心中有百姓、脸上有阳光、脚下有泥土、笔端有热情。深度不是深奥，要深入浅出，多用老百姓的语言，讲老百姓听得懂的话、听得进的理。只有“接通天线”领会精神，“接通地气”汲取营养，广播电视节目才能紧密联系群众，才会血肉丰满、生动活泼，才会感染人、感化人。深入开展“走基层、转作风、改文风”活动，是新闻战线的一项长期任务，广播电视媒体要持之以恒，形成常态，形成“走转改”的长效机制。只有这样，才能真正推动广播电视深度立台。

十一、特色立台是“识别码”，要创造范本

特色立台，创新先行。没有鲜明的特色，广播电视媒体的传播

力、引导力、影响力、竞争力和公信力就会大打折扣。一段时间以来，电视荧屏上大同小异的"相亲"节目、蜂拥而上的"选秀"活动、如出一辙的栏目剧，还有千人一面的"xx说新闻"，拿来者多，原创者少，雷同现象突出。从宏观看，这是资源重叠、同业内耗的恶性竞争，不利于广播电视的科学发展；从深层次看，这种现象在一定程度上反映出媒体的社会责任意识在与利益博弈中出现溃退，而不仅仅是创新力减弱。不要排斥学习借鉴境外优秀节目形态，同时强调自主创新。山东电视台《天下父母》栏目以"孝道"概念为标志，特色鲜明，社会效益和经济效益俱佳，成为受到广电总局表彰的创新创优典范。可见，特色创新，必须树起独立的自觉、自信和自新意识，打造独树一帜的自主品牌。

十二、"四个立台"的工作抓手

"四个立台"事关广播电视的旗帜和方向，体现着广播电视的思想内涵和精神实质，决定着广播电视的性质、地位和作用，体现了依法管理的基本理念。广播电视行政管理机构应该重点在以下几方面形成有力的工作抓手。

积极探索新的标准规范。导向要求是全方位、综合性的，新闻和主旋律作品，科教、少儿、体育、娱乐、资讯服务类节目，包括电影、动漫、广告，都有导向，都要严格进行导向把关。在新闻类节目的播出时段、播出数量、节目类型、报道质量、传播效果、目标管理、考核评价等方面，要积极探索"四个立台"的基本规范和标准。要把"四个立台"具体落实到广播电视体制机制建设上来，以新闻宣传报道为中心，合理配置各种资源要素，完善新闻类节目的比例、结构和布局，拓展新闻节目的形态和内容，努力实现广电媒体转型、升级和发展。真正把新闻宣传放在首要位置，把最好的频率频道、最好的时段拿出来办好、办精、办优新闻。其他节目的制作生产也要有具体可操作的导向要求和业务标尺。研究制定新的考评体系。"四个立台"需要良好的生态环境。要把广大群众和主流社会喜不喜欢、满不满意、接不接受、认不认可作为评价的最终标准，建立社会效益和经济效益有机统一的广电媒体考评机制。要正确测定、看待、评估和运用收听收视率，不能将其作为评判节目或评价广播电视媒体绩效的唯一标准，要纠正由此带来的泛娱乐化倾向。要反对和制止收听收视率调查中的不正当竞争，反对和制止以庸俗、低俗、媚俗节目换取所谓高收听收视率。要按照要求，重点突出对新闻舆论影响力、传播力、引导力、美誉度和公共服务功能方面的考核。推进新闻创新和品牌建设。新闻立台是“四个立台”的核心。要遵循广播电视新闻传播规律，提高党和政府权威信息的传递时效，满足人民群众的知情权和参与权；要加强新闻深度报道，把党的主张与人民的心声统一起来；要加强新闻宣传品牌建设，努力培育和打造一批品牌栏目节目、品牌评论员、品牌主持人；要加强新闻传播高新技术运用，推动广播电视传统媒体与互联网、手机电视、网络电视等新兴媒体的融合发展；要正确把握主旋律与多样化之间的关系，通过鼓励个性化、差异化发展，解决节目同质、模仿问题，实现思想性、艺术性和观赏性的有机统一，不断增强新闻宣传的感染力、公信力、影响力、竞争力和可持续发展力；要通过不断提高节目质量、推进节目创新发展，赢得群众的认可，牢牢占领新闻立台的制高点。抵制低俗之风，严格惩处措施。导向失范、深度缺乏、同质模仿，是当前一些低俗广播电视节目的通病。低俗之风严重影响广播电视健康发展，因此，对于相亲类、情感类、谈话类、法制纪实类、综艺娱乐类节目的导向管理要继续加强，杜绝传播错误价值观、突破伦理道德底线的现象发生。要坚持集中整治与日常监管相结合，把抵制低俗之风作为长期任务经常抓、反复抓，常抓不懈。要按照国家广电总局相关管理法规、规定，进一步建立健全新闻报道选题管理制度、播出管理制度、收听收看监测评议制度、分级审查制度、责任追究制度和奖励惩罚制度等各种行之有效的规章制度，形成完整的抵制低俗之风的长效机制。管理部门要从事后监管转向事前管理，加强预警提示，加快推进广电监听监看监测中心建设，把内容监管和技术监管有机结合起来。同时充分发挥群众监督和社会监督作用，强化媒体自律，坚持"谁主管、谁负责"和分级管理、属地管理原则，落实责任追究机制。

（原载《新闻战线》2012年第1期）

哈艳秋简历

Introduction

哈艳秋，中国传媒大学电视与新闻学院教授，博士生导师，主要从事中国广播电视史、中国新闻传播史方面的研究和教学工作，现任教育部马克思主义理论工程重点项目《中国新闻传播史》教材编写首席专家、中国广播电视协会广播电视史研究委员会理事、中国新闻史学会理事。

由于其在广播电视理论与历史研究和教学领域的突出贡献，哈艳秋于1990年荣获首届中央三台奖，获得"优秀青年教师"称号；1996年被评为国家广电总局"精神文明建设先进个人"；2004年在第二届全国广播电视"十佳百优"理论人才评选中获"百优"称号；2010年被评为北京市师德先进个人。

主要学术建树

哈艳秋1984年攻读硕士期间，就开始关注日伪广播并对其进行研究，她关于日伪广播的硕士论文《伪满广播简论》，获得了新闻史学领域相关专家的极高评价。哈艳秋对日伪广播事业的研究填补了这一领域研究的薄弱和不足，受到中外新闻史学界的瞩目，从而奠定了她在广播电视史研究中的地位。在解放区广播史上的研究成果，还有她的论文《解放区广播宣传和事业发展简述》、《抗日战争时期延安台的广播宣传》等，简要而系统地梳理了解放区广播宣传、延安新华广播电台宣传和事业建立、发展过程，为国内外相关学科的研究提供了翔实可靠的参考。关于对旧中国广播的研究力作是1993年发表在《北京广播学院学报》第3期的论文《简论旧中国对广播的研究》，该文体现了一种新的研究方法，即通过对旧中国不同历史阶段主要研究者及其重要贡献的综合，进而勾勒旧中国广播研究的全貌；从代表性学者的研究成果入手，揭示旧中国对广播研究的关注作用。她在该文中既肯定了旧中国广播研究的学术价值，同时也指出这一时期研究的局限性，是对旧中国广播研究的一次突破性飞跃。

哈艳秋撰写的《中国广播60年：自己走路，从目标到现实》、《新中国60年广播电视教育的发展历史及特点》等论文纪念新中国60华诞。新中国广播于1950年第一次明确提出了“要学会自己走路”的目标和理想，将广播视为有着不同于报纸的独特优势的媒体，力求探寻出广播发展的创新之路。今天的新闻就是明天的历史。新的世纪，哈艳秋主持的教育部重点课题《当代中国广播电视史》，将研究重点放在对中国广播电视发展历史的梳理和各个时期重大事件的经验归纳总结上，其中重要内容的最新研究将这方面研究推进到2009年。

1977年，哈艳秋从北京广播学院新闻系新闻编采专业毕业后留校任教，将对广播电视新闻史学的兴趣与从事广播电视新闻史教学研究的职业合二为一。哈艳秋的研究与教学，以中国广播电视史和中国新闻传播史为中心，兼及中国新闻教育、广告学、外国广播电视等多个方面。在讲授中国广播电视史的同时，哈艳秋于1987年开始承担中国新闻史的教学。1989年北京广播学院新闻系广告专业开办，她又承担起广告史的教学工作。此后，她还承担了新闻函授教育中国广播电视史。由她独立制作完成的现代远程网络教育《中国新闻史课件》，是我国第一部采用计算机与多媒体技术完成的新闻史教学光盘。

主要论著一览

一、论文类

1.《周恩来同志与人民广播》(合写),《北京广播学院学报》,1979年第1期;

2.《延安(陕北)新华广播电台发展概略》(合写),《新闻研究资料》,1980年第2期;

3.《坚持辩证唯物主义搞好新闻工作》,北京新闻学会1985年年会论文;

4.《周恩来同志与(旅欧通讯)》,《北京广播学院学报》,1986年第2期;

5.《共忆昔日创业史,畅叙今朝通史志》,《北京广播学院学报》,1986年第4期;

6.《广播史学研究刍议》,《中国广播电视学刊》,1987年第3期;

7.《第一次中国广播电视史志研讨会综述》,《北京广播学院学报》,1987年第3期;

8.《日本电视30年的发展》,《北京广播学院学报》,1988年第3期;

9.《伪满广播性质探析》,《北京广播学院学报》,1988年第4期;

10.《坚持历史学的科学精神》,《北京广播学院函授教育通讯》,1989年第1期;

11.《伪满十四年广播历史概述》,《新闻研究资料》,1989年总第47期;

12.《谈谈社会主义新闻工作的责任》,《北京广播学院学报》,1990年第3期;

13.《伪满广播广告略说》,《新闻研究资料》,1990年总第49期;

14.《严肃认真实事求是——谈谈如何学习中国广播史》,《北京广播学院函授教育通讯》,1992年第2期;

15.《姹紫嫣红春意盎然——中国新闻史学会成立大会暨研讨会综述》,《北京广播学院学报》,1992年第2期;

16.《简论旧中国对广播的研究》,《北京广播学院学报》,1993年第3期;

17.《简论马克思恩格斯早期新闻思想中的批判精神》,《新闻学广告学论集》,北京广播学院出版社,1994年第1版;

18.《中国新闻界最初的开山祖——徐宝璜》,《广播学院报》,1994年7月15日;

19.《国际广播电视人才培养研讨会综述》,《北京广播学院学报》,1994年第5期;

20.《90年代日本电视业发展管窥》,《电视研究》,1996年第1期;

21.《周恩来同志与广播电视》(合写),《中国广播电视学刊》,1998年第3~5期;

22.《试论新闻史教学中对大学生优秀品格素质的培养》,《高等教育改革与发展研究》,北京广播学院出版社,1998年出版;

23.《解放思想,实事求是与新闻改革二十年》,《邓小平新闻宣传思想研究》,北京广播学院出版社,2002年出版;

24.《中国古代广告活动探源》,《高等教育改革与发展研究II》,北京广播学院出版社,2000年出版;

25.《略论60年代广播界〈宣传业务整改草案(提纲)〉的主要

论点及意义》，2000年9月第五次全国广播电视史志研讨会论文；

26.《彩练当空舞电波传九州——纪念人民广播60周年》，《现代传播》，2000年第6期；

27.《中外广播电视与教育发展研究》，《教育主动适应需求的机制研究》，北京广播学院出版社，2001年4月出版；

28.《略论古“丝绸之路”的华夏文明传播》，《国际新闻界》，2001年第5期；

29.《举集体之力成奠基之功——评〈中国少数民族广播电视发展史〉》，《现代传播》，2001年第4期；

30.《拆解教育的围墙——新世纪我国新闻教育面向远程网络发展研究》，2002年11月中国新闻改革研讨会暨中国新闻史学会年会论文，《现代传播》，2003年第6期；

31.《扩大招生对高等学校发展的影响》，《高等教育改革与发展研究III》，北京广播学院出版社，2003年出版；

32.《略论“海上丝绸之路”的中外文化传播与交流》，2003年第三届华文传媒与华夏文明传播国际学术研讨会论文，《新闻春秋》，厦门大学出版社，2004年出版；

33.《20年来关于日本侵华期间的日伪广播研究概述》，2003年第六次全国广播电视史志研讨会论文；

34.《邹韬奋与当代媒体人》，2004年7月28日人民网强国论坛·传媒沙龙发表；

35.《2003：中国广播发展年研究》，《现代传播》，2004年第4期；

36.《记录历史见证时代——2003年中国广播电视学会评奖史学类获奖作品简评》，2004年广播电视史第四届理事会第二次常委理事会议论文；

37.《邓小平新闻思想研究评述》，2004年邓小平理论与中国新时期电视研讨会论文；

38.《试论邓小平新闻思想的创新精神和时代精神》，《新闻传播学前沿2004》，北京广播学院出版社，2004年9月出版；

39.《中国数字电视发展道路探析》,《现代传播》,2005年第4期;

40.《抗日战争时期延安台的广播宣传》,《中国广播》,2005年第10期;

41.《第二次世界大战中广播的战略性政治传播》,《中国广播》2005年第11期;《新闻春秋》,首都师范大学出版社,2006年出版;

42.《简论日本侵华时期的日伪广播》,《中国广播》,2005年第12期;

43.《试论邓小平新闻思想对我国对内宣传报道的指导和影响》,《高教教学与管理实践》,中国传媒大学出版社,2005年出版;

44.《解放区广播宣传和事业发展简述》,《中国新闻传播史研究》,中国广播电视出版社,2005年出版;

45.《广告的发展与演变》,《中国新闻传播史研究》,中国广播电视出版社,2005年出版;

46.《日本侵华时期的日伪广播研究》,《中广协会2004年度立项课题成果汇编》,中国广播电视出版社,2006年出版;

47.《影响力、控制力的较量——对二战中新闻舆论战本质的一种诠释》,《新闻传播学前沿2005》,中国传媒大学出版社,2006年出版;

48.《探索农村广播影视服务的长效机制》,《现代传播》,2006年第2期;

49.《第二届21世纪中俄大众传媒发展研讨会综述》,《现代传播》,2006年第4期;

50.《抗战时期延安台的广播宣传》,《新闻春秋》,首都师范大学出版社,2006年出版;

51.《简论日本侵华时期的日伪广播》,《新闻春秋》,首都师范大学出版社,2006年出版;

52.《邓拓战时新闻思想新探——试论战时环境下晋察冀日报的办报思想》,《传媒天地》,2006年第6期;《新闻与写作》,2006

年增刊；

53.《简评林白水与〈中国白话报〉》，2006年8月6日纪念林白水英勇就义80年研讨会论文；《新闻传播学前沿2006》，中国传媒大学出版社，2007年出版；《报界先驱林白水研究论文集》，福建人民出版社，2008年出版；

54.《品牌经营——中国大陆电视媒体社会效益和经济效益的新增长点》，2005年9月23日香港第四届“世界华文传媒与华夏文明传播国际学术研讨会”论文；《全球化华文媒体的发展和机遇》复旦大学出版社2007年出版；

55.《试论中国付费频道在当前媒介环境下的生存和发展》，2006年5月20日第二届中俄大众传播国际研讨会论文；《新世纪大众传媒的发展——中俄学者的对话》，中国传媒大学出版社，2007年出版；

56.《中国广播电视文化创意产业的发展策略》，2007年5月10日莫斯科第三届中俄大众传播国际研讨会论文；《现代传播》，2007年第5期；

57.《简论抗日战争时期〈良友〉画报的宣传》，2007年6月良友画报与二十世纪新闻出版文化学术论坛论文；《良友合订本特刊》，2007年9月；

58.《简论新闻媒介伦理与社会责任》，“新闻传媒与社会发展论坛·2007——中国新闻业发展现状与趋势”论文；

59.《浅议广播电视志于广播电视史编纂的区别与联系》，2007年12月1日第三次地方新闻史志研讨会论文；

60.《新闻系传播系办学特色及亮点研究》，2007年12月15日中国传媒大学“教育教学改革与创新人才培养学术研讨会”论文；《改革与创新》，中国传媒大学出版社，2008年出版，《传媒与教育》2008年第2期；

61.《浅析奥运会报道中的人文关怀》，2007年12月15日“奥运传播暨体育新闻传播史研讨会”论文；

62.《北京奥运媒介传播与国家形象塑造研究》，2008年10月

"大众传媒与国家形象塑造"中俄研讨会论文;《新闻传播学前沿2007~2008》,中国传媒大学出版社,2009年出版;

63.《新闻史教学中对大学生创新精神的培养》,2008年10月25日北京大学新闻学研究会成立90周年研讨会论文;

64.《中国广播电视协会广播电视史研究委员会二十年工作概述》,《编修广电史志记录声屏变迁——中国广播电视协会广播电视史研究委员会成立20周年纪念册(1998~2007)》,2008年9月编;

65.《延安新华广播电台的抗战宣传》,《新闻业务》,2008年第1期;

66.《北京奥运报道对大学生民族凝聚力的效果研究》,《人民共和国党报论坛2008年卷》,中国传媒大学出版社,2009年出版;

67.《评中国少数民族新闻传播通史》,《中国广播电视学刊》,2009年第9期;

68.《北京奥运传播与中国国家对外形象塑造简论》,《新闻春秋》,中国广播电视出版社,2009年出版;

69.《五四时期的新闻本位思想探析》,《现代传播》,2009第6期;

70.《媒介批评与科学精神研究》,2008年11月1日"两岸三地媒介批评研讨会"论文;《大众传播与媒介批评》,中国传媒大学出版社,2010年出版;

71.《新中国60年广播电视教育的发展历史及特点》,《新中国成立60年与广播电视》,中国广播电视出版社,2010年出版;

72.《试论史量才报刊经营管理中的用人之道》,《仰望史量才》,华文出版社,2010年出版;

73.《我国广播电视制播分离研究》,《现代传播》,2010年第10期,《新华文摘》,2011年第3期;

74.《简论新媒体与体育新闻传播》,《后奥运时代的体育传播》,中国传媒大学出版社,2010年出版;

75.《试论三网融合背景下广播电视的发展策略》,《转型时期的大众传媒——第六届中俄大众传媒发展学术研讨会论文集》,中国广播电视出版社,2010年出版;

76.《我国新闻媒介在提高国家软实力中的对策研究》,《人民共和国党报论坛2009年卷》,中国传媒大学出版社,2010年出版;

77.《中国广播60年:自己走路,从目标到现实》,《声震长空》,中国广播电视出版社,2011年出版;

78.《从受众心理分析电视健康养生类节目传播》,《发展·融合与传播心理》,中国广播电视出版社,2011年出版;

79.《试论新华记者的责任感》,《光荣与梦想》,新华出版社,2011年出版;《新闻业务》,2011年第6期;

80.《试论新中国少儿电视节目的创新与发展》,《新闻传播学前沿2009~2010》,中国传媒大学出版社,2011年出版;

81.《中国广播61年:自己走路,从目标到现实》,《中国广播》2011年第2期;

82.《关于我国广播电视教育现状的思考》,《北京广播学院函授教育通讯》,1992年第3期;

83.《试论政府在危机传播中如何做到善待、善用、善管媒体》,《新闻学论集》,经济日报出版社出版,2011年版,第27集;

84.《试论生态危机下环境报道的议程设置》,2012年5月26日第八届中俄大众传播研讨会论文;

85.《新媒介语境下网络广播的发展深析》,2012年6月3日第二届传播理论与实践研讨会论文;

86.《媒介融合时代我国新闻传播教育的问题与对策》,《新传媒》,2012年第2期;

87.《我国广播电视节目娱乐化现状及解决对策研究》,《新传媒》,2012年第3期;

88.《我国早间电视新闻节目研究》,《新传媒》,2012年第4期;

89.《试论生态危机下环境报道的议程设置》,《新闻爱好者》, 2012年第11期;

90.《新媒体语境下网络广播的发展探析》,《中国广播电视学刊》, 2013年第1期;

91.《民初新闻教育思想对当前新闻教育改革的启示》,《新闻爱好者》, 2013年1期。

二、著作类

1.《应用广播学》(合著), 新华出版社, 1988年出版;

2.《广播电视实用新闻学》(合著), 北京广播学院出版社, 1990年出版;

3.《中国新闻事业史》(合著), 武汉大学出版社, 1990年出版;

4.《简明广告学教程》(合著), 新华出版社, 1990年出版;

5.《中国解放区广播史》(副主编, 本书执笔人), 中国广播电视出版社, 1992年出版;

6.《广告学——理论与应用》(合著), 中国广播电视出版社, 1994年出版;

7.《新闻学广告学论集》(主编), 北京广播学院出版社, 1994年出版;

8.《现代广告全书》(合著), 辽宁人民出版社, 1994年出版;

9.《中国新闻事业史教学大纲》(国家教委高教司组织编写), 高等教育出版社, 1995年出版;

10.《中国新闻事业史教程》(合著), 中国广播电视出版社, 1996年出版;

11.《中国新闻事业史新编》(合著), 四川人民出版社, 1998年出版;

12.《现代广告学教程》(合著), 新华出版社, 1998年出版;

13.《第五次中国广播电视史志研讨会专辑》(主编), 2000年

9月编辑；

14.《中国新闻事业史教程》（修订版）（合著），中国广播电视出版社，2001年出版；

15.《教育主动适应需求的机制研究》（合著），北京广播学院出版社，2001年出版；

16.《邓小平新闻宣传理论研究》（主编），北京广播学院出版社，2002年出版；

17.《中华人民共和国广播电视简史》（合著），国家广电总局项目，2003年出版；

18.《第六次中国广播电视史志研讨会专辑》（主编），2003年10月编辑；

19.《中国广播电视通史》（合著），北京广播学院出版社，2004年出版；

20.《第七次中国广播电视史志研讨会专辑》（主编），2005年7月编辑；

21.《中国新闻传播史研究》，中国广播电视出版社，2005年出版；

22.《中国电视史》（合著），中国广播电视出版社，2007年出版；

23.《新闻传播学前沿2004》（主编），北京广播学院出版社，2004年出版；

24.《新闻传播学前沿2005》（主编），北京广播学院出版社，2005年出版；

25.《新闻传播学前沿2006》（主编），中国传媒大学出版社，2007年出版；

26.《新闻传播学前沿2007~2008》（主编），中国传媒大学出版社，2009年出版；

27.《新闻传播学前沿2009~2010》（主编），中国传媒大学出版社，2011年出版；

28.《新闻传播学前沿2011~2012》（主编），中国传媒大学出版社，2013年出版；

29.《中国新闻史课件》，北京广播学院音像教材出版社，2002年出版；

30.《编修广电史志记录声屏变迁——中国广播电视协会广播电视史研究委员会成立20周年纪念册》，2008年9月出版。

三、课题类

1. 2000年国家社科基金项目《邓小平新闻思想研究》，课题组负责人、主编，2004年结项（28万字）；

2. 2009年教育部项目《当代中国广播电视史1949～2009》，项目负责人，2012年结项；

3. 2010年教育部马克思主义理论工程重点教材《中国新闻史》，课题组首席专家、项目负责人之一；

4. 2008年中国传媒大学"211工程"三期《电视应对重大突发事件传播研究》，项目负责人，2011年12月结项；

5. "七五"国家哲学社会科学项目《中国广播电视通史》（副主编、作者之一），北京广播学院出版社，2004年出版；

6. 2001年国家社科基金项目《中国电视史》（合著，编委），负责第1～8章（20万字），中国广播电视出版社，2007年2月出版；

7. 1998年国家广电总局课题项目《中华人民共和国广播电视简史》（作者之一），中国广播电视出版社，2003年出版；

8. 中国广播电视学会广播电视史研究委员会课题项目《中国解放区广播史》，中国广播电视出版社，1994年出版；

9. 中广协会2004年度立项课题《日本侵华时期的日伪广播研究》，课题负责人、主编，2005年结项，中国广播电视出版社，2006年3月出版；

10. 2009年中广协会课题项目《我国广播电视制播分离研究》，2011年3月10日结项，鉴定等级：良好；

11. 2010年中国广播电视协会课题项目《我国广播电视三网融

合发展策略研究》，2011年11月8日结项，鉴定等级：良好；

12. 2011年中广协会课题项目《我国广播电视节目娱乐化的现状及解决对策研究》，2012年结项，鉴定等级：优秀；

13. 2011中广协会课题《中国广播电视编年史1920～1949年》，项目负责人、2012年结项；

14. 国家教育科学“九五”规划广播电视部委重点课题《教育主动适应需求的机制研究》（合著），北京广播学院出版社，2001年出版；

15. 校级项目《中国新闻史课件》（独立完成），北京广播学院音像出版社，2002年出版；

16. 2003年国家广电总局项目《10年市场经济与广播电视改革》，课题负责人；

17. 2004年国家广电总局重大项目《中国广播电视学》，分课题负责人；

18. 2007年中国传媒大学研究生创新计划《广播电视教育与理论研究》，项目负责人，结项；

19. 校级项目《伪满广播史》（独立完成），1992年结项；

四、获奖

1.《广播史学研究刍议》，1988年中国广播电视学会第一届学术论文三等奖；

2.《伪满十四年广播历史概述》，1990年中广学会第二届学术论文三等奖；

3.《简论旧中国对广播的研究》，1996年广电部二等奖（部级奖）：1996年中广学会第四届学术论文二等奖；

4.《中国解放区广播史》，1993年获广播学院第四届优秀科研成果著作二等奖；1995年获中广学会第二届全国广播电视学术论著二等奖；1996年获广电部二等奖；

5.《中国广播电视史教学研究初探》，1996年获校级教学成果二等奖；

6.《试论新闻史教学中对大学生优秀品格素质的培养》，北京广播学院1999年二等奖；

7.《解放思想实事求是与新闻改革二十年》，广电总局1999年高校科研成果三等奖；

8.《略谈古"丝绸之路"的华夏文明传播》，广电总局2002年高校科研成果二等奖；

9.《教育主动适应需求的机制研究》，广电总局2002年高校文科著作类二等奖，第三届全国教育科学研究优秀成果奖三等奖；

10.《中国新闻史课件》，广电总局2003年高校科研成果二等奖；

11.《中国广播电视通史》，2007年获中国人民大学颁发的第五届吴玉章人文社会科学一等奖；2006年获国家教育部第四届中国高校人文社科研究优秀成果一等奖和教育部第四届中国高校人文社科研究优秀成果新闻学与传播学类二等奖（一等奖空缺）；2006年获第七届全国高校出版社优秀畅销书一等奖；2006年获中国传媒大学优秀科研成果一等奖；

12.《中国广播电视文化创意产业发展策略研究》，2008年中广协会第十届优秀论文评选三等奖；

13.《试论新媒体环境下提高网络舆论引导能力的途径》，2009年在中广协会举办的征文评选中，荣获优秀奖；

14.《新中国60年广播电视教育的发展历史及特点》，2009年征文评选中荣获二等奖；

15.《中国广播60年：自己走路，从目标到现实》，2010年在"我与人民广播"征文评比中荣获二等奖，2012年在中广协会第12届全国广播电视学术论文评选中获二等奖。

简论旧中国对广播的研究

我国最早研究广播的时间应该追溯到本世纪20年代。随着20年代初期世界各国广播事业的兴起以及美国人奥斯邦把广播这种新的传播媒介输入我国，在国内出现了一批对广播较为注意和感兴趣的人士。在我们所发现的资料中，最早记述广播的特点、性能，介绍广播产生的由来、原理及传入我国情形的文章或资料，就是写于这个时期。

当美国的无线电广播还处在试验阶段时，1920年8月，中国近代大型综合期刊《东方杂志》第17卷第15号就以《无线电传达新闻及音乐》为题，首次把正在孕育中的广播这种现代化传播媒介介绍给中国读者。这篇文章写道："最近美国发明一种特别受音器。名曰Portaphone。其外表与蓄音器相似。装有一匣，极便携带。无论何地均可放置。此器能接受中央无线电发音机所发之声浪而扩大之，使其声自喇叭中传出以布于全室。因有此种发明，故将来可有许多之新用途。"此后，上海的《申报》、《东方杂志》、英文《大陆报》、北京的《晨报》等许多报刊，宣传无线电广播常识，介绍京沪等地广播事业的创建情况。

1923年3月4日，《晨报》在"科学"栏里刊载《无线电话原理》、《无线电传音器发生问题》，介绍了无线电波"每秒钟18万6千英里"等基本原理。同年七八月间，《晨报》连载《谈谈无线电话》（即无线电广播）。每次刊登时都在文头冠以"要享耳福者注意"的通栏标题，以吸引读者。

20年代初期，正值轰轰烈烈的五四运动发生不久，中国社会处于激烈的变革时期，在提倡科学与民主的新文化运动的推动下，一般要求变革的知识分子和科技工作者，不断起来抨击封建主义的陈腐观念，倡导除弊兴利，积极地介绍国外的政治、经济和科学文化知识以及这些方面所取得的成就。正是在向外国学习这种思潮影响下，曹仲渊、朱其清等人注意考察国外及中国境内外国人办广播的情况，相继发表文章。曹仲渊的《三年来上海无线电话之情形》、朱其清的《无线电之新闻事业》等文章介绍国内外办广播的经验和方法，看到了我国发展这项事业的必要性。从他们的论述中，我们可以看到他们迫切希望我国广播事业迅速发展的良好愿望；看到他们对北洋政府腐败无能，不善管理广播以及广播事业技术落后，与世界不能相比的沉痛惋惜的心情。曹仲渊在文章中疾呼："国内无线电界不乏聪明才力之士，勿随其他新事业落外人之手矣。"曹仲渊仔细分析了当时上海广播的经营行家、私人设广播电台和收音机制造情况，看到了其中的混乱和北洋政府管理上的问题，指出："三年以来，禁令之威严愈凶，机器（广播机、收音机）之来路愈旺。"批评北洋政府"实力既不足，法律又无用，行见此项事业之利权，尽数操纵于欧美人民之手"。尽管1923年11月北洋政府曾颁布过禁止无线电进口及私设广播电台的通令，并分发津沪各海关严行搜查，但上海租界的情况是"设造者依旧设造，营业者依旧营业，广播者依旧广播"。北洋政府当时屡次颁布命令禁止个人私装广播，但其效力究竟如何?曹仲渊从他多年来的冷眼观察中得出的结论是："通令仅在华人方面发生效力；对于外侨绝对不生影响。"曹仲渊以中国电政主权不断受到侵害的事实，向世人发出感叹，由此可见当时我国广大知识分子和科技工作者一片忧国忧民之心。

应该看到，由于当时广播在世界上刚刚兴起，在我国更不多见，因此这个时期人们对广播这种媒介的认识也不一样，相对来说是比较浅显的，大多数人只是把它当成新奇的文化娱乐的消遣工具或商业赢利的手段。"城市居民无论矣，即农夫、走贩之家，每喜装置一收话机，依报所载，按时收听，以供家庭娱乐"。"广播无线电话之目的，关于商用者，大别为二：一用以直接营业的，如制造收音机公司是也；一用以宣传广告的，如于播送时间，插入某公司新出某货等广告，或用其他播送方法使某公司之名深印于听众之脑，而借收其广告之效是也”。从这里我们看到，广播在我国一经出现，就与社会和经济发生了紧密联系。

这个时期对广播事业的认识浅显还表现在对有关无线电技术性能的掌握和有关名词术语的提法，缺乏正确的标准和科学的规范性。这一方面是对于外语的翻译不够准确并形成习惯说法；另一方面是对电报、电话和广播三者的关系区分不清，认为相差无几，故称谓也差不多。例如，曹仲渊在文中把“无线电广播”称之为“无线电话”，“广播电台”称之为“无线电话播送站”，“收音机”称之为“收话机”，“发射机”称之为“无线电话播送机”等，这和后来人们统一称之为“广播电台”、“收音机”等说法是相差甚远的。从上述文章中，我们可以看到早期广播研究所带有的特点和痕迹。

继曹仲渊之后，曾经去过美国并于1922年秋天回国的朱其清，通过自己对美国无线电广播事业的实地考察，看到这项事业对社会的影响和作用。回国后他积极致力于发展我国的无线电广播事业。他于1924年9月在北京写的《无线电之新事业》，热情赞扬了无线电技术在广播领域的运用，并以深邃的眼光敏感地预见这项事业的发展趋势不可阻挡。他在文中详细论述了广播事业的发展情况，介绍英美法日等资本主义国家广播事业的管理经营方法及我国境内当时几家外国人所设广播电台的情况。由于受欧美思想和科学技术的影响，朱其清对广播的认识较之其他人又进了一步，他的研究也更有新意。他在文中对广播方面的名词术语的称呼与我们现在是一样的。更可贵的是他突破了封建学者凝固、僵化的观念，用发展的观点，从广播与社会的关系上去探寻其出路，给人一种鲜明的责任感和历史感。他在预示这项事业的发展势头时指出：“岂电影留声机新闻纸类所可几及耶？”广播事业“将取新闻纸类、留声机等而代之，亦意中事也”（此处有些偏颇）。他在借鉴国外广播经验的基础上，提出了“四要素”，其概括起来就是：1. 无线电广播机必须具备传播声音的可能性。2. 收音机价钱低廉，使用方便，收听效果好。3. 广播内容富有兴趣。4. 广播电台必须得到政府的保护和支持经营才不至于失败。朱其清的“四要素”对广播技术、广播内容、收音机制造销售和政府对广播的经营管理政策等提出具体要求。这“四要素”虽说还很不系统很不全面，但提出了发展广播事业以及普及收听工具应具备的最一般最基本的条件，这在当时我国广播事业尚处于萌芽时期来看，不能不说是很有见地的。

曹仲渊、朱其清等人对我国早期广播事业的考察和研究，表明我国这个时期在广播的研究上已初见端倪。他们的研究尽管存在一定的局限性和不足，但对促进广播在我国的发展和人们对广播的认识的不断提高还是起了一定的作用和影响的。此后不久在我国东北、华北、华东等地相继出现的一批官办和民营广播电台就说明了这一点。

（原载《第四届全国广播电视学术论文评选获奖论文集》1998年2月版·节选）

黄慰汕 简历 Introduction

黄慰汕同志1982年毕业于北京广播学院电视系摄影专业。1982年至2004年，在广东电视台工作，主要从事节目制作、节目生产管理和编播业务管理等工作，曾任广东电视台对外部、总编室、海外中心副主任，广东卫视编辑部主任、报刊社总编辑。在广东电视台工作期间，主要业绩体现在纪录片创作方面，代表作品有：《超越故土》，荣获中国电视奖社教类节目一等奖；《祝福珠江》（22集，分上、下篇），连续两年荣获中国广播电视新闻奖二等奖及全国“对外电视节目奖”一等奖；《永远的春天——邓小平与广东改革开放》，荣获广东新闻奖一等奖及广东广播电视新闻奖一等奖；《雪域丹心》，荣获广东鲁迅文艺奖最佳纪录片奖。

2004年至今，在广东南方广播影视传媒集团从事广电媒体研究工作。现任南方广播影视传媒集团发展研究部主任，兼任中国传媒大学兼职教授，广州大学硕士研究生导师，中国广播电视协会电视学研究委员会副秘书长，中国广播电视协会纪录片工作委员会常务理事，广东省电视艺术家协会主席团成员、副秘书长等职。高级记者职称。

主要学术建树

黄慰汕曾在国内传媒核心期刊发表过20多篇学术论文。近年完成了3项省级重点研究课题:《境外及香港电视文化形态研究》、《欧洲优秀电视节目模式研究》和《手机新媒体发展研究》。其中《手机新媒体发展研究》荣获2011年度广东省广播电视节目奖"广播电视应用理论类"二等奖。已经出版的著作有《广东电视50年》、《中国短片浪潮》、《欧洲优秀电视节目模式解析》和《祝福珠江》。其中的《中国短片浪潮》和《欧洲优秀电视节目模式解析》两本著作同时荣获"第七届全国广播电视学术著作评选"三等奖。

学术理论研究有五个特点:

一是研究视角新颖。黄慰汕的学术理论研究注重新的研究对象,从新的研究角度出发,以新的研究方法探讨并试图解决现存的问题。独特新颖的研究视角,给人以耳目一新的感觉,在学术理论界具有独特和创新的意义,非常具有新意,引人思考。

他不囿于电视理论领域中老生常谈等课题的研究,而是将研究重点放在电视传媒领域内出现的新问题、新现象。

二是研究视野开阔。黄慰汕具备开阔的学术视野。史料性著作的写作,不仅需要厚实的理论基础,更需要有对历史资料的宏观把握与解读能力。透过厚重的历史描述,同时结合当今时代发展的新环境及新问题,对老话题、老事件进行全新的解读,从实际出发,侧重解决现实问题。

三是紧跟时代潮流。黄慰汕的学术理论研究能紧跟当今电视传媒领域的发展潮流。他阅读并参考大量外国文献,研究样本也多取自于国外优秀节目。他凭借独到的学术理论眼光,能够站在学术领域的最前沿，对后来者的研究大有启发作用。

四是关注新媒体发展。除了传统电视的理论研究，黄慰沺对新媒体的关注也充分体现了他涉足新媒体领域的学术倾向。传媒发展格局的瞬变，传播媒介生态的变革，使得新媒体研究成为当下热门及必要的学术方向。黄慰沺不但拥有深厚的传统新闻理论知识，更与时俱进，着眼于新媒体的研究与探讨。他对新媒体有着独到的见解，观点新颖，洞察力强。

五是注重理论结合实际。黄慰沺多次主持并完成的课题项目，均结合了媒体发展的需求，做到了理论与实际的高度结合。做理论研究不是为了理论而理论，而是为了解决现存问题而有的放矢。这种理论研究有着很强的针对性与指导性，在现实层面针对目前国内电视界存在的问题进行研究，具有很强的实战意义。

黄慰沺同志长期执著于学术研究，善于积累与思考，具备了较高的电视理论造诣并获得丰硕的研究成果。近年来其应邀相继前往香港中文大学、香港城市大学、澳门大学、中国传媒大学、华南农业大学、汕头大学和广州大学讲课，并被聘为中国传媒大学兼职教授和广州大学兼职硕士研究生导师。他的从业经历以及他个人的志向追求，造就了他深厚的学养及宽阔的视野。

主要论著一览

一、论文类（部分）

1.《纪录片危机》，《岭南视听研究》，1992年第3期；

2.《对中国纪录片的回顾与展望》，《中国广播电视学刊》，2000年第8期；

3.《境外及香港电视文化形态的现状与分析》，《岭南视听研究》，2006年文集；

4.《电视专题片在中国仍有生命力》，《南方电视学刊》，2003年第2期；

5.《手机新媒体发展研究》，《岭南视听研究》，2011年文集；

6.《服务粤语受众，影响非粤语受众》，《岭南传媒探索》，2012年第4期；

7.《国际电视节目创新启示》，《南方电视学刊》，2012年第5期。

二、著作类

1.《祝福珠江》（主编），中山大学出版社，2007年5月出版；

2.《广东电视50年》（合著，执行主编），广东人民出版社，2009年10月出版；

3.《中国短片浪潮》（合著），广东人民出版社，2010年7月出版；

4.《欧洲优秀电视节目模式解析》(合著),中国广播电视出版社,2010年8月出版。

三、课题类

1.《境外及香港电视文化形态研究》,广东省广播电视重点理论课题,2005~2006年;

2.《欧洲优秀电视节目模式研究》,广东省广播电视重点理论课题,2007~2008年;

3.《手机新媒体发展研究》,广东省广播电视重点理论课题,2010~2011年。

短片的历史演变：精英与大众

一、短片的概念及演变

据中国传媒大学欧洲传媒研究中心主任刘昶博士在2009年南方多媒短片节学术论坛上宣读的论文《欧美短片：概念与发展》，短片的概念及其演变如下：

（一）短片的概念

首先，让我们从短片的定义开始谈起。短片原是一个电影术语，原文来自法文，意即（电影胶片的）长度，（电影胶片的）尺数、米数。

短片的概念原先特指在电影院放映的、短于商业影片传统长度的电影。而今，这一原先属于电影的概念，也逐渐被借用到了电视领域，甚至扩展到了DV、网络、手机视频等多媒体制作领域。

不同种类的电影，诸如故事片、纪录片、动画片等，都有长短片之分。长短片的具体长度并无规定，不同国家的规定也不尽相同。

先以法国和美国为例：法国国家电影中心CNC，根据1964年法国制定的一项法规，将短片定义为：用35毫米或其他规格的胶片拍摄的影片，长度不超过1600米（5249英尺），约等于59分钟，而美国的短片则比法国略短，按照美国的国际电影数据库网站IMDb的定义：45分钟以下的影片，算作短片。在中国，业界普遍认为长度在30分钟以下的影视片为短片，有影响的影视节和大型评奖活动几乎都将参评短片的长度定在30分钟以内。

相对于短片的概念是“长片”介于长片和短片二者之间，还有中片。中片是近几年出现的一个新概念，特指30分钟以上、60分钟以下的片子。

但短片的长度随着制作技术、传输平台、观众需求和观看方式的演化，近年有越来越短的趋势。一些视频网站如美国的Youtube和中国的Youku，其中大量的短片在60秒以内，有些甚至只有几秒钟。美国《短片拍摄101》（Short Film 101）一书的作者Frederick Lew在介绍美国近年对短片长度的看法时认为，一般来说"短片的长度可能会在30秒到30分钟之间"，但也有制作商认为"一部短片的最佳长度，不要超过10分钟"。

（二）短片演变的脉络

短片相对于长片，指的是篇幅较短的影视片，其定义一直未变。然而，随着影视业的不断发展，从无声到有声，从黑白到彩色，从模拟到数字，技术的进步一直深刻影响着短片的内容和形式的不断变化。

电影诞生初期的短片没有镜头的切换，只是对影像的简单摄录。

后来，早期的探索者们通过短片不断地探索和实验，创立了蒙太奇和长镜头理论，完善了电影的语言和语法，丰富了电影的叙事方式，短片才成为现代意义上的短片，有了故事、纪录、动画几大片种，并促进了长片的发展。

电视普及之后，短片成为创作量最大的类节目，适合于生产普通电视栏目播出的新闻、专题、纪录片、小品、短剧等电视作品。电视短片催生了国内庞大的创作群体，也赢得了数量更可观的受众群。

当我们迎来了数字DV和网络时代，一方面，短片的种类、表现手法和传输手段越来越多样化，另一方面，这是最重要的，短片的制作权和播映权不再只为少数影视专业人士所控制，它逐渐走向民间，被大众所掌握，掀起了短片创作的"群众运动"。这就是当代意义上的短片。

关于短片的演变，本书将在后面的内容做详细介绍和分析，此处就不逐一展开了。

(三) 短片的播放平台

短片有许多播放平台。

传统的、至今依然保持的播放场所是电影院。通常，电影院在放映长片前总是先放映一部或是一组短片。然而，这种方式在电视普及以后逐渐式微。

电视是短片播放的最大平台，每天都播放新闻、专题、文艺、纪录片、电视短剧等各类短片。

互联网普及以后，网络视频短片传播的数量更是难计其数，而且是"所有人对所有人"的传播方式，成为人人享有的独立行为。

此外，国际性电影节和电视节（例如奥斯卡、戛纳、威尼斯、柏林等电影节），都接受各类短片作品的参评和展映。还有些专门的短片节很受欢迎，例如法国的克莱蒙费朗短片节，是法国继戛纳电影节之后的第二大电影节。而日本短片电影节是亚洲最大的短片节，由美国电影学院与日本联合主办。每年日本短片电影节的获奖作品将直接获得下一年度奥斯卡最佳短片奖提名资格，因此也被称为"奥斯卡短片风向标"。国内，由大学和电视机构等组织的短片节近年也陆续出现，如广东的南方多媒短片节。

其次是各国各地区的影像资料馆，因为它们大都承担了介绍、推荐和保存短片的功能，因而只是常见的短片播放平台。

此外，移动媒介如手机、公交工具（地铁、列车、出租车、公交车、飞机）也对短片十分青睐。在我国，四处可见的分众传媒更是一个新兴的短片播放平台。

(四) 短片的发展趋势

片子越来越短似乎成为新的趋势。最近几年，欧美开始流行不超过三四分钟的超短片，而且还有了专门的超短片影视节。这一趋势契合了当代社会的发展，因为生活节奏越来越快，短片更符合当代消费者的审美习惯或者欣赏习惯，人们现在习惯于欣赏更加精致、更加精美、更加精巧、更加精到的文化产品。

电视节目的长度也随之有了新的变化，趋短成为时尚。国际最流行的电视节目，原先在国际市场上最受欢迎的52分钟的纪录片，现在改成了45分钟。

2004年美国独立制片人Sholes兄弟拍摄的短片《大兵哥》创下了一项吉尼斯世界纪录，被称为电影史上最短的一部获得了发行许可，并在影院做商业放映的影片，全片只有5个场景，片长为7秒钟。

随着手机的发展，越来越多的多媒体创作，都和手机联系在一起。袖珍的、短小的东西越来越受欢迎。欧美的手机影视节（Pocket Film Festival），巧用"pocket"一词，同时取"袖珍"和"短小"之意，颇具匠心。

短片越来越短的发展态势还可以在数量繁多的网络视频短片中得到印证，它们大都在几秒到数分钟之间。所以，一分钟乃至十几分钟的超短片，成为本书重点关注的对象。

二、实验先锋——世界短片历史回顾

（一）短片的起源

重新梳理短片的历史，我们不得不回到电影的源头，从卢米埃尔兄弟说起。1895年12月28日，法国巴黎卡普辛路14号大咖啡馆的地下室。在潮湿和昏暗中，卢米埃尔兄弟放映了几部影像片：《工厂的大门》、《拆墙》、《婴儿喝汤》、《火车到站》等。

人们看到女工们穿着衣裙，软边帽上插着羽毛，三五成群，边说边笑地步入厂区的入口，火车站的月台上，男女老幼正在等候火车的到来，列车从远处驰向月台。电影所显现出来的强烈的逼真性、动感性，使观众不由自主地进入到了电影的情境之中，以至于当银幕上的火车轰隆隆地向前驶来时，观众纷纷夺路而逃。这一刻，便是世界电影史的起端。而且，由于卢米埃尔兄弟放映的这些影像片都是1分钟长的短片，所以我们也可以说，这一刻也是世界短片历史的开端。

卢米埃尔兄弟当时造出的"暗箱"式活动摄影机重5公斤，使用的电影胶片是最原始的35毫米片孔胶片，以每秒12幅的频率摄影。

这种拍摄和放映条件，在当时已足以轰动世界。而在那天晚上，首次公开面世的短片，作为世界电影开山作品的同时，也是世界纪录短片降落尘世呼出的第一声，甚至在先天就打上了“纪录民间影像”的烙印。

（二）两大片种的雏形

在电影萌芽时期，存在着两种不同的摄影倾向。

一种以卢米埃尔兄弟为代表，主要从现实中捕捉生活现象，银幕上展现的就是人们身边的琐事。在卢米埃尔的“固定视点的单镜头”的表现形式中，《火车进站》是最为典型的一部作品，摄影机架在站台上，朝着远处延伸的火车轨道。站台上空无一人，景深处一列火车迎面驶来，火车头驶出画面沿站台停下，旅客们上下火车，其中有一位少女在摄影机前迟疑地经过，并露出自然、羞涩的表情。火车离开站台驶出画面，影片结束。在这部影片中，物体与人物时远时近，不同景别的视觉变化，形成了纵深的场面调度。这恰恰是我们今天通常使用的“长镜头”的拍摄方法，即固定视点的单镜头拍摄下来的一个时间和空间的连续体。

另一种则以梅里爱为代表，主要记载舞台上已经加工的虚构的生活图画。梅里爱是与卢米埃尔同时代的法国电影导演，世界第一位电影艺术家。他原本是一位著名的魔术师和木偶艺术家，后在蒙特勒伊建立了一个照相车间，这是世界上最早的摄影棚。在这里他使用专门的演员、布景、道具、化妆等手段拍摄电影，开辟了与卢米埃尔自然写实完全不同的电影创作道路。他拍摄的第一部影片是1899年的《德雷福斯案件》。他最擅长利用停机再拍和更换布景的方法拍摄神话片，如《灰姑娘》、《蓝胡子》、《魔灯》、《一千零一夜》等。20世纪初，他首先创作出科学幻想片，如《月球旅行记》、《海底两万里》、《北极征服记》等。特别是《月球旅行记》一片影响巨大，不仅确立了科幻片这一样式，而且确定了电影排演在电影制作中的地位。梅里爱的影片是电影成为艺术的第一步。

沿着这两种创作方式，发展成后来的纪录片和故事片两大片种。

(三) 短片是电影发展的实验载体

早期的电影，无论是纪录片还是故事片，几乎都是实验短片。

从1900年至1910年，在法国和美国，生产出了数以百计的短故事片。这时期的梅里爱除了上述的代表作之外，较有影响的短片还包括《灰姑娘》、《音乐狂》和《格列佛游记》。

在美国，对发明电影也做出重要贡献的爱迪生，与他的搭档狄克逊，这一时期亦完成了约50部作品，代表作有《酒吧景象》、《安娜贝拉的舞蹈》、《拔牙》、《理发师》、《布发罗·皮尔》等，其内容大都是简单地表现跳舞、拳击、变戏法、做游戏等娱乐性场景。影片中的人物则是由爱迪生请来的演员为摄影机表演的，如同一张张"活动的照片"，实际上是套用了舞台剧的模式虚构的一些早期短故事片。

1908年，埃米尔·科尔在法国拍摄了第一部动画片，与此同时，小斯图尔特·布莱克顿在美国亦开创了动画事业。

1913年，英国人卓别林进入好莱坞，世界电影史上最杰出的喜剧电影大师开始崭露头角。次年卓别林参加拍摄了他的第一部影片《谋生》。不久以后自编自导了《阵雨之间》，这是第一部出现流浪汉夏尔洛形象的影片。1919年开始，卓别林自行集资建厂，成了好莱坞第一个真正独立制片的艺术家。

1922年，苏联导演吉加·维尔托夫，拍摄了纪录片《电影真理报》。影片通过剪辑把新拍摄的画面和影片资料结合在一起，分为23个标题，描绘出苏联人民生活的景象。这实际上是一种短片的串联，也可以说是最早的系列片。

与此同时，电影短片在德国也有长足的进步，这一时期德国生产的短片被称为文化和艺术短片，其内容基本上是关于文化和教育的。这些短片被用来作为故事长片的辅助节目，在电影播放前放映。这种做法后来在世界各地普及，电影院在放映故事片之前，通常都会先放映一两部短片。

(四) 短片催生蒙太奇理论

从20世纪初到20年代中期，美国和苏联的早期电影大师通过系列的短片（片断）实验，还促成了蒙太奇电影理论的诞生。

美国早期电影导演格里菲斯被公认为第一个使用蒙太奇的人。他首先发现电影镜头的连接顺序是由戏剧性的要求所决定的，影片的每个段落都可以由一些不完整的镜头组接而成。于是，在他的作品《一个国家的诞生》（1914年）和《党同伐异》（1916年）中，都进行了“镜头组接”的实验，并获得了成功。

然而，从蒙太奇手法上升到蒙太奇理论，却是由苏联的几位电影大师完成的。

首先是苏联早期导演库里肖夫和普多夫金，他们相继完成了著名的“库里肖夫效应”和“普多夫金实验”，这两组经典的实验短片说明了同样的镜头，不同的顺序，会给人不同的感受，

论证了蒙太奇具有独特的表意功能。于是蒙太奇作为电影表现的一条美学原则被确定下来。

1925年，为纪念俄国1905年革命20周年，苏联的另一位电影导演爱森斯坦，运用他的“冲突蒙太奇”手法，导演了不朽的经典影片《战舰波将金号》。这部电影以其磅礴的气势和惊人的独特性，轰动了世界影坛。

爱森斯坦认为，两个毫不相干的镜头组接在一起，能产生新的理念，造成某种象征，不是简单的“1+1=2”。普多夫金的剪辑原则是“联想”，侧重于叙事的连续性，而爱森斯坦的剪辑原则是“冲突”，侧重于理念的表达，通过撞击产生新的含义。至此，苏联电影工作者把蒙太奇发展成为一套完整的电影理论。而爱森斯坦被誉为电影蒙太奇原理的奠基人，享有“现代电影之父”的美称。

（五）短片的曲折发展

从1927年开始，电影告别了无声创作年代，进入了声画合一的有声创作时期。

1931年，闻名遐迩的“奥斯卡电影金像奖”在美国诞生。该电影奖设立的第一批奖项里面就有短片奖，分为最佳动画短片奖和最佳真人真事短片奖。1941年，又设立了最佳纪录短片奖。这些短片奖项可以说是长盛不衰，一直保持到今天。奥斯卡短片奖的参评

作品，片长要求是不超3千英尺的35毫米影片（折成时间长度约为33分钟），主办方在当时设立这么短的影片奖，确实需要一定的勇气和创新精神。奥斯卡短片奖的设立，不但首先为美国的短片创作树立了标杆，而且逐步为国际电影界所接受，为繁荣世界电影短片的创作发挥了重要作用。

"二战"之后，短片进入了一段曲折发展、甘当配角、不显山露水的历史时期。先后经历了意大利新现实主义，法国先锋派运动，以印度、日本和中国为代表的东方文化电影，以及世界电影新时期等阶段。

20世纪50年代末的法国先锋派运动，催生了继蒙太奇之后新的电影理论——以电影理论家巴赞为代表的"长镜头"理论。"长镜头"流派对蒙太奇持批判态度，推崇记录事件尊重感性的真实时空，运用深焦距透镜拍摄单一的多构图、多景别长镜头，保持时空连续性和中后景清晰度。事实上，两大电影理论各有所长，两者之间的优势互补使电影理论形成一套完整的语言和语法，共同促进了电影艺术的成熟和发展。

与此同时，在没有受到战争蹂躏的美国，战前就已初具规模的好莱坞电影业迅速崛起，以先进的大制片厂制度和明星制度"规模生产"商业电影，逐步发展成为垄断性的、世界最大最强的电影工业基地，并逐步统治国际电影市场。

到了20世纪60年代，世界电影进入多样化的"新时期"，内容和形式百花齐放。以美国为代表的"越战电影"、政治电影和家庭道德伦理电影风靡全球。苏联的"战争伤痕文化"电影和道德伦理电影亦引人注目，受到广大观众青睐。

（六）短片大师伊文思和安东尼奥尼

从"二战"后到60年代末这段时期，电影的繁荣和取得的成就主要表现在长故事片方面。短片创作的亮点主要集中在纪录片上面。最值得一提的是伊文思和安东尼奥尼两位短片代表大师的作品。

意大利导演安东尼奥尼是"生活流"电影流派的代表人物。

"生活流"最早出现在文学作品中，后来借鉴到电影界，成为世界电影的主要流派。"生活流"继承了新现实主义的"纪实"精神，反虚构、反典型化、反故事性、反情节、反戏剧化、反演出、反蒙太奇。

"二战"后，安东尼奥尼拍摄了一系列的纪录短片。其代表作是《波河的人们》，表现了波河贫穷渔夫的真实生活。该片用不动声色的客观纪实手法对当地渔民生活进行如实纪录，是典型的新写实主义风格和"生活流"拍摄手法。

1972年，安东尼奥尼应中华人民共和国政府的邀请访问中国，并拍摄了纪录片《中国》(ChungKuO—Cina)，时值"文化大革命"时期，这部今天看来表现手法平实内敛、"不动声色"的作品，当时遭到冷遇。这部纪录片在中国的第一次放映是多年以后的2004年11月25日，在北京电影学院举办的一个纪念安东尼奥尼贡献的影展中播放了这部作品。

荷兰电影导演伊文思，他的早期影片受到先锋派电影的影响，带有抒情的唯美主义倾向，如《桥》、《雨》等。战后，思想进步、对社会主义抱有好感的伊文思，在苏联、波兰、巴西、中国、法国、意大利、马里、古巴、越南等国拍摄了大量纪录片，如《和平定在全世界胜利》、《世界青年联欢节》、《激流之歌》、《五支歌》、《塞纳河畔》、《天空、土地》和《愚公移山》等。由于他频繁穿梭于世界各地拍片，故有"飞翔的荷兰人"之称。

进入成熟创作时期的伊文思，认为纪录片不可能做到"纯客观"，应该对现实生活题材加以选择，不可避免地会将导演的主观色彩倾注到作品之中。他强调："许多人想当然地认为只要是纪录片就应该客观，但对于我来说，'纪录'和'纪录片'这两个词的区别是很清楚的。"到了晚年，伊文思依然没有停下创作的步伐，他对自己几十年艺术生涯加以思考和总结，融合了他早期的抒情性电影语言和"直接电影"的手法，以超现实主义的表达方法拍摄了他的最后一部作品《风的故事》。影片拍摄的是被认为几乎无法拍摄的事物，内容虽然抽象又晦涩，但是富有想象力和启发性，表现手法细腻，受到人们的热烈称赞。此片是他的最后一部作品，表现了伊文思打破纪录电影的一切禁忌追求心理的真实，再一次为纪录电影开拓新的表达空间的勇气。

总结伊文思的电影艺术人生，大体上可列出以下关键词：创作生涯最长，拍片范围最广，内容题材最丰富。深刻，有深度，作品极具影像资料价值，是具有高超思想性和艺术性的珍品。

从20世纪80年代开始，电视逐渐在欠发达国家普及，短片创作亦由此从胶片技术时代过渡到电子技术时代。对于短片事业，一方面，首先引发的是制作成本大幅下降，短片产量直线上升，专业创作队伍不断壮大。电视台生产的电视短剧、纪录短片和专题节目逐步占领播出版面。另一方面，也使广大观众对短片越来越熟悉，有了更多的机会和时间在电视机前欣赏各类短片，再也不用像以前那样要买票进电影院才能看到了。这一切，似乎是在为不久以后数字和网络时代来临，短片从精英阶层走向普罗大众打下基础。

三、中国短片的起源

电影诞生于1895年，次年（1896）就从西方传入中国。据《申报》广告记载，电影第一次在中国放映，是在1896年8月11日的上海。1896年8月10日《申报》的副张广告栏里，登载了第二天起在上海著名游乐场所——徐园的"又一村"放映"西洋影戏"的消息。这些"西洋影戏"穿插在当时的一些"戏法"、"焰火"、"文虎"等游艺杂耍节目中放映，受到了观众的热烈欢迎。当时报纸对"西洋影戏"的评论很有趣："人物活动，惟妙惟肖，瞩目者皆以为此中有人，呼之欲出也。"

可能与经济落后、闭关锁国有关，此后将近10年的时间，电影在中国停滞不前，只看不产。直到1905年，中国才出现第一部自己生产的电影短片，北京丰泰照相馆创办人任景丰拍摄了戏曲短片《定军山》。这是一部根据《三国演义》改编拍摄的戏曲片，由著名京剧演员谭鑫培主演。《定军山》的放映引起了极大的轰动。于是，丰泰照相馆就不断地拍摄各个名家的戏曲片段，而且都是武戏。因为当时电影完全是没有声音的，这些片段也就走出北京，到很多地方放映起来，每每也有“万人空巷来观之势”。

电影在中国第一次放映就被冠上“影戏”的名称，即使是生产的第一部电影短片也是戏曲片，可以说，中国人一开始就视电影为“娱乐”的工具。然而，电影的诞生在中国、美国或法国，有一种现象是相同的，那就是短片当道。

摄于1913年的中国第一部故事短片是《难夫难妻》，导演是广东人郑正秋（与张石川合作），由上海亚细亚影戏公司出品。这部短片投拍时，已经有了专为拍摄而编写的电影剧本，有了包括指挥演员和调动摄影机的初始电影导演的实践，还有了初步的摄影和美工构思。《难夫难妻》是一部以青年爱情悲剧为内容的影戏，以嘲讽的笔触抨击了封建婚姻制度对人的摧残。1913年底，该片在经常演出文明戏的上海新新舞台上映。

郑正秋作为中国电影的拓荒者，主要的功绩并不在于把某种电影语言的具体表现手段介绍到中国，而在于开创了中国电影从现实社会生活和戏剧舞台艺术方面吸取丰富的创作养料的优良传统，为中国电影艺术道路的开辟奠定了基础。郑正秋有丰富的生活和舞台创作经历，比较熟悉当时的生活，了解观众的喜好，善于虚构故事、烘托情节。因此他的作品比较能够抓住观众，特别受到市民观众的欢迎，成为当时不少创作人员学习和模仿的榜样。

1916年，幻仙影片公司拍摄了短故事片《黑籍冤魂》（导演张石川、管海峰），这是部揭露洋人用鸦片毒害中国人的影片。

此后，中国电影事业经历了二三十年代的左翼电影时期和三四十年代的进步电影时期。这段历史时期，长故事片成为电影创作的主流。题材选择很广泛，现实性、批判性强，塑造了多样化的艺术形象。在艺术风格上，采用了中国老百姓喜闻乐见的形式，把电影的蒙太奇手段与中国传统的叙事手法相结合，产生了一批经典作品。

中国动画片的创业始于1926年，开山鼻祖是万氏兄弟（万籁鸣、万古蟾、万超尘、万涤寰)。在极其艰难的条件下,他们于1926年摄制了中国第一部动画短片《大闹画室》,揭开了中国动画史的一页。紧接着在1930年又推出《纸人捣乱记》。此后,万氏兄弟便不辞劳苦、坚持不懈地致力于中国动画的创作。在左翼文化运动和反对日本帝国主义的影响下,万氏兄弟拍摄了大量的抗日作品如《血钱》、《航空救国》、《民族痛史》、《新潮》,和提倡国货的《国货年》、《漏洞》,以及一些儿童寓言片《鼠与蛙》、《飞来祸》、《龟兔赛跑》等20余部黑白动画短片,掀起了中国动画片创作的第一个高潮。

(原载《中国短片浪潮》2010年7月版·节选)

曾静平，北京邮电大学教授，浙江传媒学院特聘教授，媒体管理博士，主攻电信传播理论和商业体育理论，兼任浙江文化产业研究发展中心副主任，浙江传媒学院电信传播研究院院长，中国电信传播研究中心主任，中国电视购物研究与发展中心主任，中国电视购物行业标准起草小组组长，陕西卫视华夏文化研究院研究员。

1992年，曾静平加盟浙江绍兴日报，参与创办《绍兴晚报》。

1995年，曾静平进入到北京东方视博有限公司（中央电视台体育频道广告业务代理公司），从部门经理直到主管公司业务。

1997年，曾静平出任北京电视艺术中心副总编，负责中心的贴片广告和品牌推广。此间，参与策划《一周体坛快讯》《世界高水平体育》和《世界时装荟萃》等栏目，以广告互换或直接售卖形式提供给全国各地广播电视台，取得了良好的社会效益和经济效益。

2005年7月，曾静平到北京邮电大学任教，讲授《广播电视艺术》和《电信传播学》。

主要学术建树

曾静平在博士研究生学习期间，在核心期刊发表《论舆论监督的度》、《卫星频道新闻发展谋略》和《地域文化与电视品牌栏目的建设》等论文，完成中广协会课题——《电视品牌论》。2004年，配合中广协会在北京顺义区举办广播电视学术论坛。2005年，获得中国传媒大学“凤凰奖学金”。

曾静平对“新媒体”有着独到见解，在《新媒体正名》一文中做了全面诠释。新媒体的“新”主要是相对传统大众媒体而言，归根结底就是传播载体新、传播方式新、传播效果新，继而带给受众新的思想，新的生活方式，新的精神境界。新媒体是高科技的产物，是人类潜质的彰显，是想象力和创造力的体现。从某种意义上说，新媒体就是想象力媒体。

曾静平坚持传统媒体是新媒体的基石，融合发展是新媒体做大做强的根本。按照这种构想，2006年，当时兼任央视索福瑞媒介研究有限公司研发副总监的曾静平，为央视国际网络有限公司撰写《央视国际网络竞争力研究报告》。提出“与其他新闻类网站、商业门户网站相比，央视国际网络的优势不在于文字新闻，而是在于其所拥有的非常丰富的音视频节目资源。央视的音视频新闻和名记者、名主持、名编导等的‘名人专栏’和名人博客资源，正是央视国际资源的核心竞争力所在”。为央视国际网络大踏步跃进提供了理论依据。

2009年，曾静平领衔的中国电信传播研究中心撰写了国内第一本《中国广播电视网站研究报告》，并且围绕这方面写了《我国广播电视网站现状分析与发展对策》、《网络广告的形式变化与创意空

间》、《广播电视产业的突围与突破》、《开启三网融合新华章》和《国外三网融合发展沿革及启示》等论文，

曾静平注重理论联系实际，追求学科发展的"产学研用"一体化。2008年12月，曾静平创建了国内首个电视购物与网络购物专业研究机构——中国电视购物研究与发展中心，标示着我国电视购物、网络购物沿着学术化、品牌化、高端化、规模化方向迈出坚实的第一步。几年来，曾静平及其团队与央视索福瑞媒介研究有限公司合作，撰写了《中国电视购物发展报告》，明确了"电视购物是朝阳产业"，而"电视购物应该以节目考量"的观点严格区隔了电视购物节目与广告的本质区别，为国家广电总局拨乱反正专业管理提供了理论依据。曾静平作为中国商业联合会行业专家，主持起草制定了《中国媒体购物行业标准》，为中国电视购物网络购物等的发展指明了方向。

主要论著一览

一、论文类

1.《卫星频道新闻发展谋略》,《中国广播电视学刊》, 2004年第8期, 第一作者;

2.《论舆论监督的度》,《现代传播》, 2004年第3期, 第一作者;

3.《地域文化与电视品牌栏目的建设》,《现代传播》, 2004年第3期, 第一作者;

4.《中国电视节目事件营销及收视分析》,《电视研究》, 2006年6期, 第一作者;

5.《中国广播媒介产业管理与创新空间》,《中国广播电视学刊》, 2006年第8期, 第一作者;

6.《媒介活动与节目收视》,《中国广播电视学刊》, 2006年第4期, 第一作者;

7.《CCTV5, 从电视专业频道到媒介品牌》,《电视研究》, 2007年第12期, 第一作者;

8.《IPTV的节目内容与品牌建构》,《现代传播》, 2007年第6期, 第一作者;

9.《3G发展的动力源及其与文化创意产业的融合》,《邮电通信》, 2008年第1期, 第二作者;

10.《大媒体时代我国电视节目的品牌建构》,《中国广播电视学刊》, 2008年第3期, 第一作者;

11.《我国广播电视网站现状分析与发展对策》,《中国广播电视学刊》, 2008年第8期, 第一作者;

12.《网络广告的形式变化与创意空间》,《现代传播》, 2009年第1期, 第一作者;

13.《北京奥运会的解说亮点与发展方向》,《电视研究》, 2009年第3期, 第一作者;

14.《广播电视产业的突围与突破》,《中国广播电视学刊》, 2009年第4期, 第一作者;

15.《开启三网融合新华章》,《中国广播电视学刊》, 2009年第8期, 第一作者;

16.《国外三网融合发展沿革及启示》,《电视研究》, 2009年第10期, 第一作者;

17.《中国互联网文化强国的理论探索》,《现代传播》, 2009年第6期, 第一作者;

18.《中国电视购物关键词解析》,《中国广播电视学刊》, 2009年第9期, 第一作者;

19.《商业体育的理论探索与实践求证》,《北京体育大学学报》, 2009年第9期, 第一作者;

20.《论商业体育与电视媒介的互动关系》,《首都体育学院学报》, 2009年第9期, 第一作者;

21.《论中国体育电视的发展沿革》,《天津体育学院学报》, 2009年第9期, 第一作者;

22.《论中国网络文化分级分类研究》,《现代传播》, 2010年第3期, 第一作者;

23.《从4C融合到4C营销》,《中国广播电视学刊》, 2010年第4期, 第一作者;

24.《论网络恶搞与法律治理》,《北京邮电大学学报》, 2010年第3期, 第一作者;

25.《电信传播的研究路径与理论构架》,《现代传播》, 2010年第10期, 第一作者;

26.《关于电视收视率的立体思考》,《中国广播电视学刊》,2011年第11期,第一作者;

27.《论虚拟网络社会对我国政治发展的影响》,《现代传播》,2011年第9期,第二作者;

28.《中国广播电视收视收听研究报告》,《2006中国广播影视蓝皮书》,2006年版,第一作者;

29.《中国广播媒介变局与收听市场解析》,《2006中国传媒产业蓝皮书》,2006年版,第一作者;

30.《电视戏剧戏曲类节目前景分析》,《中国广播影视》,2006年第7期,第一作者;

31.《品牌为王时代来临——名家观点》,《中国广播影视》,2006年第8期;

32.《2005中国广播电视生态写真》,《2006中国电视年鉴》,2006年版,第一作者;

33.《电视购物品牌分析》,《中国广播影视》,2007年第9期,第一作者;

34.《广电网站怎么啦——名家观点》,《中国广播影视》,2007年第10期,第一作者;

35.《新媒体正名——名家观点》,《中国广播影视》,2008年第3期,第一作者;

36.《电视购物的品牌营销》,《中国质量万里行》,2008年第12期,第一作者;

37.《电视购物再思考——名家观点》,《中国广播影视》,2009年第2期,第一作者;

38.《节目标准——电视购物行业标准突破口》,《中国广播影视》,2009年第4期,第一作者;

39.《电视购物与品牌创新》,《北京邮电大学学报》,2009年第4期,第一作者;

40.《大媒体品牌时代与现代服务研究》,《中国媒体品牌前沿报告2012年卷》,中国书籍出版社出版;

41.《电视购物，创新才有出路》，《中国质量万里行》，2009年第8期，第一作者；

42.《商业体育的理论探索与实证研究》，《天津体育学院学报》，2013年第6期，第一作者；

43.《三网融合背景下的科普传播对策》，《现代传播》，2013年第1期，第一作者。

二、著作类

1.《传媒社会学》，中国传媒大学出版社，2006年8月出版；

2.《新媒体崛起》，中国传媒大学出版社，2007年12月出版；

3.《体育电视概论》，北京体育大学出版社，2009年9月出版；

4.《商业体育概论》，北京体育大学出版社，2009年9月出版；

5.《体育赛事财富》，北京体育大学出版社，2009年9月出版；

6.《体育赛事人物》，北京体育大学出版社，2009年9月出版；

7.《体育活动财富》，北京体育大学出版社，2009年9月出版；

8.《体育投资与融资》，北京体育大学出版社，2009年9月出版；

9.《拒绝负联网》，陕西师范大学出版总社，2012年12月出版；

10.《网络文化概论》，陕西师范大学出版总社，2013年6月出版。

电信传播的研究路径与理论构架

当“3G”技术扑面而来、“新媒体”遍地皆是时，当“三网融合”势不可挡，互联网络、手机报纸、手机广播电视等与传统广播电视的影响力越来越呈现出分庭抗礼之势时，传播学者在思考，一种前所未有的、与电信通讯技术密切相关的传播活动正在慢慢融入到人们的政治经济文化生活。这种传播活动既与大众传播有着某些相似之处，又有着自己的独特方式。这种新的传播活动，就是电信传播。

鉴于此，深入挖掘电信传播的基本内核，全面了解国内外电信传播的发展进程，求证低成本的研究路径，建构出电信传播的理论构架，在我国全面迈向“三网融合”的节点时期，具有极强的学术意义和实践价值。

一、什么是电信传播

电信传播是指通过现代电信通讯网络和专业技术手段，面向个体或大多数受众进行的信息传递与交换活动。在“3G”技术推进下的“三网融合”时代，电信网络已经成为信息内容的传播网络，电信终端也已经成为新媒体终端。

电信传播拓宽了传统传播学的视野和空间，将电子传播的疆域进一步扩大。在电信传播领域中，电子传播已不仅是原来的广电传播概念，而是包括了电信传播。在数字时代，音视频内容不仅可以通过广电网络传播，而且可以通过计算机信息网络（主要是互联网）和电信网络传播。用户不仅可以使用收音机、电视机来接收传播内容，还可以使用他们所拥有的多种电信终端来接收内容。研究发现，"电子传播"还有更高层的传播形式，"未来传播"方是"传播的演进"过程中的最高层级，电信传播是"电子传播"与"未来传播"的纽带与桥梁。

大众传播总是带着深深的"权力"烙印。按照传播学的概念，大众传播是由专业化的传播机构，运用复杂的技术手段面向不定量、多数的受众进行的大面积传播活动。在现代社会中，大众传播是人们获得外部信息的重要手段，是实现国家和社会目标的重要手段，是社会上各利益集团争取和维护自身利益的工具，又是社会文化和娱乐的提供者。1982年，中国中央政府一纸政令，将中央电视台的影响力一下子推到了最高峰。中共中央明确规定，从9月1日起，将我国重大新闻由中央人民广播电台20点播出的《各地人民广播电台》发布，提前到在中央电视台19点播出的《新闻联播》中发布。

假如哪个国家和地区赋予互联网重大新闻的第一时间信息发布权，或者规定互联网媒体、手机媒体、车载移动媒体等与传统媒体同样具有传输时政要闻的权力，那么，电信传播的权威性、公信力和号召力是不是将会更大呢?

如果说大众传播是实现国家和社会目标的重要手段，带着深深的"权力"印痕，那么，电信传播则是一个多面体，既带有政府机构的权力和权威，在应急事件和危机传播中大显身手，是"电子政务"和"移动城市"的有效手段。

同时，电信传播又有着浓重的市场经济印迹，有着极为巨大的产业规模和未可限量的未来空间。ICT是IT（信息技术）与CT（通信技术）两种技术的结合和交融，"三网融合"只是其基础和前奏，IPTV、网络电视、电子商务等仅仅是冰山一角。2006年，全球ICT市场的投资规模达到2.5万亿美元。我国"十一五"期间的信息化建设引发ICT领域的大规模投资，2006年，国内企业对ICT设备及服务的投资额达到1560亿元人民币。2008年奥运会前后，这个数据突破了2000亿元。

从传播的进程考察，电信传播介乎于电子传播与未来传播之间，其使用着大量的电子传输管道，存在着大量的电子传输活动，但一些崭新的传播现象已经与电子传播大相径庭。在电信传播时代，传播主体发生了革命性变化，传播主体与传播对象互动性增强，传者和受者之间的边界模糊，二者位置瞬间转化，传播形式趋于多元化，传播内容更为丰富多彩。

电信传播在很长时间里，一直默默无闻充当着大众传播的辅助工具，最早更多的是人际传播。从电报到电话到传真，从固定电话到移动电话，从单纯的语音通话到语音、文字、图片、动画等无所不能。从达官贵人的奢侈品到步入寻常百姓家，从人对人、点对点传播发展到点对点、点对多、多对点以及多点群动、跨地域的全球联动等，电信传播逐渐从幕后步入前台。

在大众传播活动中，从1848年全球首家通讯社——哈瓦斯通讯社在巴黎与布鲁塞尔间使用电报传送信息，到1877年第一份由电话传收的新闻电讯稿被送达波士顿《世界报》一直到后来各大通讯社、报纸杂志社和广播电视台纷纷使用传真机作为异地的文字传输工具，电报、电话、传真等电信通讯在信息传输中一直充当着重要角色。早期的电信传播，是传统媒体获取远距离信息的重要通道，是抢占第一落点和独家新闻不可或缺的技术装备，是实施现场报道、即时报道的首选武器。一家大众传播机构的品牌形象以及新闻采编范围与传输效率，很大程度与机构内拥有电信设施的数量多寡、电信设施的先进性以及采编人员及时、准确和有效地使用有着直接关系。

二、全球电信传播研究现状

由于电信与大众传播的天然联系，世界各国对电信传播的关注由来已久，电报、电话、传真等电信技术对传统媒体的作用人所共知。然而，电信传播作为一门独立学科真正引起电信行业和传播学界的重视，却是20世纪末期的事情。其标志事件有二：一是欧盟国家在1987年发表的欧盟《电信绿皮书》制订了将电信传播产业导入竞争的时间表，并于1998年1月1日完成了这一过程；二是美国为了加强电信传播领域在国际上的领导与统帅地位，美国国会1995年开始讨论《电信传播市场竞争及解禁法案》，于1996年2月通过了《电信法》并成为法律。该法案的通过解决了长期以来电信行业和广播电视行业混沌无序的竞争状态，使电信与广播电视传播紧紧地联系在一起，开启了美国电信传播走向融合、走向世界的大门。

随着全球互联网的高速发展，"第四媒体"在各个领域的全面渗透，手机短信的巨大影响力和手机电视、手机网络的兴起，电信传播具备了足以挑战传统大众传播的实力，围绕该领域的研究也达到了新的境界，科研成果陆续涌现。法国的雅克·德里达、美国的Lynne Schafer Gross和科塔达等就是电信传播领域研究的先行者。

雅克·德里达（J. Jacques Derrida 1930～2004年）是20纪下半期最重要的法同思想家与哲学家之一，法国结构主义的杰出代表。他的著作里提到政治世界从19世纪的关注政党和国家的政治模式向以大众传播文化（德里达称其为电信传播技术设备）为条件的政治模式的根本性转变。一直关心政党的意识形态与政体是"从根本上无法适应新的公共空间、政治生活、民主以及它们所要求的代议制（包括有议会和没有议会两种）的新条件——电信、技术、传媒（或电信传播技术）"。

美国加州州立大学富尔敦（Fullertom）分校教授琳恩·斯切弗·格罗斯（Lynne Schafer Gross）在她编著的*Telecomunications An Introduction to Electronic Malin with Pawer Web*一书中，系统详尽地介绍了电信传播与传统广播电视的关系。

琳恩·斯切弗·格罗斯指出，电信涵盖了传统广播电视。电信传播是传统广播电视传播的高级阶段，起初只是用来特指一些电话公司的业务活动。随着电信通讯技术各传统媒体的整合，电信传播现在已经扩展到整个广播电视领域。

琳恩·斯切弗·格罗斯说，20世纪80年代之前，人们在同一时间收看同样的电视节目。美国三个广播电视公司竞争激烈，各自平均占据30%左右的收视观众，他们是大众传播系统，发送观众只能被动接受的节目信号。随着互联网等其他媒体形式的介入，广播电视成为分化的媒体，观众也因细分数量减少，三大广播电视公司的首领们再也不能操纵观众们应该看什么节目，什么时候看这些节目。我们能够把节目录制下来在需要的时候收看，也可以到附近的碟屋租盘电影带回家看。除了NBC、CBS或者ABC我们可以随便挑一个有线频道，或者是新成立的福克斯频道，或者是教育频道，还有大大小小独立的电视台和互动电台。曾经的三巨头拥有的观众之和戏剧性地垂直下降。

到了90年代，电信领域继续扩大。电报电话公司加入到这个曾经只被广播公司和电视公司占领的行当，一度低调的电话通讯线路和计算机、调制解调器结合，催生一系列互动业务，产生了电子邮件和互联网上的海量信息。尽管开始只有基本的文档和图片可供浏览，却已足够提供以前只能从报纸杂志或者广播电视获取的新闻、股市行情、体育进展等。

长期在IM从事战略研究的詹姆斯W·科塔达（James W Cortada）长期致力于电信通讯技术与计算机技术在美国政治、经济、文化、娱乐生活等的驱动力方面的研究。在他一共三卷的系列丛书——*The Digital Hand*中，选择了将电信、金融、教育、媒介、娱乐、运输等16个行业放在一起进行研究。在詹姆斯W·科塔达看来，这些行业之间存在着很多共性，而支撑与融合这些共性的主轴就是计算机与电信通讯技术。

在系列丛书的第一卷——《数字之手：计算机如何改变了美国制造、运输和零售行业（2004）》中，科塔达提出，信息技术（IT）对商品的制造、运输和销售等很多行业的日常运作产生了深刻影响。由于信息技术（IT的强力作用，在20世纪末的时候，商品的制造、运输和销售等已经形成了一个全新的商业体系。在这第二卷——《数字之手：计算机如何改变了美国金融业、电信传播业、媒介产业和娱乐产业》中，科塔达将注意力转到美国的金融、电信传播、媒介和娱乐产业等领域。在这些领域中，通常更依赖于信息的输出而非贩卖有形的商品，因此他们也更早地使用了大量数字技术和通讯工具。在此科塔达明确提出了“数字之手”的巨大魔力和无穷影响力，其在经济活动中曾经起过和正在产生的影响效果与经济管理行为或客观外延之主观角色的重要性不相上下。

科塔达认为，计算机与电信通讯技术之所以能够成为支撑与融合这些共性的主轴，缘由有四：首先，这些行业都广泛使用电信技术；第二，它们大量使用各种计算机技术，并且在我们研究所涉及的很长一段时间内一直在使用；第三，它们的主要产品是信息、数据和经验，不是传统的汽车或日用品等物化商品。信息是他们的主要资产。例如，银行储存的账户资金数据远远大于其实际放在柜台里的现金数量，广播电台通过电波传递信息，而电话公司使得人们可以相互对话，交换信息；第四，这些行业越来越多地被认为是现在这个可以称之为信息时代或信息社会的主要支柱，因此，我们需要详细地了解这些支柱的结构；第五，可能也是最重要的一点，就像很多人提及的那样，这些行业在使用数字技术不断地加强互动，但是还没有完全融合到一起。如果这种趋势持续发展，我们即将进入的后工业经济，将是一个不仅是信息传递的、还包括货物的制造、运输和销售的经济体系。更确切地说，这种“新”经济体系仍然在继续扮演其刺激生活的物质需求的历史角色，同时扩大了人们之间的相互影响，而这种互动被认为是经济体系和整个社会的核心功能。这样的结果，与其说是从“旧”经济体系的角色中撤离，不如说是为了完成历史使命而进化到一个新的阶段。

这些著论尽管都看到了电信对各行各业的影响，在业界产生了一定影响，但是都没有实质性的学术突破，没有引起学界的更多关注。在传播学理论界看来，这些著论没有提出完整的电信传播概念，指出其传播特点、传播属性、传播功能和传播效果，没有将电信传播提炼到与大众传播并驾齐驱的境界，没有指出大众传播与电信传播的内在联系与本质差异，自然也就缺乏理论化系统化的学术高度。

三、我国电信传播研究现状

我国学者早已注意到电信传播在新时期的特殊价值与意义。清华大学新闻传播学院郭庆光教授在日本东京大学攻读博士学位及工作期间，就开始留意电信传播对未来传播格局的深刻影响。他认为，“3G”时代的移动互联网、移动电视为处理应急事件提供了极大便利，电信传播在危机传播中的高效快捷成为政府机构果断决策的重要手段。郭庆光教授在与作者的交流中，多次鼓励后学深入研究，并预示电信传播学将是当今和未来很长时间的“学术高地”。

1996年，“太平洋电信传播理事会”在美国的夏威夷举行，中国曾有学者莅会，希望了解世界各国在电信传播方面的科研动态和最新成就，并撰写了《环视太平洋面向新世纪——1996“太平洋电信传播理事会”纪要》刊载于当年的《国际新闻界》。

后来的大量调研发现，所谓“太平洋电信传播理事会”应为“太平洋电信理事会”。无论是会议的主论坛分论坛、会议主题与论及的内容，无论是领导机构、组织单位、主办方还是莅会人员，都是与“电信”深度关联而非“电信传播”。

2005年11月，在南京召开的、以“网络社会：传播与控制”为主题的第二届“中国网络传播学年会”专门开设子论坛“短信时代与电信传播”，可以管窥出学界已经开始对“电信传播”的学术关注，看到了手机短信与电信传播的密切关联。

应该看到的是，目前无论是欧美发达国家的电信传播还是国内的电信传播学术研究与学科建设，明显落后于实际需要。在围绕电信传播的学科融合建设方面，很多时候还处于摸着石头过河阶段。

四、电信传播的学术价值与主要内容

20世纪90年代以来，电信技术蓬勃发展。以前一直独立发展的广播电视和电信，越来越趋向于走向一体化。互联网的崛起，手机短信的流行，手机电视、IPTV网络电视、ICT、WiFi和物联网等的勃兴，以及信息时代各种新型增值业务对电信网络和传统媒体内容的依赖，使电信和报纸杂志广播电视等传统媒体在业务上日趋嫁接重合，形成电信传播。

（一）电信传播丰富了传播学的内容

电信传播位居学术前沿，立意前瞻，内容新颖，满足了“大媒体”快速发展过程中理论和实践的要求。在“大媒体”时代，电信传播不仅可以使濒临困境的传统媒体“凤凰涅槃”实现广播电视和印刷媒体等产业规模的几何级飞跃，而且能够使整个信息产业进入到一个前所未有的新高度。

电信传播可以填补传播学领域的理论空白、拉近我国与世界传播学某一理论领域的距离。自20世纪80年代我国传播学起步，到现在还处于引进消化吸收阶段，没有实现完全的本土化，形成中国特色。20多年来，我国的传播学理论更多的是亦步亦趋，走在世界传播学领域的后面。

电信传播学作为传播学的一个分支，在国际上刚刚起步，还没有形成完整的理论体系，更没有一本正规的电信传播学教材。本研究在电信传播领域的研究成果与全球同步，在涉及电信传播中固化方面甚至先行了一步，可以比肩世界最高端的学术精华，同时通过对电信传播的系统化和理论化，建构成电信传播学，填补学界空白。

（二）电信传播可以实现学科整合，建构形成中国特色的电信传播学科体系

电信传播横跨传播学、文学、语言、艺术、法学、电信基础学、信息通讯学、广播电视学、数字技术和营销管理等多个学科，深入到技术、理论和实践多个角度，重点涉猎网络传播、手机传播、短信传播、QQ传播等方面。

电信传播在借鉴大众传播学时代独有的“电视人”、“容器人”等的基础上，对互联网时代的“网络人”和手机时代的“手机人”、“短信人”等的年龄性别、心理特征、意识形态、价值取向、行为方

式和社会影响等展开全面立体的剖析，深入探索"网络游戏痴虫"、"QQ痴虫"和"短信痴虫"的文化属性、地域分布和人群特点。

（三）电信传播是发展我国特色型大学的融合学科的有力尝试

在建设创新型国家、走新型工业化道路、推进农村改革发展的大背景下，我国的行业特色型大学建设面临新的机遇和严峻挑战。在新的形势和条件下，如何调整学科、专业与课程结构，使之既满足专业人才培养要求，又能拓展学生的知识面，促进综合素质的建设和复合型人才培养，成为摆在这些大学面前的紧迫而现实的问题。因此，我国高水平特色型大学走"多科性特色型融合学科"发展模式，是比较理想的选择。

电信传播是新时期在高精技术催生下的崭新学科，是传统媒体与电信通讯技术嫁接的产物，是高精技术、传统信息与新型内容的融合汇流，是高等教育资源整合的具体有效措施，既有利于行业特色型大学的多学科发展，也与国家倡导的资源节约型社会一脉相承。我国目前的新闻传播院系约有600多所，电信通讯院系100多所，还有几十所既有传播院系又有电信通讯院系的综合型大学。在我国行业特色型大学中发展电信传播，培育符合"三网融合"国策所需的复合型人才，既可以发挥这些院校（系）传统的学科基础和专业特色，又可以解决这两类特色型大学学科专业数量少、专业面窄、过分强调行业对口集中的发展瓶颈问题，为我同特色型人学的融合学科发展探出一条新路。

（原载《现代传播》2010年第10期）

“百优”方阵

于珧同志学术理论研究评介

于珧，辽宁省广播电影电视局电影电视剧管理处研究员。硕士研究生学历，高级记者，兼职教授、硕士研究生导师。

于珧同志为学者型管理人才，一直走在影视艺术、产业研究的理论前沿，所主持的研究课题《辽宁电视剧研究》、《区域发力，乘势而起，地域性电影业发展态势与对策分析——以辽宁电影业发展为例》、《辽宁县城影院建设调研》、《影视创作弘扬社会主义核心价值体系研究》为辽宁省影视工作研究优秀学术理论课题。在学术领域是公认的影视理论研究学者，辽宁大学兼职教授，被聘为辽宁大学广播影视学院、研究生院的广播电视艺术学专业硕士研究生导师、艺术硕士（MFA）导师，主讲：影视与戏剧研究、电视剧研究、电视栏目研究、传媒批判理论等影视专业课程，已连续五年任辽宁省艺术专业高考招生专家评委。

在媒体工作期间，理论与实践结合，发表大量学术论文。阐述媒体竞争中的电视策略的论著《网络背景下的电视传播》（发表于《记者摇篮》）、《弘扬地域文化特色提升省级卫视频道品牌价值》（发表于《当代电视》）分别荣获2006年度、2007年度辽宁省广播电视论文大奖一等奖。在对农报道领域研究中，论述中国当下对农节目整体状态的论文《对农节目亟待拓展上升空间》、《热炕头上唠新闻》在《记者摇篮》上刊发，获得业界好评。在学术研究工作中，独立完成的《新闻记者应克服的几种心理病》（发表于《电视研究》），《弘扬地域文化特色，提升省级卫视频道品牌价值》（发表于《当代电视》），《纪录片的大众化趋势——略论21世纪中国电视纪录片走向》（发表于《北方传媒》）等多篇论文在省级、国家级学术刊物上发表，并被人民网转载。2005年该同志主持的学术课题

《中国当下独立影像及其独立精神的阐释》引起高校学术界的广泛关注，荣获东北师范大学研究生院"优秀学术个人"称号。论文《民间DV通讯员在电视新闻中的积极作用》、《电视民生新闻亟待突破发展"瓶颈"》对当下电视新闻热点现象进行有见地的论述，在《新闻战线》上发表。完成 "中国电视栏目与频道研究"课题。2010年撰写的反映民间话语出现在国家主流媒体的新闻传媒研究的论文《民间话语在主流媒体中的积极作用》，获得2010年辽宁广播电视论文奖一等奖。

于珧同志在主旋律影视剧研究领域中有一定建树，主要观点有：

一、引领主旋律文化是当代电视剧的必然使命

作为文化艺术的作品，电视剧既有其艺术特性，又兼具意识形态属性的审美性；作为文化产业的商品，电视剧既有其物质消费性，又兼具社会文化属性。因此，国家主流意识形态亟需其导向功能，市场经济商业文化强化其消费功能，大众文化凸显其娱乐功能，精英文化寄托其审美功能。毋庸置疑，具有多重社会属性的电视剧不仅反映了当代中国政治、经济、文化的发展与分化、冲突，同时也对当代中国社会的思想理念、价值观念、文化潮流、时代风尚产生着复杂而深刻的影响。所以，电视剧必然将与主流意识形态以及社会主义核心价值观一直保持高度的同步性和统一性。

二、遵循艺术和市场规律是当下电视剧的必然原则

在社会主义市场经济的今天，"二为"方向已被与时俱进赋予新的时代意义。所谓"为人民服务"就是电视剧为中国最广大人民的根本利益服务，从而拓展了最大的电视剧观众市场；所谓"为社会主义服务"，就是用代表中国先进文化的前进方向的优秀电视剧作品为社会主义建设服务。"双百"方针则在电视剧文艺创作上，鼓

励不同风格、不同流派、不同题材、不同手法的作品同时存在，自由发展；在电视剧学术理论上，提倡不同流派、不同观点互相争鸣，自由讨论。

电视剧整个导向是趋利向好的，但个别电视剧在坚持道德标准、文化取向上出现了一些“跑偏”问题：一是在经济利益的驱动下，个别剧作出现低俗问题，格调不高；二是个别电视剧对政治性和艺术性的有机结合处理不当，暴露出一些创作生产者的思想性不高、政治观念不强的弱点；三是有些作品过多展示人性的丑、恶及不良习气，使得某些作品的导向出现偏颇；四是在塑造人物形象上陷入正面人物“痞性化”、反面人物“人性化”的误区；四是对于现代家庭情感伦理问题的功利化评价，导致剧中对第三者的肯定与道德的退步；五是在历史剧中对帝王的美化与历史的虚化和“戏说”，张扬权谋与制度虚化；六是对传统经典改编呈现随意性和荒诞性，不利于传统文化的传承。

三、精品意识和产业化方向是当下电视剧的必然走向

强化精品意识打造电视剧的竞争实力。精品制作必须注重对品质的不断追求和完美呈现。从选题策划，到剧本创作，再到拍摄制作的各个环节都需要精心设计紧密相连，充分调动各种艺术手段，最大限度地保持作品的艺术完美性。精品源于创新，精品成就品牌。品牌的树立必然依靠精品剧目的规模效应。

加强队伍建设积聚辽宁省电视剧的强劲力量。加强队伍建设，大力整合全省剧作家资源，培养和壮大中青年梯队，充分发挥生力军作用。制定扶持政策和奖励制度，鼓励创作反映辽宁省老工业基地现实题材的主旋律电视剧。

万里波同志学术理论研究评介

万里波，江西省广播电影电视局宣传管理处处长，《江西广播电影电视年鉴》主编。万里波同志工作积极，成绩突出，曾被评为江西省直机关优秀共产党员、第三届江西省广电系统先进工作者、江西省广电协会优秀学会工作者。2012年，万里波同志作为优秀公务员被荣记三等功。

万里波同志从业以来，一直从事广播电视宣传及宣传管理工作，是江西省广播电视学术理论研究的骨干力量。在从事新闻实践和宣传管理工作的同时，他十分注重“热运行”中的“冷思考”，不仅认真学习新闻理论研究的新成果、新观念，而且积极开展学术探讨、理论研究，从理性的角度、理论的高度观照广播电视工作实践，并将实际工作中的经验做法归纳、分析、总结、提升。这些年来，万里波同志撰写的关于广播电视发展、宣传管理和广播电视史志年鉴研究等方面的一批文章在《中国广播电视学刊》、《广播电影电视决策参考》、《中国广播》、《电视研究》、《声屏世界》等刊物发表。他主笔的《赴北京、河北、河南广电局学习调研情况的报告》获2012年第十二届全国广播电视学术论文评选决策管理研究类二等奖。1994年、1995年、1996年连续获得第三、四、五届全国广播电视学刊优秀论文奖；2012年度获江西广播电视奖论文论著一等奖；1992年、1994年、1997年获江西广播电视奖论文类二等奖。作为主编，主持了从2009年至2012年版《江西广播电视年鉴》的编撰、审校工作；多篇广播电视史学和年鉴研究论文在有关研讨会宣读。

一、关于对广播电视发展方面的研究

2010年3月中旬，万里波同志随省局领导专程赴北京、河北、河南三省市广电局学习考察，形成了调研报告《赴北京、河北、河南广电局学习调研情况的报告》，就江西省广电系统如何借鉴三省市跨越发展的成功经验，贯彻落实江西省广播影视工作会议精神，加速推进广电工作大发展提出了一系列思考。时任江西省委书记苏荣及省宣传部长刘上洋分别做出重要批示。

《报告》提出了推进江西省广播影视发展的思考：1.制定“跳起脚来摘桃子”的发展目标。江西省各级广电部门要在更高的水平上发展，就应该确定新的更高的目标。在品牌栏目建设上，创造几个在全国有影响的精品栏目，迅速扩张媒体的影响力；在发展广电产业上，通过超常规的发展缩小差距，迎头赶上。2.积极实施重大文化产业项目。着重谋划和全力实施一批发展前景好、带动作用强、经济效益高、影响力大的广播影视文化产业项目，形成江西省广播影视产业发展强有力的增长极。3.加快广电产业与金融和资本市场的对接，建立多元化的投融资机制，争取金融资本的支持。4.用特色文化构建媒体核心品牌。挖掘江西省传统文化资源，弘扬推进建设鄱阳湖生态经济区过程形成的地域特色，构建江西独有的媒体核心品牌。5.走好外国媒体走过的成功之路。建立面向欧洲、美国等地的若干个媒体信息站，通过版权合作、版权购买或改造等方式在第一时间成功嫁接、成功落地。6.探索长效常态的节目创新之路。采取博士后工作站的流动工作模式，实行人员动态管理，使研发工作始终保持较高的智力支持。7.强化“经营媒体”、“营销品牌”、“打造人才”理念。着力提升媒体的品质，不断创新营销媒体的方式，完善媒体价值评价体系，充分实现媒体的市场价值，使广播电视媒体形成强盛的竞争力，赢得更大的市场份额。8.大胆实施广电产业专业化经营。集中精力做强做大广电物理网，提高经营水平和经济效益。9.创新激励机制推动高素质人才队伍建设。建立记者、编辑、播音员、主持人及工程技术人员的首席制，完善节目评估机制，构建收听收视率、市场份额、专家评价、群众满意度和投入产出比等指标在内的综合评价体系。10.用只争朝夕的精神加快发展速度。国务院《文化产业振兴规划》的颁布、"三网融合"的实质性推进和省委省政府《关于深化文化体制改革加快文化事业和文化产业发展的决定》的实施，是江西省广播影视发展的历史性机遇，更应该增强使命感，坚定信心，抓住机遇加快发展。

二、关于对广播电视宣传管理方面的研究

万里波同志十分注重宣传管理方面的理论研究。他撰写的《建立和完善高效有序的广播电视宣传管理体系》一文获全国广播电视学刊优秀论文奖，文中提出要不断完善宣传管理体系，使之更加高效、有序。他还提出思考问题：1.从思想上树立宣传管理同样是宣传工作第一线的观念。2.强化宣传的全面质量管理意识。3.强化信息反馈制度。4.完善激励机制。5.加强对节目的主动评议工作。

三、关于对广播电视史学方面的研究

万里波从2009年起任《江西广播电影电视年鉴》主编。其间，由于各环节认真细致，严格把关，《江西广播电视年鉴》的编校质量始终比较稳定，无政治性、原则性错误，事实准确。《江西广播电影电视年鉴》 2010、2011年版分别获全国年鉴编校质量评比特等奖、一等奖，是全国省级广电系统和江西省唯一获此等级奖的年鉴。他撰写的年鉴和广电史学研究方面的多篇文章在有关研讨会上宣读交流，论文《浅析年鉴质量诸因素》获江西省第五届广播电视学术论文二等奖。

马赤农同志学术理论研究评介

马赤农，天津广播电视台宣传管理部副主任，高级记者职称，天津师范大学新闻学院兼职教授。

马赤农同志1986年毕业于南开大学经济学系，具有比较系统的马克思主义理论基础，在职期间进修北京广播学院新闻学院研究生班课程，较完整地学习和补充了新闻学相关理论。在新闻一线从业28年，历任天津电台编辑、记者、节目部负责人、频道采访部主任、总编室副主任等职，在工作中踏实勤奋，工作业绩突出，在多项重要新闻宣传和大型活动中承担重要任务。作为新闻一线从业人员，其对自身工作标准要求高，求实求新，善于学习，勤于思考，勇于创新，积极开展业务研究，撰写的多篇论文以其较高的学术价值和实践意义在全国及天津市各级各类论文评选中获奖、发表或参加高水平学术交流。

一、理论功底扎实，新闻实践丰富，研究成果丰硕

马赤农在专注本职工作的同时，运用掌握的基本理论，对相关领域问题进行探索和尝试，撰写大量与新闻实践紧密结合的论文，多次在广电总局、中国科技新闻学会、天津市记协、天津广电学会各类论文评选中获奖。其中，获得天津市委宣传部、市记协联合举办的新闻学术论文评选一等奖3篇，天津广播电视学会评选优秀论文一等奖6篇，获得广电总局不同主题征文评选一、二等奖各1篇，获得中国科技新闻学会评选的优秀论文一、二等奖各1篇，获得中国经济广播协会优秀论文评选一、三等奖各1篇及其他奖项。同时，包括上述论文在内的多篇论文发表在《中国广播电视学刊》、《中国

科技新闻学术专刊》、《天津广播电视》杂志以及由广电总局、天津市记协、天津电台出版的各类相关论文集及研究专辑上。

二、善于运用马克思主义理论基础和思想方法开展研究

《媒介批评理论辨析》是马赤农于1999年作为北京广播学院新闻学院研究生的毕业论文。该同志将当时刚刚兴起的媒介批评理论作为研究对象，成功运用了马克思主义哲学、政治经济学理论。他认为，"媒介批评理论毕竟是产生于西方资本主义国家，它的批评对象是资本主义制度下的大众传播业及其产品——大众文化。由于社会制度不同，媒体本身的性质、任务、目标不同，因此在各自的传播内容、方式的选择与把握上也都不尽相同。这就决定了在两种社会制度下媒介批评的任务、目标和标准等也会有所区别。因此，我们在借鉴西方媒介批评理论为我所用之前，还必须运用马克思主义的思想方法对其进行批评和辨析，认清植根于西方资本主义制度下的媒介批评理论与那个制度的根本联系，加以分析和去除，从中剥离出媒介批评理论的合理内核，并和我国的具体情况相结合，从而建立一套适合我国国情的、有中国特色的媒介批评理论。"

从该论文的阐述中，可以非常清楚地感受到其对马克思主义基本理论的理解和较强的运用能力。同时在其《论主流媒体的文化自觉》、《强基固本筑牢舆论阵地 寻根溯源创新主流宣传》等文中，有同样的印象。

三、从新闻工作实际出发理论联系实际，学术探索为实践服务

1997年至2004年，《增强新闻工作者科技素质 搞好科普宣传》、《妙选珍馐酿佳味——谈科普节目的精选与精编》、《广播音响 魅力无限——对广播音响功能的再认识》是她刚刚进入科普广播领域初期的思考与探索。《给听众一双会发现的眼睛》则标志着

认识层次上的提升，该文表达了一种有别于之前业界比较普遍的关于科普是传播科学知识的节目的认识，提出了应该从广播媒体的媒介特性、科普内容的特殊性以及时代性出发，以传播和普及科学的思想观念、思维方法为主要目标。这样一种认识上的提高为广播科普节目规避广播媒体弱势，提高传播效率和社会价值发挥了应有作用。

2004年，该同志开始担任天津经济广播采访部主任，她在工作中探索建立了一整套工作流程和方法，并撰写成论文《从声势到品质——天津经济广播展会报道“品牌方略”》，其中的许多观点和建议被其单位采用，在实践中发挥了应有作用。

2003年，她的论文《引入导师制让广播快出人才》当年被评为天津广电学会优秀论文一等奖。该论文中的观点和建议被天津电台领导接受和采纳并加以完善，成为了一项专门的培训制度。到目前这项制度已经坚持近10年。

四、与时俱进，不断拓展理论探索的深度和广度

2008年，马赤农同志开始担任天津电台总编室副主任，《锤炼五种力量 加强舆论引导》是应广电总局举办的相关主题征文而写的，也是其理论探索从微观层面向宏观层面转变的标志：该论文在天津市委宣传部、天津市记协联合举办的天津市新闻学术论文和天津广电学会论文评选中均获一等奖，在广电总局“努力提高舆论引导能力”征文评选活动中获得二等奖。

她在探索如何在新形势下加强主流媒体的舆论引导能力的论文《论主流媒体的文化自觉》主要是从宏观层面，从文化的本源上探索主流媒体的政治立场与影响力，论述了主流媒体在动荡的国际格局和纷繁的文化乱象中应该坚定秉持的信心、信仰、觉悟和立场。该论文在天津广播电视学会论文评选、天津市委宣传部与天津市记协学术论文评选和国家广电总局“广播电视与文化大发展大繁荣”主题征文中均被评为一等奖。

马继霞同志学术理论研究评介

马继霞，广西电视台综艺频道的副总监，高级编辑职称。她业务上虚心学习，踏实肯干，尽职尽责，率领频道员工做出了一批收视率高、社会效益好的电视栏（节）目和大型活动。她注重理论联系实际，及时进行理论总结和提升，学风正派严谨，有深厚扎实的理论基础，有较强的学术研究能力，取得了丰硕的理论研究成果。多年来，她在专业杂志上公开发表学术论文20篇，其中核心期刊发表6篇，在专业报纸发表相关文章1篇，并参与编辑出版图书一本。

一、1998年到2001年，马继霞在湖北武汉华中师范大学攻读教育影视方向硕士研究生。其间，她在专业报刊上公开发表学术论文12篇，其中核心期刊发表3篇，专业报纸发表理论文章1篇

1. 论文《教育电视片解说与画面的主客体关系》，《电化教育研究》（全国教育类核心期刊），1998年第6期，第一作者。

2. 论文《教育电视片的解说创作与声画效果》，《电化教育研究》（全国教育类核心期刊），1999年第1期，第一作者。

3. 论文《避免电视图像编辑点色彩跳跃的方法与理论探微》，《华中师范大学学报（哲学社会科学版）》（全国综合类核心期刊），1997年专辑，第一作者。

4. 论文《表现蒙太奇在电视教材中的运用 》，《中国电化教育》，1998年第3期，第一作者。

5. 论文《电视教学片的色彩设计》，《外语电化教学》，1997年第2期，第一作者。

6. 论文《动画在电视教学片中的作用》,《外语电化教学》,1997年第4期,第一作者。

7. 论文《二维动画软件Animator Studio在电视教材制作中的应用》,《中国电化教育》,1998年第5期,第一作者。

8. 论文《运用3DS的IPAS制作光影烟火动画》,《 电视字幕特技与动画》,1998年第2期,第一作者。

9. 论文《运用Animator Studio制作电视字幕动画》,《电视字幕特技与动画》,1998年第4期,第一作者。

10. 论文《证实、证伪与教育实验》,《 中国教育学刊》,1997年第5期,独著。

11. 编译论文《台湾教育技术研究回顾》,《中国电化教育》,1997年第7期,独著。

12. 专业文章《“手感”三人谈之一:手感是一种美感》,《人民摄影》,1997年5月14日第六版。

二、从事电视采编工作以来,公开发表8篇学术论文,参与编写一本书籍

1. 论文《衍生策略:频道特色内容资源的价值开发》发表于全国新闻类核心期刊《中国广播电视学刊》2011年第8期,独著。该论文获得广西电视台2011年度论文一等奖、2011年度广西新闻奖论文一等奖,2012年10月又获得由中国广播电视协会颁发的第12届全国广播电视学术论文评选媒体经营研究类三等奖。这篇论文中,作者结合多年工作中总结出的经验体会,提出有关频道特色内容的衍生策略。

2. 论文《泛娱乐生态下综艺节目创作的误区》发表于新闻核心期刊《传媒》2011年第10期,独著。获得2011年度广西新闻奖论文二等奖和广西电视台2011年度论文二等奖。

3. 论文《对泛娱乐电视生态的批判性思考》发表于《中国广播电视学刊》2011年第9期,第二作者。论文论述了在当下电视生态中,对于传播过程的三大要素——传播内容、传播者和受众来说,

仅有娱乐和快乐都是不够的。作者从这三大要素的角度出发，对泛娱乐电视生态提出了批判。

4. 论文《相亲节目价值取向的差异化比对》发表于广西新闻学会主管的《新闻潮》2012年第1期，独著。论文提出，考量相亲节目的价值取向离不开人，即节目创作过程中涉及的三个群体：受众、节目嘉宾和主创人员。对应这三个群体，结合具体创作实践，相亲节目的价值取向涉及节目的审美趣味、服务功能和思想力量三方面。

5. 论文《故事：情感类节目的特质——"全国电视百佳栏目"<真情讲述>栏目成长报告》发表于《 新闻潮》2005年第5期，第一作者。这篇论文以成长报告的形式总结阐述了《真情讲述》栏目取得成功的秘籍，那就是讲好故事。在初创阶段，"故事"的定位指导栏目蹒跚起步；成长阶段，不断成熟的故事讲述技巧让主旋律和收视率高度统一；成熟阶段，运用多种视听表现手段讲好故事，努力打造精品节目。

6. 论文《经营情感故事 构建和谐社会——情感类节目的制胜法宝》发表于江苏省广播电视集团主办的《视听界·节目》2005年第8期，第一作者。该论文撰写于情感类节目饱受非议之时。作者提出，经营情感故事需要正确的心态，不能给观众"贩卖隐私"的感觉。另外，作者还结合自己担任制片人的《真情讲述》栏目，举例阐述真情故事本身已具备积极健康的主题，即使是离奇故事，也可以在背后挖掘出真情、温暖的人文情怀。

7. 论文《电视片解说词与画面关系新论》发表于《 新闻潮》2000年第2期，第一作者。这篇论文的主要内容和论点原本是马继霞硕士学位论文中的一部分。毕业参加工作一年多之后，结合具体的工作实践和体会修改而成。

8. 论文《电视编辑特效软件Hollywood FX应用拾遗》发表于《中国教育技术装备》2006年第5期，第二作者。本文是结合工作实际应用中的技巧体会而撰写的，技术性、应用性和操作性都较强。

9. 马继霞被邀请担任《当代中华最感人的十大慈孝故事》一书的编委会副主任。

王宇同志学术理论研究评介

王宇，博士，中国传媒大学教授、广播电视新闻学广播新闻方向博士生导师、新闻学新闻业务方向硕士生导师。2011年入选教育部新世纪优秀人才支持计划。现任中国传媒大学学科建设办公室主任。

王宇同志在读博士研究生期间，先后在《中国广播电视学刊》、《中国广播》、《电视研究》、《当代传播》、《新闻记者》、《山东视听》、《视听纵横》等杂志发表《中国电视媒体的多元化经营》、《中国内地网上电视现状与发展前瞻》、《国内新闻网站三种发展模式剖析》《网络传播时代的媒介整合》等十余篇论文，并出版合著《信息时代的传媒》。

2002年留校以来，王宇同志一直从事广播新闻、新闻业务的教学科研工作，先后独立完成了《媒介集团经营与管理》、《大众媒介导论》、《传媒巨子和他们的王国》、《广播新闻报道与节目创新研究》、《现代广播新闻实务》、《北欧媒介研究》、《广播新闻业务》、《广播报道与危机应对》等8部专著及《电视新闻频道研究》、《外国媒介集团研究》等两部合著，并在《现代传播》、《中国广播电视学刊》、《中国广播》、《中国编辑》、《新闻界》、《青年记者》、《传媒观察》、《国际广播影视学刊》等学术期刊发表论文20余篇。

王宇同志的学术研究主要侧重以下几个方面:

一、广播媒体研究，主要关注广播媒体的发展状况及策略研究、广播新闻报道及节目研究

王宇同志近年来出版了《广播新闻业务》（高等教育出版社

2012年6月版)、《现代广播新闻实务》(中国广播电视出版社2009年9月版)和《广播新闻报道与节目创新研究》(中国传媒大学出版社2006年9月版)3本著作。其中《广播新闻报道与节目创新研究》作为中国传媒大学"十五""211工程"系列成果之一,内容涉及广播新闻报道创新、广播节目创新、广播评论创新、广播精品战略、广播创新思维研究、都市新闻创新研究、广播谈话节目等进行了较为深入的分析解读,被国内研究者认为是近年来广播节目研究的代表性成果之一。

此外,还发表了《从中国新闻奖作品看广播时政新闻创新的现状和趋势》、《浅议时政新闻报道创新的五个方面》、《广播健康频率的发展价值、问题及空间》、《从理政广播看服务型政府建设中的媒介功能创新》、《对农广播的变革和发展》、《同质化竞争中的个性化发展——以北京电台音乐频率与中央电台音乐之声为例》、《探寻本地化、人本化的广播个性化发展道路——河北电台〈百姓30分〉给我们的启示》等相关研究论文,内容涉及新闻广播、理政广播、对农广播等当前广播发展中的热点话题。

二、危机传播研究,主要关注广播电视媒体在公共突发事件中的功能、作用、报道实务、应对体系以及媒体对公共危机的预警等

王宇对公共突发事件报道及应对的研究,其重点关注广播媒体在公共突发事件中的功能、作用及应急机制和体制建设。2008年申请获批了教育部课题《公共突发事件中广播媒体的责任、功能及应急体系建设》(项目编号08JC860011),并作为子课题负责人参与了教育部人文社会科学基地重大项目《公共突发事件中的危机意识、危机传播与媒介素养研究》(项目编号11JJD860006)和国家广电总局人文社科项目《广播电视应对公共突发事件快速反应与报道机制研究》(项目编号GD09053)以及北京市社科项目《新媒体环境中北京危机公关传播效益研究》(项目编号09BaJG262)的研

究，目前已出版专著《广播报道与危机应对》，研究报告《广播媒体重大突发事件应急体系》和《广电媒体突发自然灾害应急机制构成研究》、《从汶川大地震报道看广播灾难报道的理念和视角》、《论公共突发事件中广播应急媒体的特殊作用》等相关论文。

三、公共传播研究，主要关注媒体报道与食品安全

在媒体报道与食品安全研究方面发表《食品安全事件的媒体呈现：现状、问题及对策——以〈人民日报〉相关报道为例》、《框架视野下的食品安全报道——以〈人民日报〉近10年的报道为例》、《食品安全事件的媒体报道特色及优化建议》等，其中《食品安全事件的媒体呈现：现状问题及对策》获得“首届中国食品安全法治高峰论坛论文评选”二等奖。

四、媒介素养研究，重点关注政府官员的媒介素养教育

王宇同志对媒介素养教育有着一定的研究兴趣。2009年，王宇等对天津、重庆、太原等地部分领导干部进行了媒介素养调查并发表论文《政府官员的媒介素养现状及提高途径》（该论文被中国人民大学复印资料转载）。2010年，在上年研究基础上深入调查后撰写的《突发事件中政府官员媒介应对能力的实证研究》一文获得“‘宁波广电杯’媒体与执政党关系研究”三等奖。

五、北欧媒介研究。作为国内较早对北欧媒介进行系统梳理的研究者，为国内学者的相关研究提供了借鉴

王宇2006~2007年间在挪威奥斯陆大学学院访学期间对北欧五国的媒介进行了系统的研究，撰写了《北欧媒介研究》一书，并发表相关论文《北欧国家报业变革与发展》、《挪威的报业补贴制度》和《北欧国家的媒介模式及其面临的挑战》等。

王伟同志学术理论研究评介

王伟，北京人民广播电台广播发展研究中心副主任。2001年7月从中国传媒大学硕士毕业后进入北京电台工作，曾在体育广播担任记者、主持人工作，参加过包括2004年雅典奥运会在内的多项重大体育赛事的报道。其作品曾获北京新闻奖等多个奖项。2005年7月起进入北京电台广播发展研究中心工作，主要从事广播节目研发和广播媒体研究。其撰写的论文《广播节目研发创新初探》荣获中国广播电视协会主办的第十二届全国广播电视学术论文评选节目研究类一等奖。

王伟同志的学术理论研究工作是伴随着他的实践工作展开的。2006年，北京电台在国内率先开展广播节目研发。王伟受命负责此项具有开创性的工作。目前已经总结出从创意搜集到效果反馈一整套比较规范的研发流程，并在实际工作中发挥作用。王伟据此撰写的论文《广播节目研发创新初探》在《中国广播》刊出，被认为对广播节目的创新具有积极意义。北京电台从2008年开始主办"赢在创意"广播栏目大赛。借助大赛的举办和日常工作中对国内广播节目的研究，王伟撰写了《国内广播节目发展趋势初探》一文，对国内的广播节目发展状况进行了分析和预测。其中一些关于发展趋势的观点在日后的工作中都得到了验证。在从事广播节目研发的同时，王伟对广播媒体的其他方面也保持着密切的关注。例如：新闻采编业务、广播频率的定位与细分、国外广播专业化发展趋势等，并撰写发表《浅议广播体育新闻报道的专业化》、《竞争环境下的频率定位完善与节目编排创新》等多篇论文。

在《浅议广播体育新闻报道的专业化》论文中，王伟对广播体育新闻的内容进行了界定。广播体育新闻是以声音符号为传播手段，传播内容则是新近发生或正在发生的重大体育事件、引起关注的体育新闻人物。从报道形式来看，广播体育新闻应当包括四大类内容：体育消息、体育评论、体育专题节目、体育赛事直播。此外，从内容上来看，广播体育报道的范围和内容是非常广的。它不仅包括各类竞技体育项目，“凡是促进人类身心健康发展的体育运动及有关活动，均为体育报道的内容。”此外，与体育运动有关的企业赞助、广告、公关经济活动、新闻竞争、体育知识竞赛等，也是体育报道的内容。

王伟认为，广播体育新闻专业化内涵可从宏观和微观两个方面来理解。宏观的专业化是指整个体育新闻从整体新闻节目中剥离出来，内容上实现“专门化”，以体育赛事为主要内容，报道形式上也注意发挥体育新闻特有的特点，按观众对电视体育新闻特有的要求进行采编安排。简单说，就是实行频率的专业化。

微观专业化包括以下几个方面：首先，广播体育新闻在节目设置上实行专业化，根据不同的体育项目分类进行细分化。这是对频率专门化的进一步延伸，是继频率专门化后的节目专门化。开办这样的节目应视听众的接受程度、电台的综合能力而定。可先选择普及性较高的项目进行试点，再逐步增加。在这类节目中，中央电视台“足球之夜”可以提供很多的借鉴。其次，在报道内容上进行纵深化，增加专业水平。具体地说就是指广播体育新闻的报道内容相对增加专业水平和报道深度，使得内行能听出门道，外行也能通过收听节目有所提高。在报道内容中，不仅仅是“比分、战术、结果”，还有更多的“怎样”和“为什么”，无论新闻报道角度、对新闻事件的挖掘，还是评论的深度，专业成分的含量，都呈现增加的趋势。第三，在报道形式上突出广播传播的特点，扬长避短，发挥广播媒体的独特优势。进行广播体育报道时，应当尽可能地运用来自现场的信号，力求将赛事以最真实的状态传递给听众。要加强专业化，就应当增加体育赛事的直播，将“新近发生的事实”变为“正在发生的事实”，用第一时间来自现场的信息吸引听众。

从实践的角度来看，广播体育新闻专业化的具体要求可以概括

为以下几个方面:

一、根据不同的体育项目设置不同节目,并在节目名称和风格上加以强化。

二、增加报道中的调查性和分析性内容。

1. 介绍新闻事实的前期背景。

2. 介绍新闻进程中的外界背景。

3. 介绍新闻事实的反向背景。

三、提高采访、解说和评论的质量。作为广播体育新闻的重要组成部分,记者的采访往往决定着报道的成败,这就要求记者必须具备专业化的素质。

1. 要有丰富的体育背景知识。

2. 熟悉所报道的项目的历史、现状及发展方向。

3. 对采访中涉及的人和事做较为深入的挖掘。这样才能在采访中做到游刃有余,提高采访的质量。

四、重视广播直播。体育竞技的一大特点是对抗性强。这种对抗性使得比赛具有无穷的悬念的观赏性。听众迫切希望了解比赛过程中的每一个细节。而广播直播恰恰可以在一定程度上满足听众的这种要求。

五、突出广播优势,实现采编专业化。

1. 时效上的同步性。广播作为现代化的电子传媒,可以实现新闻时效性的最大化。

2. 音响上的逼真性。记者的解说、采访再配上丰富逼真的现场音响可以使听众进入有如身临其境的境界。

3. 突出悬念感和美感。广播体育新闻的时效性和逼真性使听众在收听时有如置身现场,对比赛结果的期待也让他们产生了悬念感。

王庆同志学术理论研究评介

王庆，南昌广播电视台总编室主任，副高职称。她在广电从业的18年，正值我国文化产业大发展、广电传媒行业深化改革的重要时期。在此大环境下，经过多年的努力，在专业理论的实践与科研方面都取得了一定的进步和收获。期间共发表专业论著两部、专业论文13篇、省级课题两项，累计科研成果约100万字。

王庆同志在专业实践中，始终坚持学以致用，在广电传媒的实际工作中践行本专业的理论知识，同时将实践经验应用于实证研究，为理论研究提供第一手鲜活素材。在博士学习阶段，在导师悉心指导下，通过参与科研项目工作，更新了科研方法，提升了科研能力，已经具备了一定的独立进行科学研究或者承担本专业实践工作的能力。

发表于《中国广播电视学刊》的《从美学视角看电视新闻及其编辑》在江西省广播电影电视局2011年度江西广播电视奖评选中，荣获一等奖。

其专著《电视播音与主持艺术探索》主要观点如下：

对于声画同步、高度直观的电视媒介来说，播音员和节目主持人处在一种与观众“面对面”的前沿位置。他（她）们的形象常常与电视节目、栏目、频道甚至一个电视台的形象密切相关。从某种意义上说，播音员和主持人不仅是沟通传受双方、达到良好传播效果的载体，而且是具有品牌意义的符号。美国的沃尔特·克朗凯特、丹·拉瑟、汤姆·布罗考、彼得·詹宁斯、拉里·金、奥普拉·温芙瑞，中国的吴晓莉、胡一虎、窦文涛、陈鲁豫、水均益、杨澜等，可以说都是或者曾经是一个节目、或一个栏目或者一个电视台的品牌性主持人，身价不菲。他们在各自国家或地区电视观众中受欢迎的程度丝毫不亚于流行的歌手、影视明星。因此，他们往往被视为各自电视台或公司的一笔巨大的无形资产，是市场竞争中克敌制胜的利器。

但是，人们在看到播音员或主持人在舞台上、在电视中无限风光的同时，却很少知道，播音与主持工作的背后也有无尽的酸甜苦辣。播音与主持工作不仅是新闻工作的一部分，而且是涉及播音学、演讲学、美学和心理学等众多学科的一门综合艺术。优质高效的电视传播要求播音员和节目主持人必须具有扎实的艺术功底、娴熟的专业技巧、优良的综合素质。但是，对于众多非播音主持专业科班出身的电视播音员、主持人、出镜记者以及其他有志于播音主持事业的人来说，如何才能达到这样的要求呢？这也正是王庆同志一直思考并试图回答的问题。王庆同志从事新闻采编播工作和高校播音主持教学工作十多年，积累了较丰富的实践和教学经验。她专门针对初学者和非专业的播音主持爱好者的特点和要求编写的这本《电视播音与主持艺术入门》，给我的第一印象是"精要"——清晰呈现了学科的总体轮廓及基本的原理、知识和技能；其次是"易懂"——全书旁征博引，用事例说话，深入浅出的风格很适合一些入门不深或者想进一步提高自已的播音与主持爱好者。

王玮同志学术理论研究评介

王玮，一级导演、一级作曲。现为宁波广电集团广播电视专题部部长，“中国电视音乐研究会”理事、“中国电视文艺研究会”常务理事，“中国电视文艺委员会”委员、“浙江省电视艺术家协会”理事、宁波市电视艺术家协会副主席。

王玮同志在多年创作和实践积累中，不断探索影视艺术中音画结合、音声创作、视听节奏、栏目专业化发展等方面的学术理论，结合自身的创作实践思考，在视听艺术创作理念及思维方式上做出了一些新的尝试与突破，形成了自身的音画创作理论思维。他先后撰写了62篇专业论文。其中10篇论文发表于《中国广播电视学刊》、《电视研究》、《中国电视》等核心期刊，2篇论文获得由国家广电总局颁发的“全国电视‘星光’论文奖”二等奖、三等奖各一次。

在“全国电视‘星光’论文奖”二等奖的论文《音声创作在当代影视艺术中的运用》中，他提出：

一、当代影视技术的发展与全新的音声理念

影视艺术的影视语言与其他艺术门类相区别的一个显著特点，就是它的技术性。可以说，自诞生之日起，它的演进与发展便一直以现代科学技术所提供的一定物质条件为基础，与影视技术——包括制作技术和传播技术——的发展密切相关。自最早的默片时代发展至今，随着影视技术日新月异的发展，音声创作在影视艺术中的运用也发生了几乎可以说是翻天覆地的变化。在最初的默片时代，影视语言完全就等同于单一的画面语言，音声的缺位大大局限了作品的创作空间与表现能力；在无声电影后期，加入了乐队

的伴奏，音乐往往从头至尾不断，情形多类似于背景音乐，最好的也只是依照情节与情绪而起到陪衬的作用。进入有声电影时期，影片中的听觉形象除音乐之外，增加了语言和音响音效，音声在电影作为综合艺术的成熟过程中得到了解放，其运用越来越丰富、作用越来越巨大、地位也越来越重要。

新技术的不断出现与更新开拓着影视创作的各个可能空间，为它提供了更强大的物质基础和更宽广的创作可能，同时也对影视创作提出了更新更高的要求，而其中很重要的一点，就是把音声创作从以前的被忽视、或仅仅作为背景与陪衬而存在的状态中解放出来，对它加以突出，并把它提升到与画面创作同等重要的位置。有声电影的出现把影视艺术从单面的视觉艺术提升到了视听的综合艺术，而当代影视的新发展则使影视艺术向着一个更多层次、更立体化的方向演进，画面语言所擅长表现具象内容的单一特性已无法满足观众日益提高的审美需求，而音声语言中的音乐及音响音效所擅长表现抽象内容的特性则恰好能与之形成互补，二者的有机结合能为观众提供一种全方位、立体化的享受。因此，音声创作在影视艺术中的运用也必然被提到了一个新的理论层面。

二、当代影视中音声创作的思维转换

在当代的背景下，影视艺术中的音声创作最大的特征便是其"真实性"的逐渐消解与"象征性"的不断加强：对真实世界中真实声音的模仿成分越来越少，而"拟象"的成分越来越多。大量的音声素材已不再有真实来源，音声的创作正从传统的录音与录音棚式的纯粹还原，向电子合成器、音频采样机、音频工作站等各种合成、混响效果的处理过渡；从传统的音乐旋律与和声、真实世界声音的还原，向音响效果过渡。而音声的表现目的也早已不再局限于对真实世界的模仿、反映或再现，而更多是以来自思维的音声来调动情绪、产生共鸣。

在"全国电视'星光'论文奖"三等奖的论文《影视艺术创作的

节奏功能》中，他提出，在具体创作中如何掌握好节奏的运行，关键还是要处理好以下三方面的关系，即：外在节奏与内在节奏的关系；单一节奏与多重节奏的关系；局部节奏与整体节奏的关系。

（一）外在节奏与内在节奏的关系

外在节奏指的是影视节奏表现为一种外在的形态，是可以直接感受的节奏。内在节奏指的是影视作品表现的一种内在的叙述的观念，只有通过审美的知觉去感受才能获得的节奏，它是由影视作品叙述中情节的内部冲突发展为人物内心情绪的变化所产生的节奏。内在节奏与外在节奏是相辅相成的关系，内在节奏是依靠于外在节奏的多种表现形态方能得到体现，是内在节奏的外化。

（二）单一节奏与多重节奏的关系

单一节奏指的是视觉、听觉、文字三大元素中任何一种元素内部所形成的节奏组合，它是影视艺术节奏表现的基础形式；多重节奏指的是以上三大元素各自行进的同时，彼此之间的节奏组合形态，它是影视艺术节奏表现的最广泛形式。在节奏设计上不能每一个元素进行单独设计，而应全方位地考虑三大元素之间的相互关系，从整体上考虑到多重元素节奏之间的配合，以避免单一节奏表现力强，综合节奏表现力“抢”、“乱”的状态。

（三）局部节奏与整体节奏的关系

在实际创作中，局部节奏与整体节奏是不可分割的，因为整体节奏的体现是建立在局部节奏的基础上的。而且在具体表现中，作品也是由局部到整体次第展开的，所以局部节奏对于受众的接收会产生情绪上的影响，引发受众者观看时的同步心理状态。但是过于关注局部，也易导致整体的削弱。所以在实际应用中，局部节奏必须服从整体节奏。

王忠同志学术理论研究评介

王忠，1990年毕业于山东大学中文系汉语言文学专业，到山东省广播电视厅工作。后到山东广播电视台新闻中心从事编辑记者工作，历任山东电视台《山东新闻联播》栏目制片助理、《今日报道》、《新闻人物》、《恰同学少年》栏目制片人和山东电视台新闻中心评论部主任等职务。2006年4月起，任山东广播电视台电视生活频道总监。

多年来，王忠认真探索电视新闻和电视访谈类节目的形态和规律，所负责的各档栏目均导向正确，特色鲜明，节目形态锐意创新，在全国同类栏目中有较大影响，组织和主创的多件新闻作品获中国新闻奖一等奖和中国广播影视大奖一等奖。2005年，王忠被评为山东省广播电视局"优秀拔尖人才"。业精于勤，行成于思。在做好日常工作的同时，王忠善于思考，勤于钻研，笔耕不辍，将来自一线的工作心得和电视理论相结合，写出了多篇很有分量的理论文章。其中，《后民生时代的媒体角色——以〈生活帮〉栏目为例》获得山东新闻奖论文奖一等奖、中国广播影视大奖论文专项奖二等奖。

王忠电视理论研究概况与评价：

一、坚持创新，走在行业前沿

王忠同志在电视理论上的探索走在学术的前沿。比如，出镜或现场采访通常被认为是为了增加电视新闻的现场感和"活力"，王忠则视其为完成深度报道的必要手段，他强调"现场采访，绝不只是为了给观众提供一个现场，更为重要的是它造成了语言的交锋，形成了冲突，从而增强了节目的可视性"。再比如，他提出"后民生新闻时代”的概念，敏感地观察到后民生新闻时代媒体角色的变化，是民生新闻理论研究上的创新，这种理论上的创新是他在电视实践上持续创新的结果。

二、点面结合，学术视野开阔

王忠电视理论研究的另一大特点就是学术视野开阔。他的文章关注到了电视节目制作的多个环节，从现场采访，到节目制作，再到频道运营都有涉及。在《现场采访：追寻电视报道的深度》一文中，他联系电视深度报道节目的发展现状，对在深度报道中起重要作用的现场采访进行了深入分析，不仅指出了现场采访可以造成语言交锋，形成激烈的矛盾冲突，具有增强节目可视性的优点，更由此继续深入，对现场采访记者提出了具体要求，认为“现场采访是对记者洞察力、判断力、反应能力以及口头表达能力的综合测验。”在《质疑：让人物访谈节目更具张力》一文，对电视人物访谈节目的访谈方式进行了探讨，提出质疑的访谈方式可以更好地还原新闻的真实性，拉近访谈距离，触及被访谈人物的灵魂，从而让节目更具张力。这些对电视节目采访、制作等问题的梳理、提炼与探讨，对一线编辑记者很有指导和借鉴意义。

王忠的研究视野并不固囿于此，他由点及面，将视线投向更长远、更宽泛的领域。《后民生时代的媒体角色——以〈生活帮〉栏目为例》一文，将研究的目光投放到整个民生新闻的发展方向上来。不仅对民生新闻的发展现状有着精准的认识，更在此基础上，准确地把握住了民生新闻未来的发展方向。

此外，他还筛选民生新闻栏目中有保留价值的内容，整理成书籍出版。截至目前，已出版《山东有个生活帮》（2008年济南出版社出版）、《情感迷局——〈做客生活帮〉30个情感故事》（2009年济南出版社出版）、《阿速有妙招》（2010年济南出版社出版）。其中《阿速有妙招》一年时间销售突破了5万册，成为观众喜爱的畅销书。

三、研以致用，理论联系实际

王忠认为，理论研究的目的就是为指导实践，他要做“有用”的理论研究。他理论研究的基本路径通常是研以致用，在电视实践中遇到问题、解决问题之后，加以归纳、整理，形成理论成果，然后再用这些理论成果指导自己的工作。

比如，他提出“后民生新闻时代”的概念，是为了突破民生新闻发展中的瓶颈。在学界、业界嘈杂的争论声中，他冷静旁观，谨慎思索，脚踏实地地选择了帮忙类民生新闻作为后民生时代的突破口。随后的发展也证明了当初这一选择是明智的，如今帮忙类民生新闻再现民生新闻初创时的盛况，风行全国。

理论研究和实践操作往往是不同步的。2009年，《生活帮》的“帮办”（记者）们以报道者、参与者、组织者多重身份进行“介入式”报道的三年后，王忠的论坛演讲和文章发表，公布了他的新发现：后民生新闻时代，媒体的角色正发生着根本性的变化。这一观点在学界和业界都引起了巨大的争议，有人说是故作惊人之语，有的指责批评说这是记者放弃了客观报道的基本立场，是在制造假新闻。事实上，在后民生新闻时代，媒体角色的改变绝不仅仅是《生活帮》一个栏目的探索，这种角色转变足以应该引起学界的关注。需要特别指出的是，《生活帮》是在自觉地做这种转变。通过媒体角色的转变，《生活帮》摆脱了同质化竞争的泥淖，作为民生新闻界的后来者，成功地营造了一片属于自己的“蓝海”，收视率在全省名列前茅。先后被中国广播电视协会和中国高校电视学会评为“中国电视民生新闻十佳栏目”，被《综艺》杂志评为“2008年度地面频道节目20强”，被团中央评为“全国青年文明号”，被中华慈善总会评为“新闻界慈善大使”。

王小兵同志学术理论研究评介

王小兵，河南人民广播电台映象网负责人，高级编辑职称。1994年6月，王小兵从郑州大学新闻系毕业后，到河南人民广播电台工作，19年来，他一直工作在新闻宣传第一线，先后任记者、编辑、节目监制、经济广播副总监、新闻广播副总监、映象网负责人等。

王小兵同志不辍思考，勇于创新，积极学习和掌握新闻传播行业最新的理论动态，了解研究新时期媒体发展的趋势和走向，研究掌握国内外新闻事业的发展趋向，潜心研究新形势下媒体传播的新规律，不断在实践中尝试创新新闻宣传的形式和方法，先后提出改进时政宣传报道的贴近性、有用性，广播媒体一站式平台服务等业务研究课题，在业内引发强烈反响。参加工作以来，王小兵同志先后发表业务论文20多篇，并结合工作实际进行了多项课题研究，其中《导向意识与受众意识的辩证统一》获得全国新闻创新理论研讨会优秀论文二等奖，《关于省级经济广播发展的思考》等5篇论文获得河南省新闻奖新闻论文一等奖，《我省打假治劣的现状及对策》等三项课题分别获得河南省社科联重点调研课题优秀调研成果、河南省科学技术优秀成果一等奖。王小兵本人也先后获得首届河南省十佳新闻工作者、河南省青年岗位能手等多项省级以上荣誉称号。

王小兵同志的新闻理论研究有如下四个特点：

一、实践的思考是理论的升华

王小兵采制的录音述评《“三问”的启示》获得了2001年度河南省新闻奖一等奖、中国广播新闻奖二等奖、中国新闻奖三等奖。

《"三问"的启示》引发的良好效应，引发了王小兵同志的深深思考，他在论文《"三问"之后的"三问"》中，也对自己，对所有新闻工作者提出了三个问题：为什么采访条件好了，真正深入基层的新闻作品并没有相应增多？为什么记者的学历高了，新闻报道质量却并没有相应提高？为什么覆盖力强了，广电节目却并没有相应的深入人心？这"三问"的提出，引起了河南不少新闻单位特别是广播、电视系统的讨论。

对待每个成功的作品，王小兵同志都会进行再思考，在实践的基础上去总结，《南阳市宛城区土地流转三方受益》播发后，他先后写出了《新闻工作者更要解放思想》、《时代的呼唤》、《理性看待新生事物》等理论研究文章，提出新闻工作者应该比常人胸怀更宽广、眼界更开放、反应更及时，新闻工作者不仅要能够记录历史，更要能够发现历史。而这些都要求新闻工作者不断吸收新思想、新观念，以适应时代和受众不断提高的需求。

二、直面难点、热点问题进行研究

王小兵同志在新闻工作的实践中深深感到，新闻宣传工作面临正面报道难、典型宣传难、舆论监督难、新闻创新难等四大突出难点问题，如何破解"四难"，王小兵不但在实践中积极探索，更在理论上认真思考、研究。他先后撰写发表了《导向意识与受众意识的辩证统一》、《用质量广播打造诚信河南》、《用贴心的服务赢得受众》、《紧贴受众的典型报道》等有见地、有高度的理论文章。其中发表于《新闻爱好者》2004年第7期的《导向意识与受众意识的辩证统一》一文中，王小兵同志提出："导向意识和受众意识是相辅相成，缺一不可的，二者的辩证统一是破解'四难'的出发点和落脚点。吃透两头，加强策划是实现导向意识与受众意识辩证统一的有效途径，破解'四难'，要处理好正面为主和舆论监督的关系，要处理好坚持党性原则与满足受众需要的关系，要处理好贴近受众与舆论引导的关系。"这篇论文立意高、说理透、结合案例，言之有物，对新闻实践有切实的指导作用，受到了业界的好评。这篇论文随后在当年的全国新闻创新理论研讨会上宣读并获得二等奖。

三、与时俱进的创新研究

《遵循市场规律完善经营体系》、《关于省级经济广播发展的思考》等论文都凝聚了王小兵对广播电视媒体在新的媒体竞争态势下创新发展的思考。其中发表于《新闻爱好者》2011年7月下半月刊的《关于省级经济广播发展的思考》，从专业化定位和多元化运作相结合、指向性内容和精准化服务相结合、民生化解读和本土化表达相结合等方面对新形势下省级经济广播的发展模式和运作理念进行了深入研究和探讨。在一定程度上回答了在经济主题成为泛媒体共性内容的今天，省级经济广播在广播专业化浪潮中如何创新发展的难题，是一篇对专业化、类型化广播进行深入研究、在认知和实践上都具有启迪意义文章。

四、从实践中来到实践中去

理论源于实践并接受实践检验，广播电视业务理论研究同样离不开实践。王小兵同志的广电业务理论研究，时刻关注新闻宣传和媒体发展形势变化，站在实践的制高点，抓住新闻工作的关键问题进行深入研究，并把研究成果应用于新闻实践中。他发表于《中原声屏》2012年6月刊的文章《以作品内涵提升新闻价值》从细节的运用和处理、新闻视角的选择和变化以及人文精神的体现和张扬等方面对新形势下广播电视新闻的写作理念进行了深入研究和探讨。文章理论联系实际，论点明确，论据充分，条理清晰，既有理论高度，对现实工作又有着很强的针对性、指导性和可操作性，获得2012年度河南省新闻奖新闻论文评选一等奖。

王云义同志学术理论研究评介

王云义，曾就学于张家口大学企业管理专业、河北大学新闻传播学院新闻学专业，跨类别双学历。2010年被评为主任编辑专业技术职称（副教授），曾任张家口广播电视报社副社长、张家口人民广播电台总编室主任，现任张家口广播电视台总编室主任，河北省新闻工作者协会会员，河北省广播电视协会会员，张家口广播电视学会常务理事、副秘书长，张家口市影视家协会理事。被邀请出任张家口市政府新闻奖、广播影视节目奖专家评委。担任原张家口市广播电视局、张家口广播电视台节目评审专家组成员，组织并参加对全局电台、电视台、广播电视报的节目和版面进行审核和评定。

王云义同志在20年的新闻媒体工作实践中，做了一些创造性、开拓性工作。组织并主持了张家口广播电视台所有编辑记者、播音员主持人的培训和考核，独立编写了中国社会主义新闻事业的基本方针和工作原则、新闻工作者的职业道德、新闻和新闻事业、中国新闻史常识、广播电视技术常识等广播电视基础知识；广播电视新闻概述、广播电视新闻采访及新闻写作、广播电视新闻编辑、新闻栏目编排、广播电视新闻评论等广播电视业务；播音主持工作及其正确的创作道路、播音员主持人形象和岗位规范、普通话语音知识与播音发音、播音主持语言表达、播音主持业务之文稿播读、播音主持语言表达之即兴口语表达及综艺节目主持、播音员主持人的形象塑造等广播电视播音主持业务等培训学习材料近20万字。

王云义同志在从事广播电视工作实践中，持之以恒地进行业务探讨和理论研究。撰写各种业务论文，《广播电视报的市场定位》、《传媒品牌策略与受众心理空间的构建》、《传媒品牌策略与受众心理空间的构建》、《报纸影响力的形成和打造》、《新媒体时代广播电视报的突围之路》、《金融危机背景下报纸的发行策略》、《新媒体时代广播电视报的突围之路》、《广播媒体的品牌意识和传播理念》、《地方台民生新闻边缘化的思考》、《全媒体时代广电事业的发展之路》等论文发表在《采写编》、《前沿论说》、《张垣新闻界》、《编辑之友》、《新闻爱好者》、《传媒》、《新闻天地》、《新闻窗》、《经济研究导刊》等专业期刊上。

从事广播电视工作以来，共有近40多件次获国家级、省级及市级新闻及节目业务奖励。论文《广播电视报的市场定位》获中国管理科学研究院人文科学研究所颁发的“中国新时期人文科学优秀成果”一等奖，论文《新媒体时代广播电视报的突围之路》获张家口市社会科学优秀成果二等奖及青年佳作奖，2012年获张家口市第二届社会科学优秀青年专家提名奖。

作为课题负责人，王云义主持了张家口市第八届社会科学研究课题《张家口传媒品牌策略化运营》（编号：A201040）。张家口市委宣传部宣传思想文化工作重点任务课题《借力中央、省媒体宣传“大好河山张家口”的办法研究》、《贯彻落实十八大精神强烈推进广播电视事业大发展》调研报告。

王云义同志在课题《借力中央、省媒体宣传“大好河山张家口”的办法研究》中，提出在开展“大好河山张家口”宣传工作的实践过程中，建立起一套长期的、行之有效的制度至关重要，它决定着“大好河山张家口”宣传工作的效果和成败。探索四条途径，积极构建大外宣格局。

一、以点促宣。以点带面，辐射全局，可以取得事半功倍的效果。在“大好河山张家口”宣传工作中，我们十分重视发现典型，宣传典型。新华社刊发了《“大好河山张家口”国际摄影展在石家庄开展》的通稿、人民日报图文并茂地刊发了《国际摄影展表现“大好河山张家口”历史文明》的报道。同时，在河北日报等各省内主要新闻媒体的重要条位都及时刊发了活动消息，河北日报区域新闻用整版对活动进行了详细报道并配发了两届国际摄影大展活动综述，长城网进行了现场直播。

二、以节促宣。通过组织崇礼滑雪节、张北草原音乐节、蔚县民俗节、怀来葡萄节、涿鹿祭祖大典等十大品牌节庆活动，吸引省、中央媒体对地方特色的文化元素进行宣传，叫响"大好河山张家口"形象品牌。

三、以文促宣。文化的力量是无穷的，文化名人就是广告，将文化与宣传结合在一起，就能产生轰动效应。张家口市委书记王晓东说："城市品牌定位必须和历史文化的精神气质结合起来，赋予其文化品格和文化内涵。'大好河山'四个字能够涵盖诸多文化元素，是张家口的文化精髓。"全市根据各县区不同的文化特色，规划建设了中华三祖、鸡鸣山驿、蔚县民俗、泥河湾、大境门——堡子里、张北元中都等6大文化产业园区，制定了《关于加快推动全市文化大发展大繁荣的意见》。

四、以事促宣。每遇盛事，外宣工作必跟进大张旗鼓宣传。外宣本身是立体性的，开展一项活动，不仅仅是活动本身具有外宣的价值，而为活动提供了有关宣传品，有关商品，有关服务人员的状态，均具有外宣的价值。因此，好的外宣一定是综合的、立体的。在宣传"大好河山张家口"中必须有全局意识，善于统筹考虑外宣项目，使外宣的效益最大化、最优化。

王安中同志学术理论研究评介

王安中，机械工程学学士、传播学硕士、文艺与传媒专业博士（国家985工程基地进站培养博士）。中国科学院科学传播研究所特约研究员，北京CMC机构城市品牌研究中心主任，国际人类学与民族学联合会（IUAES）会员，中国高校影视学会会员，中国人类学民族学研究会会员，傅抱石研究会理事，李百忍书法研究会理事。现任陕西师范大学讲师。主要致力于广电传媒、城市传播及文化产业等领域的研究和实践。

王安中曾在权威核心期刊、CSSCI来源期刊、全国核心期刊等重要学术期刊发表论文20多篇，个人或参与出版专著6部，主持国家社科基金子课题1项，参与省部级课题5项，社会服务类课题3项。

在学术研究和业界实践中，王安中擅长于将工科、人文社科及艺术科学的个人学术背景和实战经验融为一炉，发挥跨学科综合视野的优势，多次提出富有创新性的学术观点和实战方案，为多家政府机构、媒体及企业做过咨询服务。2008年出版《C时代：城市传播方略》首次从学理的角度提出了"城市传播"这一概念，初步建立起了城市传播的理论框架。2012年出版《中国城市传播竞争力的模型建构与发展报告》（2010～2011年度）首次建立起了"城市传播竞争力"的评价体系，并且推出了中国第一份城市传播竞争力报告（2010～2011年度）。

王安中在产学研一体化、成果转化、社会对接服务方面具有一定的开拓、筹划、组织协调能力和运作经验，是北京CMC机构的发起人和主创人之一，带领该机构和多家政府机构和企事业单位展开密切合作，并获得2009CIHAF中国（安徽）营销策划年度大奖。另外，还筹备并招募资金兴建起了我国第一个城市品牌实验室——北京CMC城市品牌实验室。目前，该实验室已经初步投入运行并与一些政府机构展开合作，为城市发展和品牌建设提供科学的决策依据和智力支持。

王安中曾经提出的具有原创性的学术观点：

一、从生态正义的角度全新界定了"媒介安全"这一概念，并提出构建媒介安全体系的现实路径（论文《媒介安全体系的价值认知与实现路径》发表在《现代传播》2008年第6期，《中国新闻出版报》在2009年2月5日的"探索"版转载介绍了这一成果）。

二、提出了媒介受众链的"次级互动模式"（发表在《成都大学学报（社会科学版）》2007年第5期）。

本文将社会学的"网络分析法"应用于"传播的扩散"理论的研究，从受众动力学的视角，对受众接受信息并参与信息生成的机制做初步探讨，分析在信息扩散途径中群体之间的关系，提出实现媒介信息传播在受众中进行扩散的一条重要途径——次级互动模式。次级互动模式对电视等现代传媒形成受众链具有实践意义。

三、提出了电视节目"无缝连接"的概念（发表在《新闻知识》2006年第8期）。

"互文性"是结构主义文学理论中一个独特的概念。互文性强调特定文本与其他相关文本之间的相互影响、相互联系，是理解一切文本的前提。论文将这一概念引入到电视节目的无缝连接，因此把电视节目的无缝连接由一个电视制作、播出技术的专门术语扩充到电视创作行为领域，认为媒介文本所具有的"互文性"特征是电视节目无缝连接的理论基础，并从这个角度重新界定"电视节目无缝连接"这一概念。进而指出利用文本的互文性，实现电视节目无缝连接的具体方法。

四、提出"绿色电视批评"的理念（2007年编著的《电视批评：理论·方法·实践》）。

观照我国电视行业所提出的"绿色收视率"理念，笔者认为在中国目前的电视批评领域，也有必要倡导"绿色电视批评"这一理念，正确认识绿色电视批评主体的生态结构，促使电视批评的各构成要素在整个电视批评生态系统中的和谐共生，保障绿色电视批评的正义感与秩序化，以此促进中国电视行业和电视批评自身的科学、健康、协调、可持续发展。

五、提出“中国传统节日视觉形象（VI）”的理念和塑造方法（发表在《四川省社会主义学院学报》2006年第4期）。

六、提出了中国古代人物画长卷“拟影像性”的概念（发表在《电影艺术》2007年第6期）。

七、提出了基于“流城市”模型的城市智能化发展与空间型媒介创新。

八、提出“城市传播”的概念。

九、建立起了城市传播竞争力的评价体系。

十、提出“流城市”的城市形态，系统阐明面向未来的“流城市”规划建设战略（2009年4月参加清华大学“数字化时代的传媒转型国际研讨会”并宣读论文《基于“流城市”模型的城市智能化发展与空间型媒介适配研究》，新浪网等多家媒体介绍了这一成果）。

十一、提出“少数民族城市空间结构优化与空间型媒介协调发展”的理念，该理念曾在国际人类学与民族学联合会第十六届世界大会专题会议上的发言稿《少数民族城市空间结构优化与空间型媒介的创新与利用—— 一个产业、空间、就业和媒介适配的视角》中，正式提出并受到国内外学者关注。该文被评为国际人类学与民族学联合会第十六届世界大会50篇前沿研究成果。

王国波同志学术理论研究评介

王国波，山东广播电视台生活广播总监，高级编辑职称。

2009年10月，中国城市广播联盟年会在江西南昌召开，王国波在会上做了题为《发挥优势，整合资源，联动互动——打造都市生活广播事件、活动和节庆新平台》的主题发言，中央人民广播电台副总编辑杨文延给予高度评价。在2011年《中国广播》第五期卷首语中，杨文延副总编辑首次提出“资政型广播模式”，并指出山东生活广播是这一模式的代表之一。他用30个字对“资政型广播模式”的功能作用进行了精准概括：“架桥梁，做纽带；接地气，惠民生；治懒政，通关节；晒死角，防腐锈；聚焦点，同关切。”

2012年，王国波将参加广电工作25年的新闻作品、策划随笔和部分论文汇集成册，共计42万字，取名为《先声夺人》，由中国广播电视出版社出版发行。他遵循新闻规律，善于进行前瞻式研究，不断进行创新突破。特别是他对突发事件和公益活动的运作，成为媒体争相报道的焦点：他采写的内参《三万八千人的呼救》，拉开了山东省小清河治理的序幕；他策划的寻找失踪的姐，曾引发省公安厅为期一个月对危及出租车司机人身安全的专项严打行动；他组织的寻找感动中国人物王选律师遗失的“爱国电脑”，被听众称为爱国主义教育的活教材；他联合爱心企业暖倍儿慰问南方五省市冰雪灾区，被灾区听众称为真正的“雪中送炭”。中央电视台《讲述》栏目，还曾两次专题报道他发挥广播优势，紧急救援误吞钉子幼童和大出血乡村女教师的事迹。

《先声夺人》也凝结了王国波对新闻理论和新闻实践的心得，这对研究现代广播的运作规律，是一本有较大参考价值的读物。比如，他对广播短新闻的创作实践、比如他对大型活动和节庆频道的探索思考。特别是近两年他独当一面，成功与济南市12345市民服务热线实现战略合作，将广播直播室直接建在了市政府，并通过中央电视台《新闻联播》和中央人民广播电台《政务直通》节目，将济南市12345市民服务热线经验推向全国；与济南市经信委开展"名家、名企、名品""三名"宣传，被写进2012年省长《政府工作报告》，向全省推广。短短几个月，就有上百家企业负责人争相走进广播直播室。他还将媒体正在进行的"走基层、转作风、改文风"的切入点选择在各行各业的青年文明号，可谓有的放矢，独具慧眼。

从某种意义上讲，他为山东广播近几年的发展，做出了里程碑式的贡献。目前，王国波同志的探索与实践，也引起业内广泛关注，中国广播电视协会已经将他的经验作为"资政型广播"模式，加以总结推广。

王国波同志所带领的生活频道荣获省级青年文明号，是当年获此殊荣唯一媒体；被中国广播电视协会授予全国广播"民生影响力十强频道和十强节目""双十强"单位；在2011年度全省广播好新闻评比中，他和他的团队一举夺得4个一等奖。

生活广播总监王国波从民生、外宣、品牌推广和青年文明号建设等四个方面定位生活广播的功能和宣传格局：一是立足民生，引领幸福生活。充分发挥济南市12345市民服务热线和广播生活频道的品牌优势和社会公信力更好地为听众服务。二是深入基层，唱响青年文明号，目前已有30多人次走进全省20多家青年文明号，成效显著。三是以我为主，做好做强外宣节目。目前，与美国洛杉矶中文电台合作的大型直播节目《星空互联》整整开播三年，共计播出170多期，创造了越洋直播8500分钟的记录，并涌现了许多精品之作。四是宣传"名家、名企、名品"打造广播新优势。

生活广播与12345市民服务热线是强强合作。12345热线的工作是点对点的服务，而与《民生早班车》栏目的合作，加入了大众传播媒介的赋予与放大功能，变成了点对面的服务。而《民生早班车》节目形式活泼，主持风格平易近人，通过合作，使得自身的公信力、服务窗口与服务对象得到拓展，因此山东大学新闻研究所所长冯炜教授认为双方服务加传播的合作，注解了济南模式，《民生早班车》与12345热线的合作可以说是相得益彰。对于目前全国广电民生新闻的提升发展，每一个民生新闻对于记者来说可能是鸡毛蒜皮的小事，但对当事老百姓来讲都是大事，每个新闻都是服务于特定人群。因此，像《民生早班车》这样的民生新闻节目，也是常办常新，实实在在地给受众带来了帮助，具有重要意义和价值。记者主持人应该成为专家型记者，对于政策、法规、人文、科技都应有所了解，才能更好地为百姓解决实际困难，将民生节目提高到一个新的高度。

12345热线与《民生早班车》栏目的合作，体现了政府开放现代的执政理念。媒体和政府的联动，一方面，媒体可以此有效监督政府；另一方面，通过充分利用影响广泛的大众传播媒体，开拓服务通道，拉近了政府与民众的关系，实现了零距离服务。不管是哪一方面，最终受益者是老百姓。山东师范大学新闻传播学院副院长常庆认为，《民生早班车》所取得的成绩说明，生活广播对于这一点的认识比较深刻到位。此外，作为民生新闻类节目，如何将老百姓的事儿转化成广播节目信息，并且既能解决问题又能让听众爱听，是媒体需要思考的一个重要方面。

王剑挺同志学术理论研究评介

王剑挺，曾任河北电视台经济部记者、河北省广播电影电视局办公室副主任、研究室主任、总编室主任、宣传管理处处长。现任河北电视台分党组成员、副台长，河北省作家协会会员。

王剑挺同志自1993年从事广播电视工作以来，针对广播电视业改革发展、宣传管理、节目创新创优、品牌节目打造等问题，进行了深入思考和研究，发表了一批研究文章，并多次获得全国性广播电视类学术理论研究奖项。从1999年以来，在全国核心学术刊物上相继刊发了论文《从厅台、局台关系看广播电视机构改革》、《以创新求发展，靠奋斗创一流——秦皇岛市广电管理体制和运行机制改革调查报告》，还在河北省广播电影电视局和河北省广播电视协会联合主办的《声屏经纬》杂志上连续发表了18篇涉及广电理论、节目创新、改革发展等多个方面的学术文章。

王剑挺同志担任《面向新世纪的思考——河北省广播电视系统学研创文选》（2000年出版）一书的编委会委员；参与编写了由中国广播电视出版社出版的《2005中国广播电视品牌蓝皮书》，任副主编；参与编写了由河北人民出版社出版的《责任媒体高峰论坛蓝皮书》，任副主编。

2004年7月，论文《试证我国广播影视产业的政策创新》在"顺义广电杯"广播电视产业发展征文评选中，获得中国广播电视协会颁发的优秀奖。论文《"十个一工程"——谈谈我的名牌栏目观》编入由中国广播电视出版社出版的《2005中国广播电视品牌蓝皮书》、《品牌打造与节目创新》。2007年9月，该作品获中国广播电视协会论文评比二等奖。2011年，参与中国广播电视视协会年度立项课题《新媒体环境下广播电视重大事件新闻报道研究》，项目鉴定为优秀等级。

2004年，参与中国广播电视协会年度立项课题研究，担任课题组副组长，研究成果《科学发展观与广播电视业改革发展》收入2006年3月中国广播电视出版社出版的《中广协会2004年度立项课题成果汇编》一书。文章开篇提出，以"树立全面、协调、可持续的发展观，促进经济社会和人的全面发展"为基本内容的科学发展观，具有高度的科学性和深远的现实性，要运用好这一重要思想武器，将其作为新世纪新阶段推进广播电视事业更快更好发展的根本指导思想，并以此作为解决广电业现实问题与矛盾必须遵循的基本原则。

文章在领悟科学发展观要义和借鉴各家之长的基础上，不乏创新观点，如在谈及如何解决"发达与欠发达地区广播电视业发展不均衡问题"时，作者提出了"三个着力点"：一是进一步扩大中心城市和发达地区的广播电视优势效应，以市场机制为纽带，辅以政策性倾斜，增加优势地区广播电视的规模化和覆盖率，发挥其辐射和带动作用。二是建立合作机制，发达地区的广播电视部门要在人才、资金、技术上帮助、带动不发达地区，实现共同发展。在社会主义市场经济条件下，这种带动和帮助必须遵循市场法则，以互利双赢为前提。三是不发达地区的广播电视工作要从本地实际出发，因地制宜，充分挖掘和发挥地方资源，从地方性、区域性等特殊文化资源入手，建立起具有本地特色的广播电视发展路径，探索完善发展模式。

论文《社会活动：媒体做大做强的"推进器"》阐述了社会活动对做大做强媒体具有不可替代的高效助推力，举办社会活动是媒体社会组织功能或社会整合功能的具体体现，具有经济、政治、文化、社会等多方面的价值作用。因此，要多措并举把活动办出特色、办出品位、办出影响、办出效益。

文章提出社会活动的四项主要价值作用：一是树立媒体形象。媒体通常举办的都是社会公益活动，是以深化主题、加强互动、扩大影响、服务群众为目的，所以对提升媒体的权威性、公信力和美誉度大有裨益。二是丰富媒体内容。社会活动作为媒体行为的延伸，是媒体宣传报道的重要内容，尤其在“新闻淡季”更能发挥吸引公众眼球，提高广播电视收听收视率的特殊作用。三是推广媒体品牌。创造独具特色、影响广泛的媒体品牌，离不开社会活动这条重要途径。四是增加媒体收入。

作者在文章《“十个一工程”——谈谈我的名牌栏目观》中，借鉴名家学者的精辟论断，结合广播电视栏目的特色，具体就打造品牌栏目的各个要素提出了自己的主观看法。一是确定受众定位、功能定位和内容定位，解决好“给谁做”、“做何用”、“做什么”三大问题。二是强调要突出策划的重要性，不断完善策划制度。三是提出了选拔、使用风格鲜明的主持人必须把握的三条标准，即：有内涵，有口才，有性格特点。四是针对许多地方台栏目缺乏先声夺人的口号这一问题，强调要引起关注，并努力改进。五是提出了栏目包装应坚持的五大原则，即：统一性、简洁性、核心性、美观性、动态性与稳定性相结合。六是持续举办社会活动，发挥其主要价值作用。七是在建立一个良好的栏目运行机制方面，提出要建立绩效考核机制，形成良性竞争，保持栏目长久生机和活力。八是指出栏目团队文化建设主要包括物质文化、制度文化、行为文化和精神文化四个层面，建设过程可分为内外环境分析、文化体系构建、强化宣传倡导和不断完善创新四个步骤。九是概括了优秀的制片人需要具备的条件。

斗拉加同志学术理论研究评介

斗拉加，工作在青海果洛藏族自治州电视台，主任记者职称。

斗拉加同志在思想上，能够贯彻执行党的各项方针政策，坚持改革开放正确路线，坚持正确的舆论导向；在行动上，始终与党委政府保持高度一致，努力学习中共中央十七届六中全会及党的十八大关于“文化大发展、大繁荣”、“扎实推进社会主义文化强国建设”、“加强社会主义核心价值体系建设”、“丰富人民精神文化生活”、“增强文化整体实力和竞争力”等重大思想理论，以高度的责任感将党的一系列方针政策及时传达给广大干部和农牧民群众，始终以新闻工作者的职业道德标准衡量自己，工作踏实肯干，热爱本职工作，业务基础扎实，开办具有本地特色的电视专题栏目，是果洛电视台藏汉语新闻和栏目的业务骨干，对民族电视事业的发展做出了很大贡献。

论文《如何办好地方电视台藏语频道》就我国少数民族广播电视事业的发展前景，阐述目前地方台在创办藏语频道过程中遇到的具体瓶颈。从如何办好藏语新闻类栏目、如何办好地方台特色栏目、如何办好地方台藏语晚会等三个层面，结合具体案例，思考如何打造地方台藏语频道的精品栏目，如何发挥编导、制片人的综合协调能力，如何将大众艺术与民族文化意蕴结合起来，掌握电视艺术与文化之间的完美平衡，既发挥地方台藏语频道正确的舆论导向作用，又展现出地方民族文化的魅力，从而实现商业与艺术的双赢。

就地方台藏语频道来说，藏语新闻栏目有着“挑大梁”的关键地位和“窗口”形象作用。从理想的状态来说，在栏目的设置上应该既有“短、平、快”的新闻类栏目，又有深度报道、专业解析的新闻专题栏目；在内容上应该既有全国、全省新闻要点，又包括地方新闻节目。对于一个刚刚起步的地方藏语频道来说，很难在短时间内创办出一个颇具规模的藏语新闻栏目群，但应本着“创立一个栏目，办好一个栏目”的宗旨，努力把地方主打类新闻联播节目打造成本频道新闻类的精品栏目。重点有三：强化藏语新闻的舆论导向、突出人文关怀、新闻采编方法的创新。

就目前果洛藏语频道栏目设置和节目制作、播出、反响、收视率等环节来看，还是存在很大的发展瓶颈。这些瓶颈既表现为目前藏语频道面临的共同问题，也有果洛电视台自身面对的一些困难：缺少专业人才，缺少精品节目，缺乏盈利模式。

论文《关于藏族题材电影创作的几点思考》以藏族电影群像为分析依据，针对目前藏族题材电影普遍存在的艺术创作瓶颈，探讨如何强化影片叙事结构、矛盾冲突、视听语言、人物塑造等艺术创作环节，提出在全球化语境下，运用“和而不同”的应对策略打造藏族题材电影的精品，旨在为中国少数民族电影的创作提供借鉴。

本文提出：藏族题材影视剧一定要讲好故事，讲好故事意味着要掌握讲故事的技巧，一定要用藏民族特色的电影语言来讲故事。藏族人有句谚语：“能买得了好马，马鞍就更不能吝啬了。”有了好故事，自然还要用好的叙事语言、视听语言来表现它，实现从故事到影像的转变，这就需要主创人员的二度创作。电影语言是艺术风格之舟，导演掌握电影语言是非常重要的。另外，电影语言作为一种艺术技巧，本身并不具有民族性，比如特写镜头哪个民族都可以拿来用，但当一定的电影语言与一定的电影内容结合以后，它就具有了个性特征，有了民族性。如何采用他者的语言而同时不放弃自己的语言，理解自己文化的特点，并把它运用到自己的电影中去，这是当务之急。

在前面提出要完善叙事结构、加强矛盾冲突、人物塑造，试图总结一些陈规和惯例，其实已经牵涉到电影商业性的问题，因为只有商业电影才会在叙事形态和观赏心理上重视大众的喜好，才会追求绝对与观众交流的电影语言，才会重视情节与叙事。如何把电影拍得"好看"，是一个很现实的问题，因为电影不仅仅是一种艺术，而且是一种需要获得利润的文化工业产品。

在全球化的电影格局中，亚洲各国新电影的风潮，特别是伊朗电影、韩国电影的强劲发展，正是暗合了"和而不同"这一共识。"和而不同"就是既要坚持符合世界影视文化潮流的发展趋势，又要坚持藏民族的独立品格，以深厚的藏文化为根基为依托来发展藏族影视，可以总结为以下两个方面：

一、"和而不同"首先要讲人性，酥油味和普遍情感要融合；

二、"和而不同"就要以藏文化为依托，有所创新。

另外，要实现文学与影视的接轨。重视藏族文学与藏族影视的关系，其实在很大程度上是重视电影与母语创作、民间的关系，把母语独特的思维、鲜活的表达方式带入电影中，在民间寻找精神的延续。文学和影视作为藏族文艺，在当下已成为藏族文化不可或缺的一部分，藏族文学和藏族影视的"合流"将成为一个蕴含无限可能性的文化契机，这股潮流会酝酿新的藏文化景观，开辟一个广阔的审美艺术空间，这是毫无疑问的。

怎样回答我们对自己提出的这些问题才是合情合理的，单个的孤立的解决方法都会有所欠缺或是带来误解，藏族影像是世界影像的一个组成部分，它既是独立的，有自己的生命系统，但又必须与世界影像的总体发展血脉相通，以保持和增强活力。

艾红红同志学术理论研究评介

艾红红，中国传媒大学文学（新闻学）博士，中国人民大学文学（新闻传播学）博士后。现为中国传媒大学电视与新闻学院教授，广播电视新闻学专业硕士生导师。

艾红红同志多年来致力于中外广播电视历史与理论的研究与教学，共出版个人专著3部、合著7部，发表学术论文40余篇。独立完成山东大学青年成长基金课题1项，参与完成国家社科基金课题2项、国家广电总局重点课题1项、中国传媒大学亚洲传媒研究中心课题1项，教育部人文社科重点研究基地重大课题1项。主持的在研课题有教育部青年基金课题1项，参与的在研课题有教育部“马克思主义理论研究和建设工程”课题1项（第二批重点教材《中国新闻传播史》）、国家哲学社会科学基金重点课题1项（《“中华民国”新闻史研究》）。

卢蓉同志学术理论研究评介

卢蓉，1994年考取我国第一届广播电视艺术学电视剧方向硕士生，2005年获得博士学位。现为中国传媒大学戏剧影视学院教授、硕士生导师、电视剧研究所副所长。研究领域为影视剧艺术原理及中外电视剧比较。2008年入选中国传媒大学"382优秀中青年骨干教师"，2012年获学院突出贡献奖，多次获得教师教学技能及教学成果优秀荣誉。主讲校精品课《电视剧原理》、《中美日电视剧比较研究》、《影视剧本研发生产工作室》（研究生创新课）等课程。2009年入选中美富布莱特访问候选学者。2011年任中美"世界城市交响"纪录片合作项目中方领队，赴美国南加州大学完成教学摄制、学术报告及纪录片国际展映。

卢蓉2009年成功申报国家社会科学基金艺术学青年项目，成为中国传媒大学70后教师在广播电视艺术学领域首次获得国家级科研项目的研究者。多次主持并优质完成省部级科研项目。现已出版五部专著：《电视艺术时空美学》、《电视剧叙事艺术》、《中国电视剧的审美艺术》（合著）、《五年剧变——国产电视剧的可持续发展之路（2006~2010）》（合著）、《影视导演技术与美学》（译著）；在核心期刊发表了数十篇影视学术论文。研究成果多次获得"飞天电视剧论文"、"金鹰节电视论文"、"广电总局优秀科研成果"等论文评选一、二等奖。

其代表作简介如下：

1.《电视艺术时空美学》是在她攻读博士生三年期间倾力完成的博士论文基础上，又经过了两年时间修正、完善的学术专著。

在当时电视艺术理论“文化研究”热而“本体论”研究薄弱的大背景下，选择以“时间与空间”作为直入电视艺术“核心地带”的主攻对象，明确站立在电视语言形态和思维形态的立场上，全面审视电视艺术的本质、发展及其对整个社会的影响。这种钻研高难度“语言学本体论”课题的学术勇气和研究定力确实值得称道。

2.《电视剧叙事艺术》探讨了电视剧创作群体、叙述者、人物与接受者之间的修辞关系。作者将电视剧叙事活动各环节之间的关系视为一个相互牵制、共生互动的整合体系。以互动体系的核心中介——叙事模式作为切入点，从文化心理、结构布局、叙述视角和语言形式几个方面集中论述如何进行有效叙事。注意汲取中国戏剧美学、经典叙事学理论精华，对国内外不同风格、体裁，不同类型作品的演变及其在多元文化格局中的浮沉状态进行研讨，考察电视剧审美追求宏观走向下复杂的语言实践；并通过比较研究探寻民族电视剧叙事话语特征。

叶娟同志学术理论研究评介

叶娟，毕业于中国人民大学新闻学院，现任西藏电视台新闻节目中心时政采访部副主任。自2001年9月工作至今，一直在广播电视一线岗位工作，做过记者、编辑、策划、评论、播音。扎实的广播电视实践为她积累了丰富的新闻经验，祖国边疆多年的生活经历激发了她对少数民族地区新闻采写研究的热情。多年以来的潜心调研，使她在少数民族地区新闻采写，特别是广播电视等电子媒体的报道研究方面具备了一定的研究基础，并形成了丰富的研究成果。

论文《民族地区电子媒体采写难点解析——以电视采访为例》被录入中国社科研究论文库后曾多次被引用；论文《塑造优秀的民族地区新闻记者》在全国新闻三项教育办公室主办的喜迎国庆60周年征文比赛中获得三等奖，并被多家媒体和网站转载；《浅析当前民族地区民生新闻报道》获得优秀论文；《主流文化视角下农民工媒介形象构建的实证分析》作为《中国影视文化》期刊特稿刊出；《浅析民族地区民生新闻采访》、《民族地区突发新闻报道》等多篇以民族地区新闻采访报道为主题的论文多次被各类媒体刊出。

研究方法：

主要采用抽样与内容分析法，抽取新闻联播为主的省级媒体新闻报道样本，对新闻节目的报道形式、内容等相关指标分别进行了量化统计，并以此作为分析的依据。

一、民族地区新闻报道的三重任务

（一）党和政府的喉舌

毋庸置疑，这是由我国新闻媒体的事业体制决定的，民族地区的新闻媒体肩负着传达党和国家的大政方针，宣传党和国家的民族政策、宗教政策、边疆政策，促进各民族共同发展与繁荣的重要作用。

（二）联系各族群众的桥梁和纽带

民族地区大多地处偏远，群众的思想观念相对比较保守，这就严重影响着各族群众发展进步的进程，而新闻媒体的报道为各民族群众打开了一个个了解世界的窗口，通过媒体丰富多彩的内容，对各民族群众进行科学文化知识普及、理论政策宣传、娱乐信息沟通等。

（三）对外宣传的有力武器

在我国1万8千公里的边境线上共有132个县（旗），其中112个是少数民族地区，我国与周边12个国家接壤，所有接壤地区几乎全是少数民族聚居地区，这些民族多跨界而居，历史上经贸、文化、亲属来往频繁，改革开放以来，随着多个口岸的开放，敌对势力趁机进行分裂活动。因此，不断提高各族群众爱国主义觉悟和抵御外来分裂分子破坏的能力，防范各种消极因素的进入与蔓延，就成为民族地区新闻媒体的特殊任务。

二、采访难点对民族地区电子媒体新闻报道的影响

民族地区新闻媒体在新闻采访中所面临的诸多难点，最终必然影响到新闻报道的内容，通过对部分电视台新闻联播报道内容的抽样比较分析发现，民族地区电子媒体在新闻报道上存在以下问题：

（一）采访思维定势的形成

采访定势是记者在采访中形成的一种固化思维模式，记者凭借自己的思维定势对新闻信息进行重新组合，在新闻价值的认识上着重寻找与原经验相似的点，这样由定势构建起来的映像，有可能是客观反映采访客体，也有可能歪曲反映采访客体。随着采访活动的开展，记者会形成以相同方式进行思维活动的倾向，长此以往，

记者习惯用原有定势来感受新出现的客观事物，自己真实的想法就很难在采访中得到体现，最后，这种思维定势就常常导致记者形成因循守旧、不敢越雷池一步的观念和行为，难以创新，从而阻碍人们认知的发展。

（二）时效性弱，报道周期长

新闻报道一旦形成定势以后，基本就很难按照新闻基本规律进行报道。从目前部分少数民族地区省台新闻联播节目内容可以看出来，时效性很弱的成就性报道占据了新闻联播的大量时间，成了媒体应景必备的武器，而这类的稿件和大量的会议消息占据了新闻时段，使得一些有意义的新闻被一再延期播出，领导出席的活动往往都有着繁杂的审稿程序，审稿人一般只对稿件的政治导向、领导职务排名负责，对新闻的时效性则忽略不计，常常是一篇稿件像行政公文一样层层审批，到最后新闻变成旧闻，推后播出，于是笔者在对民族地区新闻联播的调查中就发现在新闻导语中"昨天"、"日前"、"前不久"等模糊的时间概念使用频率极高。

（三）报道结构的失调

新闻报道缺乏计划，各类新闻比重失调。根据调查，民族地区电视新闻的报道重"大"轻"小"，只盯住一些重大活动、重大事件报道，而对每天要做的大量日常报道明显的散乱无规律。在当前民族地区的新闻报道中，充斥着平平淡淡、写法陈旧、工作总结式和编写材料的捷径式报道。

本地新闻特色不突出。本地新闻主要体现在报道本地新鲜事、富有地方色彩的新闻上，而抽查的少数民族地区新闻联播，尽管节目宗旨声称要突出民族特色，报道民族新发展、新面貌，但实质播出的内容却是学习、传达、开会、讲话居多，在报道的手法上基本上模仿借鉴中央台的形式，稿件内容换汤不换药，千篇一律，如果不看台标，几乎无法辨别这是哪里的新闻，在对稿件类别的统计中，几乎没有发现针对民族地区特点的报道。

白山同志学术理论研究评介

白山同志毕业于原北京广播学院新闻系播音专业，师从齐越、张颂、毕征等教学名师，现为新疆广播电视协会副会长、秘书长，中国广播电视协会少数民族节目工作委员会副秘书长。他多年担任新疆广电系统论文评选专家，还应聘担任新疆社科联论文评审专家，被其收入专家库。

白山同志从1980年初开始，担任新疆人民广播电台播音员，是新疆人民广播电台第一位采编播合一的节目主持人。曾经担任新疆人民广播电台《青年》、《法制》、《家庭》等社教类节目的宣传负责人。1997年至2007年担任新疆广播电视报社社长。2007年调到新疆广播电视协会工作至今。在30多年的广播电视工作生涯中，他从未放弃对广播电视理论包括播音主持业务的研究探讨。先后公开发表学术论文近20篇，其中有的文章被同行“择优"翻译成当地少数民族文字发表。

一、把握趋势，注重预测性研究

1981年夏天，西南西北播音主持理论研讨会在古城西安召开。在这次会议上，白山宣读了自己的论文《中国播音应当“降调儿”并从生活语言中汲取营养》，此篇论文在当时是国内较早提出播音“降调儿”观点的，受到与会专家及代表们的一致好评。

二、注重理论的实用性，解决实践中的疑点难点

在实践中，白山始终坚持探索不停步。大事要论，小事也要

"议",并且经常做有针对性的理论研究。上个世纪80年代初,他写了一篇题目为《为喀什正音》的文章,发表在当时的新疆广播电视报上。主要提出的观点是,汉语普通话,应当"见字读其有据可查的权威正音"。而正音就出自国家正式出版的当今通行的汉语字词典。喀什的"喀",在字典里标明就只有喀(Ka)一个音,没有"哈"的读音。另外,他还对新疆地名中的"车师"、"三甬碑"(三屯碑)等的读音做了研究,发表文章对不准确的读法做出纠正。

三、环境变化,追求学问的痴情不改

1997年,白山被任命为新疆广播电视报社社长,从广播到报纸,工作环境发生了重大变化,但干一行,爱一行,学一行,研究一行的他,自觉努力没有改变。白山先后撰写发表了《认清读者地位,注重读者参与》、《面对挑战,调整定位,谋求突破——广播电视报如何再现生机的思考》等5篇论文,这些论文试图透过现象看本质,试图揭示办好一张有广电特色的平面媒体的规律。

四、紧跟时代,求解新问题,提出新观点

2010年白山撰写了论文《少数民族广播电视受众心理分析与对策》一文,该文在2011年新疆广播电视论文评选中获得一等奖,当年在新疆《视听天地》杂志"获奖论文选登"栏目刊发。这篇论文还报送参加了中国广播电视协会组织的全国第十二届广播电视优秀论文评选,荣获一等奖。

白山在他的这篇论文中,从我国少数民族受众收听收视心理的角度切入,主要探讨少数民族受众接收心理,同时也从各语种节目主办与传播者的角度提出了见解。论文的目的是希望引起业界的重视,在更大范围更高层次上优化少数民族广播电视节目的传播效果。他指出,以少数民族为传播对象或以其为传播题材的广播电视宣传中,存在一些亟待重视和解决的问题。传播者在心态上,缺

乏平视，往往俯视、冷漠多了些，亲切少了些，这些都明显背离了中央提出的宣传工作“三贴近”原则，引发受众心理上产生“隔膜效应”，大大弱化传播效果。由此，白山指出：“深入研究少数民族广播电视受众心理，有针对性地调整、完善传播者心态，似乎很有必要。”

在这篇文章中，白山还对这些年来多有议论、有时还有反复的少数民族语言广播电视宣传中使用自采稿件问题做了剖析。他指出：做好少数民族广播电视宣传，应当更多使用对象民族采编人员的自采稿件，使用他们特有的语言表达方式，多用他们熟悉热爱的母语——那是一种融入血液的，终生难以割舍的情怀，是传播者打开特定受众心灵之门的金钥匙。看似四两，可拨千斤。和田地委宣传部有一位维吾尔族副部长，常年深入当地群众当中，用维吾尔语宣传党的方针政策，宣传维护祖国统一，反对民族分裂的道理。他的传播是那样的有效、精彩，往往听众会提前赶到会场抢占座位。他一开口，人们往往如醉如痴，听众与他一起欢乐，一起悲伤，一起沉思，一起哄堂大笑，一起流下激动的泪水……

《少数民族广播电视受众心理分析与对策》一文，是白山把握时代脉搏，在他人较少涉及的新领域所做的一次有益的理论探讨。白山在论文的最后，做了一段深情又富有理性的总结。他说：在少数民族广播电视宣传中，我们既有大量成功的经验，也有不少失败的教训。其中因忽视受众心理研究造成宣传失败的事情常有发生。毛泽东当年说过，“看菜吃饭，量体裁衣，到什么山上唱什么歌”，讲的就是适应特定对象做有针对性的宣传。我们绝不可教条、怠慢，以不变应万变。在以少数民族受众为对象的广播电视宣传中，尤其要注重传播对象的心理研究，从而有的放矢，自觉改进我们的传播心态和方法，呈现出真情特色和风采，奉献出精美可口的、适应不同人群口味的广播电视精品节目“大餐”。

冯庆昌同志学术理论研究评介

冯庆昌同志1983年参加新闻工作，曾担任海南人民广播电台驻三亚记者站站长、新闻部副主任和省委宣传部新闻协调小组副组长、海南广播电视总台广播新闻中心主任、广播社教部主任和研究发展部主任，现任海南广播电视总台副总编辑，主任记者职称。

在30年的新闻生涯中，冯庆昌坚持深入第一线采访，先后采写了《海南姑娘邢芬荣获亚运会第一枚金牌》、《跳水健儿备战巴塞罗那》、《少生快富奔小康》、《敬业楷模卢修学》、《宝岛卫士——陈华》等一批优秀新闻作品，深受业界的好评。1990年以来，他先后有55件新闻作品获全国和全省各类好新闻奖，其中全国好新闻二等奖3件、三等奖19件，全省好新闻一等奖11件、二等奖18件。采制的录音通讯《跳水健儿备战巴塞罗那》被选入《中国优秀编辑记者获奖作品选》。2002年他被评为第三届海南省优秀新闻工作者。

2005年，冯庆昌调到总台担任研究发展部主任后，他积极加强对全台自办节目的研究和监管，对各频道、频率节目运营过程存在的问题进行专题性的探讨和研究，取得良好的效果，特别是2006年3月开始，他组织对全台广播电视自办节目进行收听收看，每周编发一期《收听收看通报》，及时发现节目中存在的问题，并提出合理的改进意见和建议，促进节目质量的提高。

近年来，冯庆昌同志致力于广播电视理论的学习和研究，先后主笔完成了省委宣传部下达的《坚持正确导向，提高舆论引导能力》和《常态化推动"走转改"工作》的调研课题撰写任务，主笔完成了《海南广播电视总台中长期事业产业发展规划》和《海南广播电视总台"十二五"事业发展规划》，完成了每年的总台发展报告的撰写任务。尤其在改革开放的形势下，广播电视系统如何提高舆论引导能力，如何深化改革推动事业产业的发展，如何常态化推动“走转改”工作，这些重大课题都是广播电视媒体认真研究和探讨的课题。冯庆昌同志坚持长期深入地对这些课题进行认真的探讨和研究，先后在《中国广播电视学刊》、《当代电视》杂志和《视听》杂志发表的《建立长效机制，推动“走转改”工作》、《实施品牌化战略，提高舆论引导能力》和《深化体制机制改革，拓开广电发展道路》等论文，从理论的高度阐述了广播电视媒体在新闻宣传中常态化、制度化推动“走转改”工作的必要性，以及坚持塑造品牌，提高舆论引导能力，深化体制机制改革，推动广电发展的重要性。其中，《建立长效机制，推动“走转改”工作》今年被评为第二十三届海南省新闻论文奖一等奖。

吕岩梅同志学术理论研究评介

吕岩梅，国家新闻出版广电总局发展研究中心新媒体研究所所长兼产业所所长，博士，研究员；《中国视听新媒体发展报告（2013）》（视听新媒体蓝皮书）副主编；中国电视艺术家协会会员，国际中华传播学会会员。

吕岩梅同志有着近30年的广电工作经历，她热爱广电事业，视野较为开阔，学养较为深厚。在省级广电工作期间，她善于思考，勤于笔耕，写下十多篇高质量的理论文章，其中多篇获得省级一等奖和二等奖，是省内有一定影响力的理论骨干。进入总局发展研究中心后，工作岗位从单纯的政策研究到“科研+管理”的研究所负责人和多项课题牵头人，再到兼任国际所、产业所负责人和担任视听新媒体蓝皮书编辑部主任、副主编，她踏实而勤奋地投入到每项工作中，成为发展研究中心各项工作的中坚力量。她主持各级各类政策研究课题十几项，作为执笔人和主要成员参与各级各类课题几十项，多项研究成果得到总局领导的批示；发表论文30多篇，有数篇被人大复印资料全文转载，部分获得全国奖项，是发展研究中心视听新媒体和国际传播领域政策研究的学科带头人，在全国广播影视理论研究和政策研究界具有一定地位。

研究成果丰硕。吕岩梅同志每年主导和参与完成相关政策研究课题；主编发展研究中心重要资政刊物《国外广播影视动态》期间，除了将刊物由不定期改为半月一期，还每年为该刊撰写《本期导读》20多篇、专题研究十几篇；同时也是中心重要咨询参考内刊《广电调研内参》的主要撰稿人之一。其很多研究成果填补了发展研究中心的诸多空白，为广播影视相关决策提供了重要咨询参考，她本人也以过硬的成果形成自身的学术信誉和研究品牌。

主持《国外广播影视动态》改版，再造内刊的资政价值。《国外广播影视动态》是发展研究中心服务总局决策的重要内刊之一。2009年10月，作为国际所主持工作的副所长，吕岩梅同志成为《动态》新任主编，她完善编译机制，落实工作责任，创新编辑形式和编译内容，着力提高刊物“内参”价值。由往年的零散出刊，转变为每月两期定期出刊；由原来只是动态信息翻译汇编转变为“专题研究式”、“专辑集纳式”与“即时动态信息汇编式”相结合。并在每期增加《本期导读》栏目，由她本人对当期内容进行精彩点评，突出启发性和国际前沿关注。目前此栏目已经与《动态》一起成为发展研究中心和系统内的政策研究品牌。新版《动态》整体上增进了信息的密集度，提高了信息的时效性、针对性，增加了信息的深度解读，增强了资政价值，收到来自总局领导和系统内外的良好反馈。张海涛同志多次将《动态》相关内容批转总局有关部门参阅。田进同志在《动态》2010年第22期上批示：“此刊简明扼要，有参考价值。”自2009年以来，总局《决策参考》每年采用《动态》信息和专题研究100多篇。

每年牵头和参与完成重要课题20多项，是中心依靠的中坚研究力量。几年来，该同志牵头完成了一系列重大研究课题。其中总局领导交办课题《美国电视节目上网情况》，蔡赴朝、田进、李伟等多位领导做了批示。总局领导交办课题《国外3D电视频道及节目发展情况研究》，田进同志曾两次批示，为广电总局决策中国开播3D电视试验频道发挥了重要咨询参考作用。中央领导批示的课题《美国对电视节目低俗内容的规制与启示》，总局领导交办课题《发达国家广播电视节目低俗内容规制基本情况》，成为中国建立抵制广播电视节目低俗内容机制、体系的重要参考。《文化产品和服务出口广播影视子领域研究报告》已经直接服务于广电总局等十部委联合制定和发布的2012年《文化产品和服务出口指导目录》。《美国地方性电视台基本架构、运作机制及其启示》、《发达国家收视率调查的基本格局、主要方法及监管机制研究》分别为中国进一步发挥县级广播电视机构的作用和规制收视率调查市场提供了重要借鉴。她执笔撰写的《世界影视强国内容产业扶持政策研究》荣获第11届全国广播电视学术论文评选"决策研究类"一等奖，参与编撰和主导发布的《中国视听新媒体蓝皮书（2011）》获得第七届全国广播电视学术著作评选一等奖。研究成果《默多克电视产业化运营的制胜之道》、《英国"画布"计划及对中国下一代广播电视服务的启示》、《发达国家收视率调查的基本格局、主要方法及监管机制研究》公开发表后，被人大复印资料《新闻与传播》全文转载。

吕岩梅同志还作为骨干人员参与了中心部署的几十个重大调研、主报告及分报告撰写。其中在总局《广播影视"十二五"改革发展规划调研》、中心主任庞井君负责的国家社科基金重点项目《融合背景下中国广播影视发展趋势和政策引导研究》等产生重要影响的大型课题中都发挥了主要作用。后者的主报告和一系列主要阶段性成果均由该同志执笔撰写，形成了《关于广播影视改革发展的几点建议》（上报总局领导）、《媒介融合背景下的视听转型》（发表在《东岳论丛》2012年第10期，《新华文摘》2013年第2期转载）、《趋势·挑战·转型·跨越——媒介融合背景下广播影视发展的几点思考》（发表在《中国广播电视学刊》2012年第11期）等成果。

吕新景同志学术理论研究评介

吕新景，浙江台州广播电视台党委书记、台长，讲师职称。

吕新景从中共台州市委宣传部副部长转任台州广播电视台党委书记、台长，组织领导了台州广电体制改革，积极探索现代广电媒体发展规律，建立了以频道制为主要运行模式的新体制新机制。

在繁忙的管理工作之余，吕新景勤于思考，不断学习，积极探索新形势下广电发展理论和媒体管理模式，并对其领导下的台州广电的改革实践，进行了很好的提炼与总结，撰写了10多篇理论文章和一部合著的论著，大多数发表在专业核心期刊。其中，独著的有：

1.《城市台发展模式探讨》发表于《中国广播电视学刊》2012年第5期，该文获2012年度浙江新闻奖新闻论文二等奖。

该文从台州广电改革创新的实践出发，解读体制改革后的城市台已不再是一个单纯的宣传平台，必须建立开放共享的内容平台、融合发展的实体平台和市场化程度高的产业平台。广电要适应这种变化，必须重建管理模式，才能实现更好更快的发展。该文为城市台转变发展模式从理论到实践都提供了样本化的参考。

2.《提高城市台舆论引导能力的分析思考》发表于《中国广播电视学刊》2007年第6期，获2007年度浙江广播电视新闻奖学术论文三等奖。

该文从阵地、市场、内容三要素着手，指出提高城市台舆论引导能力的关键是提高新闻传播的水平，核心问题是建设一支好的新闻队伍。该文指出了城市台强化主流媒体的影响力和传播力的着力点所在。

3.《整合与分散——关于频道制的实践与思考》发表于《中国广播电视学刊》2008年第7期，获2008年度浙江新闻奖新闻论文三等奖。

该文是吕新景关于频道制改革与实践的理论思考与总结。改革中追求的资源有效整合、合理配置和激发竞争的活力等目标，与频道制以后频道的利益取向形成了整合与分散的矛盾。针对这一矛盾，吕新景作为地市台管理者，他从整合与分散的辩证角度分析了频道制改革所面临的问题和矛盾，并指出，经受社会主义市场经济的洗礼，媒体从内容生产到运作机制早已产生深层变化，原来那种事业性质的体制早已不适应已经逐步壮大的广电媒体。广电媒体需要一场从体制层面到运作机制的全面改革。

4.《关键在于做好自己的事》发表于《中国广播电视学刊》2010年第4期。

该文详细分析了广电和电信各自的优势和劣势，提出了应对挑战的六条措施，具有很强的针对性和指导性，得到了业界的高度认同。

5.《打造适应社会主义市场经济的广电媒体》发表于《中国广播电视学刊》2010年第12期。

该文是对广电体制改革的进一步思考，是从建设能适应社会主义市场经济的广电新媒体的高度着眼，对广电的体制机制、内容生产、网络建设、产业发展做了全方位的阐述。

6.《媒体市场竞争下城市广电新闻立台之我见》发表于《视听纵横》2010年第6期。

该文以台州台的新闻立台实践为例，认为新闻立台是媒体的本质要义，新闻立台最关键的任务是推进新闻改革，对时政新闻、民生新闻的改革和栏目体系建设做了深入的分析和探讨。

7.《中国网络音乐：从文化现象到产业开发》发表于《中国娱乐产业》（中国传媒大学）2011年第11期。

该文对近年蓬勃兴起的网络音乐这一文化现象做了透彻分析。

合著的论文有：

8.《有线电视网络整合的若干问题》发表于《中国广播电视学

刊》2011年第2期，该文获2011年度浙江省广播影视科技创新奖二等奖。

该文对三网融合以后广电有线网络如何整合提出了自己鲜明的观点。

9.《基于交互平台的城市广电发展之路》发表于《中国广播电视学刊》2009年第3期，该文获2009年度浙江广播电视新闻奖学术论文三等奖。

10.《家庭物联网：广电的一个必争之地》发表于《现代传播》（中国传媒大学学报）2011年第4期，该文获2011年度浙江新闻奖新闻论文三等奖。

11.《基于SWOT分析的中国媒体"走进非洲"的战略选择》发表于《传媒与教育》（中国传媒大学南广学院学报）2012年第3期。

该文在剖析中国媒体"走进非洲"竞争中的优势、劣势、机遇和威胁的基础上，提出中国媒体"走进非洲"的市场、节目发展的"SO战略"——市场游戏规则战略和开发重点节目战略、"WO战略"——影响力战略、"ST战略"——特色发展战略和规模化品牌战略、"WT战略"——精细化管理战略和横向一体化战略。为中国媒体的"走进非洲"战略以及中国价值观的传播提供理论支持。

吕新景同志的理论研究，始终结合着当下广电体制改革的大方向，又紧密联系自身的实践与探索，他立足于城市台，视野却涵盖整个广电和媒体的大环境，他以改革的眼光，为新形势下广电媒体的发展亮出自己鲜明的观点。他的理论作品关注新闻宣传、媒体管理、媒体竞争、广电产业发展等方面，但着重关注是中国广电的体制机制问题，在这方面，思考最深，着力最多，也是他自身亲身实践的思考和总结。

此外，由吕新景同志担任总编的论著——台州广播电视台《五年飞飏》系列丛书，2010年由新世界出版社出版；他参与编撰的论著《e-learning 与广播影视人才继续教育研究》一书2011年由中国传媒大学出版社出版。"e-learning 与广播影视人才继续教育研究"被列为国家广播电影电视总局社科基金项目。

朱天同志学术理论研究评介

朱天，四川大学教授。自20世纪90年代初期开始，通过校园电视教学与校园电视新闻传播，进入广播电视教学及研究领域以来，长期从事广播电视媒介的传播实践、理论研究及教学工作。积累了丰富的实践经验，形成了以应用理论及传播实务研究为主体的研究指向及风格。在其从事广播电视理论研究与教学过程中，始终对广播电视媒体的传播实践保持着密切的关注，并与多家电视传播媒体保持着密切的合作与互动关系，深度参与了媒体的定位策划与传播实践活动，在所合作的媒体中具有良好的形象与影响。

朱天教授长期以来担任四川省、成都市两级广播电视新闻奖评委，四川省、成都市多家广播电视媒体的节目评委及咨询专家。除常态性地担任广播电视理论及业务的培训专家外，还直接参与广播电视新闻节目的业务指导工作；在专业学术领域，参与组织策划及主持了中国广播电视协会西部学术研究基地、四川省广播电视学会教育分会等专业学术研究机构的多项专业学术会议及学术研讨活动；除有着丰富的校园电视组织与传播的实践经历及经验外，还在广播电视专业理论的教学及研究方面不断努力进取，先后为四川大学文新学院新闻与传播方向的学生，开设过广播电视新闻业务、广播电视理论研究、媒介经营管理等课程。迄今为止，已在包括新闻权威核心期刊、CSSCI期刊、核心期刊等在内的各类专业刊物上发表研究文章近70篇；独著及参与撰写学术专著10余部；主持、主研各类别的专业研究课题10余项；在全国及省级多项（次）专业学术论文评奖中获奖。

出于研究的兴趣，也基于所拥有的基础学科（其本科为历史学）背景。电视新闻史论始终是朱天教授研究中所关注的一个领域。其所著的《观念、体制、话语——20世纪90年代中国电视新闻改革研究的三个视域》一书即是研究20世纪90年代中国电视新闻改革历史的著作。在该书中，作者采用史论研究的方法，以中央电视台新闻改革为主体线索，力图在还原这十年的历史文化语境的基础上，对20世纪90年代电视新闻在观念、体制、话语领域的改革进行系统性的清理和反思。

城市电视传播不仅是中国电视媒介管理及传播体系中的一个重要量级，更是中国当下转型社会发展进程中的一个焦点。城市电视传播及所关涉的议题，已成为电视传播理论研究及实务工作者日渐关注的热点问题。朱天教授及所统领的研究团队，一直以来即保持了对该问题的研究关注。2003年，就以城市电视台的电视民生新闻的传播与研究入手，和成都市委宣传部合作，对成都地区的民生电视新闻传播现象，进行了以节目的常态性检测为方法，以节目内容传播效果为对象的研究工作，其成果不仅作为管理机构对传播内容进行管理的基本依据，同时也作为媒体传播实践工作效果改进的重要参照。此后，自2008年始又和成都市广播电视与新闻出版局合作，对成都市电视媒体的主要新闻节目，以及成都市所属的区（县）电视媒体对农电视节目的传播，进行了长期的实时监测观察，并在此基础上形成了以日报、周报、月报为基本构架的观测研究体系。目前，这一体系已在政府管理方、媒体传播方、理论研究及专业教学几方面，形成了稳定的架构及互动关系。在国内省会城市电视媒体新闻传播的管理、研究及业务实践指导方面，形成了一定特色。不仅被地方政府及相关管理机构所重视，也在这一过程中积累了大量的研究资料，并形成了相应的研究成果。由朱天教授任第一作者，经由四川大学哲学社会科学学术著作出版基金支持，由四川大学出版社出版的《城市电视媒体与城市品牌塑造——成都城市形象的电视传播研究》，即是这些成果中的一部。该书以宏观理论视野与微观传播实践相结合的方法，以在国内城市发展与城市电视传播实践两方面均具有典型代表价值的四川省成都市为研究对象。较为全面深入地探讨了城市品牌塑造过程中，电视媒体传播的典型模式、传播路径、传播策略，并将最终价值归结到城市媒体传播城市品牌，城市品牌助推城市媒体共赢的价值点上。目前，作为该研究的延续，同时也是城市传播研究体系中的另一本著作：《2008~2012：成都电视新闻中的城市记忆》也将在2013年内出版。

基于地域特征，传播研究，尤其是西部电视理论传播研究，亦成为朱天教授电视理论研究的重点。除了与蔡尚伟教授一起在2001年即基于国内电视传播现象，提出了“东西部传播不平衡”问题观察与研究外，还与欧阳宏生教授一起主编了国内首部，也是对西部广播电视理论研究成果收录最齐的论文集：《区域传播论：西部电视专题研究》（四川大学出版社，2003年8月版），此外还撰写了《论西部电视传播的发展方位》等多篇涉及区域传播及西部电视理论研究的相关论文。2012年，朱天教授又以第一作者身份，在中国社会科学院新闻与传播研究所主办的《新闻与传播研究》上，发表了《对西部电视理论研究现象的观察与辨析》，对十余年来的西部电视理论研究历史，做了一个总体性的梳理与总结。

朱永祥同志学术理论研究评介

朱永祥，1992年进入杭州电视台工作，历任新闻主播、责任编辑、新闻部副主任、杭州电视台综合频道副总监、杭州文广集团总编室副主任、主任等职务，现任杭州电视台综合频道总监、高级编辑。在他的电视新闻生涯中，不仅专注于对电视运营实践的理性思考，而且运用新闻和媒体运营的创新实践：如上世纪九十年代后期对新闻常态直播理念的确立，对杭州电视台新闻直播流程的构建和直播团队的培养，打造出了城市台一流的新闻直播能力；通过《城市旅游报道》全国城市台联制联播栏目的创办，构筑了全国性的旅游资讯节目资源平台；作为城市电视台，首次引入央视前新闻节目主持人邱启明，创办了全媒体联动的新闻评论栏目《新闻晚点名》，提升城市台新闻传播的影响力和引导力；通过工作室平台的打造，突破栏目各自为政和资源局促的局限，拓展电视媒体频道资源的整合和营销能力。20多年来，朱永祥同志在全国和省级业务刊物上发表业务论文数十篇，并从2010年开始连续三年获得浙江广播电视学术论文奖一等奖。

新闻直播是实现“新闻立台”的重要手段，也是城市电视媒体促成新闻价值的实现和倍增、打造传播竞争力的第一策略，正因如此，该同志在担任杭州电视台综合频道副总监期间就提出全现场报道的理念，随后又撰写了《将现场直播“常态化”——以美国地方台现场直播报道为例》和《突发公共事件新闻直播的流程建构》等论文，前者以美国地方台常态新闻直播为例，指出“因为直播达成了‘社区人’物理时空和心理时空的同构，而对于本地新闻这种具有亲和力的内容，城市台更是具有天然的表达优势，从而实现了城市电视媒体的本土化策略。”后者则提出了突发公共事件新闻直播的流程建构要实现七个环节的贯通（事件发生、启动预案→飞播字幕、调配资源→赶赴现场、接入信源→汇集信息、议题设置→组合版面、开设视窗→反复沟通、监控修正→舆情研判、深入跟进）、四大子平台的协同（信源整合子平台、信息传递子平台、沟通服务子平台）和三大系统的响应（采访编辑系统、保障支持系统、策划研判系统），以此推动新闻直播的实践和直播团队的培养。

同时，该同志还密切关注城市电视台的生存和发展，所撰写的论文《试析城市电视台的资源整合及其运作》、《整合新闻理念下的城市电视台竞争策略》和《城市电视台从栏目向平台转型的三个维度》就城市电视台所面临的资源、覆盖等瓶颈和困局，从资源整合运作、平台转型发展等方面做了许多前瞻性的思考。比如就如何锻造城市电视的核心竞争力，《试析城市电视台的资源整合及其运作》一文指出，要将节目本土化、频道忠诚度和广告到达率等城市电视台无可比拟的优质资源，在系统内外嫁接置换，整合增值，构建平台，以形成城市电视整体的核心竞争力。文章提出了资源整合的三种策略，即节目的项目化、制播的网络化和经营的品牌化。《整合新闻理念下的城市电视台竞争策略》一文则依旧给城市电视新闻冠以“整合”的关键词，提出了通过直播化实现资源形态的整合、通过民生化实现社群诉求的整合、通过本土化实现观点表达的整合、通过项目化实现频道通路的整合等四条竞争策略。面对电视市场省市台之间的竞争生态逐渐从收视数据的两极分化转变为广告收入的两极分化，城市台究竟何去何从?《城市电视台从栏目向平台转型的三个维度》一文通过对那些立足城市、扎根本土的电视栏目的观察，指出这些栏目所以获得高度的市场认可，其中最关键因素，在于以服务为内核，实现从传统栏目设置向产品线设计的转变，从传统电视栏目向有效传播平台转变。

作为长年在电视新闻一线工作的新闻人，该同志非常关注新闻传播生态的建设，用清晰的理念指导自己的新闻实践。2002年，该同志撰写了《城市电视新闻去向何方》，旗帜鲜明地提出“过度追逐高收视率动摇了新闻的核心品质”，论文还对收视样本采集方式大胆质疑，认为“收视率数据的天然缺陷和对主流价值观的误读，将引发新闻推动力的阻滞”。在其撰写的《“民主促民生”语境下民生新闻的提升和超越》一文中，他提出了在民生问题还是当下中国百姓最关注的头等问题之时，民生新闻所要提升和超越的不是“民生”本身，而是“民主促民生”新语境下的观念和方法转型。而在近年来媒体低俗化倾向愈演愈烈的当下，该同志又撰写了论文《价值营建：“新闻立台”的一种市场逻辑》，文章指出“在新型的‘官本位’向‘民本位’转变的媒体生态中，媒体的效用和效益之间存在着最大公约数”，价值是“新闻立台”的支点，并提出了“满足公众需要，实现媒体的终极价值”等四条相关对策，最后得出“实现新闻立台的价值营建，促进广电媒体运营战略和模式的全面转变”的结论。

2005年到2007年，该同志参加了复旦大学管理学院和新闻学院共同开办的高级工商管理硕士（传媒管理方向）课程学习，取得了硕士学位。他的毕业论文的选题——《同城竞争下省会城市广电集团组织变革研究——以杭州文广集团为例》，强调集团的组织变革应该“从单频道的定制服务向频道群的战略协同，从频道收视市场规模向全方位客户价值的挖掘转化”。

朱智勇同志学术理论研究评介

朱智勇，昆明广播电视台一级播音员，安徽教育学院法律系毕业，本科学历。后任安徽省阜阳教育电视台播音员，《教育新闻》主播，1997年调入云南昆明电视台工作至今，到昆明电视台后，一直担任《昆明新闻》、《联播昆明》等新闻节目的主播，同时担任军事节目《子弟兵·老百姓》的主播。现担任《昆明财经杂志》主播。中国电视艺术家协会主持人专业委员会委员和云南省广播电视协会播音主持评委会成员。

朱智勇同志从事电视新闻播音员工作以来，认真研究播音主持应用理论，撰写的论文分别获得2008年、2009年、2010年、2011年、2012年"云南广播电视奖"广播电视学术论文播音主持类一等奖。

一、朱智勇同志针对怎样才能做到主持人的主持到位，节目怎样办出特色，提出了主持人和主持人节目"个性化"特色与"人格化"魅力是电视传媒这一平台实现传播效果最大化的关键这一论点。她撰写的论文《论电视主持人和主持人节目的"个性化"特色与"人格化"魅力》荣获云南广播电视奖2008年度广播电视学术论文播音主持类一等奖。

评价：朱智勇同志作为一名从事电视播音主持二十多年的从业者，结合她自己的实践和向同行及相关专家、学者学习交流所得到的感悟。分两部分阐述对"个性化"、"人格化"的认识。2008年从新闻播音的岗位转到了栏目主持的岗位。她认为新闻播音员和栏目主持人两者既有相同之处，也有区别之处。前者是以由编辑提供的一篇文字稿件，用第三人称的创作位置，以播读为主的有效传播。后者是由创作集体提供或自编稿件、提纲、资料的一栏节目，用第一人称的主导地位，以谈话为主的有效传播。在主持人与主持人节目异军突起的今天，只有对一些相关的理念、概念有一个明确的鉴定和区分，才能做到主持人的主持到位、节目的制作到位，才能办出自己的特色。

二、朱智勇同志针对主持人在节目中如何找到“应知”与“欲知”的结合点，找到受众与嘉宾的结合点，提出了主持人如何在“特殊的位置”上用好“特殊的话语权”这一观点，撰写的论文《对新闻类主持人节目“说”的感悟》荣获云南广播电视奖2009年度广播电视学术论文播音主持类一等奖。

评价：广播电视改革中创造了许多新的节目形式，丰富着广播电视的节目内容，如何在“特殊”的位置上用好“特殊”的话语权，是新时期新闻主持人需要探索和研究的，它要求这个领域的“说话人”更加严格化、标准化、规范化。

三、朱智勇同志针对副语言是观众识别和认知主持人的重要元素这一论点，阐述了副语言在节目中的“正”“负”效应，认为主持人副语言的表达应该是具有鲜明的时代感，并且是要与节目高度契合的职业形象。她撰写的论文《屏幕形象“显性”与“隐性”两大元素的关系——副语言在节目中的作用》荣获云南省广播电视奖 2011 年度广播电视学术论文播音主持类一等奖。

评价：这篇论文中朱智勇站在一个节目中播音主体的角度，阐述了副语言在节目中的作用，举了大量、翔实的实例，以及例行客观的分析，提出了副语言在整个节目中“正”“负”效应的两个观点。主持人是一个栏目重要的视觉标志，更是所在媒体的形象符号，节目的着装和主持人的仪表造型是观众识别和认知这栏节目的重要元素。

朱智勇同志从一名一线从业者的角度，联系实际，创新理论的高度，提出主持人的副语言表达是具有鲜明的时代感，并且要与节目高度契合的职业形象。副语言是否得体，与电视节目的成功交相呼应，在有声语言的声波环绕中，主持人所释放出的无声语言系统，潜在地左右着观众的欣赏和评价。以这篇论文为基础，朱智勇同志创作了一篇《论无声语言在各领域与有声语言相互作用》的讲稿，并在楚雄、红河的培训中给地州的同行进行了讲座。引起了反响和好评。

四、朱智勇同志作为一线工作的实践者，针对在传统体制衍化下电视主持人的现状和产业化模式下电视主持人如何发展两方面提出了如何找人、如何树人、如何留人的观点。撰写的论文《理实·坚持·创新——试论"多元化"模式下主持人的应对》荣获云南广播电视奖2010年度广播电视学术论文播音主持类一等奖。

评价：随着经济体制的改革和市场经济的逐步深化，中国电视正在向社会化、市场化转型，并走向产业化，管理也由行政操作转为以市场为导向，追求资本、人才效益的最大化的发展方向。主持人作为电视产业中核心竞争资源重要的一部分，生存和发展的空间在哪里呢？据不完全统计，全国开办"播音与主持"专业的院校有300多家，每年大批的播音专业毕业生在广电传媒系统寻求机会。台内开办节目，新闻时政类的要找资深记者，民生新闻类的要找能说会侃的人士，专栏节目类的要找有学识的专家，娱乐节目类的要找明星范的演艺人士。那么一些科班出身的新播音员或是与台共同成长起来的老播音员何去何从？成为了大家共同面临的一个话题。在这篇论文中，朱智勇同志认为，只有在好的生存环境中优化整体结构形成良性的竞争，才能出人才、出精品。在平时对新播音员的培训当中，朱智勇同志又将文中的观点提出来讨论，引起了同行的共鸣。

任晓润同志学术理论研究评价

任晓润，南京广播电视集团宣传管理部主任，高级编辑。他从事广播电视工作20年来，在国家级、省级学刊发表广播电视论文33篇，出版30万字专著1部，3篇论文被中国人民大学复印资料《新闻与传播》、《影视艺术》全文转载，10次获得省广播电视论文一等奖、省新闻论文一等奖、全国广播电视论文二等奖、全国广播电视学术著作三等奖等省级二等奖以上奖项。

任晓润学术研究的着力点主要体现在三个方向：电视新闻传播规律和实战路径、中国广电行业的现实难题与应对策略、中国电视文化的内在困惑与价值体系重构。

一、关于电视新闻传播规律和实战路径研究

代表作：

1.《“周光裕”题材媒体传播之比较研究》，《视听界》，2002年第3期，第八届中国广播电视学术论文二等奖，第八届江苏省广播电视优秀论文一等奖；

2.《满足受众心理需求与提高舆论引导水平策略论》，中国广播电视协会2005年度城市台电视新闻论文二等奖；

3.《中国电视新闻的两极发展》，《南方电视学刊》，2005年第6期；

4.《2005年南京地区电视新闻竞争分析——兼论中国城市新闻竞争的特点与趋势》，《视听界》，2006年第1期；

5.《探寻重大主题报道的本土化路径——南京电视台“情系紫荆花”与央视、凤凰卫视同主题新闻直播的比较研究》，《传媒观

察》，2007年第9期，中国广播电视协会2007年度城市台电视新闻论文二等奖；

6.《探寻领导政务活动报道的创新路径》，《中国广播电视学刊》，2009年第4期，中国广播电视协会"宁波广电杯"提高舆论引导能力征文二等奖；

7.《民主政治改革与时政新闻创新的良性互动——"南京社区公推直选"媒体报道语态与传播方式解析》，《传媒观察》，2010年第1期；

8.《论2010年中国电视媒体舆论监督的传播创新》，《南方电视学刊》，2010年第5期；

9.《同一新闻题材的差异化传播——CNN〈今夜秀〉和〈360度〉有关"拉登之死"报道的比较研究》，《传媒观察》，2012年第1期。

2002年撰写的《"周光裕"题材媒体传播之比较研究》一文指出，如果做一个抽样调查，南京人对周光裕的认知度恐怕不会低于任何同时期媒体上出现的娱乐界明星，在宁媒体在"周光裕"题材上的竞争实际上使所有的媒体都成为赢家。"周光裕"题材的衍变过程实际上也表明：并非独家报道才能显示出媒体的水准、赢得受众的关注；恰恰相反的是：在独家报道越来越难以实现的今天，媒体同样可以通过选择不同的报道角度和叙事话语来体现自己的追求，并通过共同构筑重大新闻题材的平台和受众之间形成最大限度的交流。

二、关于中国广电行业的现实难题与应对策略研究

代表作：

1.《城市台如何打造自制娱乐节目》，《传媒观察2005年第12期；

2.《主流电视媒体构建节目创新体系初探》，《视听界》，2006年第5期，2006年度江苏省新闻论文一等奖；

3.《电视剧市场：地方台路在何方》，《南方电视学刊》，2006年第1期；

4.《寻找弱势频道的点金石》，《中国广播影视》，2006年10月下；

5.《媒体资源整合的一个成功版本》，《传媒观察》，2006年第3期，全国第十届运动会新闻宣传江苏优秀论文一等奖；

6.《城市电视台节目改版的路径选择和趋势》，《中国广播电视学刊》，2008年第3期；

7.《时空视阈下看国产电视剧制播模式的衍变》，《视听界》，2008年第5期，人大复印报刊资料《影视艺术》2008年第12期全文转载。

2004年，任晓润从南京广电集团电视新闻部门调到集团研发部门工作，完成了《南京广电集团发展战略研究》、《发展南京动漫产业的战略选择与对策建议》、《南京广电集团打造内容产业的对策研究》、《南京广电集团在全市新一轮发展中的媒体功能研究》等50多万字的课题报告。

三、关于中国电视文化的内在困惑与价值体系重构研究

代表作：

1.《在历史、艺术和商品之间寻找立足点——中国历史题材电视剧创作景况窥探》，《当代戏剧》，1993年第6期，人大复印报刊资料《影视艺术》1994年第1期全文转载；

2.《电视传记：寻找历史性、诗性与新闻性的统一》，《电视研究》，2002年第4期；

3.《试论对“三贴近”认识的几大误区》，《山东视听》，2005年第2期；

4.《从几大误区看“三农”题材报道的价值走向》，《中国电视》，2007年第1期，获第十届中国广播电视学术论文二等奖和2007年度江苏省新闻论文一等奖；

5.《"文化强国"战略下中国电视文艺的价值体系重构》，"全国中文核心期刊"《南京社会科学》，2012年第12期，中国人民大学复印报刊资料《新闻与传播》2013年第3期全文转载。

2005年《从"深度报道"到"新闻超市"——论电视新闻栏目主体意识的嬗变》提出了一个耐人寻味的电视新闻现象：2002年以来，曾经作为深度报道代表性载体的央视《焦点访谈》、《新闻调查》开始遭遇来自受众的"寒流"，而以《南京零距离》、《直播南京》等为代表的"新闻超市"类栏目如星星之火在各地方台呈燎原之势，其受观众欢迎程度甚至一度超过了创办者当初的期待。

危羚同志学术理论研究评价

危羚，天津人民广播电台高级编辑。危羚同志共出版著作5部，获奖论文（二等奖以上）或在核心期刊发表论文主要有8篇。

其代表作《广播节目编辑与制作》集中介绍了广播新闻节目、社教节目和文艺节目的编辑技巧，同时介绍了广播节目的录制、音频剪裁方法以及节目制作技巧，也详细介绍了电台直播间的操作流程和最基本的广播节目播控管理方式。

一、具有很强实际操作性的学习广播节目编辑制作方法的教材

广播技能主要有三：采（写）、编（制）、播。本书与《广播音响报道实用教程》是姊妹篇，二者结合，涵盖了广播三项重要技能中的两项，因此该书的出版，可使广播的专业学习更加系统。

目前，讲解广播节目编辑与制作的教材很少，老化也比较严重。如武汉大学出版社出版的《广播编辑与节目制作》（蔡凯如著，1995年出版），还有中国广播电视出版社出版的《广播节目编辑与制作技术》（方德葵主编，2005年出版）等。前书作者是武汉电台高级编辑，有相当的实践经验，但该书出版稍早，今天的广播已发生很大变化；后者是广播影视工程技术人员用书，其中涉及原理、概念、公式等，是理科教材，一般文科大学生看不懂。

而《广播节目编辑与制作》则将广播节目编辑与制作结合起来，尽量使用通俗易懂的语言，结合实战，讲具体的编辑与制作方法，力争让学新闻的大学生一看就会。

本书的出版，也必将会填补实用性广播编辑与制作课程的空

白，同时，也可使广播的采、编学习更加系统。

二、对中国广播的八大"形态变化"做了梳理和总结

在本书绪论中，作者第一次提出了中国广播自诞生以来的八大变化：①节目制作形态发生变化；②主播形态发生变化；③广播声音信号发生变化；④广播稿件形态发生变化；⑤广播接收形态发生变化；⑥广播传播形态发生变化；⑦广播互动形态发生变化；⑧广播节目构成形态发生变化。

三、全面论述了广播"形态"与"类型"的关系

目前关于电视"形态"与"类型"的关系问题，在理论界颇热，也影响到对广播的研究。但总的讲，研究有些走偏，即：过于关注广播、电视的"类型"，而忽略"形态"。本书对二者关系进行了论述，提出了自己的观点。

其论文《实施"大广播"战略——新闻广播改革之我见》提出，在世界进入互联网时代，广播应当转变思路，走全国广播电台"强强联手"之路，运用最新的互联网技术，实现声音与文字的最快速双向传送，同时搭建网络平台，并建立起一支全国电台联手的记者队伍，以摆脱广播新闻"吃别人嚼过的馍"的局面，使全国广播新闻的质和量提升到一个新水平。

文中预言：在21世纪，电脑将进入直播间，而且广播新闻的播出，可能就是在直播间动一下鼠标而已。应该说，这是较早做出这一判断的论文之一。今天广播电台的发展，已部分证实了这一判断。遗憾的是，有意识地建立起一支全国的广播电台快速反应新闻队伍，充分利用互联网的优势和发挥广播的快速优势，却没有引起有关方面的重视，因此没有全部实现。

刘昶同志学术理论研究评介

刘昶，中国传媒大学传播研究院副院长，教授。刘昶同志的学术研究涵盖了电视节目研究、广播电视产业管理体制研究、国家电视台驻外记者站机制研究、纪录片及影像研究、世界华语传媒等方面。

一、关于电视节目模式的理论

刘昶同志关于“电视节目模式”的理论从概念、历史、现状等方面厘清了多年来我国电视界对于“电视节目模式”的模糊认识，具有创新性。研究对象以欧洲，尤其是北欧的原创电视节目模式为主，打开了非英语国家电视节目模式研究的新领域、新视野。在我国电视界大量引入电视节目模式的背景下，该理论在对优秀的节目模式进行综合解读的基础上，还结合节目模式的创新背景和中国电视市场的特点，甚或节目的营销环节和与网络媒体的互动等，对节目进行有针对性的分析，使得该理论具有一定的前瞻性和实践指导意义，填补了我国电视界在“电视节目模式”理论研究方面的空白。在电视节目模式方面，刘昶同志曾主持与广东南方广播影视传媒集团合作课题《欧洲电视节目新模式研究》，该课题曾获广东省广播电影电视局省级重点研究课题一等奖。

二、关于广播电视产业管理体制的理论

刘昶同志关于广播电视产业管理体制的研究涉及中国和欧洲多个国家，其理论研究的目的是解决我国广电管理体制中的问题，

优化制度，因此，其理论成果具有很强的针对性和实践意义。对于"欧洲视听双轨制"的研究展示了欧洲各国在不同历史背景下发展起来的广电产业管理模式的运行原理及运行效果，并结合我国的实际情况就"视听双轨制"在我国的实施做出理论判断，并为我国广播电视产业突破发展瓶颈寻找到一条合理的路径。本研究成果主要体现在国家广电总局课题《中国广电产业与管理体制改革研究》。

三、关于国家电视媒体驻外记者选派机制研究

刘昶同志关于驻外记者选派机制的理论是在其多年驻外新闻工作经验的基础上总结而来的，具有十分重要的实践指导意义和应用价值。

（一）电视媒体选派驻外记者的制约因素包括：技术前提、经济前提、政治前提三个方面。

（二）驻外记者的使命和方式特点通常有三：一是突发事件或重大事件发生时报道动态新闻；二是平常大都负责专题报道或短纪录片的拍摄；三是报道的服务对象通常仅限于本台观众；四是主要是出于对品牌效应的考虑。

（三）国家电视媒体选派驻外记者的标准

在全球传播语境中，国际一流媒体驻外记者本身的素质发生了较大的变化，并形成了一定的职业文化。这要求媒体在选派合适的驻外记者时，观念必须创新。

四、关于影像传播和城市形象研究

刘昶同志关于影像与城市国际形象传播的理论从传播学和文化研究角度切入，将城市形象传播置于文化传播视域中，研究怎样利用影像记录的独特魅力，展现城市风貌，达到传播效果。

(一) 影像是城市国际形象传播的有效途径

影像的方式直观而且没有语言障碍，既可以回溯城市的发展过程，还可以记录并再现城市的表情，成为建筑、规划、设计、历史和政治等的再现方式。

(二) 城市国际形象传播与重大事件中的影像表现

每当有重大事件时，事件发生地往往都会成为国际视野的聚焦点，当地的许多方面都会因重大事件而放大。所以，城市国际形象传播完全有必要把握重大事件的机遇。

(三) 城市国际形象传播：影像工作者的责任与作为

影像工作者的特性决定了其对城市变化极具敏感性，有时甚至是超过研究者和主政者。影像工作者对于城市个性的认知和把握，至少有助于避免城市国际形象定位时的趋同性。影像工作者完全可以在城市国际形象传播的框架中，以城市为对象，用对城市种种细节的认知和捕捉、用视觉表现的不同技法和风格，淋漓尽致地再现城市独有的文化内涵。影像的城市其实就是影像工作者的城市。

五、关于国际传媒界最近发展的研究——跨媒体编辑部

刘昶同志关于媒介融合的理论主要集中在他的“跨媒体编辑部”理论上，这个理论模型构建了一种全新的、合理的、理想化的新闻产品生产方式。它是媒介融合语境下，新闻生产的集成模式，也代表了在技术推进革新的条件下，未来新闻生产的发展方向。

六、关于世界华语传媒研究

(一) 传播空间：全球化的背景格局

随着全球化从经济领域迅速扩展到政治、社会与文化领域，传播媒介，尤其是电视、互联网等电子媒介，更是构建了没有疆域的传媒“地球村”。

（二）功能："混合文化"、"杂交文化"与"流动文化"的传承纽带

文化的全球化把整个世界带入了相互依赖、制约、穿透的文化互动进程中，尤其是在人口的迁徙和流动过程中，每个文化群体都必然会发生变化，对原先的文化体系进行改变和重组，但这种重建必然建立在原有文化体系之上，并且重复使用部分原有的体系因素。

（三）载体："母语文化"、"本土文化"

对于移民群体来说，在一个全新的语言和文化的空间中，移民文化扮演着一个重要角色。它可以为移民的身份来源提供一种精神上的支援，同时帮助移民找到自己民族和文化上的归宿感。在保护少数族裔的文化特征方面，语言具有极为重要的作用。

刘玉慧同志学术理论研究评价

刘玉慧，辽宁省广播电视协会第一秘书长，《辽宁广播电视学刊》执行主编，高级编辑职称。

刘玉慧1983年毕业于东北师范大学中文系，1997年调入辽宁人民广播电台，从事新闻工作16年。刘玉慧同志在省广播电视系统工作以来，做过省电台总编辑综合部主任、总编室副主任、老干部处长、主持过局宣传管理处工作。2010年担任省协会第一秘书长，《辽宁广播电视学刊》执行主编。16年来，刘玉慧同志始终兢兢业业地学习和工作，多次被评为省台先进工作者、省厅先进工作者和优秀共产党员。也因为理论成果突出，被评为辽宁省首届广播电视十佳理论人才。目前，是省广播电视节目奖评奖委员会专家组成员、电影电视剧审查委员会专家组成员、动画片审查委员会专家组成员。

一、勤奋学习、勇于实践，不断加强个人的理论建设和修养，2004年被评为辽宁省首届广播电视十佳理论人才

刘玉慧同志从事新闻工作以来，撰写了大量理论文章，有《强化精品意识 实施精品战略》、《论正面典型报道的社会效应》、《网络时代广播路在路方》、《广播产业发展的战略构想》、《受众意识——广播生存发展的永久课题》、《受众需求与正面典型报道》等十几篇论文获国家级和省一等奖，并有十几篇论文在《中国广播电视学刊》、《中国新闻出版报》等国家级、省级刊物发表或被公开出版的新闻学专著收录。论文内容涉及宣传、管理、品牌建设、人才结构、产业开发等各个领域，不仅选题来源于广播的改革和实践，也对广播的改革与实践有重要的启示参考作用。

刘玉慧同志的论文不仅在选题、观点、结构、语言等方面有重要的优势，而且，她的论文突出针对性与时代感。她较早地关注了新兴网络对广播的影响及广播应采取的对策，较早地在意识到以每年各级学会评奖为坐标的稿件创优与以听众市场为坐标的品牌建设之间的关系，较早地强调品牌的内涵应介入市场元素，较早地思考广播产业发展的关键性障碍等问题。因此，她的论文及时地针对广播改革与发展中遇到的新问题，提出新观点，并对广播的改革与实践有一定的启示参考作用。

她作为省台、省局总编负责人，起草了大量全局性、战略性的理论文章，例如：《我省动漫产业发展面临的主要问题及发展战略和思路》、《辽宁电台赴京、津、黑、鲁、苏、粤以及青岛、广州、深圳等省市电台学习考察情况的报告》、《实施精品战略 昂首跨入21世纪》、《入世与广播产业发展》等。2004年被评为辽宁省首届广播电视十佳理论人才。

二、2010年任辽宁省广播电视协会第一秘书长，《辽宁省广播电视学刊》执行主编。期间，以学刊建设为切入点推进全省广播电视系统理论建设和理论队伍建设

（一）提升学刊的定位，把学刊从评职称人员发论文的阵地，提升为围绕广电改革发展实践探讨问题、交流思想的学术研究平台

刘玉慧同志努力推进学刊贴近广播电视改革发展实践，在广播电视改革发展的理论前沿和实践前沿研究问题，并努力使学刊为广播电视改革发展实践提供思想和理论方面的启示。近年来，学刊组织策划了一系列意义重大、角度新颖的"组合式"选题。比如，2011年围绕建党八十周年宣传，以省台为主、组织了一组角度不同、观点新颖的理论文章，集中探讨重大主题宣传报道如何走出误区，形成社会影响力。也针对当前广播电视以吸引眼球为目标的硝烟大战，提出了媒体的社会责任感和使命感会不会淹没在收视率的声浪中等问题，因此，组织了一系列涉及收视率和精品经典及社会使命

的关系等文章；也围绕当下广播电视节目新形态新方式层出不穷等现象，组织了新的节目形态与收视热情、新的节目样态“一窝蜂”现象、广播电视节目的倾向性问题等文章。针对当前广播电视节目泛娱乐化倾向，也设置了专栏进行讨论。2012年学刊还围绕获省一奖作品《春节日记》、《寒风中的温暖》、《八年承诺兑现一线生机》、《燕子窝搭在楼道里》、《留住好地块 建设保障房》等，展开讨论式交流，以优秀作品为切入点，深入挖掘、微观入手，进一步探讨如何提升广播电视作品质量问题。思考了节目创优、栏目创优与频道创优及媒体品牌形象等关系。

（二）组织广电系统理论培训和业务交流，在推进队伍的理论建设上努力工作。2011年把一些重要奖项放到基层、放到地方台去评，创造了“就地总结、就地交流、就地培训”的“评奖+培训”的模式

三、参与或组织了全省广播电视系统一系列有重要意义的大型活动

刘玉慧在重大的政治或文化活动中，承担了辽宁人民广播电台建台60年大型系列丛书的撰稿、编辑工作。在出版的四册书中，为两本书，即《栏目篇》、《精品篇》写了前言。执笔省台建台55周年、60周年的纪念文章。

四、在电影、电视剧、动画片生产等方面的理论贡献

作为省广播电影电视局电影、电视剧、动画片审查委员会专家组成员，撰写了大量评论文章，同时，在全面了解全省电影、电视剧、动画片生产状况的情况下，梳理总体形势，形成理论观点，撰写了《我省动漫产业发展面临的主要问题及发展战略和思路》等理论文章。

刘传明同志学术理论研究评介

刘传明，毕业于四川大学中文系汉语言文学专业。历任成都军区总医院政治部科长、解放军第三二四医院政治委员、重庆市广播电视局音像管理（节目）处处长、社会管理处处长、调研员、重庆市文化广电局副巡视员，2010年6月退休。2011年1月起担任重庆市广播电视协会常务副会长，《重庆广播电视年鉴》编辑部主任，重庆市广播电视协会会刊《视听天地》主编，兼任重庆市电视剧审查小组成员、重庆市广播影视节目奖评委、重庆市广播电视收听收看中心专家评论员。2010年荣立一等功，被评为重庆市优秀共产党员。

一、锲而不舍地从事广播电视管理和节目创新研究

1996年，刘传明转业到重庆市广播电视局机关工作，尽管肩负繁重的工作任务，但他始终不渝坚持工作和研究两手齐抓。在局音像管理处（节目管理处）和社会管理处处长的岗位上，结合本职工作的开展，他潜心调查了解广播电视管理工作，撰写了许多广播影视调研文章，笔端触及广播电视行政管理和业务活动的方方面面，从广播电视传输网络规划、广播电视节目制作、广播电视节目主持到卫星电视广播地面接收设施安装、互联网视听节目传播、电影和电视剧评论等各项工作，指出了当今广播影视业的诸多问题，分析了问题形成的原因，提出了建设、发展、改革、创新对策。

20世纪末，重庆市城乡一度出现非法安装卫星地面接收设施的现象，刘传明在调查处理的基础上写出调查报告《重庆市卫星接收设施整治情况报告》，徐光春同志对文章做出了批示，指出"重庆的工作做得很好，要给予支持"。

进入21世纪以来，互联网视听节目大量涌现，作为全市互联网视听节目传播管理的职能部门的负责人，刘传明对全市互联网网站的现状进行了专题调研，撰写了《重庆互联网视听节目服务管理调研报告》、《建设管理并重监管自律并举促进互联网视听节目服务健康发展》、《重庆新媒体开发的现状和对策研究》等文章，因势利导地引导了重庆互联网视听节目服务管理。

最近10年，刘传明结合本职工作，先后写作和发表了《加强管理、改进服务、推动发展——学习党的十七大文件的点滴体会》、《新形势下广播电视社会管理模式构建初探》、《关于城乡统筹公共文化服务体系建设的调查和思考》、《用科学发展观指导广播电视“村村通”工程建设》、《“走转改”制度化规范化与小康社会全面建设》等数十篇论文，有的在全国会议交流，有的在公开刊物发表，有的收入《重庆文化（文物）广播电视蓝皮书》。

二、旗帜鲜明地坚持广播电视正确舆论导向

刘传明在《持续开展“双十佳”评选活动大力推进人才精品“两大战略”》、《借鉴好经验再竖新地标》等多篇文章中，对宣传舆论对国家长治久安的影响、广播电视媒体的政治属性、广播电视的公益性和经营性的关系进行了深刻阐述，对“唯收视率”论等错误倾向进行了批判。

2011年，中宣部、国家广电总局等部门联合发出了新闻工作者“走基层、转作风、改文风”的倡议。刘传明对照党的十八大精神，撰写了《“走转改”制度化常规化与小康社会全面建设》，在这篇近万字的文章中，阐明了新闻战线深入开展“走转改”与我国社会主义小康社会建设的密切关系和广播电视新闻工作者所担负的任务以及通过“走转改”的深化促进小康社会全面建设的做法。

刘传明在他的另一篇题为《借鉴好经验再竖新地标——写在电视剧〈母亲母亲〉热播之际》的影视评论里，明确指出“注重反映人民群众的火热生活，颂扬代表时代特质的英雄形象，体现社会主义

核心价值观念，表现大多数群众乐于接受的审美情趣，实现革命的政治内容与尽可能完美的艺术形式的有机结合，这是影视剧'既叫好又叫座'的公开秘密，那种片面迎合少数观众而盲目追风、疯狂戏说、无聊调侃、粗制滥造以及庸俗、低俗、媚俗的风气早已为广大观众所厌恶，必须在摒弃之列"。从中可以看出作者的政治态度和文化价值趋向。

三、义无反顾地助推广播电视改革创新和发展进步

刘传明作为改革指导机关的参与者，他对市和区县两级广播电视机构设置和人员配置以及管办双方的现实表现做了问卷调查、直接了解和综合分析，向局党委递交了《重庆市广播电视体制改革情况、问题及建议》，并在《新形势下广播电视社会管理模式构建初探》这篇文章中，分析了传输手段日新月异、新型媒体纷至沓来、媒体受众双向互动、制播机构悄然分离、三网融合已成定局、媒体竞争日趋激烈六个方面的现状和趋势，提出了要实现变管理系统为管理社会、变管办一体为管办分开、变微观管理为宏观调控、变印象管理为科学管理的基本思路，强调了要始终坚持党管媒体、总揽全局、新旧并重、疏堵结合、内外有别的六大原则。

"十一五"规划实施阶段，全国"三网"融合在即，广播电视改革尤其是传输网络整合迫在眉睫。刘传明受调查组的委托执笔撰写了《关于北京、广西、广东三地广播电视改革与发展工作调研情况的报告》，在这篇1万5千多字的报告中，对外地经验做了详尽报告，并提出了重庆如何借鉴外地经验大刀阔斧推进广播电视改革发展的主张和意见。

刘玲华同志学术理论研究评介

刘玲华，江西广播电视台新闻主播，主任播音员，文学硕士，南昌大学特聘教授，江西省播音主持委员会副秘书长，江西省宣传文化系统“四个一批人才”，江西省省直文艺、新闻优秀年轻人才，江西省宣传文化系统优秀拔尖人才，第六届全国百优节目主持人，首届中国播音主持“金话筒爱心大使”。刘玲华现任全国青联委员、江西省青联常委、江西省慈善总会理事、江西省侨联青联理事、江西省慈善总会形象大使。刘玲华先后获得中国播音主持政府最高奖——“金话筒”奖和全国主持人优秀论文特等奖——“金笔”奖。刘玲华播音主持的电视节目、撰写的论文共获省部级以上荣誉50多次，其中一等奖20多次，数篇论文在全国核心学术期刊上发表。

刘玲华刻苦钻研、勤奋学习，理论与实践相结合，将在演播室新闻播音的经验与深入一线、扎根基层担任出镜记者的经验相结合，近年来着力对“出镜记者现场报道”这一课题进行深入研究，整理出数十万字的研究笔记，独立撰写了大量论文，其中论文《论出镜记者及其报道技巧》在业内产生了较大的影响。她还对新闻播音理论进行深入研究，代表作《情声和谐——新闻播音情感表达之追求》不仅从技巧、艺术层面加以阐述，还触及到了心理，甚至是人生态度。紧密结合走转改的《真情 真诚 真话——新闻播音主持“接地气”“长灵气”的“真理”》，对当下的新闻实践从理论上给予指导，得到多方好评。

理论研究方向之一：出镜记者

2012年，刘玲华独立撰写的论文《论出镜记者及其报道技巧》

（近4万字），获2012年度全国主持人优秀论文特等奖（最高）——金笔奖，发表在2012年度中国电视艺术家协会《播音主持优秀论文集》。

中国传媒大学电视与新闻学院教授陆锡初给予评价，认为：“该论文对出镜记者现场报道进行的深入剖析、解读，道出了如今的电视新闻中，出镜记者报道大量涌现这一显著变化的缘由。论文不仅论述了国内外出镜记者出现的背景和现状，并对‘出镜记者’的内涵重新界定，而且根据作者多年的实践与研究，提出了出镜记者在报道中应做好的四个结合，对实际工作颇有指导意义。该文选题来自电视新闻报道和新闻播报主持实践的新举措、新探索，反映了新闻主持人的新追求，内容充满新鲜感。彰显了新世纪我国节目主持人的崭新风貌——自觉肩负媒介的社会职责、时代重任，作为信息传播的‘把关人’，通过自身传播活动，努力做好舆论引导工作，更好地发挥舆论引导能力。”

论文《自然灾害报道中出镜记者的“入”与“出”》获2011年度全国主持人优秀论文一等奖，2010年度江西省记协理论交流研讨一等奖，2010年度江西省广播电视奖二等奖。发表在2011年度《播音主持优秀论文集》和《电视研究》2011年第5期。

文章论述了近几年，面对新形势，如何创新，如何做好自然灾害的现场报道，就是要把握好“入”与“出”：出镜记者要深“入”灾区抢“出”报道，要把有声语言表达的“入”情“入”理、融“入”环境，要利用体态语言传递“出”多层次信息；要真情实感地投“入”工作，更要跳“出”小我，担当道义，做出既有“温度”又有责任感的客观报道。

论文《提升出镜记者报道技巧》发表在《声屏世界》2012年第2期。

论文《出镜记者如何做好突发事件报道》获2011年度江西广播电视奖二等奖。

刘丽贞同志学术理论研究介绍

刘丽贞，漳州人民广播电台支部书记、副台长，主任记者，福建省第八届、第九届党代会代表。2012年8月被漳州市委、市政府确认为漳州市第二批优秀人才，2002年10月被确认为漳州市第三批优秀青年科技人才，先后荣获福建省优秀新闻工作者、福建省精神文明建设先进个人、漳州市优秀共产党员、漳州市第二届十佳新闻工作者、广电系统先进工作者等荣誉称号。

刘丽贞同志到电台工作16年来，每年都有论文参加福建省广播学论文研讨会交流、评比，多篇论文在全国、省、市的各级论文评比中获奖。其中，《广播情感交流热线类节目的设置与调控》获中国广电学会广播文艺专业论文一等奖，《浅议新时期对台广播的策略——从台湾媒体对大陆赴台旅游首发团的报道说起》获第2009年度全国对台港澳广播论文评选二等奖，《人物访谈类直播节目的把握与调控》等论文分别获得福建省论文评比一、二、三等奖，并分别在《福建新闻界》、《广播与电视》等刊物上发表；有多篇论文被收入《中国广播探索》、《中国广播纵论》、《东南声屏论丛》等论文集。

2002年初，撰写的论文《广播情感交流热线类节目的设置与调控》获得中国广电学会广播文艺专业论文一等奖，并入选论文集《中国广播纵论》一书。该论文指出，情感交流热线类节目是广播可以"扬独家之优势"的品牌节目，但必须要形成互动，树立听众观念，引导和激发听众积极参与和反馈的欲望，同时注意分寸，把握好主题，过滤和筛选好热线电话等才能达到预定目标。

2011年全国新闻战线深入开展"走基层、转作风、改文风"活动以后，漳州人民广播电台也积极响应。作为台里"走转改"活动的带队者之一，刘丽贞同志认为这对于培养年轻记者是非常必要的。因为目前台里的采编播人员中有相当大部分是“80后”，他们待在直播间的时间多，深入基层的时间少，更缺少基层、农村的生活工作经历，对基层缺乏真切而深厚的情感。为此她和台长牵头成立了活动领导小组，出台了活动方案，确定了挂钩联系点，带领采编人员深入基层一线开展“走转改”活动，把话筒对准基层干部，对准田间地头、高山台站、五大战役现场等基层一线，采集来自基层最动听的声音，实现全台新闻节目100%覆盖。在开展“走转改”活动中，漳州人民广播电台还注重针对媒体特点，打造个性化载体和平台，把开展活动与开展新闻业务工作结合起来，以举办活动的方式走近基层、改变作风、宣传形象，先后开展了“红蜻蜓”飞进深山——漳州电台与高车中心小学手拉手活动、“为我市白血病高危患儿慈善募捐”系列活动、“为留守儿童募集图书”、“我也来当当交警”、“文明交通漳州行”、“绿丝带在行动”等大型活动，都取得了非常好的成效。通过开展“走转改”活动，不仅漳州人民广播电台的新闻报道和节目质量有了长足的进步和提升，主持人记者们自己也在活动中受到了难得的教育，脚踏实地、真真正正地“接上了地气”。刘丽贞同志根据这些实践经验，撰写了论文《走出真情 转出本色 改出成效——从漳州人民广播电台“走转改”活动说起》，这篇论文获得了福建省“走转改”论文征集评比三等奖，也是漳州市唯一获奖论文。论文结合漳州人民广播电台“走转改”活动的具体实践，从激发社会责任感、开拓报道视野和提升新闻生命力三个方面论述了漳州人民广播电台开展“走转改”活动的成效和经验。省内同行中的相关负责同志后来还专门打来电话，询问论文中提到的活动开展的具体环节。

刘丽贞同志负责过新闻采编工作，有较丰富的实践体验，所撰写的论文也有较强的实际参考意义，受到同行和专家的肯定。2000年至2002年在负责综合节目的监制工作时，曾作为嘉宾主持参与到台里晚间的夜谈节目的运作中，该同志根据参与节目的体会撰写的论文《广播夜谈节目的设置与调控把握》、《人物访谈类直播节目的把握与调控》分别获得2001、2002年度福建省广播学论文研讨会评比一等奖和二等奖；根据几年采写对台广播节目稿件的体会而写的《寻找共鸣的契合点——试论对台广播的有效性》获得第四届全国对台港澳广播论文评选三等奖，《浅议新时期对台广播的策略——从台湾媒体对大陆赴台旅游首发团的报道说起》获第2009年度全国对台港澳广播论文评选二等奖，另外《浅谈策划在广播宣传中的作用——从漳广“抗击14号台风特别报道”说起》、《论舆论监督与正面宣传之关系》、《地方台如何发挥优势应对因特网的挑战》、《论对农村广播节目定位》、《改革创新重实效，服务百姓促发展》、《浅谈提高广播节目的必听性》、《从杨追星事件看媒体的责任缺失》、《着力增强贴近性——漳州人民广播电台新闻创新的几点体会》、《从“三贴近”入手，改进会议报道》、《做好策划与服务 应对广告市场激烈竞争》、《电波架起连心桥——漳州人民广播电台政风行风热线工作调查报告》、《浅谈突发事件报道的议程设置与管理》等论文先后在福建省广播学研讨会上交流，或被《福建新闻界》、《广播与电视》等刊物和《中国广播探索》、《东南声屏论丛》、《中国广播纵论》等论文集选用。

刘洪涛同志学术理论研究评介

刘洪涛，海峡之声广播电台网络广播部副主任。刘洪涛于2002年攻读硕士研究生时开始从事学术理论研究。十余年来，他先后在《电视研究》、《中国广播电视学刊》、《新闻爱好者》、《新闻采编》等全国核心期刊以及《中国广播》、《军事记者》、《新闻世界》等专业期刊发表论文近30篇，多篇论文在全国性的评比中获奖，还参与了《军事电子媒介新闻传播》等两部书籍的编写，个人学术专著《中国大陆对台湾广播史研究》即将于年内出版。

一、学术作风严谨

刘洪涛在学术理论研究中始终坚持实事求是，研究的过程一丝不苟、严肃认真，观点的提炼直面现实、从不讳言。比如，刘洪涛在《中国大陆"公共新闻"研究十年报告》的研究中，对150篇样本论文的作者类别、单位、地区，论文的类型、发表时间、论述重点、被引次数等数据进行一一核实，确保准确无误。其在研究结论中也直言不讳地指出中国大陆在公共新闻研究方面"研究热度未减，但泡沫化加剧；地区冷热不均，但重心开始位移"的研究现状，更尖锐地指出目前中国大陆在新闻传播研究热点方面存在着"'一次性'研究者多，持续性研究者寡；'龙套型'研究者多，领袖型研究者寡"的研究队伍结构弱点。再如，刘洪涛在获奖论文《对台广播的传播瓶颈与突破路径》中，直面对台广播现状，提出了诸多尖锐但客观真实的观点：本土化倾向干扰两岸融合；价值观念隔膜有碍祖国认同；统独结构异化消解统一基础；传播手段制约使有效到达逐渐稀释；传播主体力量编成出现失衡。评委对此赞赏：对发展和创新对台广播具有现实意义和指导意义。

二、学术推理严密

例如，刘洪涛在《对台广播的传播瓶颈与突破路径》一文中，刘洪涛通过一组数据推导出如下观点：过去台湾内部存在统与“独”两股力量，但随着社会主体力量的更迭、台湾政治生态的变化以及台湾的全面“西化”，如今的台湾社会内部统独结构发生变化，更确切地说，现在已是“独”与“非独”两股力量的对抗，台湾的统一力量大为削弱，遭到边缘化。既论证了“统独结构异化消解统一基础”的论点，也进一步提出“两岸关系的和平发展并不意味着离对台传播的终极目标更近一步，反而使对台广播的传播任务更加艰巨”的观点。

三、研究手法灵活

在学术研究具体方法的运用方面，刘洪涛掌握了调查法、观察法、文献研究法、实证研究法、定性研究法、定量研究法等多种研究方法，并能够根据研究对象和目的的不同灵活娴熟地加以运用。例如在《中国大陆“公共新闻”研究十年报告——以期刊论文为研究样本》的研究中，刘洪涛运用了抽样法和样本分析法，从期刊论文中筛选出150篇研究样本，然后对样本的各个变量分别进行统计分析，制作了多幅图表，较为直观、深入地勾勒和总结出“公共新闻”在国内10年的研究历程。

四、理论基础扎实

刘洪涛经过新闻传播学的硕士和博士学历教育，阅读了大量新闻学、传播学、政治学、社会学、舆论学方面的著作和最新研究成果，打下了较为扎实的理论功底，深化了其理论观察的洞察力，使其学术理论研究避免了流于肤浅的工作总结性陈述。例如，在其研究成果《论新时期"海峡之声"传播效果的优化》中，刘洪涛也充分发挥了理论积淀，提出要以"信息增值"和"效果增值"为取向，实现"注意力经济"与"影响力经济"的双赢。在追求信息增值方面，刘洪涛提出一要优化信道，二要全息化报道，激发两种效应：辐射效应和累积效应。在论述追求信息增值与效果增值的同时，刘洪涛还不忘提醒也不要忽略受众的接受能力限制："研究表明，受众对信息的加工与他们所接受信息的'量'有关。当信息量为零时，受众的可能选择为1，即他可以百分之百地理解该信息。当信息量为6.66时，受众的可接受度为0.5。"在实践性较强的研究中做到如此的理论深度和理论全面，充分展示了其理论基础的扎实。

五、紧贴实践前沿

刘洪涛具有较为丰富的媒体从业经历，先后从事过广播、电视、报纸、杂志、网络等媒介形式的相关工作，对大众传播的诸多领域都有一定的体验、观察和思考，这为其学术理论研究提供了直接的选题来源。纵观刘洪涛这些年的学术研究，其研究选题确实紧密结合自己的工作实际，研究的指向也直指实践中的现实问题及其解决办法，避免空洞的理论阐述。例如，刘洪涛在接触学术研究之初，刚刚结束多年的地方电视台从业实践，其研究的触角主要指向电视，先后发表了《电视广告经营机制的转型》、《央视新闻频道设计中的"雾点"》、《地方电视台如何应对央视的变阵》等10篇学术论文。在电视相亲节目重新火爆荧屏，且引发较大争议之际，他撰写了研究论文《电视征婚真人秀复兴的思考》，发表于《中国广播电视学刊》。在拓展了对台传播的研究领域后，刘洪涛又结合对台广播实践，积极展开研究，先后撰写了《海峡之声广播电台的新闻传播》、《新媒体语境下对台广播的发展》、《我军对台广播传播效果优化路径探析》、《对台广播的传播瓶颈与突破路径》、《对台广播"空中"品牌的塑造》等论文。这些研究成果都紧紧依托实践，发现问题，并积极破解问题。

刘燕南同志学术理论研究评介

刘燕南，中国传媒大学传播研究院受众研究中心主任、教授、博士生导师。她毕业于华中科技大学、中国社科院研究生院新闻系、中国人民大学新闻学院，先后获得工学学士、新闻学硕士和博士学位，具有良好的文理交叉的学科背景。在长期从事广播电视及新闻传播专业的科研和教学工作中，刘燕南认真学习和领会党中央的有关文件精神，在思想上和行动上与党中央保持一致。面对改革开放进入新的攻坚阶段，面对当前世界多极化、经济全球化和信息网络化大趋势所带来的诸多挑战，她注重与时俱进，积极从新的角度、运用新的方法观察和思考现实问题，开展系统研究；注重立足本职，将学术研究与人才培养和社会服务等工作有机结合起来。在学术研究方面，刘燕南积极钻研，勤于撰述，追求高质量。她一共撰写出版了著作及译著8部，分别是：《电视收视率解析》（独著）、《电视传播研究方法》（独著）、《国际传播受众研究》（合著）、《台湾报业争战纵横》（独著）、《受众分析》（主译）、《大众传播研究：现代方法与应用》（主译）、《美国商业电视的竞争》（主译）、《新闻立台 节目至上》（主编，待出）。发表了80余篇论文，其中30多篇发表在CSSCI核心期刊上。参与和主持了包括国家社科、国家广电总局和教育部等省部级课题在内的十余项课题；并主持承接了来自中央电视台各频道和栏目、省级电视台和频道、地市级电视台、4A广告公司、中国电信、中国日报、央视-索福瑞媒介研究、AGB尼尔森媒介研究等与传媒相关的机构数十项研究项目。她注意培养和强化自己的创新意识，从我国广播电视业发展的实际出发，适应电视市场转型变化，研究和解决问题，进行开拓性研究，尤其在电视收视率调研和分析应用研究方面取得了优秀成果，做出了突出贡献；在电视传播理论与研究方法、受众研究、网络舆情研究等领域也取得了优良成绩。

20世纪90年代末期，刘燕南开始投入电视收视率的测量、分析和应用研究，并撰写了国内第一本关于收视率问题研究的专门书籍——《电视收视率解析》。该书全面系统地介绍了收视率引入我国的背景和历程、收视率调查的由来、调查方法的演进和必要的抽样统计知识；尤其是采用定性与定量相结合的方法，讨论收视率分析的基本内容以及若干需要注意的问题；从较为宏观的角度分析影响收视行为的主要因素；在此基础上结合具体案例进一步探讨多频道电视竞争时代，电视传播者如何运用收视率进行节目编排，广告业者如何运用收视率进行媒体计划等问题。在附录部分，还专门介绍了香港开展欣赏指数（即满意度）调查的情况，为人们提供了收视率这一量化指标之外的另一个被认为是"质化"指标的参考。该书2001年荣获国家广播电影电视总局高校文科科研成果一等奖。

2003年，刘燕南撰写了《电视传播研究方法》一书，在电视收视率测量和分析之外，进一步研究在电视传播研究中如何引入科学的定量和定性调研、内容分析和实验方法。该书开篇从"中——外"、"大众传播研究——电视传播研究"、"传播理论——传播研究方法"三个维度，对电视传播研究方法的概念进行了界定，从宏观角度探讨了电视传播研究在传播学研究中逐渐占据重要地位的背景和原因，并对中国电视传播研究的发展历程和特点进行了系统分析。她认为："电视传播研究方法不仅通过研究成果对电视学的建立和发展产生影响，而且方法本身也越来越深地融入电视学的逻辑体系中，成为其中不可或缺的一环，并随着电视传播研究的发展，而不断开拓新的发展空间。"该书2004年荣获北京市高等教育精品教材奖。

2011年，刘燕南与他人合作出版了《国际传播受众研究》著作。该书是国内第一本系统研究国际传播受众理论、方法与实务的专著，也是一本综合性、理论性、实用性较强的著作。该书着眼于如何开展积极有效的国际传播和取得良好的传播效果，将视角转向国际传播的受众，力求全面科学地分析受众的现状和特点，把握和改进传播效果。该书首先对中外有关国际传播受众的概念、特点、研究演进等进行了系统梳理；其次，详细介绍了研究国际传播受众的定量与定性研究方法，并对互联网受众的测量和调研方法进行了创新性探讨；最后，总结和归纳了我国国际传播媒体受众工作的特点、原则和反馈管理机制，并对其在新媒体环境下的新动向进行了前瞻性分析。

除自撰著作外，刘燕南还出版了三部译著，其中《受众分析》译自世界著名的传播学大家丹尼斯·麦奎尔的著作，他也是很少几位有三部传播学著作在中国翻译出版的西方学者之一。为了让中译本亲近读者，刘燕南在翻译中，坚持以“信”为主，忠实于原作；其次追求“好读”，尽可能避免理论性译著常有的艰深晦涩；第三是讲求“好用”，对书中出现的专门术语或概念，均附有原文对照，对书中所援引的比较重要的理论、著述及其作者，都加以注释和背景介绍。该书由中国人民大学出版社出版。

从事广播电视业教学和科研工作以来，刘燕南撰写了多篇与电视市场转型、电视收视率分析和受众研究、电视传播效果评估相关的论文，被多方引用或转载，并获得各种学术奖项。

江燕同志学术理论研究评介

江燕，邯郸广播电视台新闻中心副主任，副高职称。江燕同志长期工作在新闻一线，所撰写的多篇论文选题新颖、超前，观点有着鲜明的时代特色，犀利独到，并以女性独特视角来进行阐述，形成自己的独特见解。论文更多重视理论与实践创新，与时代同步，善于抓住当下，针对性强，对新闻理论实践颇具参考性和借鉴意义。

1. 论文《新闻报道需要倾注更多人文关怀》的评价

也许作者是女记者的原因，这篇论文以女性视角，充满人文关怀，提出鲜明观点：媒体在采访中不是突出话语霸权，而是俯下身子，用平民视角，在新闻报道中"以人为本"，凸显对被报道者的人文关怀。

论文首先从最近新闻报道中出现的"煽情"、"赚眼泪"等可以追求轰动效应的负面现象为切入点，犹如医者问诊，对症下药。用具体两则缺乏人文关怀的新闻为论据，一则为落水儿童遇难事件，一则为外来民工妻子临产省钱不成险丢命事件，提出鲜明观点：新闻报道要"以人为本"。在具体论述过程中阐述了新闻媒体实施人文关怀，须从选题思维、平民视角等途径贴紧受众。同时也提出电视新闻更要注重通俗易懂的手法、充满人性的画面编辑、平等亲切的主持风格等方面，充分尊重被采访者的权益。

这篇论文体现了人文平等的新闻报道理念，倡导人文精神，彰显人文关怀，更尊重、贴近受众，对新闻从业者来说无疑也是一种新的文风。

2. 论文《论城市电视台的竞争发展之路》的评价

这篇论文首先从分析城市电视台所面临的现状和瓶颈着手，在分析了城市电视台所面临的现状和瓶颈后，作者提出鲜明观点：城市电视台在守望中要抓住机遇，大胆改革竞争，才能解决自身的生存与发展问题。论文从挖掘城市电视台的独特优势；差异化发展，品牌化改版；城市电视台在向社会主义市场经济转轨的过程中，多元化经营成为走出目前困境和获得未来发展的一个重要的选择；资源尤其是独占性资源的掌控；电视竞争最终是人才之争等方面有针对性地论述了城市电视台的发展对策。

作者站位高远，放眼全国各大优势媒体，从调查分析收视率最高的几大卫视和知名品牌栏目入手，用丰富厚实的论据充分论证了城市电视台在守望中应坚持特色化定位、差异化发展；坚持内容为王，品牌至上，也一定在地域性竞争中争取市场份额。采用新观念、新思路、新机制，实行高起点办台，抢占电视竞争的制高点和空白点，才能走出城市电视台自己独具特色的改革发展创新之路。

这篇论文从经营管理的角度，有针对性地论述了城市电视台如何在夹缝中求生存和发展，突破重围，差异化竞争，实现特色化发展，成功走出改革创新发展之路。文章操作性强，对各地方台的改革发展颇有启发。

3. 论文《新媒体时代隐私权和媒介社会责任》的评价

新媒体时代，一些媒体过于追求制造“新、奇、异”，置道德底线不顾，深挖他人隐私以赚取受众眼球——有的热衷对暴力犯罪案件进行炒作；有的杜撰、夸大甚至用低俗、恶俗的趣味来迎合公众口味；有些报道越来越缺乏善意，离自己所应肩负的社会责任越来越远。一些媒介的过度商业化取向和泛娱乐化倾向，严重污染了新闻风气，一再冲破新闻从业者的道德底线。“底线到底在哪里”，这句拷问同样适合让媒介来对照自己。

作者身为媒体记者提出：媒体，请守住善意和真实的底线，勇于担当社会道德责任，避开新媒体实践中的“职业失范陷阱”，这是当务之急。本篇论文观点犀利、切中要害，对时下媒体社会责任缺失、严重侵犯个人隐私行为进行有力抨击，并以大量知名网络事件为论据，如深圳“缝肛门”事件、合肥少女被毁容案等，有理有据，文风简洁利落。

作者首先从新媒体特点开始论述：这是时代大背景——网络时代、微博时代的特定背景；并进一步分析媒介伦理失范现象及原因；最后提出"个人隐私权和大众媒介权孰轻孰重？"这一尖锐社会问题。

从让人大跌眼镜的"纸馅包子"，到令人咂舌的"缝肛门"，个别媒体虽赚足了眼球赚鼓了荷包，却失去了媒体安身立命之本——公众的信任。尤其面对网络的冲击，媒介更要体现出强烈的社会责任感，牢记公信力和美誉度才是媒介的最大财富，对新闻真实性的追求永远要重于速度，对社会效益的追求永远要重于经济效益。这是媒介应该努力的方向。

许卫红同志学术理论研究评介

许卫红，厦门广播电视集团总编室副主任，兼任福建省广播电视协会广播学研究委员会副秘书长、厦门市记者协会新闻学术委员会委员，高级编辑。许卫红同志1991年毕业于北京广播学院管理系广播电视管理专业，同年进入厦门人民广播电台工作。2004年，取得厦门大学新闻系新闻传播专业硕士学位。工作23年以来，她积极进取，组织策划和编撰的作品有30多件获奖，省级一等奖有14件（次）；20多篇次专业论文在省级以上刊物发表或获奖，有2篇论文获得全国广播电视学术论文三等奖，6篇论文获省级广播电视优秀论文一等奖，5篇论文获省级广播电视优秀论文二等奖。

汇编系列重要资料及做好信息报送。2004年厦门广播电视集团成立后，许卫红接手编辑和撰写1996年~2005年6月《厦门人民广播电台、厦门电视台和厦门广电集团大事记》、《1986年至2005年厦门电台对台宣传大事记》、《30年来厦门广播电视节目发展历程》等。每年编撰3万字左右的《中国广播电视年鉴》相关内容；撰写《斗转星移一甲子 日新月异谱新章——厦门广播开播60周年》刊登于《中国广播报》2009年第39期，展现厦门广电集团的风采。工作中还注意及时了解工作动态，积极撰写信息，百多篇稿件被《厦门宣传》、《调研与对策》、《厦门广电信息》和集团《工作动态》刊登。

参与并完成课题调研。厦门广电集团刚成立，领导带队到基层开展走访调研，许卫红参与其中并执笔撰写《厦门广电集团走访调研情况汇总》，为新成立的集团领导班子提供决策参考，另外还执笔撰写了《掌握公众信息，谋求更大发展》，发表于《东南传播》2005年第3期；参与厦门市委宣传部的“加强和改进我市新闻舆论工作”专题调研，执笔撰写《进一步加强新闻宣传的宏观管理》，并负责编辑《加强和改进新闻舆论监督》和《按“三贴近”要求深化新闻改革》两部分的内容；参与厦门市广播电视局的课题调研，参与撰写《培育闽南语影视音乐制作产业的对策及建议》；执笔撰写2008年度厦门市社会科学十大重点调研课题之一《两岸交流视野下闽南语电视节目发展对策研究》，该调研论文被收入《2008年度厦门市社科学会重点调研课题成果汇编》，并获得2009年福建广播电视奖论文类评奖一等奖。

以厦门人民广播电台的听众工作为基础，撰写一系列论文，在听众研究方面取得一定的成果。

1998年对厦门市车辆收听广播情况的专门调查中，许卫红执笔撰写了论文《抓住广播收听的移动窗口》，通过分析移动收听的收听目的、时段和效果，对移动收听进行了前景展望。文章指出“车辆作为一个移动的窗口，司机的有意收听必定带动一同乘车者收听广播，无疑这是一个非常大的潜在的听众市场”，“车辆的增多，移动的收听群体必会越来越大，流动的车辆已是广播的宣传窗口，更好地占领、巩固和发展这个阵地，是提高广播节目收听率和覆盖率的事半功倍的途径”。该论文刊登于《中国广播电视学刊》1999年第11期，获第四次全国广播电视受众研究作品一等奖。

厦门人民广播电台于1996年8月和1997年10月两次委托厦门大学福兰德市场调查事务所开展的厦门市广播收听情况调查。根据调查结果，许卫红参与撰写论文《厦门经济特区与听众广播》，以坚实的数据基础提出了“广播拥有的听众群呈上升趋势”，坚定广播人的信心；由调查得出“休闲娱乐、获取信息、扩大知识面是厦门听众收听广播的主要目的”，点出了新闻节目的改革相对滞后，清醒地指出，“在新的一轮广播改革进程中，应该再造新闻优势，使新闻成为广播的拳头产品、龙头产品”，促使了厦门台以后的一系列新闻改革；文中还指出了广播的黄金时间正在发生变化，强调辩证地看待广播的黄金时间；外来人口已成为厦门经济特区重要的听众群体，要有针对性地设置节目。提高广播收听率的根本措施是提高节目质量。该论文刊登于《中国广播电视学刊》1999年第4期，获第三次全国广播电视受众研究作品二等奖。

论文《广播听众工作新探》通过厦门人民广播电台的实践，从借助互联网的支持，听众可以跨地域收听，使听众工作的范围、信息来源途径拓宽，而且沟通更便捷、反馈更快速；建立社会化与专业化相结合的听评网络，对广播节目形成立体客观的定性考察，将使多层次的听众工作既能不忽视听众的需求，又不会一味迎合听众趣味，有利于更好地满足人民群众日益增长的精神文化需求；加强听众调查和听众研究，把握听众需求脉搏，使评价节目质量有科学的指标，推动听众工作向深层次、高水平发展；由单纯的联系听众到扩大节目外延，组建各种类型的听众俱乐部，使听众工作的"三贴近"原则得到进一步的诠释等四个方面探索新时期的听众工作。该论文刊登于2001年第6期《广播与电视》，获2000年度福建省广播论文评选一等奖。

论文《建构多层面的广播节目评价反馈机制》参考厦门电台的实践和探索，从技术支持、定性考评、定量研究、人性化服务等层面论述广播节目评价反馈机制的构建，可操作性较强。该论文刊登于《南方广播研究》2004年第6期，获2004年全国广播电视受众研究作品三等奖。

孙小平同志学术理论研究评介

孙小平，新闻、法律双本科学历，并就读于南京大学新闻研究生班。1988年参加工作，先后担任报纸记者、编委、要闻版编辑、江苏省靖江电台经济部主任、新闻部主任，1997年2月担任江苏省靖江电视台副台长，2001年12月三台合并后担任江苏省靖江市广电局电视中心主任（电视台台长），2007年7月至今先后担任江苏省泰州市广播电视台法制教育频道总监、电视新闻中心副主任、泰州广播电视传媒集团（台）编委、机关一支部书记、办公室主任，是江苏省广播电影电视协会理事、江苏省科教电影电视协会理事、中国电视艺术家协会会员、苏州大学硕士生导师、中国管理科学研究院特约研究员、泰州市“311”人才工程培养对象，主任编辑职称。

该同志从事报纸、广播、电视新闻宣传工作20多年，注重学习研究和创新，具有丰富的理论和实践经验。一是理论成果丰硕，他撰写的35篇有质量的论文在《中国记者》、《中国广播电视学刊》、《新闻战线》、《新闻出版报》、《电视研究》、《国际广播影视学刊》、《视听界》等中央、省级以上刊物发表，其中获省级以上奖项的论文15件次。担任执行主编的《聚焦靖江沿江开发》由中国广播电视出版社出版，担任责任编辑的《靖江讲经》（音像制品）由中国国际广播音像出版社正式出版。二是获奖节目作品等次高、数量多。获省级及以上奖57件。其中省一等以上奖20件次。三是创办了一批优秀栏目。主抓的《新闻夜班车》被评为2010年度江苏省优秀电视栏目。负责创办的《小范帮你忙》入选中国电视艺术家协会“十大品牌电视栏目”。先后负责的《靖江新闻》、《泰州新闻》连年被评为江苏省电视新闻质量抽查先进。四是成功发现报道一批典型人物。如陈品朝、陈燕萍、高津、赵伯初、徐士珍老奶奶、郁建兴等。

从2002年开始，率先在全国各媒体关注基层法官陈燕萍的先进事迹并一直注意跟踪报道，为她成为全国重大宣传典型做出了积极的努力。

孙小平发表于《电视研究》2004年第3期的《坚持“三贴近”，打造城市电视媒体新优势》（荣获2004年10月江苏省第九届广电学术论文奖二等奖）一文就鲜明指出“贴近实际、贴近生活、贴近群众，是新闻单位践行“三个代表”重要思想、推进新闻改革的重要突破口，是新闻宣传增强针对性、实效性和吸引力、感染力的根本实现途径。作为处于最基层的城市电视媒体，如何坚持“三贴近”是一个十分重要而紧迫的课题。文章主要内容：一、坚持“三贴近”，是城市电视求生存谋发展的必然选择。二、坚持“三贴近”，必须找准定位，合理设置节目，精心选择内容，营造特色优势。三、坚持“三贴近”，必须改进报道手法，创新报道形式，优化传播效果。

孙小平在《中国广播电视学刊》2011年第10期发表的《城市广播：如何在同城媒体新闻竞争中领先》（2012年2月获中国广电协会论文评比二等奖）一文中指出，城市广播要营造自身传播新闻的竞争优势，并将这种优势进行放大和加固，发挥到极致，真正通过做强新闻，形成广播的核心竞争力。只有这样，城市广播才能在本地区的新闻竞争中领跑其他媒体。具体是：一、第一时间发布，抢占第一落点。必须在“快”字上做文章，千方百计提高新闻节目的传播速度。二、发布海量新闻，本土内容制胜。广播的低成本优势，可以播出更长时间的新闻资讯，可以承载比本地电视、报纸、网络更大的有价值的新闻信息容量，供听众自由选择，各取所需。三、尊重新闻规律，回归新闻本源。新闻价值与观众预知成反比，要尊重受众的主体接受地位，把“有无受众需求、有无收听期待”作为用稿标准。四、做好沟通互动，吸引听众参与。在多媒体的网络时代，相比于其他所有媒体，广播更便于受众随时参与。听众可以利用电话、网络、微博和短信等手段参与广播节目，实现大规模的、集中的互动。五、坚持融合传播，扩大传播效果。

孙小平在《新闻战线》2012年第2期上发表的《城市电视新闻的制胜之道》一文，提出城市台的电视新闻一定要创新思路，强化特色，形成优势，才能立于不败之地。具体要做到：一、第一时间，做最新的新闻。城市电视台要牢记“失语就是失职，迟报就是被动”的理念，把追求新闻的第一落点作为职业标准，强化“24小时发稿”理念，建立24小时不间断的发稿机制。二、在现场，做鲜活的新闻。三、立足本土，做贴近的新闻。城市电视台在加强本地新闻采访队伍的同时，要利用一切可以利用的社会资源，增加本地新闻的采制量，为本地区观众及时提供有效的多元信息服务。力求在第一时间将本地新闻一网打尽。四、直面热点难点，做受关注的新闻。面对热点难点，城市电视台要敢说话、早说话、会说话。既要顾全大局、把握大势，做到宏观真实，又要力求准确、追求真相，做到微观真实。五、致力服务，做有用的新闻。观众最需要城市电视台实现的功能是“有用”。“有用”包含三方面的要求：“实用、可看、健康”。其中实用是基础，为观众提供欲知、未知而应知的信息；可看是条件，使新闻好看、便于传播；健康是保证，使导向正确、格调向上。三者构成有机统一的整体，相辅相成，缺一不可。

李宇同志学术理论研究评介

李宇，于2002年进入中央电视台中文国际频道（CCTV-4）从事电视对外传播工作，先后从事对外新闻的翻译、海外华人新闻和专题节目的采访与编辑、深度国际新闻报道的采访与编辑等，具有丰富的对外报道经验。与此同时，李宇接受了专业系统的学术培养和训练，先后在北京大学新闻与传播学院取得新闻学方向的硕士学位和传播学方向的博士学位，其中博士学习期间的研究重点是国际传播。

2008年至今，李宇同志先后参与国家社科院基金重大项目“我国对外传播文化软实力研究”、国家社科基金重点项目“多语种国际频道的传播策略和影响力研究”、国家社科院基金青年项目“中国电视传媒与中国国家形象海外传播研究”和文化部“新时期中国文化国际影响力评估”等，担任课题组主要成员，对于所参与的研究项目具有积极的学术贡献。其中，在国家社科院基金重大项目“我国对外传播文化软实力研究”（08&ZD057）中，李宇担任了子课题负责人。

从2010年到2013年，李宇同志先后出版6本专著：《中国电视国际化和对外传播》、《海外华语电视研究》、《对外电视与文化传播研究》、《国际传播视角下美国华语电视内容模式研究》、《国际传播视角下各国电视研究：现状与展望》等。在专业期刊发表《“文化中国”视角下的电视对外传播》、《对外传播中的“二次传播”策略》、《传媒技术变革与电视对外传播》等80余篇论文。李宇一直紧密结合对外传播工作实践开展理论研究，针对当前我国国际传播能力建设和电视对外传播工作中的实际问题进行理论探索和思考。李宇在国际传播和对外电视方面形成了系统的分析框架和理论视角，提出了诸多建设性的研究模式和独到的理论见解、论点。李宇的多篇论文曾获国家级的奖项，包括国务院新闻办“全国第一届对外传播理论研讨会优秀论文奖”和中国传播学会“中国第十一届中国传播学大会优秀论文奖”等。创新对外传播和国际传播的研究模式和分析框架。

一、提出“对外传播硬实力与软实力协调模式”

针对我国对外传播存在着两种无效传播形式：客观上的弱势传播，即西强我弱的国际传播格局导致“传而不通”，和主观上的无效传播，即保守的对外传播观念和传播形式导致“通而不受”，李宇提出了一个“对外传播硬实力与软实力协调模式”。传媒硬实力的提高增强了传媒的传播和覆盖能力，但不一定能增强传媒的影响力（传播效果）；传媒软实力的提升则增强了传媒的吸引力、亲和力、引导力和影响力，使传播效果深远而持久。对于电视对外传播而言，硬实力需要人、财、物的投入，而软实力侧重于传播方式、技巧和策略等方面。传播效果，则是在硬实力与软实力的共同作用下，才能形成。如果硬实力足够强大，而软实力不足，那么我国电视对外传播只能让节目信号散布在海外受众的周围，而不能让他们增进对中国的了解和认同，也就无法取得传播效果，达到传播目的。例如，我国近年来加大了在电视对外传播方面的扶持力度，电视对外传播获得了长足的发展，尤其是对外传播的硬实力有了很大的提升。但与此同时，对外传播软实力建设相对滞后。这种软实力与硬实力发展不均衡，不利于取得理想的传播效果。

根据中国电视对外的特点，李宇提出了电视对外传播“硬实力”、“软实力”与传播效果关系的“对外传播硬实力和软实力协调模式”的分析模型。

二、将对外传播与跨文化传播理论进行有机结合，创新对外传播和国际传播研究的理论分析框架

李宇认为，我国电视对外传播的过程远比对内传播复杂，不仅要跨越地理距离，还要克服制度和意识形态差异所造成的障碍，与此同时，还要突破文化差异形成的屏障。地理距离可以借助现代的传播技术加以解决，但是制度与意识形态以及文化差异则较难应付。据此，李宇提出了对外传播流程图。这个分析框架可以应用到电视对外传播和国际传播的新闻、电视剧等不同内容的传播分析中。

李宇认为，电视对外传播的信息每通过一层障碍的时候，不可避免地会有损耗，如果我们还固守“宣传”的心态，不注重传播理念、传播内容和传播方式的革新，尤其是不着力研究对内与对外的受众差异，那么，我国电视对外传播中能够穿透三道屏障并最终到达海外受众的信息将会少之又少。2008年国家在提出“要加快‘走出去’步伐”时，就特别强调要深入研究国内外受众心理特点和接受习惯，善于利用现代传播技巧，增强新闻报道的亲和力、吸引力和感染力。

2002年到2010年，李宇在央视中文国际频道（CCTV-4）从事对外电视节目采编工作，针对我国电视对外节目采编播领域存在的问题，他刻苦研究，出版了《中国电视国际化和对外传播》、《海外华语电视研究》、《对外电视与文化传播》等专著。2010年，他调入中央电视台海外传播中心，从事国际传播能力建设相关工作。针对我国电视国际传播能力建设所面临的挑战以及央视国际频道海外落地业务中的新问题，他积极探索，先后在国内专业杂志发表《“文化中国”视角下的电视对外传播》、《对外传播中的“二次传播”策略》、《传媒技术变革与电视对外传播》、《美国地方电视新闻特点探微》等论文。

李暄同志学术理论研究评介

李暄，河南电视台艺术总监，正高职称，国家一级导演。1984年在河南省广播电视厅工作，参与了创办黄河音像出版社工作，先后担任编辑、编辑部主任、音像部主任、社长助理、副社长职务。被邀请作为中国广播影视大奖·第22届广播电视节目（星光奖）终评委员、中国电视第26届"金鹰奖"电视节目奖终评委员、河南电影审查小组专家成员、河南电视文艺"牡丹奖"评委。李暄撰写的《电视文艺与和谐文化》电视理论专著，全书40余万字，2011年由河南文艺出版社出版，获中国广播电视协会主办的全国第七届电视学术著作评选三等奖。

李暄同志在担任电视剧导演工作中，将积累经验上升到理论层面，撰写一系列理论文章和创作体会，其中《从〈山乡秋红〉谈戏曲电视剧的音乐功能》一文，除1995年5月在《电视剧》杂志第5期发表外，还被收入中国传媒大学杨燕教授编辑的理论丛书。评论《心中的琴音·二胡演奏家王寿庭的艺术风格》（发表在《河南广播电视报》，1987年5月8日）、评论《妙在四两拨千斤——谈电影〈巍巍昆仑〉的细节安排》（发表在《郑州晚报》，1988年10月17日）、论文《戏曲电视剧〈泪洒相思池〉拍摄随想》（发表在《郑州晚报》，1997年11月2日）等都显示了学以致用、理论指导艺术创作的思维。所创作作品分获河南省"五个一工程"奖、国家新闻出版署音像奖选题奖、国家新闻出版署音像奖一等奖、中央电视台首届音带评比金奖、河南省第二届优秀音像制品评奖优秀奖、优秀编辑单项奖等一系列奖项。担任译制导演的电影《她可爱的女人》在全国首届译制片节目评选中获一等奖。

2004年策划推出武术搏击类栏目《武林风》，该栏目2009年因成绩优秀被国家广电总局列入向全国推荐学习的十二种优秀节目样态。李暄同志受中国电视艺术家协会之邀在贵州举行的全国优秀电视栏目研讨会上，宣读了论文《内容为王与元素创新》。文章被收入该协会编辑的《电视春晚创新与探索》一书。他撰写的论文《飞翔：评全国舞蹈大赛银奖作品〈牵手〉》（发表在《郑州日报》，2007年6月3日）、论文《论品山品茶品诗》（发表在《中州诗词》，2004年第2期）、论文《从铁塔说到诗》（发表在《中州诗词》，2003年第1期）都展示了他独特的艺术理论思维和文体创新。

李暄同志专注电视文艺创作，应报刊杂志之邀撰写了大量理论文章和体会。如《〈盛世中原舞春风〉——河南2005年春节电视文艺晚会导演阐述》（发表在《首播》杂志2005年第1期）、《〈感谢生活感谢春天〉——写在河南省2006年春节电视文艺晚会〈花开中原〉之后》（发表在《首播》杂志2006年第1期）、《〈四海情相系 一家亲相连〉——谈谈2007年豫港澳三地电视春节联欢晚会〈欢乐一家亲〉的电视语言追求》（发表在《首播》杂志2007年第1期）等的微观理论探索，也有从宏观角度对电视文艺发展进行的思考，如《对河南电视文艺现状的思考》（发表在《首播》2004年第1期）、《〈耕云播雨 任重道远〉——从心连心慰问演出谈电视文艺的新实践》（发表在《首播》杂志2004年第4期）。此外，2009年8月，在北京《当代电视》杂志发表了结合河南台电视文艺实际和透视全国电视文艺进步发展的论文《浅谈河南电视本土化策略》，进一步从更深层次拓展河南台节目栏目定位及意义。

从2011年《〈原来姹紫嫣红开遍〉——2009年、2010年度河南省电视文艺"牡丹奖"、电视剧"大河奖"评选综述》开始，连续三年撰写河南省电视文艺"牡丹奖"、电视剧"大河奖"评选综述，并在《中原声屏》杂志上发表。撰写的《2010~2011年全国卫视春节期间节目样态及其文化意义》一文，被2013年《中国广播电影电视发展报告》使用。

李暄同志撰写的电视理论专著《电视文艺与和谐文化》，2013年3月，在河南文化史上具有重要作用的出版工程《新世纪河南文化系列丛书》将该书收入，准备重新再版。

《电视文艺与和谐文化》在研究领域的创新性

中国电视文艺发展必须以中国和谐文化作为引领，而不应该是以任何西方文化思潮作为引领。电视文艺在和世界各国人民交往的桥梁是它体现出的和谐文化，既不应该是意识形态对决，也不应该是手段方法的对立，而应是文化思维文化层面的和谐与对话。面对强势的西方电视文化思潮夹带在一个个引进的电视文艺节目栏目中，向我国电视文艺理论的频频出击，中国电视理论家的集体失语只会助长它们的势头。只要中国电视理论家们真正行动起来，真正做到了文化的自觉，长此以往，我们的电视文艺发展才能不断走向自信，进而走向自强。

《电视文艺与和谐文化》研究发现的独特性

作为一个电视理论工作者的自觉担当意识支撑着这部书的写作。特别在当代电视文艺理论环境并不良好，一些媒体批评被收买后以夸耀发行量、票房、收视率和所谓电视文艺作品排行榜为能事时，媒体人仍然坚持电视文艺批评的责任，显示另一种视角另一种价值的判断存在，并且以其巨大的理论勇气，提出了和谐文化指引下的电视文艺美学风格，提出了电视文艺功能判断的十种力量所在。在这里，形成了认识电视文艺新的思维方式和方法，也找到了判断电视文艺功能作用的在思想经度与价值纬度上的新坐标。

李智同志学术理论研究评介

李智，中国传媒大学资料室主任、教授。他先后出版了著作14部，其中，专著7部，编著1部，译著6部；共发表学术论文35篇，其中CSSCI核心期刊论文28篇；主持或参与国家极、省部级项目7项。这些学术活动和学术成果主要涉及传播学和国际传播学等专业方向领域。据香港中文大学学者苏钥机对大陆近年来国际传播研究方向的学术文献（包括著作和论文）的统计分析，李智是国际传播学界学术成果最多的学者之一。

李智在学术理论研究方面的成就和贡献主要表现在七个方面：

一、文化外交的开拓性研究

李智是国内研究文化外交最早的学者之一。2003年，发表了《试论文化外交》（发表在《外交学院学报》2003年第1期）一文，系统论述了文化外交的内涵和外延，由此确立了文化外交这一概念在外交学和国际关系学中的地位。随后，在2005年，出版了“国内第一部专题研究文化外交的专著”《文化外交——一种传播学的解读》（北京大学出版社2005年版）。该书“独创性的部分是理论篇，这是我国国内学者首次在借鉴和参考西方已有的研究成果的基础上初步对文化外交从学理上进行界定。该书填补了国内外交学研究的一大空白，为外交学知识的积累做出了较为重要的贡献。

二、国际政治传播的系统研究

参评者对国际传播的特殊形态——国际政治传播进行了系统

研究。其代表性的研究成果是专著《国际政治传播——控制与效果》(北京大学出版社2007年版)。该书探讨了国际政治传播的学科属性、基本特征、内在实质、表现形态及其制约因素。在此基础上,本书从政府与媒体之间博弈关系的角度对国际政治传播展开了控制分析;继而,以媒体、公众和政府的三角互动关系为视角对国际政治传播展开了效果分析。而后,本书提出了一种包含四要素(传播国政府、国际性媒体、国际公众和目标国政府)和三环节(传播国政府左右国际性媒体报道→国际媒体塑造国际公众舆论→国际舆论影响目标国政府决策)的国际政治传播运行图式。

三、全球传播的开创性研究

李智编撰出版了国内第一部全球传播学教材《全球传播学引论》。该书的学术价值在于:廓清了"全球传播"的概念,勘定了全球传播研究的"地理边界",为全球传播从一个研究领域上升为一门学科做出了较为重要的学术贡献。

《全球传播学引论》提出了六大观点:1. 全球传播是全球社会的一种基本现象,是全球社会中人的一种基本生存方式。2. 全球传播与国际传播同属于跨国传播,全球传播是在国际传播的基础之上发展起来的,是国际传播在全球范围内的延伸、拓展和扩散。3. 全球传播的本质是全球关系。4. 全球传播经历了印刷媒介时代、电子媒介时代和互联网时代三个阶段。5. 全球传播的基本特征有:传播主体的多元性;传播内容的复合性;传播手段的融合性;传播对象的主动性及传播态势的不均衡性。6. 全球传播受到主权国家和国际组织的双重控制,但其最终的效应是民族国家主权的弱化和全球公民社会的形成。

四、母语传播的理论探究

在人类跨文化、跨国界的信息传播活动中,存在着一种极为普遍却又少有人探讨的传播形态——母语传播。李智在主编的《母语传播概论》(中国传媒大学2011年版)一书对母语传播这种以对象国或目标国的语言作为传播媒介的对外传播形态进行了理论上的探索，提出了母语传播的基本内涵、外延及其语言优先性、文化为本性、大众性、国际性和受众至上性等五大传播特性，并且提炼出母语传播的基本模式和主要作用。

五、国家形象的反思性研究

李智对国家形象的反思性研究集中体现在一项研究成果——专著《中国国家形象——全球传播时代建构主义的解读》上。该项成果运用社会建构主义的理论范式，从宏观国际体系层面解读“国家形象”，确立了一种非本质主义的国家形象观。本书遵循从理论到实践，从学理分析、历史描述到战略判断的研究路径，全面系统地解析了建构主义的国家形象观，“重写”了近现代中国的国家形象，并提出了全球传播时代当代中国国家形象建构的战略决策要领和策略方法。

六、文化软实力的批判性研究

李智在深入研究文化外交、国际政治传播、全球传播和国家形象的基础上，借用国际关系建构主义理论，提出并不断完善了“文化软权力化”概念，该概念正逐渐被国际关系和国际传播学界所认同和接受。学术论文《软实力的实现与中国对外传播战略》(发表于《现代国际关系》2008年第7期，获第十届中国传媒大学优秀学术成果一等奖)对此概念做了集中的阐发。

七、对中国国际传播研究路径的再思考

经过八年的传播学和国际传播研究，李智对中国三十多年来

的传播学研究和十多年来的国际传播研究活动及其路径进行了批判性的反思。这种反思和批判精神、内容集中体现在论文《在“理论”与“经验”之间：对中国传播研究二元路径的再思考》（发表于《国际新闻界》2011年第9期，获教育部高校新闻学科教学指导委员会、全国新闻学会首届新闻学青年学者优秀学术成果奖）中。在该文中，作者提出了中国国际传播研究国际化和本土化的真实含义和相应的问题意识、理论范式和研究方法，为中国未来的国际传播研究指明了一种方向和路径。

李正国同志学术理论研究评介

李正国，传播学博士，中央人民广播电台副总监，副高职称。他的研究领域是广播发展战略、广播产业、新媒体。目前发表、完成新闻业务、传播学理论、广播产业等各类论文30多篇，学术专著2本（《国家形象构建》、《国家形象构建与民族主义》），影视学术前沿丛书3本（《可见于不可见》等），传媒领域工作调研报告20多篇，多次获得全国、省部级学术论文大奖，许多观点建议被理论刊物、学者和决策者转载、采纳、实施。

最典型的当属主笔完成的2008年国家广电总局重点社科项目《中央广播应急体系构建》。国家应急广播体系已经列入国家十二五重点文化建设项目、总局重点建设项目、中央电台重点建设项目。

李正国一方面在做好自身研究工作的同时，发挥课题负责人的传帮带的作用，从做课题的思维、方法、注意事项等对年轻的同事耐心指导和帮助，使他们尽快成长并独立完成相关的研究，也使团队的集体意识更浓厚、凝聚力更强，几年间完成了一大批台内外的传媒研究课题。

对于李正国的学术评价，可以从中国广播电视协会学术部主任张君昌对其《国家形象构建与民族主义》一书的评价意见中反映出李正国的学术思维、理念、方法和功底等诸多方面的情况：

1. 本书选题视角新颖。当前学界关于国家形象构建的研究颇热，已有的研究主要集中于政治学上的外交策略、国际传播中的媒体战略、文化输出、中西方国家形象构建比较等经验层面的研究，本书紧扣国家形象构建中的民族主义元素进行解剖，形成了具备体系的逻辑论证。

2. 立论观点清晰明确。本书以民族主义考量国家形象构建，从概念界定、历史回顾、规律总结、文本解读、策略建议等各方面出发，紧紧围绕论题展开，立论正确，思维缜密，中国立场鲜明。

3. 行文严谨学理性强。本书写作既有宏观的理论学说作为支撑，又选取了较有代表性的案例从不同角度进行论证。语言表述冷静、理智，没有陷入'民族主义'情绪之中，显示了学术研究的严肃性。

本书是一部具有前瞻性思维、具有学理修养的国家政治与传播学交叉学科著作。已出版的类似著作不多，完全有资格出版，以弥补我国在这一领域研究不足的缺憾。"

从知识架构方面来看，李正国博士学习阶段，他开始研究传播学和国际关系，并独立完成学校重大课题，出版了专著《国家形象构建》。毕业后，他进入中央人民广播电台后一直从事战略发展研究工作，使得多年来的媒体经验与理论得以有机融合。

从学术视野方面来看，李正国的研究主题宏大，视角宽广，却并不流于泛泛的学理论述和推理，往往通过对具体文本的解读来进行规律性的总结，最后回归对实际工作的策略与建议，收放有度，纵横捭阖，显示了他开阔的观察视野。某种意义上说，高度决定价值。由于他的研究往往立足于国内外传媒研究的前沿，涉及的问题很多事关决策的顶层设计和可操作性，因此，"大处着眼，小处着手"成为其研究的主要特色，这在其《国家形象构建》、《国家形象构建与民族主义》2本专著中都得到了鲜明体现。

从研究领域方面来看，李正国涉猎的范围相对广阔但又重点突出，这一点表现在其发表的论文上，既有新闻业务的探讨（比如《新闻摄影的画外音》），又有传播学理论探索（比如《危机公关：传媒角色与国家形象修复》）；既有广播发展战略（比如《从奥广联盟走向全国广播联盟》），又有产业调研（比如《广播电视购物调研报告》），等等，但上述主题基本都集中于不同领域的战略层面。通常，战略给人的感觉是务虚成分较多，但李正国对战略的研究主题大都来源于实际，贴近工作，贴近业务，虚中透实，虚实相间，对实际工作的启发意义不言而喻。

从研究方法方面来看，李正国非常注重实地调研，其研究成果大多来自于自己的所听、所见、所思、所想，以《中央广播应急体系构建》为例，他在2008年汶川大地震、2011年东日本大地震后，先后赴日本两次调研，为了使这个课题研究更符合中国的状况，成果具备可操作性，他一个人还前往四川、贵州、重庆实地调查当地媒体，尤其是广播电台，深入了解他们在突发事件中的运作特性，第一手的资料最终为这个重大课题的完成奠定了扎实的基础。此外，他也经常运用文本解读的方式来呈现自己的学术见解、理念阐述、观点批判、理论建构等，使其逻辑论证更具有针对性和思辨风格，这些都体现了他严谨的学术作风。

从研究成果方面来看，李正国近些年来对其研究领域的深入钻研，取得了令人较为满意的成绩。一部分研究成果已经转化为实实在在的生产力，比如中国广播联盟的成立、国家应急广播体系的建设等，对广播事业和中央电台的发展起到了积极的推动作用；一部分研究成果虽然还停留在论证阶段，但其前瞻性的认识也给业内外提供了一定的启发，比如社区传媒在城镇化进程中的现实价值等。概言之，李正国的研究成果具有较强的针对性、指导性、学理性和可操作性。

李立新同志学术理论研究评介

李立新，山东省广播电影电视局宣传管理处处长，高级编辑。多年来，该同志从事宣传组织调度和宣传管理工作。他立足本职工作，认真思考广播电视发展中的新问题、新现象，独立撰写或合作撰写，并在省级刊物发表了《面对21世纪，山东广播电视准备好了吗》、《新形势下促进山东广播影视产业发展的基点思考》、《创办名牌节目，繁荣广播电视》、《电视新闻的自主创新与市场竞争》、《广播电视应加大对青少年心理卫生宣传的力度》、《浅论电视娱乐节目的导向意识》、《为内地电视剧把脉》、《艺术地关照美与和谐 实践电视剧的社会责任》等十多篇理论文章，其中《面对21世纪，山东广播电视准备好了吗》获得2000年山东新闻奖论文奖一等奖，《电视新闻的自主创新与市场竞争》获得2005年山东省广播电视论文奖一等奖并被《新华文摘》2006年第4期辑录，《新形势下促进山东广播影视产业发展的几点思考》获得2006年山东省广播电视学术年会论文奖一等奖，《广播电视应加大对青少年心理卫生宣传的力度》获得2000年山东省广播电视协会学术年会论文奖二等奖。

李立新同志牢牢把握正确的舆论导向，以马克思主义新闻观为指导，密切联系工作实践，侧重于广播电视业务的应用研究。从其论文所涉及的内容来看，在广播电视发展战略构想、广播电视节目形态、电视剧批评三个方面，进行了认真的思考和研判。

一、围绕新形势新任务，开展广播影视发展前瞻性研究

2000年，他撰写的《面对21世纪，山东广播电视准备好了吗》，

发表在2000年第7期《山东视听》杂志上，并获得了当年度山东新闻奖论文类一等奖。这篇文章首先分析了20世纪末和21世纪初，广播电视所面临的来自网络、传统媒体的严峻挑战。其次是积极地肯定了广播电视的六大优势：一是听广播看电视投入少，价格低，为受众所青睐；二是广播电视收视方便，且声像俱佳；三是广播电视受众资源丰富，收听收看广播电视不受文化水平高低的限制；四是广播电视网络已成为我国技术先进、规模最大的网络之一；五是就目前来说，广播电视具有丰富的新闻资源和品牌优势；六是新兴媒体发育尚未健全，进入21世纪的最初几十年广播电视面临严峻挑战步履维艰，但发展前景仍十分可观。文章最后提出要抓住机遇发展自己，给出了相应对策。

《新形势下促进山东广播影视产业发展的几点思考》，也属于全局性的前瞻性研究，文章对山东广播影视产业发展面临的形势、存在的不足和优势、需要把握的方向以及发展的对策进行了论述，获得了2006年山东省学术年会论文一等奖。

二、围绕提高节目质量，开展广播电视节目形态研究

李立新同志关注广播电视节目形态的变化、走势以及存在的问题，适时进行总结、提炼，提出意见建议，对新闻、社教、综艺娱乐等节目的健康发展提出了有益的指导性意见。论文《创办名牌节目 繁荣广播电视》、《广播电视应加大对青少年心理卫生宣传的力度》、《电视新闻的自主创新与市场竞争》、《浅论电视娱乐节目的导向意识》等，都是此类文章。

《电视新闻的自主创新与市场竞争》资料丰富，论据翔实，论述严密，逻辑性强，从大量的新闻报道事例中生发出对新闻报道规律性的提炼和总结，提出了新闻报道创新发展的路径，实践的可操作性很强，被2006年《新华文摘》第4期辑录。文章提出，新闻节目是构建主流电视传媒的核心要素。怎样更好地贯彻“三个代表”重要思想和科学发展观，坚持“三贴近”原则，努力推进电视新闻节目

的自主创新和市场竞争，不断提升电视新闻的节目质量，增强媒体的核心竞争力，是充分发挥电视新闻的信息传播、舆论引导和社会教育功能，更好地为改革开放和现代化建设服务的迫切要求和重要课题。

《浅论电视娱乐节目的导向意识》是李立新针对"娱乐立台"现象，针对电视娱乐节目重娱乐、轻价值观引导的浮躁现象给出的一些警示，对引导娱乐节目自觉纠正导向偏差，确保正确舆论导向，促进娱乐节目的健康发展，具有积极的现实意义。文章提出，一要克服急功近利的思想倾向，自觉地在创作实践中强化导向意识。二要把握好电视娱乐节目创作导向性的内涵，以导向性统领电视娱乐节目创作。三要自觉地以导向性规范制约电视娱乐节目创作各要素，确保正确的舆论导向，确保给大众健康的、积极的、美的享受。四要始终坚持社会效益第一的原则，努力实现电视娱乐节目导向性与娱乐性的有机统一。

三、围绕电视剧创作引导，开展电视剧评论工作

李立新同志撰写的论文《花木兰随想》、《为内地电视剧把脉》、《艺术地关照美与和谐　实践电视剧的社会责任——〈半路夫妻〉观后》等，属于这一类。

《艺术地关照美与和谐　实践电视剧的社会责任》是对电视连续剧《半路夫妻》的评论，文章提出，观看电视剧在大众的文化娱乐消费中已经占据越来越大的比重，这是不争的事实。28集电视连续剧《半路夫妻》提供了一个有价值的文本，歌颂了人与人之间纯净美好的情感，体现了创作者对人的生存状态的审美观照和对爱情婚姻家庭伦理道德的理性思考，具有较为深刻的文化意蕴和思想深度。

李国瑾同志学术理论研究评介

李国瑾，副高职称，先后在云南人民广播电台新闻中心、经济频道担任记者、编辑。2010年正式调入云南省广播电视局直属学校——云南省广播电视学校担任“广播电视新闻采写”、“ 广播电视新闻专题”及“普通话”课的任课教师及播音与节目主持专业的班主任。

李国瑾同志从事广播电视新闻工作、研究、教学23年，共发表各类新闻作品1024篇（次），获全国、省级奖励97次。该同志在大量广播电视新闻实践的基础上，针对实际工作中存在的一些问题，开始自觉地进入发现问题、探讨问题、解决问题的学术理论研究领域。她坚持用马列主义、毛泽东思想、邓小平理论、“三个代表”重要思想和科学发展观指导理论研究工作，注重理论联系实际，体现出了社会主义核心价值体系，学风正派、作风扎实。该同志从事广播电视新闻工作以来，共撰写有思想高度、理论深度、实践价值的论文20多篇。2010年以来，有3篇论文获得云南省广播电视奖学术论文一等奖。近年来，该同志将广播电视采访与写作领域的问题作为研究的主攻方向，目前已撰写出10多万字的研究材料。

一、发表的论文

1.《从电视新闻教学看电视新闻之不足》荣获云南广播电视奖2009年度广播电视学术论文一等奖。

该论文分为3个部分：第一部分讲述了我国电视新闻的发展、现状；第二部分从内容和形式上论述了现阶段我国电视新闻之不足；第三部分提出了对改进电视新闻报道的建议。

云南省广播电视学校开办《电视新闻采访与写作》课程已多年。在这个过程中，李国瑾同志紧扣电视新闻发展的时代脉搏，将基础理论、应用理论、创新理论与现阶段的电视新闻实践紧紧结合在一起，不断充实着教学实践，实现了"教、学、研"紧密结合。作者既看到了中国电视新闻的不断成长，同时也看到了目前在电视新闻报道中还存在的一些不足之处，并提出了具体的解决办法、努力方向。该论文对当下的新闻实践有很强的现实指导意义。

2.《将新闻实践引入新闻教学探析》荣获云南广播电视奖2010年度广播电视学术论文管理科学类一等奖。

该论文分为两个部分。第一部分从多方面论述了新闻实践对新闻教学的重要意义；第二部分论述了将新闻实践引入新闻教学的方法：如何运用言语直观、模象直观和实物直观进行新闻知识的讲授。

这是李国瑾同志根据自己长期的新闻实践和教学体会对"教、学、研"一体化又一次有益的探索。在广播电视新闻教学中，大量引入新闻实践无疑是重要且行之有效的方法。实践观是马克思主义的基本观点，理论与实践在不断的检验、总结中螺旋式地发展，并相互依赖、相互促进。对于学生来说，在教学中引入大量的实践经验无疑是让他们更好地理解理论知识的切入点、突破口和立脚点。只有让学生爱听、爱看、爱讲才能让他们爱思索、爱总结、爱上理论，并用以指导新闻实践。此论文对指导教师们将自己的实践经验转化为理论知识、教学经验有着非常积极的意义。

3.《播音员主持人普通话水平测试问题应对》荣获云南广播电视奖2011年度广播电视学术论文管理科学类一等奖。

该论文分为四部分：第一部分阐述了什么是普通话水平测试，第二部分阐述了播音员主持人普通话水平测试应该达到的等级，第三部分分析了播音员和节目主持人在普通话测试中容易出现的问题，第四部分针对以上问题，笔者根据测试和教学经验提出切实的应对策略。

2012年7月李国瑾同志作为评委参加了"云南广播电视奖2011

年播音节目主持奖评选会”。通过对全省16个州市台报送作品的评审，感觉到云南的播音员、主持人的整体业务素质虽然较之几年前有了很大的提升，但是，有些播音员主持人最基础的语音问题并没有完全解决，很大程度上影响了其节目的质量，甚至因此在评奖中落选。经了解，这些播音员主持人在普通话水平测试中也未达到理想的等级。于是作者就播音员主持人在普通话水平测试中经常遇到的一些问题及其应对方法，做了全面而深入的探讨和总结。此文具有很强的现实指导意义。

二、广播电视采访与写作领域研究材料

“广播电视新闻采访与写作”是李国瑾同志多年广播电视新闻实践的总结和升华，目前已完成10多万字，正在教学和实践中不断完善、调整、提高。

“广播电视新闻采访与写作”研究材料，用缜密的学科理论、鲜活的新闻实例、通俗易懂的语言、逻辑性强的表述架构梳理了广播电视新闻采访与写作的知识体系。它既讲述了新闻采访与写作的基本原理原则、基本方法技能，又对近年来新出现并活跃的体裁、题材、新闻现象等进行了剖析。随着中国新闻改革的不断深化、新闻实践的不断丰富，该同志的修改和补充也将继续进行。

内容包括：《从新闻不同的定义看新闻》、《采访的性质》、《采访决定写作》、《如何做好采访前准备》、《如何判断新闻价值和采访切入点》、《采访的主要形式和方法》、《提问的技巧》、《消息的结构形式》、《标题的制作》、《导语的制作》、《背景材料的使用》、《消息主体的展开》、《消息的几种结尾》、《会议新闻的采写》。

李光辉同志学术理论研究评介

李光辉，兰州电视台总编室副主任，高级编辑职称。1983年进入兰州电视台至今，历任编辑、理论研究会（筹建办）主任、总编室副主任、主任等职务。

在30年的新闻实践中，李光辉同志十分注重把握广播电视的前沿动态发展变化，潜心广电发展的理论研究，不断在工作实践中提高自己的业务能力。通过不断加强业务理论的学习，对媒体转型期的电视创新理论有了全新的认识和心得，管理理念也不断创新。特别是近几年，他厚积而薄发，将自己多年的广电工作经历应用于理论研究之中。他撰写的30多篇专业论文分别在《中国广播影视》、《媒介》、《中国广播电视学刊》、《甘肃理论学刊》、《甘肃视听》等国家核心期刊和省级专业刊物发表，其中《对品牌化建设的冷思考》、《贴着地皮办电视》、《提升广电传媒核心竞争力，推动文化产业发展》、《定规立矩，成就方圆》、《新闻变革进行时》、《"三网融合"背景下电视媒体内容平台的构建》、《传承地域文化特质，筑造影视文化品牌》等20多篇论文分获兰州市及甘肃省"政府奖"一、二、三等奖；中国广播电视协会论文评选二、三等奖和其他征文奖。

一、在宣传管理领域的学术研究

在《"三网融合"背景下电视媒体内容平台的构建》（发表于《中国广播电视学刊》2011年第2期，获得2011年度"甘肃广播影视奖"广播电视学术论文二等奖）一文中，作者提出"三网融合的根本是改变传播渠道内在复杂的关联关系，提升内容制作和营销能力，改善终端服务质量。在这个链条中，最关键的还是中间环节——内容的生产和营销。传统的电视媒体，在新媒体发展迅猛的今天，首先要解决的是怎样立足，如何生存？传统媒体在'三网融合'的背景下构建丰富的电视媒体内容平台，不仅需要引进新人才，还要开拓机制、创新机制"。文章一语道破"它的发展过程，给中国传统的电视媒体，特别是地方电视媒体带来的不仅是一种生存方式和生存空间的变化，更多的是一种理念上的彻底变革"。

二、在节目创新方面的探索

论文《贴着地皮办电视》（发表于2009年10月15日出版的总第446期《中国广播影视》，收录于《甘肃省新闻论文集》，获得2009年度 "甘肃广播影视奖"广播电视学术论文一等奖）认真分析了城市电视台生存发展的优势和弱势。提出：电视台要打破瓶颈，实现实质性的突破，必须依托地缘亲情，倾力打造品牌节目，在绿色收视的背景下，深入挖掘本土节目资源，用电视文化的特质承载本土的民生、民情、民俗、民风以及地域的政治、经济、文化发展变化，构筑起一个符合本土特点的节目群落，推出一批极具亲和力的贴近民生、民情的节目，一句话——"贴着地皮办电视"。

论文《民生新闻本土表达与公共诉求的理性融合》（发表于《中国广播电视学刊》2012年第4期，获中国广播电视协会2012年度广播电视系统论文评析二等奖）则从以"平民视角、民生内容、民本取向"为切入点的民生新闻现状和发展动态进行分析、探讨。指出，以关注本土市民生活形态为主体内容的民生新闻，在经历了近十年的发展历程之后，不自觉地步入了尴尬境地的角度，论述了民生新闻所遭遇的尴尬和"公共诉求触碰提升盲区"的内在因素，提出了"民生新闻民本意愿的理性承载"的观点，指出"民生新闻的视角不应该仅仅局限于在平民化的层面上徘徊，更不能从字面上去曲解它所涵盖的内容，必须扩大民生内容的包容性，从时代的、全局的、发展的视角，与受众切身感受到的社会发展有机结合。从平民化的角度提炼出有助于观众生活、工作、决策、参与的信息，以观众喜欢的平民化方式深入报道发生在观众身边实实在在的变化，探究带有普遍意义的民生诉求，以提升社会公共诉求的格调，努力营造民本意愿与社会公共诉求理性融合的媒体境界，把现实报道与理性倡导有机结合，提升公民对新闻事件和社会问题的思考和判断能力，进而化解各种社会矛盾，吸引多种社会力量凝聚成健康向上的向心力。媒体在舆论监督报道中要注意新闻报道的理性原则，舆论监督不越位。负面报道要以有助于及时化解社会风险与冲突，促进社会的和谐稳定为导向。"

三、在宣传管理工作中

李光辉同志潜心研究，根据多年的工作实践，先后完成了《电视台总编室工作业务流程》、《电视节目评估体系》、《电视节目策划方案》等大型课题的研究报告。先后制定并完善了兰州电视台《关于加强编委会及总编室（编委办）职能的意见》、《电视频道节目"三审"制的规定》、《节目播出审查的规定》等多项宣传管理规章制度，设计制定、总结完善了完备的兰州电视台电视播出运行流程体系，有效地保证了全台宣传工作安全有序的开展。

2009年，针对兰州电视台的发展现状，李光辉同志撰写了分析研究报告《坚持改革创新，提升核心竞争力——对兰州电视台改革历程与发展现状的思考》。2011年，结合兰州电视台节目改、调版后的节目收视状况撰写了《明晰定位，巩固提高——电视各频道节目调、改版现状综述》等分析文章，为兰州台的创新、发展提出了意见和建议。他还受邀为台内职工授课，与大家一起探讨、分享工作经验和理论研究内容。

吴斌同志学术理论研究评介

吴斌，贵州广播电视台影视文艺频道总监、贵州影视节目交流有限公司总经理。社会兼职为贵州省屯堡研究会副秘书长、贵州社会学会常务理事。曾任贵州省广告协会副会长、中国广告协会公司委员会常务理事。

多年来，吴斌同志始终坚持理论与实践、学术与现实的融合，丰富的实战经验和深厚的理论素养，让他在学术研究领域屡有突破，他抱着以学术成果助推实战工作的信念，积极投身民族文化及电视媒体视角下的原生态文化保护等研究领域，期间参加国家及省级社科基金项目7项，发表专业学术论文20余篇，其中国家核心刊物9篇，入选论文集10种。

一、民族文化研究

吴斌同志十分注重对民族文化的研究，尤其是对贵州本土民族文化（如屯堡文化）的深入研究，为如何理解全球化浪潮之下本土文化存在的价值和意义提供了解读的目标和方向。

（一）以国际视野研究屯堡文化

吴斌认为，屯堡文化的逐渐成形，其实是明清移民以原籍家乡文化在移居地复杂的自然和人文环境中的重新建构。明代贵州独特的军事社会结构，是当时国家政策的具体产物，是国家政治军事需要下的资源配置结果，调北征南、卫所屯田、屯军世袭，社会结构趋向军事化加兵团农业化。但是随着时间的推移，特别是清代废除卫所以后，社会结构已发生前所未有的变革，在这样的变革中，军事移民及其后裔的命运深受影响。值得注意的是，随着移民的迁入，江淮民间文化以及其他相对发达的地域文化随国家意志向边地深度传播，成为移民地区的文化母源和文化主体，逐渐和地缘融合，不断建构着新的族群文化。

（二）发源和迁入的文化共同体

吴斌同志的创新研究点是：作为一个尚存的文化共同体，屯堡人的贡献在于，他们在自身文化的建构过程中，巧妙而又忠实地实现了发源地文化与迁入地的环境有机结合，在坚持中又适时地发展了发源地文化，形成了独特的文化共同体。作为现在还存在的人群，屯堡人一直在我们身边真实地存在，我们尤其希望在未来的社会中也有他们的一席之地。他们不仅仅可以被“他者”描述、被书写、被言说，也完全可以主动地审视自己的历史，从而积极地面向过去和未来，成为自身文化的持有者和传承者，成为历史和未来之间的纽带和桥梁。只有这样，现今的屯堡人才能在不断融入现代社会的同时，积极而不是消极地看待持续六百年的自身文化谱系，选择而不是放弃自身与生俱来的诸多优良传统，充分发扬这些优良传统和文化来构建现代意义中的屯堡社区，并乐观地走向未来。

（三）本土文化的强烈现实意义

与许多消逝的文明相比，屯堡文化至今还能让人惊异地感觉它的体温和生命的脉动，这本身就是一个让人惊异的现象，尽管它消逝的步履正在不断的加快。或许正因为如此，尊重它、面对它、研究它就被赋予了一定的急迫性和时效性。而作为本土化文明的一个进程，吴斌同志对于屯堡文化研究对现今的屯堡地区如何正视自身具有强烈的现实意义。

二、原生态文化保护

（一）原生态民族文化的传播价值

吴斌通过研究指出，不可否认的是原生态民族文化在现代社会的传播价值。对于全球化进程中的现代人来说，不管是一种偶然中的必然还是一种必然中的偶然，原生态民族文化背后有着广袤的蓝天、祖先的记忆和心灵的慰藉，还有着现世的稀缺和对消逝的忧虑。的确，原生态民族文化的研究与保护如果在21世纪的中国成为一门显学的话，它一定充满吊诡。即便如此，无论是一场精彩的焰火表演还是对全球化进程的最终反动，原生态民族文化的核心价值之一就是它引领着精神家园的方向。似乎是歧途之后的正途，似乎是从终点又回到起点，似乎是迷失后的找寻，我们曾经抛弃的、和工业化背道而驰的原生态民族文化在现代化道路的尽头发出金子般夺目的光芒。在这个过程中，电视媒体对原生态民族文化起着不可小视的作用和影响。

（二）电视媒体，扩大原生态民族文化的空间

电视传播是现代媒介中最具有影响力的传播方式之一。作为一种普及的现代媒介工具，毫无疑问，电视具有充分的话语霸权。如果不是以一个消费者的身份来观察，理论家可以轻易地洞见电视缤纷的表象背后作为现代传媒的本质：媒介可以对社会形态、社会心理、社会文化产生深刻的，甚至是颠覆性的影响。哈罗德·伊尼斯甚至这样断言："一种新媒介的长处，将导致一种新文明的产生。"吴斌指出，在传播的效果上，这种影响可以潜移默化，也可以暴风骤雨，但是都具有一个显著的特征，可以称之为媒介的功利主义倾向："传播媒介的性质往往在文明中产生一种偏向，这种偏向或者有利于时间观念，或者有利于空间观念。"

（三）电视媒体，文明对话中关键的话语载体

原生态文化保护是现今全球化语境下一个重要的话题。它涉及边缘与中心、族群与社会、特殊性与多样性、文明与对话等诸多范畴。

吴斌同志对《电视传播与原生态民族文化传播》这个话题的研究既有紧迫性又有长远性，也是全球化过程中不得不面对的严峻问题。而作为现代传播媒介的电视则是文明对话中关键的话语载体，并且具有强大的话语权力，对原生态文化保护具有重要意义。

吴炜华同志学术理论研究评介

吴炜华，中国传媒大学电视与新闻学院副教授，硕士生导师。2012年年度教育部新世纪优秀人才支持计划获得者，入选2012年度中国传媒大学首届优秀中青年骨干教师培育计划以及2008年度、2011年度中国传媒大学科研培育项目最高层次，荣获2012年度科研培育优秀成果奖一等奖。

吴炜华理论学术成绩包括专著两部；英文论文16篇，其中国际英文核心期刊6篇，SSCI（社会科学文献索引）两篇，A&HCI（艺术与人文文献索引）两篇；发表中文论文30篇，其中CSSCI5篇，核心期刊7篇；独立完成联合国妇女署、联合国教科文组织等机构委托的全国性英文研究报告两部；主持两项国际项目、三项校级科研培育项目；作为教学及科研项目的主要参加者，参与四项省部级项目，荣获国际级、省部级奖项5次。

一、电视文化学及影视艺术传播研究

吴炜华自1998年至今，先后参与《电视艺术文化学》、《影视艺术比较论》主要章节的编写，完成《老照片的读解》、《音乐电视意境说》、《新闻摄影的叙事研究》等论文。这些论文从影视符号学、叙事学的角度对摄影、电影及电视传播中的文化内涵及话语构成进行了梳理与分析。其中《电视艺术文化学》及《影视艺术比较论》中针对"电视符号系统"及"电影电视叙事形态的比较分析"等的内容是国内较早的在电视艺术传播领域以符号学理论展开研究的论述；《新闻摄影的叙事研究》也是国内第一篇运用叙事理论和叙事策略的概念对新闻摄影进行分析的论述。

2003年至2006年间，吴炜华在香港城市大学海外研究基金及研究生香港政府奖的支持下，开始对中国文化产业生态（动画艺术及网络文化）与新媒体文化服务模式进行研究，发表英文论文《（网络生态下的）当代中国独立动画》，刊载于《卡通：动画国际学刊》；《闪客帝国与中国闪客：中国数字文化的崛起》，刊载于《动画学刊》。期间，英文论文《叙事，文化界面及全球数字化之下的新媒体》以及中文论文《新媒体动画与中国文化界面的重建》发表于2005年台湾台北举行的“第十届跨文化研究国际会议：现代化，全球化与跨文化传播”。英文论文《先锋，摇滚及世界之间：网络动画作为当代中国亚文化实践》发表于香港大学“影现场：电影，艺术及社会变迁”学术论坛。

二、广播电视及新媒体的公共文化服务

2011年，吴炜华开始展开对广播电视及新媒体融合环境下健康传播的研究，完成了“新媒体环境下健康传播策略”报告。该报告从新媒体研究和健康传播两个视角架构研究框架，探讨了在网络传播、手机传播乃至“微传播”环境下，面对青少年展开的健康教育的传播模式以及公共文化服务的问题。

吴炜华在2010年完成了“媒介公共服务视阈下的青少年抗逆力研究 ”项目报告。该研究从跨学科研究的视角出发，从广播电视的公共文化服务方式与策略入手，运用影像民族志的方法，将摄影机发放给灾区的青少年，让他们用镜头去记录灾后重建过程中，个人、社会，以及广播电视媒体所能综合构建的文化抗逆力，在此基础上，该研究也希望能探索在灾后重建的文化语境下，青少年抗逆力培育机制与对策。

三、广播电视与新媒体的关系研究

自2007年以来，吴炜华开始广泛地研究广播电视与新媒体的

产业关系、文化融合范例和互动传播模式，先后完成《数字化的语意内涵与文化思辨》，《数字时代的跨国新闻研究》，《广电：新媒体化的春天还未到来》，《移动新闻学的电视实践与文化视野》等中文论文以及《中国博客的公共空间想象》英文论文。

在前者的基础上，吴炜华对网络环境中出现的博客、播客、数字音乐以及视频形态进行了全面的分析，并研究在这些媒介文化形态出现之后，广播电视实务及研究所出现的变化和外延意义。2012年，完成了《新形式下视频网站健康类原创节目的传播效果及文化服务分析报告》以及《媒介融合环境下健康类节目的跨平台运营与公共服务报告》，这两个研究从广播电视与新媒体研究的角度探索了健康教育与健康传播的表现形式与中国特点。这两份报告分别被爱奇艺视频网站及时尚星光传媒集团采纳，推动了健康类原创视频的艺术传播研究和社会应用。

四、新媒体社会文化学研究

吴炜华于2007年间与香港大学、北京师范大学的研究成员共同展开了对中国网络游戏文化以及青年受众的新媒体研究课题，先后完成了《虚拟狂欢与假面舞会》，《文化表演及哭泣之中国民族志》等论文。

《虚拟狂欢与假面舞会》是国际上首篇以中国网络游戏中青少年群体行为展开的研究论文，创新性地运用了在线访谈、虚拟田野等方法对青少年网络文化进行研究；该研究的初期成果在2005年6月挪威特隆赫姆由挪威科技大学举办的会议中发表，并得到香港城市大学研究生海外会议研究奖，后入选纽约大学国际高等研究院博士后项目。该研究后与香港城市大学,香港大学共同推进，中期成果发表于2007年《博弈与文化：互动媒体学刊》；2008年之后该研究后期部分展开，于2011年被劳特利奇出版社《中国在线社会：创造，欢庆与工具化的在线狂欢》一书收录。

肖枭同志学术理论研究评介

肖枭，湖南广播电视台广播中心副主任，高级编辑职称。肖枭同志从事广播电视工作19年以来，先后在广播、电视、机关、广播频道等多个岗位工作过，积累了丰富的实践经验，这些宝贵的经历为他的理论研究提供了坚实的土壤。

他的忧患意识强烈，看到问题的本质后，敢于大声疾呼讲真话。一忧广播影视行业创新不力，二忧体制机制跟不上事业的发展，三忧广播影视行业成本居高不下。他的理论紧密联系实际，来源于实践并指导实践。他对创新情有独钟，他认为，创新是上天赐予人类捍卫命运的盾牌，创新是推动人类文明前进的动力之源，创新是人类征服险滩、攀越高峰的快捷方式。因此他把自己的研究领域定格在节目创新、活动创新、编排创新、管理创新上，他把主要精力聚焦于创新上。

他的视野开阔，站在业界的前沿探寻国外电视节目的创新规律和方法。理论研究不仅要有丰富的实践经历，同时还要有宽广的视野，尤其是媒体研究，更需要对国内外一切先进的经验及时进行掌握。他对英美流行的电视节目如数家珍，洞悉了英美流行的电视节目的共同特征。他还借鉴日本的企业管理理念来管理我们的电视台。

他的理论视角多元，关注层面多元，思考方式多元，对广播节目创新、电视节目创新、收视率研究、电视栏目管理、采编人员素质提升、采访对象心理研究、电视产业、数字电视等领域的实践和研究，都取得了一定的实践业绩和理论成果。他19年的新闻从业路，走得很扎实也很充实，这种一步一个脚印的经历赋予了他对新闻宣传工作及理论研究更深刻的理解，那些来源于一线实践的研究文章读来更觉得厚实、更觉有用。

现将他勤于思考、善于总结、乐于探索的智慧结晶呈现如下:

新闻自由是近年来很多人热衷于讨论的事情,一些人盲目地崇拜国外的媒体自由度,并借机抨击我国的新闻宣传制度。熟谙美国新闻制度的肖枭同志为了澄清舆论、以正视听,撰写了《四看美国的"新闻自由"》文章,从真实发生在美国的四件新闻事件来剖析美国所谓的新闻自由。

震惊全国的罗刚事件发生后,肖枭同志撰写了《从"心灵之约"触雷看提高主持人政治素养的必要性》一文,他在文中呼吁:提高节目主持人特别是热线节目主持人的政治素质迫在眉睫。他分析,当前,我们在对主持人的使用和培养上,较多地注重于主持人的语言、文字、主持技巧,忽视了主持人的政治素养的高标准、严要求;较多地关注了主持人的知名度,忽视了对主持人的社会责任感和使命感的培养和锻炼;较多地注重收听率和经济指标,忽视了舆论阵地必须以社会效益、政治效益为第一目标的党性原则。部分年轻主持人的容貌外表、口才语言都是顶呱呱,但头脑里的"主义"太少,缺乏应用政策理论水平,面对错综复杂的社会现实抓不住问题的要害和本质,缺乏应有的洞察力和分析能力,如果主持人只有知识素养和能力素养而没有政治素养,那么对节目的把握也是力不从心,因此,必须全面提高主持人的政治素养。他在文章中指出:提高主持人的政治素养是确保广播电视是党的喉舌而不是自由论坛的需要,提高主持人的政治素养是确保正确舆论导向的需要,提高主持人的政治素养是确保广播电视在政治上同中央保持一致的需要。

他撰写的《新闻报道的舆论导向作用》一文,对在社会危机事件报道中媒体所应担当的社会责任进行了全面阐述,对危机在潜伏期、初发起、持续期和消退期四个阶段时新闻媒体所应报道的角度进行了专业而深入的论述,文章的落脚点放在新闻媒体应该充分发挥舆论引导作用。

针对电视行业"有了收视率、忘了主旋律"的现状,他撰写了

《电视节目收视率与“受众本位”的理性兼容》一文，刊发在《当代电视》上，文章首次提出了“双赢收视率”的概念，文章指出：过分强调收视率是错误的，但完全不顾收视率则是自寻绝境。我们所提倡的收视率，是既能承担社会责任又能创造良好经济效益的“双赢收视率”。这里所说的社会责任，既包括了提供真实、积极生动的信息，又包括了传播优秀品格，维护社会正义等多个方面。这篇论文荣获了第七届中国金鹰艺术节电视艺术论文理论类三等奖。

他撰写的《浅析我国广播影视产业的硬伤》一文，对制约广播影视产业做大做强的硬伤进行了全方位的透析：由于政策的原因、体制的原因，给我国广播影视产业留下了诸多人为的“硬伤”——“散”、“小”、“重复建设”、“行政级别”、“退出机制缺失”等，这些“硬伤”不除，影视产业这位已苏醒的巨人恐怕是难以身强力壮，影视大国难以变成影视强国。这篇论文荣获了湖南省青年广播电视工作者论文竞赛一等奖。

电视行业打着大制作、大投入的幌子，不计成本、不计投入，一台晚会动辄投入几千万，购一部剧，动辄花费几千万，成本居高不下。面对这一现象，肖枭同志不是直接批评这一现象，而是曲线救国，通过凤凰卫视成本控制的案例，来规劝大家必须得有成本意识。他撰写的《凤凰卫视的成本控制》一文，将凤凰卫视的成本控制经验归纳为三句话：凤凰没有自己的楼，凤凰没有专职的官，凤凰没有多余的人。

汪文斌同志学术理论研究评介

汪文斌，CCTV网络传播中心主任，高级编辑职称。汪文斌同志1985年至2002年在中央电视台工作期间，撰写的论文《电视经济节目的创新》获中国广播电视论文奖一等奖。还出版了多部著作和研究成果，包括《电视经济节目丛书》，中国经济出版社1998年出版；《世界电视前沿》（合著，第一作者），华艺出版社2001年出版；《中国电视前沿书系》（合著，第一作者），中国广播电视出版社2003年出版。论文《"3·15"我们的思考》发表在《电视研究》杂志2006年第12期。

2006年，中央电视台成立网络传播中心，任命汪文斌同志为中心主任，并主持整合中央电视台下属6个新媒体企业，成立中央电视台唯一的网络视听新媒体机构——央视网。期间，汪文斌同志面对从电视媒体跨越到网络新媒体领域的变化，积极探索，并在实践中快速创新运营模式，取得了卓越的实践成绩。同时，汪文斌同志一方面总结实践经验，另一方面积极研究新媒体行业的发展脉络、前沿技术、管理特征，推出多篇研究成果。

2009年，汪文斌同志作为课题组组长承接了广电总局的课题《公共视听载体发展及政策研究》。这项课题研究，通过对"公共视听载体"的演进发展的现实研究，探讨国内外政府行为和商业行为对公共视听载体的利用与开发的现状和支持，并针对公共媒体载体技术发展和管理模式的结合方式进行探讨。同时对比国内外在公共视听载体方面的技术发展和政策管理的比较研究，为国家广电总局在多媒体新技术进步中的政策管理提供了理论支持。

在新媒体新技术突飞猛进的发展中，作为中央电视台新媒体业务的负责人，汪文斌同志时刻紧跟新媒体技术发展和行业发展的趋势，不断研究新媒体的发展理论。2010年在《新闻战线》（2010年12期）发表了《中国网络电视台：构建立体化传播格局》，该文充分总结了中国网络电视台的发展实践和优势，从网络优势、视听特色、传播效能、互动分享、本土化建设、国际传播、网络分发和覆盖体系、立体化多终端传播等方面总结了中国网络电视台的建设情况。为新媒体视频行业发展再次提供了可借鉴的经验和理论。

2012年7月，伦敦奥运会前期，汪文斌同志在《中国广播电视学刊》上发表《伦敦奥运新看法：全媒体时代的新传播方式》，文章总结了奥运传播的历史，同时提出了中央电视台全媒体传播奥运的突出贡献。

2012年8月，汪文斌同志在《新闻战线》（2012年第8期）上发表了《中国网络电视台的人才培养》一文。深刻分析了在国内外新媒体行业迅猛发展的新时期，人才需求对新媒体企业发展的重要性。

2012年，汪文斌同志总结视频媒体发展经验，提出了新媒体发展趋势研究“未来媒体”研究项目，并在这个研究项目下出版了《未来媒体丛书》，包括《网络视频》、《移动互联网》、《SNS》、《搜索》、《微博》等分卷。该丛书经武汉大学出版社出版，并已确定为高等院校新媒体系列教材。

2013年，汪文斌同志作为新媒体领域的学科带头人继续为行业研究和发展做着贡献。2013年先后参与社科院新闻与传播研究所《中国新闻传播的发展——现状与趋势报告》的专项研究，汪文斌同志主持该项研究的新媒体部分的编写工作。

同时，2013年，汪文斌同志继续承接了国家新闻出版出版广电总局的部级科研课题工作，并作为课题组长承接了《网络视听新媒体国际传播能力建设研究》。该课题已经开始进入调研和分课题研究工作阶段。

张心平同志学术理论研究评介

张心平，包头人民广播电台主任，副高职称。张心平同志编辑出版媒体采访编辑播音岗位培训教材《声屏华章》系列丛书（118万字）。这部丛书纵观中国的六千年文明史，汉字无疑是最灿烂的文化硕果，但同时也是最难以品尝的苦果，识读的困难把大多数人挡在了汉字应用的大门之外，传统的直音法和反切法都摆脱不了以汉字给汉字注音的怪圈的束缚。进入二十世纪以来，中国文人对汉字正音和标注的努力从未停止过。从诞生于1913年的"注音字母"，到1926年的"国语罗马字"，再到1931年的"拉丁化新文字"，一个又一个踏实的脚印，终于走向了"汉语拼音"的圣坛。

1958年2月11日，汉语拼音方案被全国人民代表大会批准并且开始在全国推广，并于同年秋季进入了小学的课堂，成为每一个现今六十岁的大陆人学习知识的起点。然而，难题并没有全部解决，汉字的读音与字形具有1比1对应关系的较少。汉语拼音有21个声母，39个韵母，相拼得到410个无调值音节，1300个有调值音节；而与之相对应的汉字，《中华大字典》号称十万个；2006年商务出版社出版的《现代汉语词典》第五版，也收入字、词65000个/条。

因此，中国汉字一字多形、一形多音、一音多义的现象，给学习使用汉语汉字造成许多困难。而键盘文化、快餐文化又使得汉语汉字的学习使用更加混乱，甚至影响到汉语汉字的尊严和传承。针对这种现实，媒体有责任从自身做起，严肃自己的语言文字工作。所以在系列丛书的选编过程中，对容易产生理解上的歧义或读音上的差错的字词，针对具体语言环境，依据训诂的原则，进行注音、释义及翻译（如"王"字在不同的语言环境中有5个读音及5+N个语义）。目的在于使广播电视专业人员的理解及读音真正成为全社会的标准。

例如:《声情华章—经典卷》(第五册)第64页,“能对否,圣对贤。”如果上一句理解为“能够对不能够”或“可以对不可以”就错了。按照对下一句中“圣贤”的理解,“能对否”在此处应该是“亲善对厌恶(wù)”或“善良对恶(è)劣”。那么,依据“音由义定”的原则,“能”字的四个读音néng、nài、tái、tài中,在这里应该读“néng”;“否”字的读音就应该是“pǐ”,而不是“fǒu”。

张心平同志编辑的这套媒体采访编辑播音岗位培训材料《声情华章》系列丛书,把训诂学方法运用到古今文学文艺精品的学习欣赏中,对基础知识的巩固和实际工作的应用具有一定参考价值。这套丛书出版后,不仅播音员主持人有了比较全面的练声材料,编辑记者和技术人员也有了比较适用的文化知识读本。

张亚敏同志学术理论研究评介

张亚敏，1989年大学毕业后进入上海广电系统工作。先后在上海文化广播影视管理局总编室、上海文广新闻传媒集团发展研究部、上海广播电视台总编室工作。在1989~2010年的21年间，长期担任上海广电业界创办的唯一一本理论刊物《广播电视研究》的责任编辑工作。2010年，获新闻系列高级编辑职称。2011年起，从事上海广播电视台电视专题类栏目选题宣传管理工作。

一、在21年的广播电视学术刊物的编辑工作实践中，张亚敏长期一人承担从选题策划、组稿、编稿、审稿到整体编排等的全流程工作，独立编审的稿件累计多达800多万字。张亚敏始终坚持高标准办刊，不断探索有上海广电业特色的理论刊物的办刊方向和编辑方针，以丰富的编辑经验和较高的学术前瞻性，努力使《广播电视研究》杂志保持独树一帜。

（一）密切关注行业走向。仅2002年到2008年间，张亚敏就先后三次主动请缨，积极主导办刊方向的调整与变革，完成了对刊物的重大改版计划，并最终确立起了《广播电视研究》“文化办刊”、“开门办刊”、“大气办刊”的战略思路。

（二）密切关注传媒变革。自上世纪90年代起，上海广电历次重大的体制机制变革，张亚敏都努力及时传递来自广电一线的全新经验与思考，在《广播电视研究》杂志中留下思考的踪迹。

（三）密切关注实践热点。从“节目主持人研究”、“电视纪录片研究”、“受众收视研究”、“电视动漫研究”到“三网融合研究”等贯穿电视业发展的热点话题，张亚敏在《广播电视研究》杂志的组稿中都予以关注，并注重全面整合不同视域的学术成果与理论见解。

（四）密切关注社会事件。结合重大新闻事件或重要纪念日，

2008年以来，张亚敏先后组织推出了《5·12媒体沉思——电视：直面生命的责任》、《奥运：媒体的竞技场》、《致敬，第一代上海电视人》、《广播，在我们的生命里》等专栏、专刊，充分提升理论期刊的影响力与权威性。

（五）密切关注学术发展。张亚敏在长期的刊物编辑工作中，吸纳了一大批高水平的作者队伍，并将触角延展到了上海电视节等国际学术领域，拓宽了《广播电视研究》杂志的理论阵地。

二、21年对广播电视学术刊物编辑工作的坚守与实践探索，为张亚敏累积下了丰硕的业务成果，并赢得了行业内外的广泛认可。

（一）在中国广电报刊协会主办的学术期刊奖评选中，张亚敏先后三次获优秀编辑奖，其中一次为一等奖；经她编辑的论文多次获一、二等奖。

（二）2002年，她策划、编辑的《收视看板》栏目，获中国广电报刊协会优秀栏目二等奖；2003年，在中国记协主办的全国新闻专业期刊大赛中，张亚敏策划、编辑的《学术前沿》栏目，获优秀栏目金奖，编辑的作品获优秀论文铜奖。

（三）2010年，在中国广电报刊协会组织的评选中，张亚敏策划、编辑的《行动主张》栏目获优秀栏目二等奖，并应邀担任协会2009年度优稿评选评委。

三、24年来，张亚敏在做好本职工作的同时，积极思考不同时期广电发展的理论问题，先后在《中国广播电视学刊》、《现代传播》、《电视研究》等核心期刊上发表40多篇理论文章，近20万字，主编或执行主编了多本学术论著，参与了三项省部级以上科研课题项目，并多次获中国广播电视协会优秀论文等省市级以上的各类学术理论奖项。

（一）主要学术论文

1. 1998年，在《电视研究》杂志发表《电视走向何方？——互动电视带来的启示》，获中国广播电视优秀论文一等奖。

2. 1999年，在《现代传播》发表《上海电视：在特质人文的折射下》，获中国广播电视学会优秀论文一等奖。

3. 2008年，撰写了《"新海派文化"下的路径选择——上海广播电视理论研究的文化走向》，入选《新闻记者》杂志专刊。

4. 2009年，在《现代传播》发表《从"制播分离"到"做内容的提供商"——中国电视产业媒体资产运营的经济学分析与前景描述》，获中国广播电视协会优秀论文二等奖。

5. 2009年，在《现代传播》杂志发表《谁赢得了首播大战？——关于中国电视产业的微观经济学管窥》，获中国广播电视协会优秀论文一等奖。

6. 2010年，在《现代传播》杂志发表《经济学视野下的危机传播策略——写在2010年全球特大地震频发之际》，获中国广播电视协会优秀论文二等奖。

7. 2012年，应《视听界》杂志邀请，撰写了论文《引进与再造外来节目的"上海模式"》，作为该刊封面话题《模式的天空》特约稿刊发。

（二）主要学术论著

1. 2006~2009年，张亚敏担任广电发展研究书系《06~07传媒主张》、《07~08传媒主张》两卷的编审，以及《08~09传媒主张》卷的执行主编。

2. 2009年，张亚敏担任《老广播电视人口述历史》丛书（共2卷）的主编，该丛书获中国广播电视协会优秀学术论著一等奖。

（三）主要学术课题方面

1. 1998年，张亚敏参与国家哲学社会科学研究规划基金资助课题《从〈焦点访谈〉类（专题）报道看舆论监督作用》的课题研究，承担撰写上海的名牌栏目《新闻透视》的研究报告。

2. 2010年，担任广电总局社科研究项目《我国广播电视期刊发展历程、现状及未来走向研究》的项目成员。

3. 2011年，担任中国广播电视协会学术理论研究项目《上海电视产业格局变迁背景下的制播分离研究》的项目成员。

张阿利同志学术理论研究评介

张阿利，西北大学文学院广播电影电视系主任、教授、博士生导师，西北大学影视文化产业研究中心主任，西北大学戏剧与影视学学科带头人。曾获陕西省德艺双馨“十佳电视艺术工作者”称号。

主要学术兼职：中国高校影视学会常务理事，中国视协高校艺委会常务理事，中国电影家协会理论工作委员会委员，陕西省文联委员，陕西省电影家协会副主席，陕西省电视艺术家协会理事，陕西省文艺评论家协会理事，陕西省广电学会特邀理事等。

兼任陕西省“五个一工程”奖广播影视组评委、陕西省文艺大奖评委、陕西省广播电视奖评委、陕西省电视剧和电影（含剧本）审查组专家、陕西省委宣传部文艺阅评组专家、西安市委宣传部阅评组专家等。

主要社会兼职：西安市人民政府参事，民建中央文化委员会委员、民建西安市第十届委员会常委、参政议政工作委员会副主任，民建陕西省理论研究委员会委员等。荣获民建全国优秀会员、民建陕西省优秀会员、民建西安市优秀会员、参政议政先进个人等奖励。

张阿利教授主要从事广播电影电视学、新闻与传播学、文化产业研究及教学工作，尤其致力于中国西部影视文化与产业化研究。

主持的主要科研项目：国家社科基金规划项目全国艺术科学规划项目“中国西部电影文化与产业化研究”、“中国西部电影产业可持续发展研究”课题，主持教育部人文社科项目“中国西部电影与西部文学的关系研究”课题，主持国家广电总局人文社科项目“中国西部影视文化软实力研究”课题，主持陕西省社科基金项目

“大西北电视剧发展研究”等3项课题，陕西省教育厅社科项目“陕西影视产业发展研究”、“中国西部电影文化研究”、“陕西影视艺术精品软实力竞争研究”等3项课题，西安市科技项目“西安文化创意产业发展战略”课题，西安市社科项目“西安影视艺术精品软实力竞争研究”等。

出版专著、发表论文：出版专著《陕派电视剧地域文化论》、《电影读解与评论》等，主编《新世纪 新十年：中国影视文化的形势、格局与趋势——中国高等院校影视学会第十三届年会暨第六届中国影视高层论坛论文集》、《大话西部电影》、《西部电影新论》、《电视产业经营学》、《电视剧策划艺术论》、《电视剧艺术类型论》、《纪录片解析》、《中国电影精品读解》等，在《人民日报》、《光明日报》、《电影艺术》、《当代电影》、《中国广播电视学刊》、《中国电视》、《当代电视》、《文艺报》、《中国文化报》、《中国电影报》、《南方周末》、《人文杂志》、《新闻知识》等报刊发表多篇论文和文章。

主要学术获奖：《陕派电视剧地域文化论》（专著），获得陕西省第九届哲学社会科学优秀成果二等奖，中国高校影视学会优秀学术著作二等奖，首届陕西文艺评论奖一等奖；《论电视电影的艺术流变（特征）》（论文），获得陕西省第七届哲学社会科学优秀成果三等奖，第三届中国金鹰电视艺术节优秀论文提名奖，陕西省第三届电视艺术论文二等奖；《一切历史都是当代史——关于中国当代电视历史剧的文化分析》（论文），获得第四届中国金鹰电视艺术节优秀论文三等奖，陕西省第四届电视艺术论文二等奖；《民营电视节目制作机构发展的十年》（论文），获得陕西省第五届电视艺术论文三等奖。

陆玉方同志学术理论研究评介

陆玉方，1985年从南京大学中文系毕业后即投身新闻事业，2008年起任苏州市广播电视总台党委副书记、总编辑、副总台长，分管新闻宣传工作。

一、陆玉方同志进入广电以来，每年都有理论文章发表和获奖，选题涉及日常节目生产管理、特别节目和大型新闻行动的策划实施和品牌塑造、广电体质机制变革的探索等。其中《媒体责任·城市形象·品牌价值——苏州广电公益传播创新范式解读》发表在《中国广播电视学刊》（2011年第1期），获得第十二届全国广播电视学术论文奖三等奖。文章的理论观点折射了陆玉方新闻实践的轨迹，反映了他“三贴近”、“走转改”的成果，更让人领略到他思想的深度、高度和敏锐度。

陆玉方同志的学术理论研究善于提炼和升华新闻行动的重大意义。《媒体责任 城市形象 品牌价值》一文彰显的是媒体责任，呈现的是苏州这座城市积极正面的形象，传播的是社会的主流价值，在媒体娱乐化倾向日益凸出和公信力有所削弱的情况下，保有了对整个国家和民族的信心和认同。同时，文章表达了对电视节目品牌的认识，认为品牌需要创造、维护，而与时俱进、观念创新可以带动品牌价值的升级。

（一）创新节目样式，制作成“特别节目”——节目以“相见”为核心，强化“仪式感”，演播室设计了“悬念门”，当“悬念门”开启，捐受双方相见刹那主人公的表现具有新闻的不可预知性，而这也是节目的最大的魅力所在。“特别节目”融合了访谈节目的思想性、专题节目的典型性、文艺表现的丰富性、大型晚会的感召性等进行了多元化的创新表达。

（二）创新传播方式——全媒传播，结对联动：对内，整合旗下电视、电台、报纸、网络各类传播平台，多渠道、多时段、多种表达方式并举，按照“报、网、台”优势互补的原则，以活动为载体，加大宣传报道力度。对外，面对“三网融合”的启动，旨在形成跨越时空的国际传播舆论格局，与中央电视台、江苏广电总台、香港凤凰卫视、台湾东森电视台深度合作，这一做法使得活动当天产生了“爆发式”的话题裂变效果，包括央视在内的近30家传统媒体和25家新媒体都对活动进行了充分报道，首播为中央电视台。

二、陆玉方同志学术理论研究的一个显著特点，就是对当今新闻实践中的突出问题进行深入的剖析，找出症结，提出有针对性的整体解决方案。《整合资源　转型升级》一文中提出的观点如今已经成为指导城市台民生新闻转型升级、可持续发展的行动指南，并衍生出流程管理、模块管理等可被固定下来的节目生产之宝典，反哺新闻实践。

文章以《历程》和《新闻110》这两档节目（栏目）的实践为例，论述了“整合资源，转型升级”的突破点和如何借此打造荧屏亮点。特别节目《历程》是整合了市内外的时政资源而找到了创新创优的突破点——将地域特色和重大选题结合起来，深入开掘具有全国意义的新闻资源，这也是苏州台面对外埠媒体、卫星频道进行竞争所具有的克敌制胜的独门武器。进而认识到，没有这些资源的拥有和利用，本土化战略无从谈起，节目和栏目的贴近性也无法实施。《新闻110》是整合本土社会资源打造的标志性的新闻精品，一经推出，即成了荧屏亮点；由此，对民生新闻的认识达到了新的高度——区域主流媒体关注民生新闻应有其独特的思考原点：民生之本既有物质需求，更有精神特征的整体样态；由此出发，民生新闻的最大价值在于促进社会和谐安定。《新闻110》强调了作为主流媒体在公共生活领域的导向和介入功能，它不是守旧的公安工作综述稿，而是一种新型的警方公关方式。

陆正宁同志学术理论研究评介

陆正宁，广西广播电影电视局办公室主任、对外处处长，主任编辑职称。陆正宁同志积极学习研究电视媒体相关理论和战略管理等理论，注重理论联系实际，重点关注研究区域性电视媒体相关发展战略，积极探索研究地方电视台发展策略，主动总结研究地方广播电视新闻节目采编策略，先后在《中国记者》、《现代传播》、《南方电视学刊》、《新闻潮》、《视听》杂志上发表《基于波士顿矩阵的区域性电视媒体产业经营战略探讨》、《创新价值 开创“蓝海”》、《区域性电视购物频道营销战略SWOT分析》、《“三网融合”迷局与地方电视台的出路》、《城市电视台的专业化之辩》、《广西电视媒体“走基层”报道的实践与思考》、《多媒体时代地方电视新闻媒体突围之道》具有独到见解和参考价值的7篇论文以及广西大学工商管理硕士学位论文《GX电视台产业经营战略探讨》，曾两次获得广西新闻奖论文类二等奖，两次获得广西广播电视奖论文类二等奖，具有一定的理论造诣和理论研究成果。

一、重点关注研究区域性电视媒体相关发展战略

2013年，陆正宁同志在《现代传播》第1期发表《基于波士顿矩阵的区域性电视媒体产业经营战略探讨》。该论文指出，国内区域性电视媒体不仅具有作为党和政府“喉舌”功能的新闻宣传事业属性，还具有作为文化产业重要组成部分的产业属性。然而，目前国内电视产业总体产值不高，大多数区域性电视媒体长期以来高度依赖单一的广告经营收入。形成这种现状的主要原因是，国内许多区域性电视媒体的战略管理进程还处于一个比较初级的阶段，要么

无战略，要么只是局限在某些职能战略的层面上，缺乏整体层次上的战略体系，特别在电视媒体产业经营战略方面尤其缺失。

二、积极探索研究地方电视台发展策略

2011年，陆正宁同志在《南方电视学刊》第1期发表《“三网融合”迷局与地方电视台的出路》。该论文指出，从2010年首批12个“三网融合”试点城市推出至今，国内“三网融合”的脚步在不断加快。对身处在“三网融合”激流的地方电视台而言，唯有积极把握机遇，主动迎接挑战，方能寻找出路。论文分析地方电视台在“三网融合”中的机遇之一是视频业务是未来电信、广电、信息业发展最重要的业务，地方电视台应专注于节目内容的制作、自办频道的经营和各类以节目内容为核心的媒体服务运营，专心致志地做一个优秀的内容提供者和服务提供者；机遇之二是地方电视台节目内容优势越发凸显，多年的积累使广电行业存储了海量的节目内容数据，拥有为用户提供丰富多彩的精神文化内容的实力，尤其是广电所拥有的独家电视新闻资源，以及大活动大剧集的播出平台更是通信业在若干年内难以追赶的；机遇之三是内容分发渠道拓宽将让地方电视台获得一定的发展机遇。国家“三网融合”试点方案明确了广播电视播出机构是IPTV、手机电视集成播控主体，这将首先使试点城市的地方电视台获得和电信企业合作发展当地IPTV的主动权。各台自办频道特别是地面频道具有了更为丰富的传输渠道；机遇之四是“长尾理论”引导以广告经营为主的单一盈利模式转变。“三网融合”后，用户可以改变收看电视方式，通过点播功能满足对视频内容多样化需求，地方电视台制作的大量精品节目内容在开发“三网融合”的新渠道后，将会产生植入式广告、首尾加入广告和收费点播等多次节目增值的机会，从而实现节目长期销售，不断盈利，节目制作边际成本持续递减。

陈肯同志学术理论研究评介

陈肯，新疆电视台新闻中心制片人，主任记者职称。陈肯同志从事电视新闻工作29年，潜心广播电视前沿理论研究，在权威、核心期刊发表论文27篇，既有基础理论研究，也有瞄准当下广播电视传播中出现的新问题的研究，论文具有鲜明的时代特色。代表作《新闻现场直播确立电视的影响力和公信力》、《新形势下的新疆外宣策略》在业界引起了积极反响。论文《新形势下的新疆外宣策略》获新疆广播电视论文奖一等奖；论文《微博及互联网新闻报道真实性的分析》获新疆新闻论文奖二等奖，并被推荐参加第二十三届中国新闻论文奖评选。其主持创作的数十篇新闻作品荣获中国新闻奖、中国广播电视新闻奖、中国影视大奖、新疆广播电视新闻奖等。

在系统学习了国际传播理论后，陈肯撰写了《新形势下的新疆外宣策略》，在文章中提出了“加快提升新疆传媒业对外传播的国际影响力，已经成为新疆实施整体对外传播战略和构建国家竞争软实力与国际话语权的重要组成部分”的论点。文章提出加紧调整和实施多元综合策略，提升新疆对外传播影响力。

一、抓精品，打造特色品牌。外宣品制作发行的总体情况仍是产品多，精品少。要抓住有市场潜质的选题，做精，做深，形成特色品牌。

二、打主动仗，占领舆论高地。新疆属于边疆少数民族敏感地区，自治区各部门应建立定期吹风制，增加信息发布数量，提高信息发布质量，建立和完善政府新闻发布制度。遇重大突发事件，政府应本着及时、准确、客观、适度的原则，主动发布权威信息，学会危机处理和危机转移。

三、影像新疆，魅力无限。影视类外宣产品以强烈的视觉、听觉冲击，调动人们多种感官和丰富联想，对受众的意识形态和价值观念产生潜移默化的影响力，比其他媒体更为持久、深远、有力。

四、借用外力，联合作战。为最大限度地发挥对外宣传功能，新疆本地媒体应遵循宣传规律，在立足于新疆内部外宣资源整合的同时，尽最大努力开展与国内外新闻媒体的合作。

五、了解受众，服务受众。外宣工作应深入研究区外国外受众的接受心理，在内容上实践“三贴近”原则：坚持贴近新疆发展实际，多报道西部大开发中的现代新疆；贴近区外国外受众对新疆的信息需求，尽量减少宣传味。

六、德才兼备，提高外宣工作者素养。外宣工作者需具备过硬的学技素养，对外传播人才的培训应从政治立场和学科素养两方面着力。与此同时，新疆外宣媒体迫切需要树立与时俱进的外宣理念，适时调整外宣策略，全方位、多角度强化外宣大众传媒在国内国际的辐射能力。

陈肯积极参与新闻中心组织的“出镜记者培训”、“摄像记者培训”、“策划编导培训”等培训活动，同时，陈肯还多次在新疆广播电影电视局举办的全疆广播电视新闻培训班上讲授新闻业务和新闻理论，受到了举办方和学员的好评。

陈辉同志学术理论研究评介

陈辉，江苏省广播电视总台副台长，分管总台新闻宣传工作。陈辉同志能坚持加强马克思主义、邓小平理论、“三个代表”重要思想和科学发展观等理论学习，不断提高自身的政治修养，针对新闻宣传工作的特殊要求，特别加强了马克思主义新闻观的学习，在平时的新闻实践中，坚持用马克思主义新闻观指导新闻工作，加强队伍建设，坚持新闻立台，坚持正确舆论导向，围绕中心、服务大局。

一、理论思维方面，特别重视带有全局性和方向性的代表性个案的深度分析，来认识媒体的宣传策略、纪录片所承载的历史使命和媒体生产应该把握的路径。

陈辉以南言为笔名主编的《城市部落——21点纪实》一书，于2002年6月由东南大学出版社出版。记录普通百姓的生存状态，表现在都市化发展过程中，人在其中的命运沉浮等。他的纪录理念使江苏台成为在国内最早提出将电视纪录片进行“平民化、栏目化”运作的省级倡导台。陈辉注重对有代表性的纪录片个案进行深度分析，不断将长期的实践经验上升到理论层面，来认识和把握优秀纪录片作品生产的路径。在不断的实践过程中，突破了以往过于执著于历史背景和事件的铺叙，而使人物淹没其间的局限，注重在大的历史范围中挖掘出具有个性的英雄或平民英雄形象，作品的面貌在主旋律政治化大旗的统领下，更加趋于人文化、平民化和社会化。该书的出版，成为江苏省内多所新闻传播学院的经典教学案例。

同一时期，陈辉还撰写了《纪录片〈血证——十六张照片的故事〉创作三人谈》，刊登在《南京师范大学学报》（社会科学版）。

《一种"活化"历史的表达与再现》，在全国广播影视十佳学术期刊《视听界》上发表。文章站在节目前沿尤其是纪录片制作层面上对纪录片创作手法及拍摄视角做深入解析，立足于作品本身，而真正拒绝了完全抽象的理论阐述，以事喻理。尤其是《纪录片〈血证——十六张照片的故事〉创作三人谈》，是在由陈辉同志担纲拍摄制作的纪录片《血证——十六张照片的故事》基础上写成的。论文详细阐述了整档节目的拍摄理念、构思框架、叙述手法，叙事结构、拍摄技法等方面的内容，站在历史的、客观的角度把拍摄实践总结提升，给后来拍摄南京大屠杀题材的制作者提供了有用的启示。

二、在理论追求中，陈辉通过建立在对实践理解的基础上进行自主性地剖析阐理，上升到理论的高度，从而更好地在实践中发挥这种张力。

陈辉同志以南言为笔名撰写的《"以人为本"理念在电视传播领域的实践探析》，深入阐述了把"以人为本"作为一种传播理念和价值取向应用于电视领域，体现了江苏广电总台在产业理念上的升级，也是应对中国电视业转型期阵痛的一种积极有益的探索。该论文获得第十届江苏省广播电视学术论文评选媒体经营奖。

陈辉同志撰写的《〈士兵突击〉：收视率VS满意度》获得第七届中国金鹰电视艺术节电视艺术论文评选评论类三等奖；首届全国电视飞天艺术论文评选三等奖。创新点在于从收视率为考核依据和受众满意度两个方面入手，探索如何建立跨媒介形态、跨节目形态的评估指标、满意度评估指标。以这部电视剧为例，提出了一个理念就是中等的收视率，却因为隐藏受众在观剧后形成的情感忠诚，产生满意度，成为一种社会文化形象。这说明了收视率不应该成为唯一的一种考量的指标，还需介入满意度数据。

三、陈辉用带有前瞻性的眼光和战略高度审视广电集团未来的方向和任务。尤其在总台影视文化产业发展的引导和管理方面，同时敏锐地指出影视制播模式在未来的发展过程中可能会出现的新动向。

2009年，陈辉参加了由省委组织部举办的学习科学发展观与赴法“高研班”的学习培训，撰写的论文《法国文化创意产业的现状与启示》作为唯一一篇考察文化产业的论文，被收入由中共江苏省委组织部编辑的理论文集《面向世界的思考》，2010年3月在苏州大学出版社结集出版，为今后行业发展和制定相关政策提供了参考依据。

《以精品战略推动广电传媒的整体升级》代表了陈辉同志在影视文化产业方面的“他山之石，可以攻玉”的理念，他对于影视文化产业的发展的学术观点有着鲜明的时代特色和独到见解，对广播电视理论建设和实际工作有着很高的参考价值。

四、依托于本职工作的丰富实践，积极探索新形势下电影业的改革与发展，并注重合作，进行专项研究。

陈辉同志与耿乃凡合作，完成了国家广电总局部级社科研究项目《新形势下电影业改革与发展战略研究》，近10万字。该研究项目分为七章，首章：世界电影发展史及我国电影发展面临的机遇与挑战，第二章：国内主要电影集团（厂）的基本情况及改革发展措施，第三章：涉及中国电影生产创作研究，第四章：谈及电影院线建设与发展思路，第五章：阐述电影产业开发研究，第六章：重点论述农村电影公共服务的基本情况、存在问题及发展思路，第七章：以江苏为例，论及省级电影发展战略研究。每章都丝丝入扣。从中国电影业的发展历程和现状入手，分析当前存在的问题，从电影创作、院线建设、产业开发、公共服务、政策保障以及省级电影发展策略等方面全面探讨中国电影业的改革发展方向和措施。

陈湘同志学术理论研究评介

陈湘，中国传媒大学艺术硕士，主任编辑。1992年，考入山西人民广播电台，成为山西广播事业改革第一个专业广播频率——长城广播开台主持人，从事广播一线采、编、播工作20年。历任山西广播电视台经济广播主持人、记者、专题部主任、频率管理部主任。现任山西广播电视台经济广播副总监。获得山西省宣传文化系统"四个一批"人才称号，2001年、2009年两次被评为"山西省百佳新闻工作者"。

一、创新为学术理论研究彰显价值

20年来，陈湘通过广播节目创作、生产，以及对广播节目在传播中的现象与趋势的认知，在节目创意、表现手法、传播效果、受众定位、节目推广及社会价值、商业价值中，形成了若干可行性策略及方法，并在实践中得以体现。综艺板块《星空有约》，90年代在山西省内率先与国内唱片公司合作，推出原创中国歌曲榜形式及著名音乐人、歌手广播连线访谈，与文化公司联手策划推出中国歌坛一线明星演唱会，极大拓展了广播的外延和影响；充分利用广播特点、彰显广播服务功能，《广播家教》搭建空中课堂。多次参与设计频率节目改版方案，参与策划、开办山西省首家家庭教育访谈热线交流节目、首档女性家庭婚姻情感热线交流节目。

二、显示了理论研究对广播节目创新的价值

在20年从业过程中，陈湘始终秉承干中学、学中思、思促干的

原则，她撰写的《试论如何做好广播服务性节目》等多篇业务论文发表在《新闻采编》、《视听论坛》、《三晋声屏》等专业期刊。其中，《〈教育在线〉节目受众分析》获山西新闻奖论文一等奖。《论大众传媒的角色定位》、《广播人物专题的人文关怀与艺术追求探索》、《试论人物专稿的采写》等论文受到中国传媒大学专家的好评。另外，在新闻工作中，结合节目撰写多篇业务文章。如：本人采写作品连续三届获政府奖——中国残疾人事业好新闻一等奖，作品在人民大会堂展播，并做主题发言后，撰写《盲校小哥俩》创作体会、《做好残疾人节目——因为有爱》等业务文章在《残疾人》杂志发表。《你需知道，自己有美丽的基因》、《那年那月》、《走过，看过》等广播随笔在《长城的季节》、《长城的日子》、《60年回响》等书中发表，《学习，是一门学问》等结合日常自办节目专业特点的文章发表在《学习报》，受到专家和读者好评。

20年，对于陈湘来说，不仅仅是一个数字，而是一个主持人20年的磨砺和成长，对广播事业的执著追求。20年，没有浑浑噩噩，不是简单重复，而是在创造性的劳动中，不仅努力实践，更重要的是，在实践中注重业务的研究和理论的探索，走了一条实践——认识——再实践——再认识的路子。这样，实践才会向更高层次跃进，理论研究也有了更扎实的落点和其自身的意义与价值。就这一点而言，是难能可贵的。

陈永松同志学术理论研究评介

陈永松，温州广播电视传媒集团交通频率常务副总监，主任记者职称。陈永松同志18年来先后在新闻频率、经济生活频率和交通频率从事新闻采访和宣传管理工作，工作之余刻苦钻研理论和业务知识，坚持学以致用。多年来，撰写了十多篇论文在国家级刊物上发表。其中，论文《微博时代广播媒体如何提升突发事件的舆论引导力——以"7·23特别重大铁路事故为例"》2012年获得第十二届全国广播电视学术论文一等奖；省级研究课题《广播的新媒体融合路径研究》成果获得了普遍好评。

一、学术观点独到，特色鲜明，做到与时俱进

在新媒体融合时代，广播在突发事件中的表现和关注，是陈永松同志近几年重要的研究方向，在他多篇学术论文中往往用严密的论证思维，表达出独到的学术观点，具有一定的前瞻性和很强的时代烙印。

在2011年12月《中国广播》上发表《微博时代广播媒体如何提升突发事件的舆论引导力——以"7·23"特别重大铁路交通事故为例》论文。论文以"7·23"事故报道为例，通过对广播和微博媒体在突发事件中实际传播效果的阐述和比较分析，提出了广播在微博时代善用新媒体提升舆论引导力的可行性策略。该论文2012年获得了浙江省广播电视学术论文一等奖、第十二届全国广播电视学术论文一等奖。

2013年，陈永松同志论文《突发事件下的信息发布和传播机制探究——以H7N9禽流感和"4·20"四川雅安地震为例》试图对突

发事件情景下信息发布和传播机制进行梳理和反思，并提出构建新型信息发布和传播机制的路径设想：完善突发事件应急法制建设，优化政府组织管理模式；提高网民媒介素养，以权威声音阻止谣言散布；建立社交媒体的筛选机制，为用户提供最有效信息。

二、课题研究与实践相结合，坚持学以致用

陈永松同志在工作中，积极寻找理论研究与工作实践相结合的最佳支点，在从事宣传管理和频率管理的实际工作环境中，根据自己所遇到的问题进行研究，找出运用理论解决实践问题的策略和方法，并付诸实施。

2010年，陈永松同志结合自己的工作实践，对新媒体时代广播媒体的理念创新和新闻传播策略进行了研究，在2010年12月《中国广播》上发表了论文《新媒体时代下广播媒体的竞争策略》。论文结合大量的广播运作实例，提出了广播新闻竞争策略：采用“版块加轮盘”运作模式对新闻广播进行改版；采取多媒体协同作战；创新舆论监督模式；再造广播新闻操作流程。

2012年7月，陈永松同志在《中国广播电视学刊》上发表《广播脱口秀节目的特色把握》一文，以温州广播的大铭脱口为例，在分析了“铭式脱口秀”鲜明、独特、带着大铭个性烙印的特色之后，提出了把握广播脱口秀的特色需要重点关注带有共性的关节点。论文既是脱口秀节目成功实践的总结，又是理论提升，对指导把握广播脱口秀节目设置和主持都具有较强的指导意义。

陈俊利同志学术理论研究评介

陈俊利，大连广播电视台新闻中心副主任，主任记者职称。

城市电视台是中国电视机构中数量最为庞大的一个群体。越来越多的城市电视台在实践中强化了"新闻立台"理念，这不仅是发展的需要，更是一种现实的选择。陈俊利长期在新闻一线工作，对面临的问题有着切身的感受和认识，这也成为他理论研究的主要方向。陈俊利理论研究的特点，主要体现在两个方面：

一、来自一线，立足基层，关注新闻实践中的具体问题，针对性强

陈俊利在新闻一线摸爬滚打20年，这为他进行理论上的学习研究奠定了坚实的基础。他的理论研究重点主要集中在如下三个方面：

（一）民生新闻：进入平台期，遭遇发展瓶颈，面临升级困境

陈俊利认为，经过10年大规模扩张式发展，目前城市电视台的民生新闻已进入平台期，遇到了发展瓶颈。主要问题是：报道领域日趋狭窄，题材重复增多，失去对受众的吸引力；有意把政经新闻与民生新闻对立，许多有价值的政经消息被忽视，无价值的小事被细节化并拉长，淡化了民生新闻的价值内涵；为迎合受众而出现低俗化倾向，使媒体丧失了应承担的社会责任，甚至受到宣传主管部门的批评乃至被停播；题材琐碎、报道零散，缺乏深度和整体把握，蕴含的有效信息大幅降低；部分民生新闻一味追求新鲜奇特和感官刺激，甚至打色情的擦边球，窥视他人隐私，已经触及道德规范和法律法规的底线，等等。基于对实践中出现的这些问题的梳理、归纳和分析，陈俊利从"如何进一步推进新闻本土化"出发，对如何打造民生新闻的"升级版"做了详细的研究分析。

（二）经济报道：传统报道题材和方式日益远离观众，宣传味浓

陈俊利认为，经济报道是我国各级各类新闻机构的宣传重点之一。他提出，城市台的经济报道需要实现两个转变：一是从远离观众向贴近观众转变，特别是要增加经济走势类的报道；二是从宣传味浓向淡化宣传转变，让观众易于接受。

（三）“三农”报道：被城市电视台有意忽略，难以进入记者镜头

目前农村人口仍占我国人口的一半以上，城市电视台作为最接近基层、最贴近农村的电视播出机构，现实情况是，城市电视台的“三农”报道不但数量很少，而且观点也出现偏颇。陈俊利认为，上述几项因素短期内都难以改变，要求城市电视台不顾实际地加大对“三农”报道的力度，恐怕也难以持久。因此，城市台的“三农”报道，要在城市与农村、市民与农民、工业与农业的结合点上做文章，努力做出市民和农民都愿意看、都感兴趣的新闻报道。

（四）报道观念：地域局限导致思路狭窄，部分报道有悖国家利益和国际惯例

陈俊利认为，目前城市电视台的新闻工作者在宣传报道工作中，总体上还十分缺乏这种国际思维能力和习惯，他们对本行政区域外的事情关注不多、研究不够，对外界因素特别是国际因素对本地经济社会发展的影响缺少深入了解和分析，对本地报道可能产生的地区和国际影响更未给予关注和研究。绝大部分新闻报道还是“自家人办给自家人看”、“自说自话”，这导致一些报道与国家的立场主张不相一致，与国际贸易规则有所抵触。因此，陈俊利提出，城市电视台的宣传报道工作一定要强化国际思维，并提出切实可行的方法。

二、视野开阔，视角高端，以大思路分析“小”问题，操作性强

（一）关于民生新闻：更多关注“国计民生”

陈俊利提出，以高品质的“大民生”替代世俗化的“小民生”，

提供有效信息，提升新闻价值，是打造民生新闻"升级版"的必由之路。可从几个方面入手：一是以受众视角切入重大政经新闻，选准贴近点，打造看点；二是拓展新闻题材领域，推进本土化，实现多样性；三是以本土视角切入行政区域外发生的重大新闻事件，打开新闻视野，争夺生存空间。

（二）关于经济报道：放眼区域一体，走出一城一地

陈俊利提出，可从四个方面入手做好经济走势报道：一是关注区域经济内部发展变化，抓住热点焦点，分析走势；二是紧跟区域经济外部最新动态，结合本地实际，研判走势；三是洞悉经济现象，剖析背后原因，预测经济走势；四是盯住经济数字，从变化看趋势，加以形象化表现。

（三）关于"三农"报道：在结合点上做文章，实现双重关照，平等呈现

陈俊利认为，随着城市与农村之间的藩篱被逐步打破，城乡二元结构正在向一元化融合，城乡之间、市民与农民之间、工业与农业之间的联系变得日益紧密，已呈现出你中有我、我中有你的水乳交融状态。城市电视台抓住其结合点进行多角度、多侧面的开掘、报道，就可以在满足市民的收视需求的同时，也更好地服务于"三农"，即找准市民和农民的关注结合点，从不同视角切入，增强"三农"报道的可视性和影响力。

（四）关于报道理念：经济全球化下的城市新闻报道

如何做好经济领域报道，避免报道失误，是陈俊利同志的研究重点。陈俊利提出，强化城市电视台宣传报道的国际思维，首先要实事求是地宣传报道地方发展成就，并考量国际影响，掌握播发时机。其次，要按照国家要求把握报道内容，倡导国际贸易规则，树立双赢理念。最后，要从国际视角分析新闻现象，拓展节目内涵，提升新闻价值。

邹学麟同志学术理论研究评介

邹学麟，福建教育电视台博视网总编辑，高级编辑职称。邹学麟曾任福建省第一、二、三届广播电视学会理事、福建省广播学研究会委员、福建省青年新闻工作者协会常务理事，多次担任福建省广播电视新闻、社教、文艺等各类年度节目评奖活动的评委工作。2007年，还应邀为福建工程学院现代传媒系2004级学生讲授《法制新闻专题研究》课程，并为此撰写了12万字的讲义，受到院方和学生的好评。

邹学麟从业25年来，爱岗敬业，刻苦钻研，勤于耕耘，分别在《中国广播》、《网络传播》、《东南传播》、《声屏世界》、《福建论坛·人文社会科学版》、《南方传媒研究》等国家级刊物、核心期刊和省级专业学术刊物上发表广播电视业务论文36篇，研究内容涉及节目采编、受众研究、节目评介、宣传管理、网络传播等诸多方面。

宋毅同志学术理论研究评介

宋毅，北京电视台文艺节目中心管理科副科长，编辑职称。宋毅同志在北京电视台工作的11年间，努力提升自身的理论修养、品质修养，坚持不懈地学习马列主义、毛泽东思想、邓小平理论、"三个代表"重要思想以及科学发展观等政治理论，并通过对北京市委宣传部和台内各项宣传精神的及时了解和充分领会，有效增强了思想政治水平，提高了政治敏锐性，培养了大局意识和责任意识，在节目中多次避免了不和谐的声音及画面出现。为有效提升节目的影响力，宋毅同志近些年在新闻报道和信息传播活动中，充分发挥电视媒体议程设置功能，在深入研究受众心理的基础上，有针对性地为不同节目设置了不同的议程。在一定程度上，推进了传统电视媒体的业务创新，并取得了较为显著的成绩。

一、宋毅同志主要研究方向之一：媒介融合、电视媒体内容转型

《媒介融合趋势下电视媒体的内容变革》这篇文章厘清了电视媒体内容变革的实施路径，从"内容跨界生产及智能传播的变革"、"媒资系统带来内容开发的变革"、"由经营广告到经营内容的变革"三方面加以详细论述。宋毅认为，"电视媒体必须把自身的优势延展到其他媒介类型上或者媒介以外的产业领域。在实现电视传播体系的扩张方面，未来的方向决定要根据这些终端的特点来重新规划内容的形态和生产方式，在内容生产之前就对各种新媒体业务的特点做出详细、完整的前期调查，并把这种调查充分运用到为不同平台设计的相应环节当中。只有在这种受众对融合内

容满足的基础上，长久以来对电视形成依赖的群体才不会发生质的偏移。”

二、宋毅同志主要研究方向之二：收视率数据多元化、评估手段风险预估与控制

宋毅同志撰写的《谁为收视做体检——从个别卫视收视率造假反思媒体评估与监管功能建设》，文章在肯定收视率调查在特定时期的积极作用之外，主要从收视率造假的原因入手，针对目前国内电视行业的评价标准这一话题进行了探讨，进而反思媒体评估与第三方监管功能建设。

三、宋毅同志主要研究方向之三：新闻业务创新、深度报道策略、文艺晚会创作

宋毅同志结合多年工作感受和经验，陆续发表了多篇学术文章。

在《穿越审美愉悦的表层感知——浅析电视深度报道节目的叙事策略》一文中，宋毅同志将新闻元素与叙事策略结合起来。他指出，“电视新闻节目由于受到传播内容和节目形式的定位限制，从一开始就具有了历时性的特征，而区别叙事话语与非叙事话语的标准正是它是否具有时间性。因此，电视新闻节目自然被归为叙事语篇范畴。而且更为现实的一点是，在目前新闻素材的独占性越来越匮乏的情况下，在当今以受众为中心的电视传播方式逐渐确立的过程中，叙事策略已经成为影响节目可视性的关键因素。”

林牧茵同志学术理论研究评介

林牧茵，上海电视台电视新闻中心《新闻夜线》、《新闻报道》节目主播，主任播音员职称。近年来，其专业作品获市级和国家级奖项共计14项，包括中国广播电视学会播音与主持作品奖、金话筒提名奖、上海新闻奖、上海广播电视奖、传媒人奖等。在学术研究方面，她出版一本专著、一本译著，另有一本译著预计2013年内出版，10篇论文获奖，12篇论文发表。2009~2012年，她在复旦大学国际关系与公共事务学院攻读博士学位，2012年6月获国际政治专业法学博士学位。2012年9月，在华东师范大学哲学系博士后流动站，开始有关"媒体理性与公众理性"的博士后课题研究。

一、专著

《密苏里大学新闻教育模式在中国的移植与流变（1921~1952）》，（约30万字），复旦大学出版社，2013年6月出版。

该书聚焦中美两国的新闻教育交流，以密苏里大学新闻学院作为研究的切入点，结合时代背景、历史事件，考察并分析20世纪上半叶密苏里新闻教育模式来到中国后，对中国新闻教育、新闻业、及中国近代化进程产生的影响。

二、译著

1.《幻影公众》（The Phantom Public）（9.3万字），复旦大学出版社，2013年1月出版。该书作者沃尔特·李普曼（Walter Lippmann）是20世纪美国最富盛名的新闻评论家、政论家。书中阐述了李普曼对西方民主与公众角色的深刻见解。林牧茵同志的译文忠于原著，行文流畅。而此版《幻影公众》是该书的第一个中文译本，林牧茵同志也成为第一个将该书引入中国的人。

《幻影公众》自出版以来已有不少学者撰写书评。复旦大学新闻学院教授张涛甫先生，撰文《解构"公众"迷思》，认为"对李普曼思想光谱的分析，最不该缺席者应是他的《幻影公众》。这部思想深刻、出位的著作触碰的正是'美国式民主'的隐痛"。

2.《圣经造就美国》（The Book that Made America: How the Bible Formed Our Nation）（约20万字），已经完成译稿，预计2013年内将由同济大学出版社出版。该书对于读者了解美国的起源，了解美国精神的原动力多有裨益。

林洪美同志学术理论研究评介

林洪美，厦门广播电视集团资产账务部主任，高级会计师职称。林洪美同志2001年获厦门大学管理学院工商管理硕士学位（MBA），2006年获厦门大学管理学院管理学（会计学专业）博士学位。1994年、2001年、2003年林洪美同志先后获得中国注册会计师（CPA）、高级会计师、上市公司独立董事资格。

林洪美同志先后担任厦门电视台财务部主任、厦门广播电视集团资产财务部主任和公司董事，主持投融资管理和财务管理工作，积累了多年的从业经验。基于扎实的实践基础，林洪美同志凭借经济学和管理学的学术背景，针对广播电视传媒的运作和财务管理中的各种问题，创造性地提出"闭环集团财务管控模式"、"财务文化建设框架"、"多维绩效评估模型"等一系列管理理论、模型与方法，在多个领域创造一系列研究成果，多个角度探索理论创新，成为广电行业财务管理领域的佼佼者。

一、公开出版3部著作

1.《中国媒介组织绩效评估研究》（独著），于2009年6月在厦门大学出版社出版。该书从媒介组织的产权入手，分析中国媒介组织公共产权下多方利益相关者利益诉求之间的博弈关系，演绎出政治、经济和公共三维绩效评估理论，运用委托代理模型分析媒介组织绩效方案设计的重点，提出媒介组织绩效评估的系统分析框架，基于媒介组织绩效评估的二元价值判定视角，构建一套科学、系统的指标体系，并根据媒介组织多维度、多层次的委托代理关系研究不同战略定位和治理模式下激励方案的设计，为中国媒介改革的产权安排与资源重构提供一种分析工具。该书共32.8万字，获第七届全国广播电视学术著作评选三等奖。

2.《中国广播电视集团型财务管理与制度设计》（第一作者），于2009年6月在厦门大学出版社出版。该书主要采用规范研究方法，以财务管理的目标作为研究的逻辑起点，针对广电传媒集团事业与产业财务管理的差异性与协同性，根据广电传媒集团事业产业协同发展的两种不同治理模式，围绕财务管理职能中的决策、预算、控制、分析等环节，结合财务管理的延伸领域——绩效考核的相关要点，探讨广电传媒集团在各环节上财务管理与制度设计的特殊性与协同性，有针对性地提出财务管理制度的范式和样板。该书共44.2万字。

3.《财务总监随思录——财务文化、价值增长与信息技术》（独著）于2010年8月在经济科学出版社出版。该书共22万字，以林洪美同志主持财务工作中做的四件事为基础进行提炼升华而成。第一件，构建集成目标管理、预算管理、成本管理、绩效管理、薪酬管理和信息管理等管理手段的闭环集团财务管控体系。第二件，开展资源整合（剥离）、财务分析以及政府规制下财务运作。第三件，建立注重文化传承和冲突管理的专业性、强势性的财务文化。第四件，运用信息技术推动财务管理创新。由以上四件事引发的所为、所思构成该书的主体。

二、参加广电总局蓝皮书及课题写作

1. 参加广电蓝皮书（2011）写作

2010年，林洪美同志参加国家广电总局组织的《中国广播电影电视发展报告（2011）》（简称广电蓝皮书）科研项目，负责第三章、第八节“厦门广电集团财务管控”的写作。

2. 参加广电总局课题写作

2007~2008年，林洪美同志担任国家广电总局2007年度部级社科研究基金项目——《我国广播电视事业产业协同发展模式》

课题组副组长，致力研究我国广播电视事业产业协同发展模式下的治理结构和发展战略。该课题项目于2008年完成，其后扩充成书《中国广播电视事业产业协同发展模式研究》，于2009年6月在中国广播电视出版社出版发行。该书获第七届全国广播电视学术著作评选二等奖。

林桂花同志学术理论研究评介

林桂花（播音名：林菲），漳州电视台播音员主持人，主任播音员职称。自1989年7月进入漳州电视台以来，在业务工作中，不断在节目策划、编导、播音主持及其队伍管理等方面积累经验，从一位播音员、主持人成长为一名复合型的人才。

林桂花结合实际工作，撰写的多篇论文参加省级评奖并发表在《东南传播》刊物上。其代表性的作品有：《也说主持节目前的准备——以〈绿色的旋律〉栏目为例》，获省级论文评选二等奖；《闽南话电视节目播音主持的借力》，获省级论文评选一等奖；《电视节目主持人思想在节目中的展现》，获省级论文评选二等奖。

林桂花在论文《也说主持节目前的几种准备——以〈绿色的旋律〉栏目为例》中提出主持节目前的三大准备，即：一、心态准备；二、案头工作准备；三、开拍前准备，并以此展开论述。

心态的准备包含用心准备和去除“杂念”，为了当好这个节目的主持人，她深入地参与节目各个环节，从节目名称的选定、目标的定位、形态的定位、内容定位，选择嘉宾范围等，甚至自己选题、策划并撰写稿件，所做的这些工作都是为了拥有一个从容的心态，如果做得好，在对话时，会很从容、很放松、很自然。主持人在主持节目时往往会下意识的过多考虑外在形象，文章中提到这是一种“杂念”，一旦带有这种“杂念”，主持人很容易与节目脱钩，很关键的是主持人能否意识到有这个问题，意识到了能不能加以修正。

案头工作的准备充分与否将会影响到一个主持人在节目中的控制能力。文章从四个方面加以论述，一、选择谈话对手，学识要有权威性。二、选择题材，话题要有针对现实的紧迫性。三、拟订的话题，目的要有明确性。四、设计问题，策略要有灵活性。

开拍前的准备，文章里提出的做法是：与嘉宾在固定位置坐好后和他们聊聊天，题外题内的都可以，就是不能不说话，即使是开拍前现场有人来回走动，也不是问题，这反倒让嘉宾感到自然，身心放松，只要现场气氛很轻松，嘉宾就会觉得与平时说话没什么两样，无形中就会把电视技术对受访者的影响降到最低。

林桂花结合自身的实际工作撰写的论文《论电视节目主持人思想在节目中的展现》，文章中提出这样的思路：参与节目的策划、灵动性的采访与具有编辑的潜意识，并让这三者为主持环节服务，不失为一种有效的方法。文章着重从四方面阐述，一、主持人观点的融入。二、主持人思想的凸显。三、主持人思想潜意识的表达。四、主持人思想的集中展现。文章指出：主持人的思想要与时俱进，还要不断与节目擦出火花，所谓“思想如何，对事物便会如何”。

林桂花在论文《闽南话电视节目播音主持的借力》中提出：闽南话播音员、主持人在语言表达技巧方面存在的缺陷，是否可以借用普通话的一些播音主持技巧，将闽南话节目播得更加有声有色；借助普通话节目的形式，是否可以把闽南话节目做得更加生动活泼。

文章从这两大方面逐一展开论述，一方面是从语言表达的技巧来分析：一、重音、停连、语气、节奏等基本功成了闽南话播音主持的首要软肋。特别是在重音和停连上，重音多数落在尾字上，停连未均匀分排，她在文章中提出闽南话的语言表达技巧可以借鉴普通话的语言表达技巧加以解决，气息可以得到较好的应用。二、具有可持续播讲能力是播音员主持人工作有效的一种重要手段。闽南话电视播音员主持人在这一方面比较薄弱，在实际工作中，要是连续几天配音或现场主持，用声就出现问题从而影响到正常播音主持工作，主要是由于气息控制与运用不尽人意导致的，将普通话的气息控制与运用的理论引入其中，会起到事半功倍的效果。三、增强现场感还需情景再现。这类情况更多地出现在系列片或专题片中，作为播音员主持人，大多无法深层次参与这类片子中，那么要增强片中的现场感，是需要联想与想象的，闽南话电视播音员主持人可借用普通话这一理论，再加上对稿件相关内容链接与了解，即可将稿件播得有声有色，观众也会听得津津有味。而这种系列片或专题片更多地表现区域性的民俗文化特征的内容，所以了解闽南风情，掌握闽南风俗的一些习惯特点显得非常的必要。四、闽南话播音员主持人备稿是翻译与有声语言再创作同时并进的一种再创作。闽南话的这一语言再创作的规律有：一、闽南话发音规律。二、文白读音的一些规律。三、在句中的功能。

文章还从三方面列出闽南话的优势与特征，分别是：一、政策优势：海峡两岸经济区是两岸人民交流合作先行先试区域。政策的优势吸引了许多台商前来漳州投资创业，形成台商介绍台商，台商带领大陆兄弟一起致富的局面。二、区位优势：漳州与台湾隔海相望，两地的农业生态环境、气候、地貌、海洋环境和渔业资源、农产品结构和作物生长节律等基本相同，一直以来是对台农业合作最为活跃的地区之一。三、人文环境特征：闽南地区与台湾有着共同的文化传统：人文环境、闽南话、习俗、宗教信仰等，是两岸割裂不开的情怀。

杨光同志学术理论研究评介

杨光，吉林电视台乡村频道总监，高级记者职称。该同志自进入广电行业以来，一直工作在电视新闻业务第一线，先后任新闻播音员、栏目制片人、频道副总监、频道总监等职务，2005年任吉林电视台乡村频道总监后，在繁忙工作之余潜心研究对农电视宣传工作规律，探索对农电视宣传新方法，将理论探索与工作实践紧密结合起来，以理论指导实践，以实践验证并修正理论，取得了一系列研究成果。在《现代传播（中国传媒大学学报）》、《中国广播电视学刊》等新闻权威期刊上发表多篇研究论文，还与国内对农电视宣传界同仁合作，作为课题组主要成员共同承担了原国家广电总局部级社科科研项目，研究成果在国家级出版社结集公开出版，在电视业界和理论界产生了较大影响。

杨光同志认为，在新形势下，对农电视宣传面临着前所未有的机遇，同样面临着诸多的困难，为此，对农电视宣传媒体必须采取多种策略，改进、提升宣传效果，更好地发挥舆论引导和综合服务功能。结合吉林电视台乡村频道的成功实践，应该采取的主要策略有：

一、媒体定位方面：应该精准定位，体现人文关怀，以更宽广的内涵和更贴近的服务争取更广大受众

政府主管部门开办对农电视频道和节目的宗旨就是服务三农大众，就是要发挥现代媒介的独特优势，丰富业余生活，架通城乡桥梁，提供最新资讯，为解决农村受众的民生问题做出贡献。有鉴于此，在保留并适当强化原有服务三农大众功能的基础上，吉林电视台乡村频道对频道定位进行了全新设定，新的频道定位语为“情

系民生、根植沃土”。新版频道定位语体现了更宽广的内涵，更具人文关怀色彩。“情系民生”表明频道的服务定位，旗帜鲜明地表明关注对象为民生问题，体现了媒体的社会责任，把服务对象和报道内容由原来的农村受众扩大为与民生相关的一切领域，在保持原有农村观众群体的基础上，有效地吸引了城市观众。在各媒体普遍面临巨大创收压力的时代，乡村频道坚持“情系民生”这一主旨鲜明、指向性强的定位不动摇，承担了极大的压力，实践证明，这一举措也获得了丰厚的回报。

二、内容架构方面：坚持内容为王，塑造媒体品牌，以更优化的栏目架构和特色栏目满足不同层次观众的需求

电视传媒界业已公认，作为一个电视频道而言，要想赢得忠实的受众群体，在竞争中获得先机，必须根据频道定位和主体目标受众群体，开办指向明确、特色鲜明、针对性强、富于个性的一批电视栏目，共同支撑起频道。实践证明，优化的栏目架构对于促进频道核心竞争力的提升和频道品牌的形成的作用至关重要。杨光认为：包括吉林电视台乡村频道在内的全国对农电视专业频道要获得可持续的发展，必须打造一批自主研发生产、具有原创意义的符合频道特质的特色栏目，才能拥有别人无可比拟的核心竞争力，为此必须根据目标受众群体的变化和频道定位语的调整，对频道自办栏目的风格、定位等元素进行相应的调整，以特色更加鲜明的栏目群抢占收视市场。

三、包装编排方面：包装出新，编排出奇，以更独特的编排策略挑战传统，应对多重竞争

杨光同志认为：在现今的资讯时代，受众对于媒体拥有绝对的选择权。就电视媒体而言，吸引受众、赢得受众的认可首先在于节目的外在包装和编排策略是否能够给观众留下深刻印象。为此，以

频道改版为契机，吉视乡村频道2008年引入CIS识别系统，推出包括台标、广告口号、栏目宣传片、预告片等在内的全新频道整体包装，同时对自办栏目和电视剧场的编排策略进行全新战略调整，以全新的形象接受观众的审看，就收视调查和观众座谈会反馈情况来看，效果良好，达到预期目的。

四、大型活动方面：开展活动营销，推广品牌制胜，以大型活动吸引观众，提升影响力，带动核心竞争力

作为一个受众对象性较强的专业地面频道，乡村频道在开展"活动营销"推介频道品牌时也颇具特色，展现出独特的竞争优势。东北地区有着深厚的民间曲艺传统，乡村频道的主体受众大多对此兴趣浓厚，因此，乡村频道在组织各项主题活动时，充分考虑了此项因素。乡村频道深入发掘东北地区深厚的黑土地文化，连续举办了四届吉林省二人转大赛，启动了大型电视平民选秀活动，与国内其他电视媒体当时举办的电视选秀活动有明显的差异，特色鲜明，指向明确。

五、平台建设方面：尝试媒介联动，合作携手共赢，以全新形式合作搭建对农公共服务平台

2006年，吉林电视台和吉林人民广播电台、吉林省农委、吉林省农村党员干部现代远程教育试点领导协调办公室、中国联通公司吉林省分公司等合作建立了"12316"新农村热线。"热线"就是利用电视、电台、电脑、电话等多种媒体，在农民和专家之间搭建一个信息沟通的平台，拨打"12316"新农村热线，接听电话的是由省农委权威部门甄选聘请的涉农高级专家，包括农业生产技术、农村政策法规、涉农新闻资讯等问题都可以得到解答。作为专业对农电视媒体，吉视乡村频道成为此信息服务平台的重要组成部分，发挥了重要作用。通过节目的宣传、引导，逐步影响、改变农民的观念与认识，提高农民的媒介素养与公民意识，赋予农民更多的电视话语权。

范易同志学术理论研究评介

范易，广西人民广播电台副台长，高级编辑职称。工作25年来，范易同志坚持科学理论学习，认真学习邓小平理论、“三个代表”重要思想和科学发展观等重大战略思想体系，认真学习贯彻党的十七届六中全会通过的《中共中央关于深化文化体制改革、推动社会主义文化大发展大繁荣若干重大问题的决定》。作为分管全台宣传的副台长、副总编辑，坚持马克思主义新闻观，努力实践政治家办台的指导方针。该同志坚持在新闻采编一线，积极组织并参与“走、转、改”活动，坚持学习新闻业务理论，思想水平和专业能力较强。范易同志在广播新闻理论及业务方面有较深的造诣，善于用理论指导实践。2012年发表在《中国广播电视学刊》上的《当前广播车载听众变化特征与频率定位》和《省台与市台的差异化竞争与发展》两篇论文分别获广西广播电视论文一等奖、二等奖。《当前广播车载听众变化特征与频率定位》参评第二十三届中国新闻奖（2013年）。

一、将理论应用到广西电台的改革实践中，创建了私家车频率

随着广播频率数量不断增加，各专业化、类型化电台不断涌现，受众市场也在不断细分，但单就车载听众市场的细分还不多，或还不够精准。作者结合工作实践，深入调研，并以亲身参与的2009年开设定位于私家车的频率——广西教育广播私家车930为例：重新定位的私家车频率播出后，很快在目标市场形成较大影响力，成为广西收听率第一的频率。作者撰写的论文有理论、有事例、

有数据，论证了频率细分市场和定位的精准，可避免私家车频率与另外一个交通频率的同质化。如何应对当前广播车载听众市场细分这一趋势，更好地满足车载听众需求，加快自身发展，成为当下广播媒体的当务之急。论文《当前广播车载听众变化特征与频率定位》从理论和实践回答了这一命题。

二、作为主编，认真做好《荷花》杂志的编审工作

《荷花》杂志是中央外宣办主办的中国唯一一本中越文月刊。根据自治区党委宣传部的要求，广西电台从2012年3月份起开始接手《荷花》杂志的编务工作，现在的《荷花》杂志更时尚，凸显中国元素、越南元素、广西元素，增加了信息量和原创稿件，栏目设置更加合理，内容更加充实，图片更加丰满，具有较高的可读性和欣赏性，更贴近越南读者。继续办好《东南亚媒体舆情简报》，这是广西目前唯一反映东盟各国媒体舆论动态的内参，范易负责该刊物的内容终审。

三、建立起广西广播电视第一个节目评估体系

2010年，范易组织建立了台节目评估综合体系，通过第三方专业收听调查公司对广西电台节目的调查数据、专家和普通听众听评意见和广告负载量等方面，从定量和定性的角度对全台各个频率的节目进行综合评估，进一步确定节目的奖励、淘汰和研发方向，促进节目质量提高，使广播节目更贴近市场。

范易同志一直坚持新闻理论的学习，参加中宣部和国家新闻出版广电总局举办的业务培训。业务理论水平的不断提高，是范易这些年特别是近三年来，组织、参与广播频率改革并获得成功的坚实基础。同时在理论指导实践的同时，范易还在实践中不断总结经验，撰写论文。

范易撰写发表的《省台与市台的差异化竞争与发展》的论文，

获得了城市电台的注意和高度评价。论文提出：在同一个城市，省台、市台之间竞争越来越激烈。摆在地方台面前的一个新课题是：地方电台今后怎么办？论文就省台与市台的差异化竞争与发展做了研讨。文章从行政等级的不同，区域、资源的大小、多寡等方面分析了省台与市台同质化竞争的困局与出路，提出差异化竞争是省台与市台发展的选择。市台与省台之间要有频率的差异化；同时要节目差异化。论文紧密结合工作实际，从省台与市台面临的现实角度，提出差异化竞争不是赢输的竞争，而是共同发展、共赢的竞争。论文针对性强，既有理论深度，又有实践经验，对省、市台的差异化竞争有借鉴、参考的价值。

范易在撰写论文的过程中，深入思考了省台与市台的竞争与发展。行政等级的不同，区域、资源等的大小、多寡，使竞争的基础有所不同。但这些只是“量”的差异，而作为广播媒体的性质是不会改变的，在听众面前，只有好听和不好听的广播的区别。所以说同质化竞争只会带来同城广播收听市场的此消彼长，资源的浪费，难以共同繁荣。面对这一现实，怎么办？作者结合工作实践，就省台开始广播类型化、专业化和特色化改革，逐渐淡化行政区域色彩，以不同的听众群体对广播节目内容的不同需求作为频率设置、节目内容生产的依据，实现“窄”播等方面进行案例分析。目前市级电台受到较大冲击，相当部分市台在与省台同城竞争中风光不再，处于被动局面。论文因为其有针对性，有实践参考价值，获得地市级电台借鉴。

范易于2001年4月到10月，作为广西中青年领导干部赴美培训班的成员，在美国辛辛那提大学学习了半年，在美期间，范易通过学习考察，撰写了论文《不但要“做大”，还要“做强”》，根据当时我国媒体出现的重组兼并的趋向，借鉴美国媒体兼并的经验与教训，提出不同的看法。该论文发表在《新闻潮》2002年5、6月合刊上。

郑秀国同志学术理论研究评介

郑秀国，中央电视台新闻中心经济部制片人。郑秀国同志自1999年进入广播电视领域后，除了在新闻、专题、特别节目和纪录片领域积极探索实践、勇于尝试创新，且主创的《让历史告诉未来》（中国新闻奖一等奖）、《失火的扎龙》、《非典日记》、《圆梦行动》等十余篇作品荣获中国新闻奖和国家行业奖；数十篇作品获得省部级好新闻奖外，在学术理论研究领域也勤于思考、笔耕不辍，先后有十几篇论文在国家级专业杂志发表，其中两篇论文获省部级论文评选一等奖，一篇论文获国家级奖项。

一、《以受众需求为本 重塑广播生机》获省级论文评选一等奖、2001年"第七届中华大地之光"优秀论文奖，并入选中国文联出版社2002年7月出版的获奖作品选集。在文中，作者鲜明地提出了"要从受众角度出发、重新挖掘广播优势"的论点，并提出"要以信息量适应时代"、"要以服务性争取市场"、"要以参与性赢得听众"等针对性极强的操作理念，并且提出要"通过直播和特色主持人的选用增强广播媒体的魅力"。

二、论文《在整合中创大 在创新中提高》获省级论文评选一等奖。在这篇论文中，郑秀国提出了"加入WTO后，中国媒介产业原有的生态环境将被破坏，面对国外资本汹涌而来的冲击，中国传媒必须尽快成长和成熟"，并具体提出："1. 必须加快我国新闻传播的法制建设；2. 要大力推进媒介产业的规模化、集团化进程；3. 要从新闻报道本身求创新（坚持新闻的真实性；热点难点问题的报道应该全面；以受众为本位；第一时间、第一现场；强势滚动）；4. 要不断完善用人机制。"论点鲜明、切中要害。

三、《浅析"铿锵三人行"电视节目与新媒体的结合》在《电视研究》2006年第2期发表。在文中，郑秀国结合凤凰卫视颇受观众欢迎的脱口秀电视节目《铿锵三人行》，着重分析了该节目在节目制作、传播和新媒体运营维护等方面的成功经验，分享了《铿锵三人行》借助新媒体实现“三级传播”的成功策略（即第一级网络的自我推广和网民推广、第二级本地电脑传播、第三级移动终端传播）；摸索出《铿锵三人行》借助新媒体传播取得的效果：1. 建立了互动的平台；2. 扩大了潜在的受众群；3. 方便了信息的存储和检索。

在对《铿锵三人行》节目进行充分调研和分析的基础上，作者得出了“该节目的成功之处在于：充分利用各种新媒体形式，在受众中进行多层次、多渠道的传播，极大延伸了节目的传播范围，这些新形式所提供的异步传输、海量信息存储、检索归档、移动终端等传播方式，弥补了电视节目线性传播的不足”，并且提出了“电视传媒必须与网络、手机、移动终端等新媒体融合，才能获得全新生命力”的主张。

四、《浅谈电视民生新闻的问题与提升》在《电视研究》2006年第3期发表。在文中，郑秀国结合当时风头正劲的江苏电视台《南京零距离》、安徽电视台的《第一时间》和湖南经视的《都市一时间》、北京电视台的《第7日》等民生栏目，着重分析了这些栏目取得成功的关键要素和规律性做法。

该论文的价值在于，作者并没有简单地对这些栏目进行浅层次的“规律总结”，而是以媒介人的责任感和视角对全国各地的民生栏目现状进行了“样本扫描”，认为各地电视民生新闻持续升温的背后，出现的一些负面问题和“病态追求”亟待关注。

针对全国民生新闻栏目普遍存在的这些问题，作者提出了：1. 记者在报道新闻时要开阔视野，多角度地关注纷繁变化的市民生活的方方面面，更客观更全面地反映城市生活状态；2. 加强民生新闻记者的媒介素养；3. 注重标新立异，打造节目的个性化特色；4. 强化主播的个性化点评，形成自己的品牌效应。

五、《谈对电视收视率影响的因素》在《电视研究》2006年第5期发表。在文中，郑秀国直面电视媒体竞争不断加剧、电视收视率被不断分流、"收视率已成为电视媒体生死存亡生命线"的现实，分析了影响电视收视率的外在因素和内在因素。并且分析了电视台自身现状：名牌效应对收视率的影响；节目质量对收视率的影响；节目编排对收视率的影响等多个"维度"。

论文结合生动实例，在对以上因素进行充分分析总结的同时，也提出了提升节目收视率的一些应对之策，比如：节目编排要尽量把新闻和影视娱乐等高收视、受众面广的节目安排在黄金时段，同步开发非黄金段；仔细研究竞争对手，形成差异化争夺；各频道要科学定位、形成特色；利用好上下节目的关系制作传播策略；充分利用节假日进行"组合编排"等。

六、郑秀国撰写的其他论文还有：

《"刻意"之后方成"随意"——浅议如何开掘电视主题报道的生命力与影响力》，《电视研究》，2011年第1期；

《寻找回来的世界——建党90周年报道有感》，《电视研究》，2011年第10期；

《"自媒体"时代，"走转改"报道的切入点和发力点》，《中国记者》，2012年第8期；

《走基层：传统媒体把握舆论主导权的根基所在——以中央电视台"走基层"系列报道为例》，《电视研究》，2013年第2期。

关娟娟同志学术理论研究评介

关娟娟，中国国际广播电台英语环球广播中心副主任，译审职称。关娟娟同志自1993年到国际台英语中心工作以来，一直活跃在国际传播的第一线，先后从事过新闻报道编辑采写、节目主持和制作、宣传报道管理以及电台栏目规划和管理等工作。这期间，她参与了几乎所有重大活动的策划及采访报道工作，并曾在国际台耶路撒冷站常驻两年多，发回大量新闻稿件，制作完成许多现场感强、音响丰富的录音报道，与他人合作的录音报道曾荣获“中国新闻奖”一等奖，成为国际台表现突出的驻外记者之一。

从2011年2月开始，关娟娟应清华大学新闻与传播学院的邀请，担任国际新闻传播研究生班特聘导师，负责“汉英新闻编译”课程的教学工作。在授课过程中，她将国际传播理论和案例结合起来，培养学生对向世界传播中国信息的兴趣，向学生系统介绍世界主要媒体在国际传播中的做法，用一个个鲜活的报道实例，教授学生进行国际传播实践的手段、方式和技巧。

一、有关国际传播理论和战略的研究成果

国际传播学原来是传播学学科体系中的一个新兴分支门类，从上个世纪90年代开始，才逐渐形成自己相对独立的研究领域和学科门类，这与全球信息化技术飞速发展的大背景相关。它是一项涉猎面广泛、重点不尽相同、主题呈现多元化特点的传播活动，包括技术、语言文化、政府政策、市场运作、法律法规、新闻客观平衡原则等方方面面的内容。

关娟娟在2006年参与了国际台32万字的著作《国际传播发展

战略研究》的编写工作。关娟娟与其他作者一起对国际传播及其发展战略变迁进行了界定和梳理，特别是进一步明晰了国际传播的定义，即它是利用大众传媒进行跨国界信息传播的活动。

二、有关世界主要媒体国际传播战略的研究成果

国际传播作为一门学科，其被研究的范畴非常宽泛。关娟娟在选择研究课题时，紧紧围绕自己的实际工作展开，非常注重研究课题对自身工作的理论指导意义。国际台在建设现代综合新型国际传媒集团的过程中，急需借鉴世界主要媒体的国际传播战略和实践。关娟娟又一次确立了自己的研究课题。

2011年，关娟娟参与了《世界主要媒体的国际传播战略》（两名主编之一）一书策划、选题、总撰稿到审校全过程。该书分为五章：欧洲主要媒体的国际传播战略，美国主要媒体的国际传播战略，亚洲、拉美等其他地区主要媒体的国际传播战略，中国主要媒体的国际传播战略以及中国国际广播电台。该书是有关国际传播理论研究的重要学术书籍。

它把世界主要媒体作为主要研究对象，从媒介组织这个层面上探讨国际传播战略问题，讨论媒介组织如何在全球市场上构建核心竞争力、形成竞争优势和获得超常受益。它以经典战略管理理论，特别是企业的国际战略理论为基本框架，结合媒体经营管理中的战略理论和国际传播理论，构成了媒体的国际传播战略的基本内涵。

相生全同志学术理论研究评介

相生全，甘肃省广播电影电视总台高级编辑。1994年以来，相生全同志在《中国广播电视学刊》、《档案》、《甘肃视听》等学术刊物发表论文十余篇。其中，在2009年至2012年的甘肃省广播电视学术论文评选中，由他撰写的论文连续获得4个一等奖；在中国广播电视协会组织的论文评选中，他的论文获得1个二等奖和1个三等奖；在甘肃新闻奖的评选中，获得1个二等奖。

相生全同志的研究领域主要集中在两个方面：一个是媒资领域，主要发表的论文有《文艺音像资料在广播电视节目中的功用初探》、《音像资料为广播电视宣传服务的探索、实践与思考》、《谈音像资料收集的精品化》，《新形势下音像资料工作者的基本装备》等；另一个领域是广播电视节目创新，主要发表的论文有《走出地方少儿频道的节目困境》、《推进甘肃文化影视频道特色建构的现实策略》、《新机遇 新战略 新影响——甘肃卫视在新一轮西部大开发中提升新闻节目影响力的突破口探析》、《“新闻立台”的理性回归与甘肃卫视的现实对策探究》、《对甘肃卫视思变图强发展路径的再度审视》、《从动漫化改版看甘肃少儿频道的节目创新升级空间》等。

相生全同志在甘肃省音像资料馆工作期间，潜心总结自己利用音像资料创办广播电视节目的经验，于1998年撰写的论文《音像资料为广播电视宣传服务的探索、实践与思考》，首次阐述了音像资料在广播电视节目中对于深化主题、丰富内涵、精炼文字、交代背景、引发感情、增强节目的知识性和观赏性所具有的举足轻重的作用。论文以重要的实践价值获得了中国广播电视学会组织的论文评选三等奖。

2003年，相生全同志经过对观众的走访调查，总结自己多年的节目创作和节目编排经验，并查阅了大量翔实的资料，撰写了论文《走出地方少儿频道的节目困境》。该文从全新的节目制作理念探讨了少儿电视节目摆脱困境、走出低谷的创新之道，提出：一、以有趣对抗无趣，真正做到寓教于乐；二、积极建立少儿节目素材来源合作关系；三、给孩子节目参与权和发言权，增强节目的真实感；四、创新节目包装，增强品牌忠诚度。这篇论文切合地方少儿频道实际，内容新颖，视点独特，文字精练，有助于对当时少儿电视节目创新探索中存在的某些问题进行理性思考。论文获得了2008年度甘肃省广播影视学术论文一等奖。

相生全在论文《推进甘肃文化影视频道特色建构的现实策略》中提出，甘肃文化影视频道存在的主要问题是，电视剧播出的比重过大，对它的依赖程度偏重，结果使自身失去了鲜明的特色。究其原因，电视剧虽然能获得可观的收视份额，但它大多属于开放式资源，并非频道"制造"。不是自己的产品，播得再多，也是匆匆过客，过后就会被人们逐渐遗忘，这对频道的特色积淀和媒体素质的提高所起的作用十分有限。一个频道给观众留下长远而深刻印象的往往是优秀的自办节目。因此，倾力办好文化类和影视类节目并创新电视剧编排应该是文化影视频道塑造品牌、打造特色、增强核心竞争力的具有长远战略眼光的有效策略。本文切合甘肃文化影视频道实际，视点独特，内容新颖，获得了2009年度甘肃省广播影视学术论文一等奖。

相生全同志在《新机遇 新战略 新影响——甘肃卫视在新一轮西部大开发中提升新闻节目影响力的突破口探析》一文中分析，新闻是立台基石，报道甘肃经济社会发展的权威资讯，不仅是甘肃卫视义不容辞的职责，而且也将成为卫视频道的特色资源，其新闻资源的独占性与话语权是突破影响力瓶颈的一把钥匙。甘肃卫视应坚定不移地坚持"新闻立台"的理念，站在宣传促进甘肃经济社会发展的高度，精办新闻类节目，充分发挥主流媒体的舆论主导功能，以强劲的新闻冲击力和规模效应集中展现甘肃经济社会发展的最新资讯以及西部大开发10年来甘肃的发展变化，让领导和百姓都关注甘肃卫视的新闻节目。根据目前总台及卫视频道所拥有的人才、资金、机制、环境等资源以及自己的节目制作能力，要提升节目影响力，应该从以下两大战略做一些积极的尝试：一、主题新闻报道战略；二、大型主题纪录片宣传战略。特别是2010年，在国家出台政策全面支持甘肃经济社会发展之际，同时也迎来了西部大开发战略实施10周年。甘肃卫视应紧紧抓住这一新的历史机遇，策划、创作大型主题纪录片，全面完整地记录甘肃全省的真实景观与影像、10年来的发展变化。本文切合甘肃卫视的实际，获得了2010年度甘肃省广播影视学术论文一等奖。

相生全同志在2011年发表的论文《"新闻立台"的理性回归与甘肃卫视的现实对策探究》陈述了这样一个事实，2010年8月8日，甘肃舟曲遭遇特大山洪泥石流自然灾害后，甘肃广电总台立即启动应急机制，展开了全方位、多角度、大时段的直播报道，在社会各界引起强烈反响，甘肃卫视的收视率以高于平时313%创下新高。

文章指出，这次甘肃广电总台对舟曲特大山洪泥石流灾害的成功报道，对甘肃卫视如何提升影响力的启发是多方面的。其中一个方面，就是关于"新闻立台"的理念再次引起了甘肃广电界普遍的重视。本文极具现实参考和指导价值，获得了2011年度甘肃省广播影视学术论文一等奖。

柳旭东同志学术理论研究评介

柳旭东，吉林市人民广播电台台长，高级编辑。柳旭东同志担任吉林市人民广播电台副台长之时，正是广播"弱势媒体"心态极盛时期，在电视的强势崛起和纸媒的迅速扩张中，相当一部分广播人失去了目标和信心。面对城市广播的颓势，他不抱怨、不观望，而是把广播如何发展当成当务之急的课题。他从学习研究传媒发展理论开始，抓住各种时机走访调研全国广播发展领先的电台，深入思考广播发展趋势和路径。柳旭东对广播理论的研究与广播的发展环环相扣，在吉林市人民广播电台，每年都有两次业务交流，柳旭东作为台长亲自讲课，他用对不同时期广播发展的展望，让管理队伍凝心聚力，用对广播业务的研究和对广播实践的总结，培训出一个战斗力十足的采编播队伍。十几年来，他撰写的广播发展和广播业务的论文及讲稿有十几万字，多篇论文获得国家、省级论文奖励，还有十几篇论文在国家、省、市级专业期刊和文集上发表，他用始终如一的坚持，使吉林市人民广播电台形成了热爱广播、研究广播、充满正能量的事业氛围。

2000年，柳旭东同志根据自己的研究结果撰写了论文《挑战与机遇》，在论文中，他理性地分析了广播的优势和劣势，提出"扬长避短，有效利用信息社会多媒体手段，造就广播新的优势，办好新时期广播"的良好对策。他建议：

"传媒数量的增多，传媒竞争的加剧要求广播节目挖掘一切潜力，实现广播优势。

广播节目要不断强化自身优势，提高广播竞争能力。

广播要积极克服自身的短处，增强广播的吸引力和凝聚力。

广播要有效地利用多种传媒手段，丰富广播的内涵，创造广播的多样性。

广播要加强受众调查、提高节目的指向性。”

在思考广播如何创造新的优势的同时，他也指出了信息社会对广播和多种媒体提出的新课题，那就是：“信息社会发展的总态势要求广播节目关注社会心理、满足听众需求。首先，研究和发现社会中不断出现的心理问题，直指内心地开办一些交流式和咨询、指导式的节目，是广播必要的选择。其次，广播要关注社会的普遍心态，在社会心态的大背景下设计节目、把握节目，从而使广播节目更加贴近生活、自然清新、受人欢迎。另外，在信息社会，广播节目在关注社会热点、注重信息的新鲜和生动的基础上更要注重信息的整理、延续，以鲜明的线索为听众创造良好的、具有延续性的信息背景，从而起到梳理信息、提高信息有效率的积极作用。”

2007年，他撰写了论文《公信力——媒体之根》，列举了媒体公信力缺失的诸多表现，同时对树立媒体公信力提出建议：

“首先，媒体要把公信力的培树作为经营的首要目标，在遵守国家有关法规进行经营的同时，围绕公信力原则制定广告、版面、节目的基本规范，把公信力意识深植于每一个媒体工作人员的心中，从根本上杜绝见利忘义、金钱第一的短期行为和观念，创造健康、清新、绿色的媒体空间。

其次，媒体要注重研究受众的宏观需求，不仅仅满足部分受众在短期内的诸如好奇、窥视等一些偏狭心理，更要给受众带来触摸生活的现代感、了解生活的通透感、参与生活的成就感、享受生活的愉悦感，以满足受众高层次的健康的信息需求。

另外，媒体经营管理者必须明确，受众的需求是在变化的，媒体要做的不是盲目跟从、迎合这种变化，而是本着对媒体自身、对社会负责的态度，参与引导这种变化，真正营建良性发展的媒体市场空间。”

这篇论文于2007年在新华日报报业集团主办的刊物《传媒观察》发表，同时作为吉林市人民广播电台的发展方略的一部分，也在节目的管理和改革中应用推广。

胡海军同志学术理论研究评介

胡海军，安徽人民广播电台编辑。胡海军同志在《农村周报》、采通部、广播研究所、总编室等从事采编、新闻研究和广播史管理工作。

他从事新闻工作30年来，他在做好本职工作的同时，撰写理论文章30多篇。其中有7篇论文参加了广播学研讨交流，15篇论文发表。

一、关于宣传管理与改革方面的研究

1992年他撰写的论文《广播是市场经济的参与者》，提出在以经济为中心的特色社会主义现阶段，广播媒体同样存在市场经济经营问题。提出：广播参与经济，必须以某一种核算经济体形式出现于市场，参与市场竞争，成为社会主义市场经济的一部分，不仅繁荣市场经济，而且为广播发展夯实经济基础。他认为可以两种方式参与，即节目有偿输出（广告、节目联办、节目赞助等）和经济实体经营。广播如何进入市场参与经济，他提出五个思路：1. 因地制宜，开发潜力。利用广播现有技术资源对外有偿服务。2. 进一步重视节目的参与，开拓节目市场。3. 既可以发展大项目投入，又要重视从小投入做起，开发实体经济。4. 既要考虑未来广播电视集团化发展，又要重视现实投入，规划广播经营。5. 加强市场调研，保证投入正确与效益显著。

二、关于网络与广播的研究

他在《新媒体时代网络广播发展探议》一文中认为，广播做强做大，网络广播也是个切入点。传统媒体与新媒体融合，利用网络优势可以增强广播自身影响力，争取更广泛的听众。他认为，开办网络广播面临着两个机遇可抓：1. 大环境。2011年全球网民已达20亿，现代办公连接网络已普遍，广播声音与网络对接简易，手机、电视机联网等。2. 广播自身优势。省级广播与市县已有的网络信息平台，国家对建网络广播的政策优惠，多频率丰富的信息资源，丰富的数字音频资源等。他认为，网络广播要显示网络特性，不应办成广播网络版，而是一个新理念的网络广播。即：频率、节目和信息可以检索，按需要主动选择收听；图文声像并茂来增强听众的感知；发挥丰富的声音资源可再利用的优势；可运用更多方式与受众互动；树立全球性的广播观念。

三、关于新闻传播的研究

他先后撰写了论文《谋求文质的完美》、《论经济报道的适宜性》来做进一步探讨。在《谈经济报道的适宜性》文中，他认为随着经济发展，衍生层出不穷的新词，用词不准就等于背离了新闻原则，词不达意，张冠李戴，生僻歧义等，由此掩盖了事物的本质，折扣了原有的新闻价值。他提出，一是基本用词要准确贴切才能维护原本事实。二是经济报道要以经济规律为依据去反映现象映证现实，掌握经济规律，才能科学地引导大众新生活，客观地反映现象本质。三是熟知政策和人民需求，把经济报道放在整个社会大环境中比较衡量，预见未来的美好前景，满足群众现实需求，解决群众现实问题。

赵爽同志学术理论研究评介

赵爽，北京人民广播电台首席编辑，节目监审，高级编辑职称。在从事新闻广播编辑工作的27年中，由她撰稿、编辑的多个节目获得了国家、省级以上奖项30多项。在国家级、省级以上学术刊物发表论文20多篇。她两次被评为北京人民广播电台先进工作者，优秀共产党员；2007年被评为北京市优秀新闻工作者；2013年再度被推荐参加北京市优秀新闻工作者的评选。2011年被北京市委评为"四个一批"人才。2007年和2010年两次被北京市委评为"百人工程人才"。2012年被北京人民广播电台评选为"优秀学习性人才"。2013年又被推荐参加"北京市学习之星"的评选。2009年~2010年、2013年~2014年两次被评为北京人民广播电台的首席编辑。

一、赵爽创作的节目，独树一帜，开辟了新闻性广播音乐专题节目的创新题材

什么是新闻性的音乐专题节目呢？就是以新闻事件和新闻人物的真实性为切入点，用音乐作品为主要表现形式的专题节目。赵爽策划和制作的交响音画《巡天遥看一千河》节目，通过描写太空的音乐作品，将人类探索太空的具体事件和新闻事件巧妙结合，大获成功，其节目题材的创新，扩大和拓展了中国广播音乐专题节目的视野。

二、赵爽撰写的论文，另辟蹊径，论述了新闻元素与音乐作品成功结合的创作理念

新闻——在广播文艺节目的创作中是一个与时代脉搏，时代精神紧紧相连的不可忽视的元素。赵爽的论文《新闻元素在广播文艺节目中的运用》通过四个标题：1.利用新闻的影响力策划主题；2.利用新闻的信息点挖掘主题；3.利用新闻的历史背景表现主题；4.利用新闻的真实性提升主题。并结合北京人民广播电台的多个获得成功的新闻性音乐专题节目的成功典范，充分阐述了新闻性广播音乐专题节目利用新闻的真实性进行创作的独特理念。这样的理念不仅提高了专题音乐节目的可信度和关注度，更让新闻的真实性透过艺术作品的强烈感染力使节目的主题思想表现得更为突出。这一以真为本，以事实为本的新闻创作思想，获得了专家和听众一致认可和好评。

三、赵爽的学术观点，别出心裁，总结出现实新闻与浪漫文艺融合的创作规律

有人这样评论赵爽的节目和学术观点："赵爽做节目的创作方式已经不是单一的音乐作品的介绍，也不是单纯音乐节目的欣赏，她已经把浪漫的音乐作品、生动的人物采访、真实的新闻事件、深入一线的真实感受完美结合升华在节目的创作中。赵爽的学术观点探讨的是如何不露痕迹地将现实新闻和浪漫艺术作品完美融合，如何在音乐之外选择主题，又在音乐之里连接主题的创作规律。"赵爽这种全新的创作思维揭示的创作规律已经为新闻性广播音乐专题节目找到了浪漫与现实，思想与情感结合的成功点。

姜歆远同志学术理论研究评介

姜歆远，湖北广播电视台电视卫星频道编播部副主任，湖北卫视编委会成员，主任编辑职称。

姜歆远同志在担任深度新闻报道记者的时候编辑采制的《簰洲湾抢险记》获得了全国抗洪救灾优秀报道一等奖；担任公益社教栏目《相约成功》制片人期间，栏目连续两年获得湖北广播电视新闻奖优秀社教栏目一等奖；在教育频道策划创办的大型公益活动《高校面对面》连续11年举办，成为举办时间最长的湖北广电十大品牌活动之一。

姜歆远同志长期致力于电视表达方式以及创作思维研究，发表了多篇电视专业论文，提出电视"另类写作"的概念，对电视写作原始状态进行分析和研究，进而提出了电视写作的规律，提出了电视写作的"形"与"神"的关系，从语义学角度分析了电视写作"语境再造功能"的本质属性。探究了电视写作方式对电视表达的影响，该项研究为电视解说词创作的四度空间观点提供了实证依据。

在身临工作实践一线的基础上，提出解说词创作的时候就要时时考虑到电视画面的形象、状态和特点以及节目要传达的信息，要表达的思想。基于电视解说词写作与通常意义上的写作的不同，姜歆远同志以实证的方式发表的论文《如何与画面完美结合——电视解说词创作议（上）》、《语境、韵味如何完美体现——电视解说词创作议（下）》，提出了另类写作向传统写作如何借鉴的问题。要达到解说词与画面的完美结合的"八忌"误区：一忌贴。如果观众已从画面上看到或感受到你所描述的一切，你的话就成了累赘。二忌空。文字对画面的发挥，也要遵循一定的度，超过了这个度，再优美的语言也没有实质的内容，只是空话大话而已。三忌罗嗦。解说词的句子不能过于冗长，太长了，观众听到后边的忘了前边的，形不成完整的印象，容易引起观众的记忆混乱。因此要将长句尽量短化，一个长句设法分做几个短句来说,字数越少，越容易记忆，句子越短，印象越深，这符合人的听觉生理的特殊要求。四忌铺张。写解说词切忌用文学写作的笔法无限度地铺陈，这样会让观众对电视所表达的内容产生怀疑。五忌直白。解说词不宜太直白，应留给观众一定的自由思考的空间，满足观众对情感审美体验和理性审美超越的期待。六忌官腔。在电视中出现官腔，会拉开电视与观众之间的距离，甚至会让观众对节目产生反感。七忌行话。电视解说词是读给观众听，要尽量通俗化、生活化、口语化。八忌重复。针对电视实践中常见问题提出了“解说词的语境重造功能”的理论观点，而解说词与画面的有机配合则显得尤其重要。

二、对于频道层面最核心的定位和风格的问题进行了持续的探讨和研究。

论文《公共频道的目标追求》、《感受江浙电视界的市场气息》分别从规范性和实践的层面分析了频道专业化给地方台带来的机遇与困惑。无论是从理论上还是实践上，探讨实行专业化的必然性、面临的现状与困难以及发展思路，专业化频道就是以特定专业化的内容、面对特定的服务对象所组合而成的频道，每一个频道都有其非常鲜明而丰富的主打内容，形成统一性和独特性。问题出在哪里，有人认为是缺少专业电视人才，是电视策划者和决策者缺少办专业频道的决心和水平造成的。从客观上说，各个电视台的决策者都明白频道以后的趋向要专业化、对象化、个性化，而且这些决策者大都是业内精英，有丰富的实践经验。那么究竟是什么在影响我国电视频道的专业化进程呢？在考察了江浙的实践后，较早地提出收视率的导向作用，打破电视人孤芳自赏的做节目倾向，提出栏目品牌意识是频道品牌先导的观点。

郭长江同志学术理论研究评介

郭长江，中央人民广播电台宁夏记者站站长，高级记者职称。郭长江同志多年来致力于对广播新闻实践的理论研究与探索，已刊发业务论文20多篇。特别是2010年至今所撰写的新闻论文连续3年获得中央人民广播电台年度优秀论文评选业务研究类一等奖，其中的一篇论文还获得两年一度的中国广播电视协会优秀学术论文评选一等奖；另一篇论文今年被中央电台推荐参加两年一届的第23届中国新闻奖（论文类）评选，为中央电台两年度获奖论文中唯一被推荐参评的一篇。由于在广播新闻报道和新闻业务研究方面业绩突出，2004年，他被中央人民广播电台破格评定为高级记者。他曾获得"宁夏回族自治区跨世纪学术技术带头人"（"313人才工程"）、"全国广播电影电视系统先进工作者"、"宁夏回族自治区先进工作者"、"全国先进工作者"等荣誉称号。

郭长江多年来参与一些颇具规模的行进式报道的经验，让他感到非常有必要将这些实践进行系统的理论总结。在论文《论广播行进式报道的"行进式思维"》中，他结合自己参与策划和实施中央人民广播电台大型现场报道《穿越"三北"风沙源》、《黄河日记》及在地方电台工作时策划大型行进式报道中的业务经验积累、出现的问题，针对广播特点，对行进式报道的主题策划、组织准备、各方联络、整体表现等方面的思维框架，进行了系统、深入的理论探讨。论文刊发后，上海、广西等地的同行评价说："这是广播人第一次对行进式报道进行了明晰的理论探讨，具有很强的实用性。"

论文《论非常态下广播的张力》是他根据近年来汶川地震、南方低温雨雪冰冻、舟曲特大泥石流等极端自然灾害出现后，中央人民广播电台积极调整节目布局，针对开设专题对象节目所产生的不可替代的重要作用有感而发撰写的。在媒体竞争日趋白热化的时代，广播这个传统媒体如何充分利用自身的传播特点以及现代科技技术，如何充分展示自身空间、发挥广播应急这个独特优势是他此篇论文关注的一个新的方向，并引发了他对广播如何在特殊的社会形态下，弘扬自身特点，不断提高自身竞争力所进行的一个新的理论探讨。这篇论文不仅结合了他自己参与的一些灾害性报道的典型案例，还采访了一些广播技术方面的领导和专家，使得其所涉猎的范围已经超出了单纯的探讨广播新闻报道本身，意义非凡。一些事实证明，这篇论文对于非常态下广播正能量的全面、及时发挥起到了较好的指导作用。

近年来，一些西方敌对势力的新闻机构常常居心叵测地肆意歪曲我国民族地区的政治、经济、法制建设，不仅打着所谓“捍卫人权”的幌子颠倒黑白，甚至刻意在民族地区“制造新闻”攻击我国政体，企图抹杀我国民族地区发展和建设成就。而民族地区的一些记者在报道当地新闻事件时，由于缺乏防备意识和大局理念，常常缺乏审慎地就事论事，使一些不经意的报道内容成为西方敌对势力攻击我国政体和民族团结的口实，使我们的舆论主动权、话语权受到损害，给民族地区工作造成被动。论文《论民族地区记者的全局性思维》就是在这样的背景下产生的。郭长江在多年的新闻实践中，深深感到在民族地区从事新闻报道必须具有政治意识、责任意识和全局意识，否则，就可能带来意想不到的严重后果。本着为民族地区经济社会发展和民族团结创造良好舆论氛围的宗旨，在对党和国家民族政策充分理解把握的基础上，他结合长期在西部民族地区的工作经验和实践经历，站在国家安全、地区稳定、民族团结和反对民族分裂的基点上，通过对多年积累经验的理性把握和系统分析总结，从多个方面对民族地区新闻工作者如何树立全局性思维进行了深入阐述和探讨。站位高，立意远，说理充分，论述有力，对做好民族地区新闻报道具有较强的理论和现实指导作用。该论文不仅被《宁夏传媒》等新闻业务刊物转载，还被业界评价为

“没有对民族地区的感情、真情和亲身实践，是无论如何写不出如此有较强针对性的理论文章的，对民族地区新闻界和我国的新闻外宣工作具有较高的参考价值”，是“多年来很少被关注的、又必须要面对的、必不可少的民族地区新闻实践理论总结，对外宣和树立国家形象很有意义”。

更难能可贵的是，作为中央电台宁夏记者站站长，多年来，郭长江在带领全站同志做好广播宣传报道工作的同时，不但自己一直在业务理论方面不间断地探索，还非常注重结合某项具体报道或一个阶段的报道，在全站进行广播业务理论的研究、探讨，并利用自己在这方面的优势，鼓励、指导青年记者积极撰写业务文章。近些年来，宁夏站的年轻记者平均每年都至少有1篇业务论文公开发表，有的还在中央电台的年度优秀论文评选中获奖。

随着在广播新闻业务理论方面研究和积累的深厚，近年来，郭长江同志的新闻视野、新闻实践探索领域还在不断创新拓展。这在他策划或采制的一些报道中都有所体现。而随着他的实践步伐，相信他的理论研究也将向更深、更广的新领域迈进。

施会毅同志学术理论研究评介

施会毅，中国华艺广播公司新闻部主任，主任编辑职称。施会毅同志长期工作在对台编播一线，有着丰富的实践经验。重视业务实践和理论研究相结合，能够始终把握两岸关系和平发展的主题不动摇，在舆论导向上坚持党的对台方针不放松，对和平统一的目标不懈怠。敏锐地抓住当前媒体迅猛发展的浪潮，注重媒体融合的发展趋势，立足多层面深入研究对台广播的特点和要求，努力创新求变，不断提高对台宣传工作的话语权和影响力。勤于著述，有多篇论文发表于国家级、省级专业期刊，文风简洁，内容深入浅出，贴近工作，有较强的指导价值。

一、坚持正确的舆论导向，把握主流价值传递正能量

施会毅同志在多年的新闻事件和理论研究工作中，始终坚持正确的舆论导向。在《强化对台广播新闻策划的五个意识》一文中指出：作为对台广播媒体，加强导向意识的核心就是以中央的对台方针为指引，深化岛内民众对两岸关系和平发展的政治认知，加深两岸政治感情，引导岛内民众形成共同的政治意见，引导两岸走向和平统一。强化对台广播宣传的导向意识，从媒体自身的特点要求去策划设计完成阶段性宣传重点，从微观上去把握具体报道对象的宣传口径和报道内容。当前就是要以十八大精神为导引，在意识形态领域纷繁复杂的现象和观点面前把握主流价值观，传播正能量。理直气壮地向台湾同胞宣传大陆的建设成就，宣传我们的政治优势、民主优势和文化优势。把理论研究的精气神放到主流价值观的阐述和推动上。

二、贯彻党的对台方针，做新形势下对台宣传的研究实践者

对台传播的最终目的是"增进认同，促进统一"。对台宣传理论工作者的任务就是以中央的对台方针为指南，做一个思想理念的传播者、实践的探索者。面对两岸关系新的发展方向，媒体发展新的趋势和两岸交流出现的新生事物，及时做出反映，不墨守成规，努力探索创新。

针对当前媒体内容同质化的倾向，施会毅同志在2012年发表了《论强化海峡广播新闻策划的五个意识》。提出随着两岸交流更加深入，网络等新媒体传播渠道、传播速度日益广泛迅捷，对台广播资源正由"独享"走向"共享"、内容正由"异质"趋向"同质"，"加强对台广播的新闻策划"作为"新闻竞争的核心"，已经成为共识。文章强调三点：一是创新意识。创新是新闻节目策划的灵魂，在两岸媒体交流日益热络、交流形式更加多元化的背景下，对台广播新闻节目只有通过不断创新传播手段、传播形式、传播视角，才能凸显主流媒体的话语权。二是前瞻意识。必须对政策有深刻的理解，对事件发展脉络有清晰的把握，对舆情民意有切身的感受，对两岸交流事件的进展有科学的预见，并及时采取恰当的方式予以呈现。三是对象意识，突出服务。当今传媒业发展的最大特征是分众，窄播和频率专业化已经成为趋势。在对台广播领域，由于对象的特殊性，广播分众的情况要更为复杂。对台宣传，强化对象意识的落点在内容，关键在服务。

论文《创新"五缘"社会资本视野下的对台广播理念》提出如何顺势而上，利用五缘（"五缘"是指闽台之间地缘相近、血缘相亲、文缘相承、商缘相连、法缘相循）文化作为一种优势资源，一种实践的社会资本来推动对台广播业的创新发展。引用美籍华裔社会学家林南的社会资本理论互动假设、网络假设、行动假设，分析理解五缘文化在对台广播中作为实践的社会资本的作用。论文列举《闽南话广播协作网》集各成员单位自身优势，挖掘闽南文化深厚

底蕴，扩大了大陆对台广播的品牌影响力和宣传效果。

三 、深入编播一线实践 关注传播形式传播效果

针对对台传播的语态和表达方式问题，施会毅同志撰写论文《浅谈对台新闻作品创优要素——“5个新”》，提出当前两岸关系步入大交流、大合作、大融合的和平发展轨道，对台宣传处在一个新的历史机遇期。对台宣传的语境、语态和表达方式发生相应变化，广播节目必须贴近岛内民众心态的脉搏起伏，努力探索对台宣传的观念表达，创新发展对台宣传的形式技巧。提出五个要点：1. 采访报道内容新；2. 公共题材角度新；3. 语态表达理念新；4. 点睛之笔标题新；5. 文风短实文采新。

2012年，施会毅同志撰写论文《对台广播文艺节目的感性与知性——兼论对台文艺节目的创新与评优》，指出目前对台广播文艺对时代主题的把握要更加准确，节目的文化味要更加浓厚，形式要更加丰富，制作方式要更加多元，节目听觉效果要更加精致精彩。提出，一是要从关注节目本体到关注传播力度，在广播节目强调双向交流的今天，在对节目本体的静态评价体系之外，广播节目的传播方式的拓展以及节目传播的实际效果已经越来越受到大家的重视；二是针对时下的“穿越”概念，提出节目要有原创和个性的“穿越”；三是以流行为已用，挖掘流行热点的对台视角；四是肯定广播小品是广播文艺的重要表达方式；五是提出文艺节目也要关注对大题材的微视角深挖掘。

姚岚秋同志学术理论研究评介

姚岚秋，上海电视台主任助理，经济师职称。姚岚秋同志在学术、理论方面的研究成果及其实践应用集中在三个方面：一是对于广播组织管制问题的研究；二是对于广电媒体版权问题的研究；三是将研究成果和研究方法用于解决广播影视行业实践中的具体问题，并取得了积极效果。

一、关于广播组织管制问题的研究

广播组织管制问题是姚岚秋同志2009年完成的博士学位论文《论广播组织的三重属性及其法律管制》的研究对象。不同于传统传播学和经济学的研究维度，他在业内首次从调整对象决定调整手段的法学视角研究了广播组织的管制问题，认为由其社会及技术特征所决定，广播组织呈现出公众受托人、信息产业实体及自然垄断组织的三重特别属性，依据特别属性的要求，应当对其施以社会性管制、反垄断管制和经济性管制，三种管制制度虽然直接取向略有不同，但其终极价值统一于追求信息传播“效益”、“效率”合一的社会整体利益之中。

姚岚秋对此问题的基本观点是：广播组织本质上是一种信息传播工具，其终极目标在于追求传播的“效益”（全面客观、积极正面）与“效率”（迅速便捷，收益最大化）的统一，由其社会及技术特征所决定，广播组织又呈现出公众受托人、信息产业实体及自然垄断组织的三重特别属性，依据特别属性的要求，应当对其施以社会性管制、反垄断管制和经济性管制，以促成信息传播终极目标的实现。

第一，基于广播组织所占用的电子频谱资源的公共性和广播活动对公众生活的巨大影响，广播组织被拟制为社会传播系统中的公众受托人，承担着保障公众表达权和知情权的责任。第二，广播作为文化活动的一部分，其所传播的内容一方面具有精神产品的性质，受到意识形态的约束，另一方面又表现出浓厚的经济属性，具有可经营和营利的特质，因而在各个国家和地区都被列入了文化产业的序列。第三，以在传播中的作用来区分，广播组织可以分为制作类、播出类和传输类三种。除了呈现出公众受托人属性与产业实体属性以外，以有线电视网络为代表的传输类广播组织因其具备成本弱增性与范围经济性特征而同时具有了自然垄断的属性。最后，姚岚秋的研究把有关广播组织管制制度的理论分析和实践考察结论用于完善我国广播组织法律管制制度的思考之中，认为：现阶段，我国的广播组织存在着执政党喉舌抑或公众受托人、公益组织抑或逐利商人的角色重叠，并处于充分竞争抑或实质垄断的模糊状态。

二、关于广电媒体版权问题的研究

近些年来，伴随着版权制度的核心从复制权转向传播权，广电媒体在版权法上的地位变得越来越重要，它扮演着双重的积极角色：既是传播他人作品或其衍生成果的使用者，又是创造作品或录制品、广播信号的权利人，成为贯穿作品创作、传播和消费之间利益链条的主轴。姚岚秋同志的博士后课题出站报告《广电媒体内容资源使用与开发的版权问题研究》以产业化背景及数字化环境为前提，研究了广电媒体内容资源在使用与开发过程中的相关版权问题，并提出了具体建议。

三、研究解决广播影视行业实践中的相关版权问题

（一）研究解决广电媒体使用音乐付酬集体谈判中的争议焦点

姚岚秋同志作为专家组成员，在参加中国广播电视协会电视版权委员会组织的与中国音乐著作权协会进行的中国首次电视媒体使用音乐付酬问题的集体谈判中，运用理论专长受托为谈判提供专业意见，在业内第一次系统地研究了广电媒体使用音乐作品的具体情形，区分了其中应当付酬与依法可以不付酬的不同情况。尤其对广电媒体播放包含音乐的影视作品是否应当支付报酬这一谈判双方的重大争议焦点进行了详尽的比较研究，得出了明确的结论。

（二）研究著作权法修法过程中的广播影视行业的利益体现问题

著作权法的第三次修订工作于2012年启动。受行业组织的委托和所在单位领导的指派，姚岚秋同志全程参与了《著作权法》修改草案一、二、三稿和送审稿的征求意见进程，对修改草案中涉及广播影视行业的条款进行了认真研究，通过发表文章、提交修改建议、参加研讨会座谈会等形式积极宣传研究成果，为维护广播影视行业的利益而努力。相关的主要观点有：

1. 视听作品的界定应当摒弃以画面为主的认定标准，将广播作品纳入，对独创性不高的试听节目应当另行设定邻接权保护。

2. 视听作品的权利归属要综合考虑原作品作者、合作作者与传播者的三方利益平衡。

3. 对现行著作权法上的"广播权"与"信息网络传播权"的整合应当适应三网融合环境下的"数字融合"传播形态的需要以及传播效果和产业需求，以传播方式而非传播介质作为不同传播权利的界限。

4. 三网融合环境下，广播组织权所控制的专有行为应当将网络传播（包括交互式和非交互式网络传播）纳入规制的范围，同时应当控制制作广播电视节目的录制品及对这种录制品的播放和发行，控制在收取入场费的公共场所（即营利性场所）公开传播广播电视节目。

5. 关于播放的法定许可。广电组织对作品的法定许可使用量，使用的时效性，提出制度安排调整的建议。

秦瑜明同志学术理论研究评介

秦瑜明，中国传媒大学电视与新闻学院教授、实践教学中心主任、硕士研究生导师。中国广播电视协会电视学研委会副秘书长，中国高等教育学会广播电视学研究会秘书长，美国密苏里新闻学院访问学者。发表CSSCI检索学术论文近20篇，在境外学术刊物发表学术论文2篇，出版学术专著4部，主持和参加省部级以上科研项目5项，主持中国传媒大学科研项目5项，主持横向科研项目5项。

主要研究方向侧重于电视新闻、纪录片和新媒体影像领域，创作和指导创作的纪录片、实验片、新媒体短片等多种类型影像作品获得法国FIPA国际电视节、长春电影节、上海电视节、“金鹏奖”中国国际新媒体短片大赛、香港华语纪录片节等60多项国际、国家和省部级奖励。

他独立撰写著作《电视传播概论》、《电视新闻：全球传播与民族认同》、《电视传播理论》、《影视精品赏析——电视新闻》，参加编写著作《电视跨国传播与民族文化》、《香港内地传媒比较》、《中国电视史》及《世界纪录片精品解读》等。

他主持完成教育部人文社会科学研究青年项目《新闻传播与国家民族认同》，参与完成国家社科基金项目《电视跨国传播与民族文化》、《中国电视史》以及广电总局重点项目《“一国两制”下的内地、香港新闻传媒比较研究》、教育部人文社科基金项目《当代中国纪录片的历史与美学》等。

主持完成中国传媒大学科研项目5项：学校“211工程”三期创新人才培养后期资助项目《电视新闻：全球传播与民族认同》，学校科研培育项目《中西纪录片交流史》及《融媒体与中国形象》，学校质量工程教材建设项目《电视新闻摄影》，学校优质示范课程《DV

创作》课建设。

主持完成横向科研项目5项：与浙江广电集团合作研究横向项目《浙江广播电视集团节目创新及人才发展战略》，与广州广播电视台合作研究横向项目《城市电视台纪录片制播策略研究》及《城市电视台纪录片市场化策略研究》，与北京青年政治学院合作研究横向项目《示范校建设电视片专家咨询》，与良友文化基金会合作研究横向项目《纪录片的推广与放映》。

柴洪涛同志学术理论研究评介

柴洪涛，太原电视台法制频道总监，高级编辑。柴洪涛同志从事法制节目工作已有18年，他不仅创办了多个法制节目而且一直从事法制节目的研究工作，坚持用马列主义、毛泽东思想、邓小平理论、“三个代表”重要思想和科学发展观指导理论研究，注重联系实际，在实践中不断研究总结，学术观点鲜明，有独到见解，特别是在法制节目的创新和普法实效上有多年的研究积累，也有很好的社会影响，在全国电视界和法律界都占有一席之地。

柴洪涛同志先后被团中央、国家广电总局联合授予“青少年维权先进个人”，被中国广播电视协会法制委员会评为“首届全国十佳法制类节目制片人”，同时还获得山西省第九届“五四奖章”、太原市第八届“十大杰出青年”等荣誉称号，2012年被评为山西省“学术技术带头人”等。并入选“百千万人才工程”候选人。柴洪涛撰写了大量的理论研究论文，其中《关于法制节目再思考》在全国法制优秀论文评比中获得一等奖；论文《论开掘法制节目报道深度的三要素》和论文《电视法制栏目的跨世纪之路》获优秀论文奖；论文《关于法制频道经营策略的思考》在中央电视台主办的《电视研究》刊物上发表。2012年，在柴洪涛的带领下完成了国家广电总局科研项目《从全国电视法制栏目的发展看电视媒体的普法实效》（GD1056）的理论研究。

作为科研课题的负责人柴洪涛带领科研组的全体成员经过两年的精心研究，完成了科研的各项预期目标，共撰写了23篇论文，总字数达21万字，形成了论文集《从全国电视法制节目的发展看电视媒体的普法实效》，并正式出版。课题研究试图通过对全国法制节目现状及其普法效果的调研与分析，探讨促使法制节目出现和繁荣的原因，对其中存在的问题进行拷问与探究，并积极寻求对策与解决之道。该课题更对电视法制节目的发展与我国法制建设的关系进行了深入地理论探索，通过对典型节目的分析，详尽探讨了电视法制节目的普法实效、普法艺术等一系列问题。

一、对电视法制节目与普法教育关系的研究

法制建设的多元化需求促进了电视法制节目的繁荣和创新。在法制建设进程中，不同的社会主体对法制的期待有所不同，对电视法制节目的要求也有所不同，他们都力图通过电视法制节目表达自己的意志、要求和观念，也试图通过电视法制节目实现自身的利益和目标。社会的多元化需求，为电视法制节目的发展提出了新要求也提供了土壤和营养，电视法制节目的制作者也要在节目内容、表现方式和功能方面适应社会的多元化需求。

二、课题对电视法制节目发展历程及现状进行了梳理与总结

对中国电视法制节目普法实效的研究，有赖于对电视法制节目发展及现状的梳理与总结。对历史的总结和对现实的评述，为理论研究提供坚实的基础，开阔了理论研究的视野。

截至2010年，经广电总局批准开办的专业法制频道有9家。据不完全统计截至2010年全国除中央电视台外，已有400家省市级电视台开办了法制节目，初步形成了覆盖全国的法制节目播出格局。优秀法制节目的收视率排名更是经常雄踞同一时段节目收视率排行榜的榜首位置。这不仅是电视法制节目客观报道的结果，更是电视法制节目制作人主动追求的结果。

徐小兰同志学术理论研究评介

徐小兰，西安财经学院文学院新闻传播系讲师，陕西广播电视台研究发展部战略发展科科长，主任记者职称。

徐小兰主要从事电视批评与传媒文化研究，尤其致力于电视评论以及财经报道方面的专题研究，经过不懈的努力，已经取得了一些有关电视传播的学术研究成果。

一、理论研究的选题始终关注广播电视传播中的前沿问题和现实难题，研究思路清晰，研究成果具有较强的现实指导意义。

2004年8月，徐小兰同志撰写了《浅谈电视评论节目的表述方式》一文，发表在核心期刊《新闻知识》。这篇论文主要探讨了电视评论的独特语态表述方式，特别提出了电视评论的表述应该力戒文件语言、会议语言、干枯表达，而应该是用平实且有张力和内涵的表达、故事化且细节化的叙事以及精辟、形象的评论话语体系取胜。

2012年8月，在论文《在坚守与创新中增强主流媒体的传播力与影响力》中，面对全新的电视生态语境，徐小兰同志提出新形势下提升广电媒体传播力与影响力的具体策略。她认为在传媒变局中主流媒体首先应保持清醒、冷静与理性，以专业精神坚守和传播主流价值观，强化社会责任意识。要在与新媒体融合中突破，由滞后传播向现场传播转变，抢占舆论引导的第一落点。

二、充分发挥个人横跨媒体与高校的双栖身份，研究成果既紧紧盯着媒体的前沿与实际问题，同时又有较强的理论性。

因为她拥有西方经济学硕士学位，所以在2012年前的一些成果，就是试图在广播电视新闻与西方经济学理论的结合上寻求突破。2006年、2007年分别发表的《新闻产品特性的经济学分析》和

《虚假广告成因的经济学分析》这两篇论文就是在这种理念之下的研究成果。这两篇文章把西方经济学的一些分析工具与基本原理运用到了传媒管理的实际工作中,以期用西方经济学的全新视野来解决传媒实践中的焦点、难点问题,文章的发表也产生了一定的反响。

在《中国电视》2012年第4期上,发表了《祈福钟鸣 播撒世界》一文。该论文总结概括了陕西广播电视台五年来雁塔祈福走过的历程,指出祈福文化是元旦跨年电视活动的内核,人们精神之寄寓。在此基础上,从文化的高度概括了雁塔祈福活动成因:它是在元旦的象征意义、中国传统文化、世界共同语言这三维空间上寻找到了交叉点,以一种盛大的仪式和庆典超越地域,连接全球华人的文化心理。

《现代传播》2013年第7期刊登徐小兰同志的论文《用空间理论看微电影电视化的范式——以陕西卫视〈华夏微电影〉为例》。该文应用空间理论对网络时代下影视文化空间呈现出的空间特征进行研究,指出电视与微电影嫁接的必要性与战略意义。

贾秀清同志学术理论研究评介

贾秀清，广播电视艺术学博士，数字媒体艺术专业博士生导师，中国传媒大学动画与数字艺术学院副院长，教授。2002年执教中国传媒大学以来，贾秀清同志从自身深厚的文学、美学理论基础出发，结合学校广播电视艺术学、新闻传播学、设计艺术学的综合学科背景，站在学科与学术的前沿，将广播电视艺术与动画艺术、数字艺术相融合，进行了一系列跨学科、跨领域、创作与实践相结合的特色理论研究。作为学者，发表论文30余篇，出版专著3本，负责北京市级、国家级科研项目、创作项目15项，在电视艺术理论研究、数字媒体艺术理论研究、动画艺术理论研究领域，贡献卓越，影响广泛。

一、电视艺术理论研究

贾秀清的早期理论研究主要集中于电视艺术理论，1985~1999年工作于甘肃电视台。1998年发表论文《文学电视初探》(《甘肃社会科学》，1998年第6期)，从创作实践出发，探讨了时下方兴未艾的电视艺术现象，并从语言学、符号学角度给予了一定的理论归纳和梳理。

贾秀清博士在学期间发表论文二十余万字，其中《关于电视文化身份的多维度审视》(《现代传播》，2000年第4期)从俯视、后视、外视、侧视、内视、前视多个角度，对电视文化身份予以全息式关照和审视，并尝试让关照的过程本身成为一种推导的方法，以期使电视文化身份的本质在纷呈的现实表现中浮现出来；《中国电视文化生态环境刍议》(《当代电视》，2001年第1期)从电视文化生态环境批判角度，认识到中国电视正进行着的内部深化改革，以及通过冷静的思考和深入的分析对这种变革提出的意见和建议——两篇论文研究角度新颖，方法独特，分获首届中国金鹰电视艺术节论文评奖一等奖，第二届中国金鹰电视艺术节论文评奖一等奖；此外，这一期间发表的论文《哲学意味在电视剧艺术中的延伸》（《中国电视》，2000年第6期）、《从纪录开始的电视艺术》（《现代传播》，2002年第3期）、《电视纪录片创作中非理性因素的控制》、《电视艺术的多元表达》等对电视艺术进行了多角度的剖析和诠释。其博士论文《纪录与诠释：电视艺术美学本质》，从电视艺术美学研究方法论切入，突破以往电视艺术研究对对象的聚焦，不再从现象出发，而是从电视艺术存在的物质基础和精神基础出发，即从“纪录”与“诠释”这两个关系到电视艺术存在的根本构成元素出发，审视电视艺术，思考关系到电视艺术本质、属性、品味、创造、表达等美学问题的基本内涵和外延。该论文获得2004年国家广播电影电视总局科研项目优秀科研成果一等奖，全国优秀博士论文提名奖，并由中国传媒大学出版社出版。

二、数字艺术理论研究

贾秀清从学科前沿出发，打破常规研究思维，立足美学维度，将广播电视艺术与数字媒体艺术理论融会贯通，研究并撰写了专著《重构美学：数字媒体艺术本性》，该书通过对引发美学结构性转向和重构原因的历史性关照与当代探索，通过对美学发展的当代语境的剖析和对数字媒体艺术的从语境走向现实、从局部现象走向对社会意识形态、文化形态、经济形态时代性重构的多方位审视，一方面从美学的角度理解数字媒体艺术本质，指出了数字媒体艺术“开放”、“自由”、“人本”的本性，一方面从数字媒体艺术角度关照美学发生在当代的转向和重构，从“美学重构的发生及流变”、“美学重构的当代语境”、“重构美学”三个层面展开研究，对数字媒体艺术美学的构建、理念的重构、传播的重构等有深入透彻的研究，为我国数字媒体艺术理论体系构建奠定了基础，其著作亦为后来数字媒体艺术理论研究者奉为圭臬。

三、动画艺术理论研究

贾秀清的论文《生活的卡通化表现——国产原创系列动画片〈家有浆糊〉评析》（《当代电视》，2012年第3期）以2012年初热播动画片《家有浆糊》为例，探讨了当下中国动画创作在角色与情节设计、主题与内容设置、思想与情感表达等层面的得与失；论文《解析影响我国动漫发展的几个问题》（《现代传播》，2009年第6期）就影响我国动漫产业发展的一系列瓶颈问题——例如如何在真正满足低幼群体对动漫产品需求基础上，重视青年群体，建立全民动漫消费观念；如何科学理解和把握动漫产业的本质属性及其相关产品的生产规律和消费心理；如何针对性地建设我国动漫产业链上的薄弱乃至缺失环节、使之得到系统构建；如何提升我国动漫产业的原创力、突出我国动漫产业发展的民族特色等，进行了现实性的分析和学理性的思考。该论文获得2011年第二届星光电视文艺论文评选理论类一等奖。

四、动画与数字艺术教育理论研究

贾秀清于2006~2007年受韩国高等教育财团资助，赴韩国中央大学电影学部任访问学者期间，对韩国动画高等教育模式进行了全面细致的调查分析，对比我国动画高等教育现实，撰写了研究报告《中韩动画高等教育模式比较研究》，该报告获得北京市高教育学会第七次优秀高等教育科研成果二等奖，并为之后中国传媒大学动画与数字艺术学院2009版动画专业教学计划改革提供了详实的案例及参考依据。

龚政文同志学术理论研究评介

龚政文，湖南广播电视台党委委员、副台长。龚政文同志具有北京大学文艺学硕士学位，并于2010年获湖南师范大学中国现当代文学博士学位。在长时间的求学中于文史哲广泛涉猎，打下了深厚的学理功底。该同志1991年大学毕业后进入湖南省委宣传部工作，2005年担任湖南省作家协会党组书记、常务副主席，2007~2012年兼任湖南省文联副主席，2010年调任湖南广播电视台党委委员、副台长。长期在宣传部门工作，长期从事文学、理论、新闻的研究与写作，经历多岗位的历练，他对宣传思想领域的各个方面都很熟悉，是湖南省宣传文化系统知名的评论家、"笔杆子"。正因为如此，他在工作中多次承担中宣部、中国作协、湖南省委及湖南省委宣传部的重要工作任务，2006年、2011年，他两次参加中宣部组织的写作组，起草胡锦涛同志在全国文代会、作代会上的讲话。他曾担任第四届鲁迅文学奖、第七届茅盾文学奖评委，湖南省委"党的十七大、十八大精神宣讲团"成员，中国记协马克思主义新闻观师资班成员，湖南省省级理论学习服务体系第一批省级服务专家之一。

理论成果丰富。龚政文同志大学时代即开始文化理论与评论的写作，从1988年开始，陆续在《人民日报》、《光明日报》、《文艺报》、《文学报》、《读书》、《文艺研究》、《文艺理论与批评》、《南方文坛》、《湖南日报》、《湖南文学》、《理论与创作》、《求索》、《湖南社会科学》、《艺海》等报刊发表文艺理论与评论文章300多篇，参与中宣部、湖南省委、湖南省委宣传部主持的多篇重要文稿的起草及多部论著的撰写，计一百多万字。主要成果有：《论艺术直觉》、《意识形态与艺术理论》、《古典爱情神话的终结——读〈追忆逝水年华〉》、《〈甲申祭〉三题》、《胡风的现实主义理论初探》、《生命的成熟与困惑——陈健秋论》、《湖湘文化——千年之交的感悟与思考》、《文艺与和谐社会建构》、《重焕文艺的理想之光》等。他的学术方向集中在两个方面，一是对文化现象、文化思潮的理论性、宏观性研究。1991年发表的《意识形态与艺术理论》对马克思主义的文艺意识形态理论进行了深入研究，2005年发表的《文艺与和谐社会建构》对文艺与和谐社会的关系、文艺工作与创作如何为和谐社会构建做出应有努力做了历史梳理与深入思考；2010年发表的《重焕文艺的理想之光》针对当时文艺界普遍存在的低俗之风进行了理性与激情兼具的剖析与批评。二是文艺评论和作家研究。结合当代文艺实践，他就文学、电影、电视、戏剧等多个领域发表了大量作家作品评论，产生了广泛影响。其博士论文《从〈马桥词典〉到〈山南水北〉——90年代以来韩少功的文学世界》，以20世纪中国文学史和全球化时代的文化图景为参照系，通过对韩少功90年代以来几部重要作品的故事场域、人物谱系、文体风格、艺术思维等方面的解读，深度进入一个代表性作家丰富多彩的文学世界。论文陆续发表后，受到文学评论界的好评。80年代后期，他即开始写作电影评论、电视剧评论，对20多年来中国生产的许多电影、电视剧都进行了评论，计有60余篇。由于他既有理性思维的长处和文艺美学的功底，又有比较漂亮的文字功夫，他的影评、剧评往往一针见血，议论风生，文采斐然。

近年来，龚政文同志加强了广播电视新闻方面的研究，对新闻队伍如何贯彻马克思主义新闻观、如何践行“走转改”、如何开展新闻工作改革创新，进行了深入思考，并开展了一系列讲课和写作活动。2012年发表推出的《带着思考走，怀着感情转，对着问题改——湖南广播电视台开展“走转改”活动的实践与思考》、电视系列评论《在中国道路上实现中国梦想》、《关于提升主流媒体“公信力、传播力、影响力”调研报告》等文章，都引起了一定反响。

获多种奖励。在多年的理论研究和评论工作中，龚政文同志获得了比较多的奖励。《文艺与和谐社会建构》入选中国文联2005年文艺论坛并在中共湖南省委宣传部、湖南省委党校、湖南省委讲师团主办的征文中获二等奖；《重焕文艺的理想之光》入选中国文联2010年度文艺论坛；剧评《〈甲申祭〉三题》、《陈建秋论》先后两次获湖南省田汉戏剧论文奖一等奖；影评《伟人风范》获国家电影局举办的全国影评征文二等奖；主讲的电视理论教学片《关于文化软实力的思考》在中共湖南省委宣传部主办的湖南省第一届"湘潮讲坛"电视理论教学片展播评比中获"优秀奖"；《科学精神，人民情怀》获全国党刊2007年度优秀稿件评选二等奖；《电视文艺晚会〈风华正茂〉的美学追求》在湖南省广播电影电视局、湖南省广播电视协会举办的2012年度"湖南省广播电视学术论文"评选中获"特别奖"（相当于一等奖）；其撰写的电视系列评论《在中国道路上实现中国梦想》在湖南省新闻工作者协会评选的2012年度"湖南新闻奖"和湖南省广播电视协会评选的2012年度"湖南广播电视奖"评选中，都获得一等奖；《带着思考走，怀着感情转，对着问题改——湖南广播电视台开展"走转改"活动的实践与思考》入选中国记协"走转改"研讨会并被时任湖南省委常委、宣传部长路建平批示推荐。

曹钢同志学术理论研究评介

曹钢，宜宾广播电视台专职编委，主任记者职称。曹钢同志2003年被宜宾市委、市政府评为首届“宜宾市十佳新闻工作者”；2004年被市委、市政府授予宜宾市第八批拔尖人才称号；2005年被评为宜宾市宣传新闻文化系统“优秀人才示范岗”；2008年被市委、市政府授予宜宾市第十批拔尖人才称号；2011年被宜宾市委授予宜宾市优秀基层党组织书记称号；2001~2013年连续四次被宜宾市广播电视局评为优秀党务工作者，两次被宜宾台评为优秀党务工作者，三次被宜宾台评为先进工作者；2004年被聘为四川省广播电视学会和四川省广播电视新闻与传播研究所特约研究员。现为中国电视艺术家协会、四川省广播电视学会、四川省电视艺术家协会会员，宜宾市电视艺术家协会理事；被聘为第26届四川省广播电视政府奖评委，先后担任宜宾市新闻中级职称评委、宜宾市新闻奖评委、宜宾市广播电视政府奖评委、宜宾市新闻工作者协会新闻论文奖评委。

1982年至今，从事广播电视工作32年，曹钢同志在长期的一线广播电视宣传实践中，不断总结经验，发现问题，深入思考，进行系统理性梳理，开展实用电视理论研究。先后在《电视研究》、《当代电视》、《网络传播》、《声屏世界》、《视听界》、《视听纵横》、《西部电视》、《云岭声屏》、《西部广播电视学刊》等专业刊物发表论文77篇，其中有16篇论文在核心期刊上发表，13篇获省市政府奖。其中，《试析电视新闻述评之结构形式》获1999年度四川省新闻奖新闻论文一等奖；《拓展电视节目的经营思路》获1999年度四川省新闻奖新闻论文二等奖；《西部大开发中农村栏目的关注点》获2000年度四川省第六届广播电视学术论文二等奖；《风景这边独好——电视旅游节目探析》获四川省第七届广播电视学术论文二等奖;《简析电视传媒大众审美的文化意义》获2010年度四川省广播电视学术论文二等奖。

一、立足新闻采编,探析实用电视新闻学

1988年至1995年,曹钢同志先后撰写了《优化电视新闻节目》、《简析新闻背景材料的运用》、《谈谈电视新闻的深度报道》、《试析长镜头在电视新闻中的运用》、《以形写神形神兼备》、《谈电视书画报道》、《浅谈特技在电视新闻中的运用》、《试析航拍在电视新闻中的运用》、《如何增强行业电视纪录片感染力》等论文,分别在《新闻三昧》、《声屏世界》等刊物上发表,这些论文具有较强的针对性、实用性和可操作性。

二、立足电视栏目,探析名牌节目传播效应

跨入新世纪,社会的转型期为电视人提供了很好的创新发展平台。曹钢根据自己多年丰富的实践经验,先后撰写了《突出地方特色办好专栏节目》、《提高节目质量创办名牌栏目》、《树立精品意识办好自制栏目》、《拓展电视节目的经营思路》(获1999年度四川省新闻奖新闻论文二等奖)、《谈生活服务类栏目的创意与编排》、《引导生活 服务百姓》、《试析电视新闻述评之结构形式》(获得1999年度四川省新闻奖新闻论文一等奖)、《立足本地发挥优势办出特色》、《发挥优势转换机制全面提高节目质量》、《西部大开发中农村栏目的关注点》(获得2000年度四川省第六届广播电视学术论文二等奖)、《风景这边独好——电视旅游节目探析》、《论邓小平"民为本"思想对电视社教节目的指导作用》、《关于办好地方无线电视台的若干思考》等论文。

葛向阳同志学术理论研究评介

葛向阳，郑州人民广播电台台长，播音指导职称。工作中他非常注重理论方面的研究，坚持用马列主义、毛泽东思想、邓小平理论、“三个代表”重要思想和科学发展观指导理论研究工作。注重理论联系实际，学术观点具有鲜明的时代特色和非常独到的见解，对广播电视理论建设和实际工作有较高的参考价值。他撰写的论文《坚守与创新并重提升广播影响力》荣获2010年度河南省新闻奖新闻论文一等奖；《用热线电话打造城市新闻广播频率》获2012年度河南省新闻奖新闻论文一等奖。此外还有多篇论文在《中国广播》、《中国广播电视学刊》、《新闻爱好者》等国家核心期刊上发表。

论文《坚守与创新并重提升广播影响力》发表在《中国广播》2010年第4期。文中围绕“新媒体快速发展的今天，如何提升广播影响力”这一问题，通过对传统广播媒体优劣势的分析，结合工作实践提出了办好传统广播节目，提升影响力的具体方法。

葛向阳在文章的开篇就明确提出了自己的观点：城市广播电台盲目追求类型化，随意抛弃传统优势节目的做法是很多城市电台发展的一个误区，提升广播影响力在强化创新的同时，还要坚持办好传统节目。近几年来，随着我国机动车辆的飞速增长，各城市广播电台开办交通广播、音乐广播争夺移动收听人群，已经成为了提高广播收听率的一个重要指标。有关广播方面的学术文章，几乎都是针对类型化、窄播化，传统广播似乎已经走到了陌路。许多二、三线城市广播电台为了提升影响力，在类型化、窄播化思潮的影响下，抛弃了开办多年的传统广播节目，集中精力开办交通、音乐等类型化广播。目前，中国广播要提升影响力，不仅要重视交通、音乐等类型化广播，办好传统广播仍然是全面提升影响力的关键所在。

作者通过对调查数据的分析，反映出在我国二三线城市中，在家里和固定场所主动收听广播的听众，仍然占据主导地位。通过对听众收听习惯的分析，进一步论证了作者提出的城市广播电台要坚持办好传统优势节目的观点。

文章的最后提醒广播人，在信息化社会，媒体之间竞争更为激烈，要提升广播影响力，还有一个新媒体应该引起广播人的高度关注，那就是手机媒介，要加大对手机媒介的研究开发力度，可尝试联合手机媒介开发手机报、手机广播等融合形式，寻找广播与手机整合的道路。

《用热线电话打造城市新闻广播频率》一文发表于《中国广播》2012年第8期 。文中作者重点分析了热线电话在城市广播媒体中的优势，结合郑州新闻广播在打造全热线频率的实践，重点论述了城市广播媒体应该如何利用新闻热线打造频率品牌的问题，并就此问题提出了建议。

作者认为，目前我国"四级办广播"体制，给市、县两级广播电台开办电话热线类节目留下较大空间。作者分析指出，热线电话在城市广播媒体中存在三个方面的优势：

优势之一，广播与电话是天然融合的两种媒介。作者通过分析研究认为，广播受制于传输方式，是纯听觉的媒体，虽然有广泛的想象空间，但对受众的感官刺激仍显单调。而热线节目中，除了主持人之外，还有不同声音的讲述，视角、事件等都充满了新鲜元素。虽然真实性超不过视频，但是对受众来说，真实的感觉超过了网络，热线中的交谈是全方位的，通过电台将交谈过程传播出去，要比用一个人的声音将文字的交谈实录播送出去更具优势。

优势之二，电话在广播互动中的便捷性。微博的火爆，说明在当今社会，受众需要一个诉说的平台，需要便捷的社交方式。广播同样是适合受众参与的媒体，听众通过拨打热线电话，就可以实现与人交流，自己的声音就可以直接从广播中传播出去。

优势之三，电话参与广播节目的隐私保护优势。受众很多时候希望传递自己的信息，希望得到帮助，却又不愿意让其他人知道自己，而广播热线节目参与单一性、神秘性更适合部分受众的要求。

《浅析城市广播的品牌建设》一文发表于《中国广播》杂志2011年第8期。目前，中国城市广播面临着各方的竞争，争夺市场需要品牌的支撑。本文对如何树立城市广播的品牌，在品牌主持人、品牌栏目、品牌频率之间进行协调等进行了探讨，并提出了塑造广播品牌的几点建议。

作者结合着实际工作经验提出了一套广播品牌的建立流程：有收听需求→得到信息→选择尝试收听→满足受众某方面需求→坚持长期收听→形成收听依赖→成为谈资向其他受众推荐传播该信息，进而被其他媒体所关注。在整个流程中，每一个环节都十分重要。

对于广播媒体而言，品牌建设应该包括三个方面的内容：频率、栏目和节目、主持人，树立城市广播品牌的重点是打造“品牌频率”，这也是城市广播大的发展趋势。当前，城市广播所面临的环境，因广播媒体自身的局限性和频率节目设置等方面的原因，在城市广播电台推品牌主持人的难度越来越大。现在既符合受众收听需求又容易吸纳品牌广告的以交通广播、音乐广播等类型化广播频率为主，因此，传统的名主持人和品牌栏目都很难产生。随着城市车辆的增加，交通广播逐渐兴起，品牌广播频率在城市媒介竞争的环境中崭露头角，显示出更大的经济价值。

彭文祥同志学术理论研究评介

彭文祥，博士，中国传媒大学校长办公室主任，研究员职称。

改革开放30年来，中国特色社会主义现代化实践的显著特征在理论上可以概括为"中国现代性"的生成发展，并逐渐走上了历史的舞台。如果说，30年改革开放是一条奔腾不息的河流，那么，"现代化"就是其航标。事实上，30多年的物质文明和精神文明建设成就雄辩地表明，"中国现代性"具有鲜明的中国特色、中国气质和中国风格，是多元现代性中不同于"西方现代性"的一元，并必将对21世纪世界文明新秩序的建构发挥积极的影响。对现实题材电视剧来说，借助高科技的现代传播媒介及其强大的渗透力和影响力，一方面，它以直观、生动的视听影像反映了时代变迁的风云际会，成为了当代中国人生活、情感嬗变的历史记录和历史见证；另一方面，它又对当代中国的时代风尚、审美文化、价值理想等产生着广泛而深刻的影响……

在艺术表现和时代生活的密切关系上，如果说，电视剧是一种以影像的审美表意实践对时代生活所做出的敏捷回应，那么，电视剧艺术研究就可以看作是一种以理论范畴和命题的形式对这一"回应"所做出的回应。面对新时期改革开放的时代生活，这种电视剧艺术研究在考察目标、问题意识、学理路径和价值指向等方面就需要找到一个合适的"切入点"和"支点"。

在《中国现代性的影像书写》一书中，基于艺术叙事和历史叙事同声相应、同气相求的内在关系，彭文祥同志把"改革题材电视剧"作为新时期现实题材电视剧的一种典型形态，实际上就是将改革剧作为典型的想象性模型与个案，在分析和阐述其审美现代性内涵与特质的同时，深入考察其间多种叙事话语组合而成的精神地形图及其内在的结构和意义蕴藉，并进一步于视听影像的审美投射中凸显中国现代性可描述的形状和可辨析的性状。就“支点”而言，无疑，随着“改革开放”成为了新时期中国特色社会主义现代化建设的历史最强音，改革剧因其和时代生活最直接、最紧密的联系而突出地奏响了“时代呼唤改革、改革呼唤文艺、文艺促进发展”的主旋律。其中，一方面，伴随中国特色社会主义现代化建设的历史进程，改革剧中一种可称之为“现代”的审美新质在不断生长、发展，并通过艺术镜像而得以较完备地传达；另一方面，作为一个富于美学阐释能力的概念，“审美现代性”又为分析这种“审美新质”预备了广阔而有效的张力空间。实际上，20世纪90年代以来，受中国特色社会主义现代化实践总体事实的激荡和推动，以及西方现代性及其反思话语的启示与促发，“现代性”议题成为了当代文化艺术研究的基本线索之一。在艺术研究的领域，审美现代性的理论视阈和阐释视角带来了一种新语境、新视野和新立场，它既促使文学艺术研究在命题、范围、方法、观念等方面进行着新调整，又使一些重要的艺术现象和美学问题得到了新异而有效的阐释。在这种意义上，基于研究对象和理论视角的耦合关系，彭文祥的研究是中国电视剧艺术实践和艺术研究发展到一定阶段的产物，同时，其研究视野、研究路径的确立是电视剧艺术研究的一种新尝试和新探索。

当然，在理论研究和艺术批评中，审美现代性研究的有效性有其基本前提：一是针对本土的文化生长物，我们要切实回到历史的具体性，回到中国经验和中国语境的现实层面；二是审美现代性是通过具体的、感性的艺术实践来实现和落到实处的，因此，艺术的审美现代性不仅仅体现在它所表达的社会理念、思想观念等方面，更体现在其形象表意系统所蕴藉的文化心理、精神气质、性格结构、审美体验和情感记忆方式，以及艺术表现、审美表达方式等方面。对此，具有探索创新意义的是，彭文祥将改革剧的影像表意系统作为审美现代性研究的逻辑起点，并依据艾布拉姆斯诗学体系中的艺术“四要素”及其多向度关系，重点从“主题思想”、“人物塑造”、“艺术叙事”、“现代性体验”、“艺术生产”和“艺术接受”等几个主要方面来分析和阐述改革剧审美现代性的内涵与特质，进而在“理想类型”的意义上，既把握住“审美现代性”这个极具活力的理论资源，又立足于电视剧艺术本身及文本的内在结构；既回到历史变动的实际过程，又回到审美话语发生、发展的具体环节，并于中国现代性的影像呈现中透析那些创新的动力和发展的脉络与趋向。

在书中，通过改革剧的个案模型及所书写和勾勒的中国特色社会主义现代化实践的精神地形图，我们可以看到，中国现代性不是以经济史、政治史、文化史，或思想史的方式来展开的，而是通过电视剧感性、生动的审美影像来呈现的。在分析、阐述过程中，彭文祥视野开阔，阅读广泛，思考深入。尤其难能可贵的是，他在电视艺术领域有长期丰富的实践经验，对电视艺术的生产、创作、传播有深刻的体悟。这使得本书的立论既有理论思考的高度，也有实践体悟的深度。相信该书的研究成果对电视艺术理论研究的拓展与创作实践的推动都是大有裨益的。

韩鸿同志学术理论研究评介

韩鸿，四川电子科技大学信息传播系教授。韩鸿同志是西部地区广播电视理论界有突出贡献的中青年学者，四川省学术与技术带头人后备人选，具有丰富的电视从业经验和较深厚的理论素养。从1994年起，韩鸿先后就职于重庆有线电视台、四川电视台，历任记者、制片人、部门主任，电视作品曾多次获国家和省级奖励。2005年后，执教于电子科技大学并专注于广播电视学的教学与研究。韩鸿始终关注西部地区尤其是西部老、少、边、穷地区广播电视发展中亟待解决的理论和实践问题。长期在西藏、青海、四川的边远民族地区以及“5·12”汶川地震灾区进行田野调查，每年在川、藏的乡村调研达3次以上。在扎实的调查研究基础上提出了许多对西部地区广播电视发展和社会管理具有较强针对性和建设性的意见和建议，受到政府和学界的高度重视。

韩鸿的主要学术研究领域和成果包括：

一、西部地区广播电视发展研究

西部地区尤其是西部民族地区广播电视事业与该地区的发展与稳定的关系是韩鸿教授研究的重点。他先后承担了《藏语卫视促进藏区长治久安的策略与机制研究》（2011年度国家社科基金西藏项目）、参与式影像与西部民族地区农牧民的知情权和表达权研究（2008年度教育部人文社会科学青年课题）、《基于媒介融合的参与式乡村信息传播模式研究》（2012年度教育部留学回国人员科研启动基金）、《四川康巴藏语卫视促进康巴藏区发展与稳定的策略研究》（中国广播电视协会2011年度重点课题）等省部级课题，长期关注西部地区广播电视发展的可持续性问题、“最后一公里”问题、信息内容与信息需求的脱节、媒介建设与乡村治理的脱节问题，以及西部地区的信息安全问题，取得了丰硕的学术成果。

二、专著

1.《参与式影像与参与式传播：中国参与式影像研究》，电子科技大学出版社，2012年出版。本书是对中国参与式影像的发展历程、理论基础、操作程序、社会效果、发展路向的研究。该书系教育部人文社会科学研究课题《参与式影像与中国西部地区农牧民的知情权与表达权研究》的结题成果。

2.《民间的书写：中国大众影像生产研究》，中国传媒大学出版社，2008年出版。《民间的书写：中国大众影像生产研究》是国内第一部全景展示中国民间影像的学术专著，是国内首次对中国大众影像生产的深度理论解读。书中对影像生产的本体观照，对中国大众影像生产史的梳理，对大众影像生产的意义解读，对影像生产关系可能产生的变革及国内大众影像发展路径的探讨，都具有一定的创新意义。

三、国际会议论文

“全球化思考、本土化行动”是韩鸿教授的一大研究特色。他始终保持开阔的学术视野，跟踪国际广播电视研究的前沿走向，积极参与国际学术对话与交流，在国际学术合作与比较研究中来推进自身和中国广播电视研究的学术水平。

韩青峰同志学术理论研究评介

韩青峰，青海广播电视台党委副书记、副台长、总编辑，兼任新闻中心主任，高级编辑职称。韩青峰同志还兼任青海省新闻工作者协会常务理事、青海省广播电视协会副会长、青海省影视家协会副主席和青海残疾人新闻促进会副会长。几十年来，他曾多次获得单位优秀党员和先进工作者称号，而且先后被评为全省宣传文化系统先进工作者；青海广电系统先进个人；省广电局优秀共产党员；省直机关优秀共产党员；青海省“十佳新闻工作者”；全省宣传文化系统“四个一批”优秀人才；全国优秀新闻工作者。正是由于他身体力行地用好的作风和精神影响队伍、带动队伍，充分调动其积极性和创造性，使全台宣传工作不断上台阶、上水平。2012年，青海广播电视台新闻中心荣获全国影视系统先进集体，受到国家人社部、广电总局的表彰。

韩青峰同志执著坚守于广播电视理论研究与实践的高地，撰写相关理论文章30多篇，多年形成的广电理论研究及实践成果，对于青海广播电视事业的改革发展来说，无论在理论层面上还是在实践层面上都起到了积极的推动作用。

随着中国特色社会主义理论体系学习的不断深入，韩青峰结合自己学习中国特色社会主义理论的体会和所从事的广电宣传实践，先后撰写发表了《邓小平发展观及其现实启示》（《青海省纪念改革开放30周年优秀论文集》，青海人民出版社2008年版）、《加大新闻职业道德建设力度，牢牢把握正确的舆论导向》（1997年发表在《昆仑声屏》）和《以全新的理念与时代同行》（1998年发表在《昆仑声屏》）等多篇论文，反映了对新闻理论的潜心研究成果，诠释了对青海广电事业发展的独到认识。

进入新世纪以来，我国广电改革此起彼伏。韩青峰通过对全国电视发展现状的考察研究意识到，传统的观念和落后的体制机制严重制约着青海电视业的改革和发展。他针对青海地广人稀、多民族聚居、经济欠发达而媒体的改革发展比较独特的实际，在论文《对青海电视业跨越式发展的思考》（2003年发表在《青海社会科学》和《南方电视学刊》，获得青海新闻论文奖二等奖）中提出，在青海这样一个社会主义市场经济体制建立速度相对迟缓、经济欠发达的地区，电视业的整体资源分散、互不相连、低层次运作、小环境发展的格局还没有从根本上得到改变，生存与发展面临着前所未有的竞争压力和严峻挑战，深层次存在的问题还比较突出，直接影响了加快发展的步伐。进而提出，青海的电视业改革与发展较之经济发达地区就更为艰巨和繁重，要紧紧抓住国家全面建设小康社会的战略机遇，实施西部大开发的历史机遇，找准改革与发展的着眼点与立足点，在新闻宣传、事业建设、产业发展等方面体现新思路，拿出新举措，以求在把握机遇、探索出路上实现新的突破。

对如何运用新闻理论指导具体的广电新闻实践，他有着切身的体会和独到的见解。《浅议电视新闻声画语言的整体组合》（2006年发表在《青海声屏研究文集》，获青海新闻论文二等奖）、《西部地区加强电视国际新闻报道之管见》（2007年发表在《西海记者》，中宣部《国际新闻报道研讨论文汇编》收录）、《从几组数字看青海电视台新闻宣传的创新与发展》（2008年发表在《昆仑声屏》，获青海新闻论文二等奖）、《实现电视新闻舆论有效传播的几点思考》、《适应新形势，增强责任感，用正确舆论导向实现媒体有效传播》（2008年发表在《昆仑声屏》）、《新形势下提升新闻舆论引导能力的几点思考》（2009年发表在《昆仑声屏》，获青海广电新闻论文一等奖）、《以思想的大解放推动青海电视传媒的新发展》（2008年《青海省纪念改革开放30周年理论研讨会论文集》收录，获青海新闻奖论文二等奖）、《坚持马克思主义新闻观 努力改进突发公共事件应急报道》（2009年收录入中宣部论文集）等，这些论文充分体现了其理论研究水平及对实践的指导意义。

2010年4月14日，青海玉树藏族自治州发生强烈地震。韩青峰以扎实的理论根基和独特的新闻视角，通过《从玉树抗震救灾看主流新闻媒体的舆论引导效应》（2011年发表在《昆仑声屏》，获青海新闻论文一等奖）一文阐述了个人的理性思考：在灾难性的突发事件面前，主流媒体尤其是电视媒体应充分发挥传播优势，凸显舆论主导效果，为党政机关的正确决策，动员凝聚社会力量，增强灾区干部群众信心，稳定灾区社会秩序，夺取抗震救灾的全面胜利提供有力的舆论支持。

2011年9月，韩青峰担任合并后的青海广播电视台党委副书记、副台长、总编辑并兼任新闻中心主任多个职务。这期间他发表了《在党的领导下谱写电视事业发展新篇章：青海电视事业发展回顾与思考》（2011年“青海省建党90周年理论研讨会”优秀论文）、《提升新闻作品引导力 促进社会健康和谐发展》（2012年发表在《昆仑声屏》，青海新闻论文二等奖）、《以党的十七届六中全会精神为指导 在新的起点上开创我台发展新局面》（2012年发表在《昆仑声屏》）、《着力打造青海广电精品力作》（2013年发表在《青海日报》）等多篇论文。论文总揽全局，分析透彻，在理论层面上有着较强的现实指导意义。

覃露莹同志学术理论研究评介

覃露莹，南宁电视台台长、中国电视艺术家协会会员。

其研究成果的科学性、创新性与价值性主要集中在以下几个方面：

一、关于新媒体研究方面

在上个世纪末，网络刚刚开始在国内流行的时候，她就提出传统媒体与网络应当相互取长补短，电视要善于利用网络的观点。其后，又就跨媒体经营提出了自己的见解，认为这将是传统媒体未来发展的方向。十多年后的今天，跨媒体经营被证明是传统媒体在新形势下谋求自身发展的必选之路，而视频网站、网络电视、移动电视等对于人们收视习惯的改变也是显而易见的。

二、关于专业化频道

在2003年之后，各大省级卫视、地市台也纷纷走上了"特色定位之路"，实行差异化生存策略。正当大家选择专业化频道的热门之时，一些意料之外的矛盾也逐渐浮出水面，覃露莹同志对此现象进行了研究，在对照国外专业化频道的发展和成功经验，认真梳理我国城市电视台当时的综合情况后，她得出了城市电视台不能盲目追求打造专业化频道的结论。

她认为，城市台定位于为本城市服务，先天规模就小，资金、设备、人才，几乎没有一样可以与大台抗衡，但要面对的却是相同的规则，走的也是相同的路。当城市无线台和有线台合并了，同样也进行

"频道专业化"，才发现要面临的问题比原来的更多。她得出了这样的结论：从理论上说，城市台的发展模式应该是用无线频道做大众频道，拿有线电视来开播付费频道，采取宽播与窄播相结合、分众与聚众相结合的方式。在内容为王的时代，观众收视行为主要取决于内容是不是公认的精品或名牌，而不管它在哪个频道播出。对城市台而言，调动一切力量把本土资源做到极致，创造出系统的本地精品名牌节目，就是最好的防御，也是最好的进攻。作为城市电视台，最好还是不要过于强调频道专业化，否则，只能将自己的路越走越窄。

三、关于城市电视台的突围

2006年，覃露莹同志将"蓝海战略"理论创新运用于城市电视台参与电视竞争。她认为，在目前过度拥挤的电视收视市场中，硬碰硬的竞争只能令城市电视台陷入猩红的"红海"泥淖中，即所谓在竞争激烈的已知市场空间中，与对手争抢日益缩减的利润额时，面对来势汹汹的央视和省级台，天然资源短板的城市电视台盲从改版无异于以卵击石。因此，她强调要扬长避短，充分利用城市台船小好调头的优势，开辟新的战场，通过抢占先机，以把本地特色化做到极致的方式提升自身的核心竞争力，从而推动在整体收视市场的份额。

她认为，从长远来看，内容提供商将是三网融合最大的受益者，影视内容则为重中之重，地方电视台必须专注于节目内容的创作、自办频道的经营和各类以节目内容为核心的媒体服务的运营，应当做一个优秀的内容提供者和服务提供者。与此同时，地方电视台要有分秒必争、及早布局的战略眼光，以市场先入者的身份取得优势。

她认为，"内容为王"始终是根本。广电行业多年来的发展，尤其是广电所拥有的独家电视新闻资源，使得广电行业在内容生产方面拥有得天独厚的优势。而地方电视台在当地都拥有最接本地"地气"、最受本地观众热爱的节目，因此，挖掘既有节目优势资源，不断建设新的优秀的节目内容，一定是地方电视台时刻不能放松的法宝和任务。而在三网融合的背景下，在开发新节目时还要注意与新媒体的结合，节目的形式必须适应新业态的要求，推出内容更丰富、类型更多样化、表现手段更新的，充分适应新网络、具有新媒体特点的内容产品。

温秋阳同志学术理论研究评介

温秋阳，中央人民广播电台高级编辑。温秋阳同志在做记者期间，是位出产节目质量高、多次获得国内外大奖的优秀记者；在做研究工作期间，率领团队开创了中央人民广播电台发展研究工作的新局面；在任职国家应急广播中心的新岗位上，又创造性地开办了中国首家专门面向灾区的临时应急广播电台。

温秋阳有较好的学理基础，研究起点高，视野广；对工作高标准，严要求，勇于承担，从不懈怠；善于学习，始终保有学习的主动性，并将学习所得用于工作实践；带领年轻人成长，带出一支中央电台的研究团队。

温秋阳从事的广播实务研究为中央电台的事业产业发展提供了重要参考和支撑。温秋阳同志2005年进入中央电台研究室，后任副主任一职。在台领导的提议和直接领导下，其主持的《HD RADIO技术在国外发展现状与在中央台实施的可行性分析及中央台未来频率布局研究》首次对中央台未来频率格局进行了规划设计。2008年10月起任中央电台新成立的发展研究中心发展研究部主任，后任中心副主任，主持了近几年来中央人民广播电台大部分课题的调研撰写工作。组织并参与了两个国家广电总局的部级社科基金课题，《中央广播应急体系构建》（2009）和《改革和完善面向“三农”的广播传播服务研究》（2010）。组织策划了近20个中央人民广播电台课题研究，其中《亟需开办面向全国的农村广播》（2010）全面调研了涉农部委、多个地方农村广播电台，并召集农民座谈会，详细了解各方对开办全国对农广播的需求和建议，为中央电台申请开办对农频率，最终开办“中国乡村之声”提供了重要支撑；《中央台“京津塘高速公路广播”可行性研究报告》（2008）、

《中央台列车之声可行性研究报告》(2008)为后来正式开播和正在试运行的"高速公路广播"、"列车之声"奠定了从组织机构到节目形态的基础;《成立全国广播联盟的可行性报告》(2009)调研了全国部分省市县电台,了解地方电台对成立全国广播联盟的诉求和建设性意见,为后来成立全国广播联盟摸清了情况、奠定了基础,并在联盟筹备过程中,为搭建联盟框架、确定联盟运行原则等做了大量基础性工作;《中央广播应急体系构建》(2009)第一次系统地研究了中国的应急广播现状、存在的问题,梳理了国外应急广播系统的构成和运作规则,提出了建设中国特色应急广播的基本原则和建设思路,为"国家应急广播体系"能够被列入国家十二五规划建设项目做出了重要贡献;《国家应急广播体系建设前期需求调研》(2011)对国家部委、军队武警、地方电台、省级应急办等近30个单位进行了实地调研,并向全国部分地方电台、应急办发放了调查问卷。通过调研,了解被调研单位应急机制、应急预案、应急设备等相关情况,听取对方对国家应急广播体系设计的意见建议,探讨对方能否与国家应急广播体系实现对接,以及实现对接需要解决的问题,该调研报告为此后规划设计国家应急广播体系明确了方向,确定了目标。在上述工作中,温秋阳同志承担组织、策划、实地调研、报告撰写、报告初审等工作。

温秋阳善于将理论与实践结合起来。2012年底,出任新成立的国家应急广播中心主任助理,参与国家十二五项目——国家应急广播体系的规划设计工作。在2013年"4·20"芦山地震后,将对国内外应急广播的研究付诸实践,动议并率队首批进入重灾区开办中国首个专门面向灾区民众的临时应急电台——"国家应急广播·芦山抗震救灾应急电台",获得当地受众广泛认可,获得中央领导和总局领导高度评价。

温秋阳富有创新意识。创意、策划、组织了中央人民广播电台发展研究书系《广播比较研究》,这是中央电台首个发展研究书系,每年出版一本,至今已出版4本。

温秋阳善于学习。不仅自己坚持读书,在职攻读博士学位,还在部门开展读书会活动，要求所有人员每周读一本书或一篇论文，在读书会上以PPT形式分享，扩展了团队成员的理论视野、增加了知识积累，以更好地满足研究工作之需。

温秋阳做了许多默默无闻的工作，如代表中央电台撰写多篇没有署个人名字的重量级文章发表于《中国广播电视学刊》等杂志，有文章被《新闻与传播》转载；多次为中宣部、广电总局提供某项工作的思考性文章；推出课题主笔制，将团队成员责任感与成就感挂钩，鼓励年轻人成长。

温秋阳所主持的课题多次获得中央人民广播电台优秀论文（课题类）评选特别奖、一等奖。主持的《传统广播与新媒体融合路径研究》课题获得全国广播电视学术论文评选二等奖；《2009广播比较研究》一书获得全国广播电视学术著作评选二等奖。

温秋阳所写博士论文《中国应急广播研究》从传播学角度研究应急广播的传播规律；从社会管理学角度研究应急广播在应急管理中的角色；在新媒体发展的大背景下，研究应急广播与新媒介融合的现实基础和未来前景；从中国应急信息管理的现状出发，研究中国应急广播的实现途径，最终形成对中国应急广播的框架性思路。该论文被中国传媒大学答辩委员会授予优秀等级。

熊劲松同志学术理论研究评介

熊劲松，湖南湘潭市广播电视台主任，高级编辑职称。熊劲松同志29年来，不断从实践中总结升华，用理论指导实践，取得了一定的成效。多年来，先后在省级以上专业刊物发表学术论文80多篇。《论连续报道与系列报道之异同》、《毛泽东新闻作品的幽默艺术》、《论电视深度报道中的兴奋点》、《将深情的目光投向农民兄弟》以及《电视剧"亲情"对话的幽默艺术》5篇论文在国家一级刊物《中国广播电视学刊》上发表。《电视深度报道中的兴奋点》获全国城市台论文评比一等奖，并收入《中国新闻年鉴》和《中国广播电视年鉴》。个人文集《新闻新视野》于2001年湖南文艺出版社出版。学术专著《电视传播兴奋点》（28万字）、《电视时空》（40万字）近年由湖南人民出版社出版。

专著《电视传播兴奋点》不仅阐释了电视兴奋点的内涵和作用，而且举例解读了多种电视节目形态兴奋点的呈现和分布。它以兴奋点为经，以电视的传播内容为纬，从电视消息、电视深度报道、电视纪录片、电视栏目、电视文艺晚会、电视广告、影视剧和电视文化八个方面进行了系统的解读和深入的阐述。专家撰文评价："该书选题新颖，资料翔实，论证有力，语言生动，既拓展了电视研究的新路径，又对业界具有指导和借鉴意义。"

面对竞争激烈的媒介环境，广播电视应该不断创新，广电人更应不断超越自己。成绩只能说明过去，美好的未来需要不断开拓。

思考一：广电的未来在于发展文化产业。进入新世纪，全国广电的发展再次验证了马太效应：强者愈强、弱者愈弱。面对国家级广电媒体强势依旧、省级广电媒体不断扩张，地方广电发展面临的窘迫困境已无法回避：第一，广告越来越难做，上升空间越来越小，广告增长遭遇“天花板”；第二，全国网络整合之后，地方网络公司早晚一刀划走，广电的第二个主要经济来源面临“断流”；第三，文化体制改革进一步深化，政府对广电的财政支持力度越来越小；第四，卫星频道大型活动与栏目产业化运作，对城市台而言门槛太高。因此，地方广电只有放手一搏，致力发展文化产业，才能壮大自己。

思考二：媒体要有社会担当。中国文化的现代转型，中国社会的伦理失序和道德滑坡，神州大地的生态恶化等，都需要新闻记者发扬感时忧国的精神，发扬广电工作者的使命担当意识，从新闻角度去报道、反映身处种种困境中的中国人的生存经验和人生思考。也许，我们无法要求新闻报道提供社会问题的明晰答案，但是当新闻媒体通过报道宣传，能够把各种复杂的现象和观点展示出来，促进人与人的心灵和精神的交流，必将有助于社会顽疾的最终消解。所以，新闻媒体的社会担当，我们随时都不能忘怀。

思考三：理论研究者应该放得下心、沉得住气。面对追求物质享受的大环境，理论研究者孤坐书屋，要想一下子弄出成果来，绝非一蹴而就，必须放得下心、沉得住气，所谓慢工出细活。

思考四：新闻宣传应该关注民众心理。未来十年，中国最大的挑战是民生的改善和社会的稳定，中国全面进入民生时代。如何用心拓展新闻报道的新领域？熊劲松同志正在尝试以下三种路径：1. 用心关注人的心灵，用心关注和重视民众的心理问题，有针对性地释疑解惑、纾解情绪、缓解焦虑，使新闻报道成为大众心理的沟通与慰藉；2. 树立公民意识，顺应民意，倾听民声，深度解读相关经济政策与民众生产、生活、生计方面的影响，拉近心理距离；3. 创新运用广播电视的表达方式，以人性化的理念、创新的策划构思、创新的编排思想贯穿采编播的全过程，培育奋发进取、理性平和、开放包容的社会心态，让新闻宣传更加深入人心。

霍红耀同志学术理论研究评介

霍红耀，甘肃省广播电影电视总台编导，高级编辑，曾多次担任甘肃省新闻奖评委、甘肃省广电总台节目评审组评委。

霍红耀同志从事广电编导工作26年来，独立执导晚会及大型系列电视节目40多台（部）；在省级专业期刊、国家级核心期刊共发表学术论文20多篇。获奖节目、论文30余件。

多年来，霍红耀同志在做好节目编导工作的同时，坚持对广播电视节目创新等领域的诸多理论问题进行学习和探讨，并且能够保持理论联系实际的学风，把自己的理论研究成果运用到实际工作中去。不仅能根据理论研究心得为总台和频道的发展建言献策，还多次应邀为所在单位的青年编导和相关专业的大专院校学生开展专题讲座。

霍红耀同志发表在2011年第8期《中国广播电视学刊》的《提高西部电视资源的开发效益》（同年被国家级期刊《广播与电视技术》转载）一文主要观点如下：

如何充分发挥西部文化资源优势，提高西部电视资源的开发效益、尽快将资源优势转化为节目强势呢？要从以下几方面寻求突破。

一、在自信中开掘地域文化。西部的地域文化是优秀灿烂的中华文化的重要组成部分。建立对西部地域文化资源的充分自信是提高西部电视资源开发效益的前提。西部与东部截然不同的人文环境、历史遗存，以及独特的民族审美精神都是西部得天独厚的电视节目资源。传媒学者高鑫说，“西部电视是站在电视资源丰富的金山上”。只有淋漓尽致地深度发掘和精彩表现西部这座地域文化“金山”上多姿多彩的魅力，才有可能实现西部电视的真正崛起。

二、在差异中突出节目个性。西部电视要有意识地和中、东部的节目进行旗帜鲜明的差异化竞争。在充分展示地域文化资源优势的过程中实现西部电视事业与产业的发展。这是因为具有地域文化资源特色的节目，也会具备较强的不可模仿、不可重复性。在西部电视产业发展的资源要素中，人才、资金、技术设备等都可以通过引进来获得，只有西部的历史文化遗产和自然资源是不可移植的。它的独有性、不可替代性非常有利于西部电视人在实施精品战略过程中脱颖而出。

三、在创造中催生新的业态。跨入新世纪以来，我国的电视节目实现了频道化、栏目化播出，各频道、各栏目都有了相对应的收视群体，这对培育中国的电视市场起到了重要作用。但是从哲学的角度看，任何一种事物都有它的两面性。定期、定时、周期化播出的栏目就要求节目的制作也像现代工业化生产一样——采取流程化、标准化、批量化的节目生产模式。它可以提高节目生产效率，但也会抑制节目生产者的创作个性。

四、在拓展中延伸产业链条。要用新的创意拓展西部电视资源的开掘空间，延伸产业链条。推动西部电视资源的开发与经营从平面转向立体、从一元转向多元。

目前，西部各广播电视台对西部电视资源的开发大多数还处在平面化阶段，也就是仅仅围绕着电视节目的生产、播出、交流、评奖在做文章，缺少对电视产品的上游、下游中蕴涵的可经营的多种因素进行立体的、综合的开发。也没有对每部电视作品在生产过程中辐射出的、有可能派生新的商业价值的因素进行放大、加工。

魏彩霞同志学术理论研究评介

魏彩霞，重庆电视台发展研究部编辑。魏彩霞同志主要进行和参与了基础型电视理论、应用型电视理论和微观电视理论等方面课题的研究。

一、基础型电视理论课题的研究

进入重庆电视台之后，魏彩霞参与了重庆电视台（重庆广电集团）所有的基础型电视理论研究课题的研究，包括：《电视传播管理实务》，《中国电视品牌节目建设与发展战略》、《中国电视传媒资本运营》、《中国电视传媒体制改革》、《中国电视传媒管理概论》、《中国电视传媒资源整合》、《数字化：中国电视的解构与重构》、《电视叙事节目叙事模式》、《中国传媒经济三十年概览》等9项大型电视理论课题的策划及研讨，并共计撰写课题书稿约30万字。这9项课题，除后3项因故未能出版外，前6项的研究成果均由新华出版社和中国广播电视出版社正式公开出版了同名理论专著。

二、应用型电视理论课题的研究

（一）关于集团产业公司事转企人员的人事管理及产业发展课题研究

魏彩霞同志接受的第一个大型研究课题，是关于集团产业公司事转企人员的薪酬管理的课题。本次课题研究从2008年7月到11月历时5个月，共抽取了集团产业系统的12个公司作为调查对象，使用了问卷调查法、自述调查法、座谈会、访谈、观察等调查方法。魏彩霞作为本次研究的骨干成员，负责了调查结果的汇总、分析，以及最后理论成果的执笔。

（二）重庆地区广播电视受众调查研究及广播电视核心竞争力构建

2009年9月，魏彩霞所在的发展研究部委托专业调查机构进行了一次以重庆主城九区1500人为样本的大规模的“重庆地区广播电视受众调查”，以期以直接来自受众的第一手资料，了解重庆地区广播电视观众、听众的构成和收视状况，重庆广播电视频道、频率和节目收视竞争力状况，从而为集团决策和频道、节目的改版、创办提供真实准确的依据。

受众调查结束后，魏彩霞认真地分析了各项资料和数据，广播方面，写出了《重庆地区广播听众调查分析及重庆广播的对策》的报告。

电视方面，魏彩霞写出了《如何将重庆卫视打造成为主流文化的传播高地》的论文。论文主要包含以下内容：首先，魏彩霞分析了重庆卫视的核心竞争力状况。然后，魏彩霞提出了重庆卫视提高核心竞争力的途径（解放思想，澄清误区；革新制度，增强活力）。最后，魏彩霞提出了将重庆卫视打造成为主流文化高地的具体设计（观众定位，功能定位，风格定位，节目定位）。

三、自主性微观电视理论研究

除了参加重庆电视台长线、大型的基础型、应用型电视理论研究之外，魏彩霞还自主对本台节目及全国电视界突出的一些现象、个案进行了理论研究。

第五届全国广播电视“十佳百优”理论人才名单

“十佳”理论人才（按姓氏笔画为序）

1. 王庚年　中国国际广播电台 …… 中国国际广播电台学会推荐
2. 王春莉　黑龙江省广播电影电视局 ………………………… 黑龙江省广播电视协会推荐
3. 卢文兴　海峡之声广播电台 …… 海峡之声广播电台学会推荐
4. 李　岚　新闻出版广电总局发展研究中心 ………………………………… 总局发展研究中心推荐
5. 李舒东　中央电视台 …………………… 中央电视台学会推荐
6. 周　伟　中央人民广播电台 …… 中央人民广播电台学会推荐
7. 杨金鸢　湖南省广播电影电视局 …… 湖南省广播电视协会推荐
8. 哈艳秋　中国传媒大学 ………… 广播电视史研究委员会推荐
9. 黄慰汕　广东南方广播影视传媒集团 ……………………………… 广东省广播影视协会推荐
10. 曾静平　北京邮电大学 ……………… 西部学术研究基地推荐

“百优”理论人才（按姓氏笔画为序）

1. 于　珧　辽宁省广播电影电视局 …… 辽宁省广播电视协会推荐
2. 万里波　江西省广播电影电视局 …… 江西省广播电视协会推荐
3. 马赤农　天津市广播电视台 ……… 天津市广播电视学会推荐
4. 马继霞　广西电视台 ………………… 广西广播影视协会推荐
5. 王　宇　中国传媒大学 ……………… 中国传媒大学学会推荐

6. 王　伟　北京人民广播电台 ……… 北京市广播电视学会推荐
7. 王　庆　江西省南昌广播电视台 …… 江西省广播电视协会推荐
8. 王　玮　浙江省宁波广播电视集团 ……宁波市广播影视学会推荐
9. 王　忠　山东广播电视台 ………… 山东省广播电视协会推荐
10. 王小兵　河南人民广播电台 ……… 河南省广播电视协会推荐
11. 王云义　河北省张家口广播电视台　河北省广播电视协会推荐
12. 王安中　陕西师范大学 ………… 陕西省广播电视协会推荐
13. 王国波　山东广播电视台 ………… 山东省广播电视协会推荐
14. 王剑挺　河北电视台 …………… 河北省广播电视协会推荐
15. 斗拉加　青海省果洛州电视台 …… 青海省广播电视协会推荐
16. 艾红红　中国传媒大学 ………… 广播电视史研究委员会推荐
17. 卢　蓉　中国传媒大学 ……………… 中国传媒大学学会推荐
18. 叶　娟　西藏电视台 ………………… 西藏广播电视协会推荐
19. 白　山　新疆广播电影电视局 ……… 新疆广播电视协会推荐
20. 冯庆昌　海南广播电视总台 ……… 海南省广播电视协会推荐
21. 吕岩梅　新闻出版广电总局发展研究中心
……………………………… 总局发展研究中心推荐
22. 吕新景　浙江省台州市广播电视台　浙江省广播影视协会推荐
23. 朱　天　四川大学 ……………………… 西部学术研究基地推荐
24. 朱永祥　浙江省杭州电视台 ……… 浙江省广播影视协会推荐
25. 朱智勇　云南省昆明广播电视台 …… 云南省广播电视协会推荐
26. 任晓润　江苏省南京广播电视集团 ……江苏省广播影视协会推荐
27. 危　羚　天津人民广播电台 ……… 天津市广播电视学会推荐
28. 刘　昶　中国传媒大学 ……………… 中国传媒大学学会推荐
29. 刘玉慧　辽宁省广播电视协会 …… 辽宁省广播电视协会推荐
30. 刘传明　重庆市广播电视协会 …… 重庆市广播电视协会推荐
31. 刘玲华　江西广播电视台 ………… 江西省广播电视协会推荐
32. 刘丽贞　福建省漳州人民广播电台
……………………… 对台港澳节目研究委员会推荐
33. 刘洪涛　海峡之声广播电台 …… 海峡之声广播电台学会推荐

34. 刘燕南　中国传媒大学 ………………… 中国传媒大学学会推荐
35. 江　燕　河北省邯郸广播电视台 …… 河北省广播电视协会推荐
36. 许卫红　福建省厦门广播电视集团 ……福建省广播电视协会推荐
37. 孙小平　江苏省泰州广播电视台 …… 江苏省广播影视协会推荐
38. 李　宇　中央电视台 …………………… 中央电视台学会推荐
39. 李　暄　河南电视台 ……………… 河南省广播电视协会推荐
40. 李　智　中国传媒大学 ………………… 高校传媒研究基地推荐
41. 李正国　中央人民广播电台 …… 中央人民广播电台学会推荐
42. 李立新　山东省广播电影电视局 …… 山东省广播电视协会推荐
43. 李国瑾　云南广播电视学校 ……… 云南省广播电视协会推荐
44. 李光辉　甘肃省兰州市广播电视总台 …………………………… 甘肃省广播电视协会推荐
45. 吴　斌　贵州广播电视台 ………… 贵州省广播影视协会推荐
46. 吴炜华　中国传媒大学 ……………… 中国传媒大学学会推荐
47. 肖　枭　湖南广播电视台 ………… 湖南省广播电视协会推荐
48. 汪文斌　中央电视台 …………………… 中央电视台学会推荐
49. 张心平　内蒙古包头人民广播电台 ……内蒙古广播影视协会推荐
50. 张亚敏　上海广播电视台 ………… 上海市广播电视协会推荐
51. 张阿利　西北大学 ……………………… 陕西省广播电视协会推荐
52. 陆玉方　江苏省苏州广播电视总台 ……江苏省广播影视协会推荐
53. 陆正宁　广西广播电影电视局 ……… 广西广播影视协会推荐
54. 陈　肯　新疆电视台 ………………… 新疆广播电视协会推荐
55. 陈　辉　江苏省广播电视总台 …… 江苏省广播影视协会推荐
56. 陈　湘　山西广播电视台 ………… 山西省广播电视协会推荐
57. 陈永松　浙江省温州广播电视传媒集团 …………………………… 浙江省广播影视协会推荐
58. 陈俊利　大连市广播电视台 ……… 大连市广播电视协会推荐
59. 邹学麟　福建教育电视台 ………… 福建省广播电视协会推荐
60. 宋　毅　北京电视台 ……………… 北京市广播电视学会推荐
61. 林牧茵　上海广播电视台 ………… 上海市广播电视协会推荐

62. 林洪美　厦门广播电视集团 ……… 厦门市广播电视学会推荐
63. 林桂花　福建省漳州电视台 ……… 福建省广播电视协会推荐
64. 杨　光　吉林电视台 ………………… 吉林省广播电视协会推荐
65. 范　易　广西人民广播电台 ………… 广西广播影视协会推荐
66. 郑秀国　中央电视台 …………………… 中央电视台学会推荐
67. 关娟娟　中国国际广播电台 …… 中国国际广播电台学会推荐
68. 相生全　甘肃省广播电影电视总台 ……甘肃省广播电视协会推荐
69. 柳旭东　吉林省吉林市人民广播电台
…………………………… 吉林省广播电视协会推荐
70. 胡海军　安徽广播电视台 ………… 安徽省广播电视协会推荐
71. 赵　爽　北京人民广播电台 ……… 北京市广播电视学会推荐
72. 姜歆远　湖北广播电视台 ………… 湖北省广播电视协会推荐
73. 郭长江　中央人民广播电台 …… 中央人民广播电台学会推荐
74. 施会毅　中国华艺广播公司 …… 海峡之声广播电台学会推荐
75. 姚岚秋　上海广播电视台 ……………… 广播版权委员会推荐
76. 秦瑜明　中国传媒大学 ……………… 电视学研究委员会推荐
77. 柴洪涛　山西省太原市广播电视台 …… 法制节目工作委员会推荐
78. 徐小兰　陕西广播电视台 ………… 陕西省广播电视协会推荐
79. 贾秀清　中国传媒大学 ………………… 高校传媒研究基地推荐
80. 龚政文　湖南广播电视台 ………… 湖南省广播电视协会推荐
81. 曹　钢　四川省宜宾广播电视台 …… 四川省广播电视协会推荐
82. 葛向阳　河南省郑州人民广播电台 ……河南省广播电视协会推荐
83. 彭文祥　中国传媒大学 ……………… 中国传媒大学学会推荐
84. 韩　鸿　电子科技大学 ……………… 四川省广播电视学会推荐
85. 韩青峰　青海广播电视台 ………… 青海省广播电视协会推荐
86. 覃露莹　广西南宁电视台 ……城市广播电视台工作委员会推荐
87. 温秋阳　中央人民广播电台 …… 中央人民广播电台学会推荐
88. 熊劲松　湖南省湘潭市广播电视台 ……湖南省广播电视协会推荐
89. 霍红耀　甘肃省广播电影电视总台 ……甘肃省广播电视协会推荐
90. 魏彩霞　重庆广播电视集团 ……… 重庆市广播电视协会推荐